몸이 되는 말

– 위로의 말씀 요한복음 –

몸이 되는 말
- 위로의 말씀 요한복음 -

발행일   1판 1쇄 2022년 3월 14일

지은이   전헌 읽음
             조현용 배움

펴낸이   박민우
기획팀   송인성, 김선명, 김선호
편집팀   박우진, 김영주, 김정아, 최미라, 전혜련
관리팀   임선희, 정철호, 김성언, 권주련

펴낸곳   (주)도서출판 하우
주소   서울시 중랑구 망우로68길 48
전화   (02)922-7090
팩스   (02)922-7092
홈페이지 http://www.hawoo.co.kr
e-mail   hawoo@hawoo.co.kr
등록번호 제475호

ISBN 979-11-6748-041-5 03230

값 22,000원

몸이 되는 말

위로의 말씀 요한복음

전헌 읽음
조현용 배움

도서
출판 眞雨

1. 세상을 살아갈 힘

두렵고 기쁜 마음으로 책을 내 놓습니다. 선생님의 뜻을 잘 추렸을까 하는 두려움과 선생님의 말씀을 다른 사람도 읽을 수 있겠구나 하는 기쁨입니다. 제 손에 처음 온 선생님의 요한복음 강의록은 수업을 들은 제자들이 정성껏 정리한 내용이었습니다. 저도 그 강의를 들었기에 생생한 현장을 느끼며 강의록을 읽었습니다. 여러 번 읽고, 읽을 때마다 새로운 기쁨이 생겼고 위로를 받았습니다.

선생님께 이 강의록을 출판하셔서 많은 이에게 읽히면 좋겠다고 말씀 드렸고 선생님은 기뻐하시며 저에게 정리를 맡기셨습니다. 출판을 위해서 글을 정리하면서 어쩔 수 없이 많은 강의 내용을 덜어내기도 하였습니다. 죄송스러운 일이었으나 선생님은 이마저도 기뻐해 주셨습니다. 선생님의 말씀 외에 새로 더한 글은 없습니다. 몇 번이나 다시 정리하는 작업을 거쳐 원고의 초고를 정리한 후 선생님의 말씀을 귀하게 생각하는 출판사를 만났습니다. 전헌 선생님의 책을 꼭 내고 싶다는 말에 저도 기뻤습니다.

다시 몇 번의 정리를 거쳤습니다. 많은 이들과 편히 만날 수 있게 내용은 더 줄였지만 선생님의 목소리는 살리려 하였습니다. 〈몸이 되는 말〉이라는 이 책이 여러분 속에서 다시 살아나기 바랍니다. 그리고 세상을 살아갈 힘을 얻으시기 바랍니다. 제가 그러했듯이 말입니다.

2. 말씀이 우리 몸이 되다

'태초에 말씀이 계셨다.'로 시작하는 요한복음은 언어를 공부하는 사람에게도 바이블입니다. 언어의 중요성을 알려주고 있는 귀한 성경이라는 거죠. 저도 늘 이 구절을 강의에서 인용하곤 했습니다. 하지만 말씀과 저의 거리는 태초와 지금의 거리만큼 멀었습니다. 하늘나라와 땅만큼이나 멀었다고 할 수 있겠습니다. 내 이야기가 아니라 남의 이야기였던 셈입니다. 저는 선생님의 요한복음 강의를 들으면서 남의 이야기였던 요한복음이 제 이야기가 되는 경험을 하게 되었습니다.

태초는 언제인가요? 우리가 알고 있는 태초는 아주 옛날 이 세상이 처음 생겼을 때입니다. 그런데 선생님의 말씀을 듣고 보니 태초에 말씀이 있었다는 말은 단지 그 먼 옛날만을 의미하는 것이 아니었습니다. 태초라는 말은 처음부터 끝까지라는 의미입니다. 세상이 원래부터 그렇게 생겼다는 의미인 것입니다. 태초에 말씀이 있었다는 말은 지금도 그 말씀이 처음처럼 일을 하고 있다는 의미인 것입니다. 고등학교 시절에 백일장에서 썼던 시 제목이 생각이 납니다. '태초의 꿈'이라는 거창한 제목이었는데 그 때부터 저는 태초를 꿈꾸고 있었나 봅니다.

그럼 하늘은 어디인가요? 하늘나라는 어디인가요? 저는 하늘나라는 우리가 죽어서나, 그것도 운이 좋으면 가는 곳이라고 생각했습니다. 그러니 실제로 하늘나라에 저의 대한 관심은 깊지 않았습니다. 어쩌면 당연한 일일지도 모릅니다. 살아있을 때는 그저 사는 것도 바쁘니까요. 살기도 바쁜데 언제 죽음까지 신경을 쓰냐는 말은 농담 같은 말이지만 사실이기도 할 겁니다. 죽어서의 일이라면 죽을 때 또는 죽어서 생각하면 그만일 겁니다. 그런데 하늘이라는 말은 저 멀리가 아니었습니다. 하늘이라는 말은 모든 곳이라는 말입니다. 하늘의 의미를 배우고 나서 '하늘에 계신 우리 아버지'라는 주기도문의 시작이 얼마나 귀한 시작인지를 알게 되었습니다. 모든 곳에 계신 분입니다. 늘 나와 함께하는 분입니다. 든든하지 않습니까?

태초의 하늘은 세상이 원래 그렇게 생겼다는 의미를 잘 보여 주는 표현입니다. 그리고 그 때의 말씀은 태초의 진리입니다. 진리라고 하면 말이 무거워 보이나 사람이라면 누구나 그렇게 살게 되어 있음을 보여 주는 말씀입니다. 그래서 그 말씀을 들으면 우리는 고개를 끄덕이고 마음이 놓입니다. 그 말씀을 들으면 다시 살아갈 힘을 얻고 기쁩니다. 고통이나 죽음도 받아들이게 됩니다.

태초의 말씀이 예수의 말씀입니다. 그리고 요한복음입니다. 기독교만의 말씀도 아닙니다. 어쩌면 우리가 이렇게 나누고 있는 이야기도 모두 그 말씀 속에 있을 겁니다. 말씀을 들으면서 위로가 되고, 행복하면 우리는 다시 태어나는 겁니다. 다시 태어난다는 말도 그런 뜻이었습니다. 그러면 그 말들은 저 멀리에서 나와 상관없이 떠도는 것이 아니라 내게로 와 몸이 됩니다. 말씀이 몸이 되는 겁니다. 저는 말이 몸이 되기 바랍니다. 또한 몸이 말이 되기 바랍니다. 그래서 우리 모두 태초의 하늘처럼 살게 되기 바랍니다. 그러면 하늘에서 이루어진 것처럼 땅에서도 이루어지는 것입니다.

저는 기독교 전문가가 아닙니다. 성경을 제대로 이해하고 있는 사람도 아닙니다. 그럼에도 불구하고 선생님의 책을 정리하려고 마음을 먹은 것은 선생님께 배우고 싶었기 때문입니다. 2000년 전에 예수의 말씀을 들은 수많은 사람이 위로를 받고 기뻐하며 새로운 삶을 살았습니다. 그야말로 들불처럼 예수의 말씀과 삶이 세상에 퍼져 나갔습니다. 무엇이 그들을 설레게 했을까요? 무엇이 그들을 죽음 앞에서도 당당하고 기쁘게 하였을까요? 그것은 말씀이 그대로 그들의 몸이 되었기 때문일 겁니다.

처음에 저는 선생님께 책의 제목으로 '몸이 되는 말'이라고 했으면 좋겠다는 말씀을 듣고 큰 감동을 느낄 수는 없었습니다. 그게 제 그릇의 크기였을 겁니다. 저는 종종 제 그릇의 크기가 작음을 고마워합니다. 제가 제 그릇의 크기가 작다는 것을 스스로 깨닫고 있음에 감사합니다. 제 그릇을 알기에 더 배우고 공부합니다. 즐거운 일입니다. 알면 알수록 부끄러워집니다. 하지만 행복한 부끄러움입니다. 숨고 싶은 부끄러움이 아니라 드러내고 싶은 부끄러움입니다. 저는 선생님 말씀을 정리하며 배우는 게 많아서 진정으로 행복하였습니다.

조현용 올림

| 차례 |

복음은 행복한
위로의 이야기

복음은 행복한 위로의 이야기

안녕하세요? **이번 강의에서는 서양철학이라는 큰 틀 안에서 기독교 성경의 '요한복음'을 공부**하겠습니다. 이것은 매우 특별한 일입니다. 고등교육에서 종교의 경전을 서양철학 사상의 줄거리와 연결해서 본격적으로 공부한다는 것 자체가 좀처럼 보기 힘든 일입니다. 지금 미국의 대학에서 보이는 경향은 이와는 전혀 다릅니다. 종교학(宗敎學)은 전반적으로 대학 내에서 자리를 잃어가고 있습니다. 기독교의 성경뿐만 아니라 불경, 또 유학의 사서삼경은 물론이고 종교문서 일반은 비교문학 혹은 비교학이라는 전공 아래 비교의 소재로만 다루는 경향이 있습니다. **요한복음은 2천여 년의 전통을 가진 기독교의 핵심 문서인데 우리가 이 문서를 이렇게 서양철학의 틀 속에서, 때로는 동양과 서양의 철학을 아우르는 틀 속에서 조망할 수 있다는 것이 믿어지지 않을 정도로 특별한 일입니다.**

성경은 어떤 이야기인가?

첫 시간은 성경이라는 문서가 어떤 문서인지를 알아보는 시간입니다. 기독교를 역사적으로 공부하는 사람은 기독교를 예수의 일생과 언행에 기초한 종교라고 합니다. 서력기원 즉, AD라는 것이 예수가 태어난 해로부터 기산(起算)한 것인데 예수는 AD 1년에서 AD 33년까지 살았다고 합니다. 그의 생애 중 처음 30년에 대해서는 아무런 기록이 남아 있지 않고, 30세에서 33세까지 3년이라고 추정되는 기간 동안의 예수 언행을 기록한 문서는 있습니다. 지금 우리가 가지고 있는 예수의 언행에 대한 기록 문서들은 제일 일찍 보는 학자들도 예수가 세상을 떠난 지 20년이 훨씬 지나서야 작성되기 시작했다고 봅니다. 물론 추측입니다. 예컨대 『마태복음』이 언제 쓰였느냐, 누가 썼느냐 이런 문제들은 학자들이 연구하지만 연구가 깊어진다고 반드시 확증되는 것은 아닙니다. 고고학을 통해서 역사적 자료를 많이 발굴해 내고 객관적 증거물을 많이 확보할수록 모호해지는 측면이 있습니다. 그럼에도 불구하고 대부분의 성경학자가 합의하는 것은 기독교 신약성경의 글은 예수가 세상을 떠나고도 한 세대쯤 지나서, 20년 내지 30년이 경과한 후부터 쓰이기 시작했다는 것입니다.

그렇다면 그 글이 쓰이기 전에는 사람들이 종교생활을 어떻게 했을까요? 사람이 모이면 서로 주고받는 얘기가 있었겠지만 무엇인가 읽을거리도 있어야 하지 않았겠습니까? 그래야 그것을 기준으로 '이런 것이 우리가 마땅히 살아 나아가야 할 길이 아니겠느냐?' 하며 서로를 권면할 수 있었겠지요. 예수에 관한 글이 쓰이기 이전에 유대인이 모일 때 읽던 글에는 어떤 것이 있는지 궁금합니다. 물론 예수 생전에도 어떠했는지 궁금해요. 예수도 이스라엘에서 태어난 유대 사람이잖아요. 그 유대 사람이 모이면 늘 읽는 책이 있었습니다.

사람이 무엇인지, 세상이 어떻게 생겨났는지 등, 살아가는 도리를 깨우치는 조상 대대로 물려받은 책이 있는데 그것이 바로 오늘날 기독교에서 구약성경이라고 부르는 것입니다.

전설에 의하면 구약성경의 처음 다섯 책은 모세가 썼다고 합니다. 그 다음에 많은 책은 다윗이 썼고, 또 다윗의 아들 솔로몬이 썼다고 하는 설이 있습니다. 전설은 이렇게 간단한데 우리가 오늘날 고고학 자료로 밝혀내는 이야기에는 좀 더 현실적인 데가 있습니다. 여러분은 사해사본을 통해서 자료의 일단을 볼 수 있습니다. 사해사본이라는 것은 19세기 말에 지금의 이스라엘 땅 사해 근처 동굴 속에서 발견된 유물입니다. 옹기 속에 담겨 있던 양피지에 적힌 문서인데 이 성서에 해당되는 문서를 사해사본이라고 합니다. 이것이 성경의 가장 오래된 문서적 근거가 됩니다.

사해사본이 발견된 후 기독교 성경에 대한 이해가 많이 바뀌었다고 합니다. 성경에 대해 새롭게 이해하게 된 것은 이 구약성경이 어떤 특정한 사람에 의해서 쓰인 것이 아니라 한 천 년 동안에 걸쳐서 쓰였다는 것입니다. 이스라엘 사람들이 글을 읽으면서 서로 이야기를 나눌 때 '이런 것이 우리 사람 사는 진리가 아니겠느냐.' 하며 서로 합의를 하면, 그 합의를 근거로 해서 '이 책은 하늘이 내려주신 말씀이니 우리가 이 책을 길이 기리자.' 이렇게 했다는 것이지요. 이스라엘 사람이 천여 년을 지내면서 썼다는 제일 오래된 책들이 기독교 구약성경에 보시면 '창세기, 출애굽기, 레위기, 민수기, 신명기' 하며 나옵니다. 이 책들은 지금으로부터 한 3,200년 전 즈음에 모세 시대가 좀 지나고 나서 정리된 책이라고 합니다.

그 후 오랜 세월 동안 하늘의 지혜를 소리로 들려주는 분이 있었습니다. 그런 사람들을 히브리어로 '네빔'이라 합니다. 네빔이라는 말은 '입술'을 말하는데 여기서는 '하나님의 입술'이라는 뜻입니다. 하나님의 입술 역할을 하는 분의 말을 적어놓은 글을 기독교에서는 '선지서'라고도 하고 '예언서'라고도 합니다. 예언자라는 말은 사람이 사람의 입으로 말하지만 그 사람의 입은 사실상 하나님의 입술 같아서 그 입술을 통해서 들려지는 말은 '과연 하나님의 말씀이구나!' 하는 감동을 주기 때문에 그렇게 부르는 것입니다. 그밖에 시라든가 옛날이야기 같은 것이 있습니다. 우리나라에도 일연의 『삼국유사』에 담긴 단군신화 같은 것이 있지 않습니까? 또 격언집도 있는데 예를 들어 구약성경의 『잠언』이라고 하는 것이 격언집에 해당합니다. 우리 인간에 대한 진리를 얘기하고 있다고 생각되면 다 모아 놓았습니다.

유대인의 책, 성경

기독교의 성경이 어떻게 형성되었느냐를 당시 유대인의 입장에서 한번 정리해 보겠습니다. 유대교가 자기들의 성경이라고 얘기하는 책이 있는데 그것을 'tnk'라고 합니다. 히브리 글에는 자음밖에 없어서 't, n, k'라는 자음만으로 표기하는데 읽기는 '테나크'라고 읽습니다. 왜 'tnk'일까요? 여기서 't'라는 것은 히브리말로 '토라'라는 말, 즉 법이라는 말의 't'입니다. 토라는 하나님이 사람들에게 '이렇게 살아야 사람이 사람답게 사는 것이다.'라고 가르쳐 주는 법도입니다. 그 법에 해당하는 책이 구약성경 처음의 다섯 책입니다.

'n'은 네빔의 'n'입니다. 앞에서 말씀드린 대로 하나님의 입술을 말합니다. 사람의 목소리를 통해서 들려지는 하나님의 말씀입니다. 선지자의 이야기가 여기에 속합니다. 이사야, 예레미야, 에스겔 등을 큰 선지자라고 하는데 이들의 이야기는 후대에 쓰인 것이고, 그보다 오래됐다고 하는 호세야, 아모스 이런 선지자의 이야기도 있습니다. 이 선지서들은 지금 읽어보면 어떤 대목은 인물 전기 같습니다. 누가 어디서 태어나서 무엇을 했고, 그분이 어떤 일을 당해서 동네 사람과 어떤 얘기를 했고, 또 나라에 어떤 일이 일어났는데 그 나라 일에 대해서는 이런 얘길 했고 등 일대기가 쓰여 있습니다. 어떨 때는 마치 『맹자』를 읽는 것 같을 때도 있습니다. 왕과 더불어 얘기를 나누는 대목이 많은데 『맹자』에도 '왕이 이렇게 물은즉 맹자가 이렇게 대답했다.'라는 대목이 많이 나오지 않습니까? 아마 이스라엘 사람들이 『맹자』를 읽으면 맹자를 하나님의 입술이라고 그럴 겁니다.

마지막으로 'k'는 '케투빔'에서 나왔는데 케투빔은 그냥 글이라는 말입니다. 'k'는 글로 표현될 수 있는 모든 것을 말합니다. 여기에는 속담도 있고 수필도 있고 시도 있고 동화도 있고 여러 가지 글들이 있습니다. 앞에서 말씀 드린 대로 격언집도 있습니다. 요즘 말하는 학문적인 글도 있는데 『전도서』를 보면 어떤 대목에는 우리가 인생을 어떻게 볼 것인가에 대한 일종의 철학관이 개진되는 것을 볼 수 있습니다. 케투빔은 이런 모든 종류의 글을 말합니다.

누가 선생님인가?

이 세 가지를 통틀어 '유대인의 책'이라 그럽니다. 이 글을 어떻게 분류하느냐 하는 것은 동네마다 달랐습니다. 예컨대 히브리말의 알파벳이 스물두 자인데, 그 스물두 글자에 맞춰서 글들을 정리할 때 테나크는 스물두 편이 됩니다. 그것은 정리하기 편하게 하기 위해서 그런 것이고 실질적으로 분류해 보면 스물넷에 해당하는 것을 스물

둘에 맞추기 위해서 압축한 것입니다. 오늘날 기독교에 오면 이것이 다 펼쳐져서 테나크는 서른아홉 개의 글이 됩니다. 그래서 요새는 기독교 구약성경에 서른아홉 개의 글이 있다고 합니다. 예수도 그랬고 초기의 기독교인, 특히 기독교를 세계 만방에 전파한 바울도 그랬듯이 하나님의 말씀이 담긴 책이라는 얘기를 할 때는 늘 이 테나크를 인용했습니다. 초기 기독교인도 예수가 세상을 떠난 후 한 20여 년 동안은 '가만 있어봐. 하나님이 이런 문제에 대해서 뭐라고 했는데 그게 어디에 있더라?' 하고 물을 때 누가 '아! 테나크에 보면 이렇게 쓰여 있습니다.'라고 대답해 주면 '역시 선생님이십니다.' 이렇게 됐던 것입니다.

그때 '선생님'은 테나크를 잘 아는 분입니다. 『요한복음』에도 예수더러 '선생님! 선생님!' 하는 대목이 나옵니다. 여러 가지 의미가 있지만 사서삼경을 잘 알면 우리가 선생님이라고 부르듯이 당시에는 테나크를 잘 아는 분이 선생님이었습니다. '예수 선생이 하시는 얘기를 들어보니 테나크를 잘 아시는 분이네요.' 이렇게 돼서 예수를 '선생님! 선생님!' 하고 부릅니다.

이제 기독교 신약성경의 복음서들이 어떻게 형성되었는지를 살펴봐야 하는데 짐작을 해야 됩니다. 짐작에는 바른 짐작이 있고 빗나가는 짐작이 있을 수 있습니다. 비록 확인되지 않은 사실이지만 우리가 지금까지 살아온 바에 비춰 볼 때, **사람의 사는 도리에 비춰볼 때 가장 말이 잘 된다고 할 수 있는 경우에 그것이 바른 짐작입니다.**

바른 생각이 중요하다

우리가 배운다고 할 때도 마찬가지입니다. 이미 확인된 사실을 배우는 것도 많지만 동시에 아직 확인되지 않은 사실에 대해서 짐작하고 상상하는 것이 말이 되는지에 대해서도 배우지 않습니까? 학문을 함에 있어서는 오히려 이것이 더 중요한 배움입니다. 그래서 논어에 배운다는 말과 생각한다는 말을 이렇게 나눠서 얘기하고 있는 것을 볼 수 있습니다. 『논어』 위정(爲政) 편에 '학이불사즉망 사이불학즉태(學而不思則罔 思而不學則殆)'라고 공자가 말했습니다. 이것은 배우지만 생각하지 않으면 멍청하고, 생각하지만 배우지 않으면 위태롭다는 말입니다. 공자가 왜 이런 말을 했을까요? 우리가 삶을 살아갈 때 생각하는 훈련을 해야 한다는 것을 강조한 것이라고 저는 생각합니다.

우리가 하루를 시작하기 위해 대문을 나설 때 아는 사실도 많지만 의외로 모르는 사실에 더 많이 부딪치게 됩니다. 그럴 때 모르는 사실에 대해서는 잘 생각해서 대처해야 되는데 그때 상상하고 짐작하는 일이 도리(道理)에 맞지 않게 되면 우리는 멍청한 일을 하게 됩니다. 반면에 우리가 아무리 생각을 잘 해도 이미 다 알려져 있는 사실을 무시하기 시작하면 그것은 또한 위태로운 일이 됩니다. 이래서 배워야 합니다. 특히 요새는 더 그렇습니다. 하루가 다르게 새로운 것이 확인되고 있으니까 부지런히 배워야 합니다. 이렇듯 **배우는 일**과 **생각하는 일**은 불가분의 일입니다. 위험하게 살 수도 없고 멍청하게 살 수도 없습니다.

이제 중요한 것은 '생각하는 것'과 '배우는 것' 중 어느 것이 선결되어야 하는가 하는 문제입니다. 매사에 순서가 있게 마련인데 무엇을 앞세우고 무엇을 뒤따르게 하느냐는 것은 아주 중요한 일입니다. 공자 말씀에 '배워도 생각하지 않으면(學而不思)'이라는 말씀을 먼저 한 이유가 역시 사람은 '생각하고서 배우는 것'이기 때문이 아닌가 하고 저는 늘 생각해 왔습니다. **생각하는 것이 먼저입니다. 우리는 모르는 것에서 배우기를 시작합니다. 또 배우면 배울수록 모르는 것이 많아집니다. 따라서 모르는 것에 대해 생각하는 것이 먼저입니다.** 이미 알려져 있는 것을 어떻게 할까는 비교적 간단합니다. 아는 사람한테 배우면 됩니다. 그러나 **모르는 것에 어떻게 대처하느냐는 굉장히 중요한 일인데 이것을 '생각하는 일'이라고 하는 것입니다.**

우리가 지금 신약성경의 복음서가 어떻게 생겨나게 되었나를 살펴보고 있습니다. 이 문제도 학자들이 여러 가지 자료를 동원해서, 말하자면 배운 것을 총동원해서 설명하려고 애쓰지만 제가 앞에서 말씀 드린 것처럼 자료를 확보하면 할수록 모르는 것이 더 많다는 것이 확인됩니다. 그럴 때는 어떻게 해야 할까요? 바로 이 시점에 어떻게 '생각' 하느냐가 중요합니다.

배움을 앞세우고 생각이 그 뒤를 따라가면 문제입니다. 배움과 생각 간의 이상한 관계가 복음서가 출현하게 되는 상황과 무관하지 않습니다. 특히 『요한복음』이 그렇습니다. 유대인들은 지금까지 조상들이 전해 준 책, 테나크를 가지고 잘 살아왔습니다. 분명히 이 사람들은 테나크를 철두철미 잘 배우고 이해해서 사는 사람들이었는데 이들이 예수보고 '너는 죄인이야, 너는 죽어 마땅해.' 하고 예수를 처형하거든요. 잘 배운 사람들이 예수를 죽입니다. 그런데 예수는 뭐라고 했지요? '나는 사실 테나크대로 사는 사람이다.'라고 가르쳤습니다.

예수만이 아니라 예수의 제자도 마찬가지 사정에 처합니다. 테나크대로만 살면 예수같이 사는 것이라 생각하고 예수를 따랐는데 뜻밖에 수많은 테나크 전문가들이 '예수는 아니야. 예수는 죽어야 돼.'라고 하고 그를 십자가에 처형합니다. 그 후 세월이 흘러가는 동안에 소위 테나크를 신봉하는 유대교인과 예수를 믿는다는 사람들 간에 갈등이 쌓이기 시작합니다. 특히 복음서 중에서도 우리가 지금 읽고 있는 『요한복음』에 그런 갈등이 뚜렷하게 드러나고 있습니다. 『마태복음』이나 『마가복음』이나 『누가복음』에는 그런 갈등이 없습니다. 『요한복음』에는 예수도 유대인인데 유대인과 예수가 대적하는 것 같은 대목이 있습니다. 이런 상황에서 예수의 제자들은 '우리를 탄압하는 유대교의 지도자가 보는 테나크와 예수가 읽는 테나크의 차이점이 무엇인지를 밝혀서 우리가 후세에 남겨야 되지 않겠냐?'라는 생각이 든 것입니다.

복음을 쓰게 되는 배경

복음서 기록의 배경에 대한 다른 학설도 있습니다. 예수의 언행을 본 사람들이 다 세상을 떠나고 본 것을 기억해서 구전하던 시대가 저물어가자 기록으로 남기기 위해서 글을 쓰기 시작했다는 것이 학설 중의 하나입니다. 또 다른 학설이 있습니다. 예수교도가 특히 유대교 지지자에게 탄압을 받게 된 이유가 있습니다. 예수를 믿는다는 사람은 처음부터 예수의 가르침이 유대인만의 종교가 아니라고 생각했습니다. 물론 예수의 가르침은 유대인의 테나크를 가르치는 것이었지만 제자들은 테나크의 진리는 사람이라면 누구나 받아들여야 될 도리라는 생각을 처음부터 했던 것입니다. 신약성경 중 처음에 쓰인 글들이 바로 이런 생각에서 쓰이는데 바울의 편지글이 대표적입니다. 바울이라는 분이 왜 훌륭한 지도자로 인정을 받느냐 하면 유대 땅에서 태어난 유대교의 종교 지도자인 예수를 유대 사람에게 전한 것이 아니라 이것은 천하가 받아들여야 할 진리라고 생각해서 유대 땅을 벗어나 지중해 연안을 돌아 심지어는 로마, 스페인까지 가려고 했기 때문입니다.

여기에 복음서를 기록하게 된 이유가 보입니다. 예수가 하는 얘기는 테나크 속에 이미 담겨 있으니까 유대 사람을 위해서는 별 다른 글을 쓸 필요가 없습니다. 예수 자신도 새 글을 쓸 필요가 없다는 생각을 했는데 점차적으로 유대교의 영향력을 벗어나는 다른 천지에 예수의 말씀을 전하려니까 사정이 다릅니다. 그 사람들은 테나크를 아는 사람들이 아니거든요. 거기에 전하려면 예수가 했던 말, 예수가 했던 행동을 간략하게 정리해서 전하는 게 낫지 다 들고 다닐 수는 없다고 생각했습니다. 이것이 세계 전도를 위해 복음서가 생기기 시작했다는 또 다른 학설입니다.

어느 이론이 맞을까요? 그것은 객관적으로 판명할 길이 없습니다. 그러나 여기서 우리가 할 수 있는 중요한 일이 있습니다. 이런 문제야말로 우리가 같이 상상하고 추측해 볼 수 있는 문제입니다. 우리가 머리를 맞대고 생각할 수 있습니다. 우리가 추측하고 상상할 때는 제 각각 다른 것이 아니라 한마음으로 하니까 다 통하게 돼 있습니다. 세상일이라는 것이 생각 잘하고 추측 잘하고 상상 잘하면 합의하지 않을 수 없게 돼 있습니다.

하늘을 함께 생각하는 상상과 추측

그런데 만약 우리가 한마음이라고 얘기할 수 있는 '하늘'을 우리가 함께 생각하고 토론하고 일궈 나가는 학문의 근거에서 제거해 버리면 상황이 완전히 뒤집어집니다. 상상이나 추측이라는 말이 위험한 말이 됩니다. 이때 상상이나 추측은 각자가 제멋대로 하는 것이 되기 때문에 상상을 하면 큰일 날 것처럼 위태해 보입니다. 물론 학문하는 사람이 상상이나 추측을 되살리려고 애를 쓰기는 씁니다. 그러나 되살려지는 대목을 보면 본말이 전도됩니다. 이때는 어떤 상상이나 추측이 좋은 축에 드느냐 하면 그 결과로 가장 힘을 잘 쓰게 되는 게 좋은 상상입니다. 그러니까 요즘 가장 좋은 상상력 하면 돈의 상상력, 힘의 상상력입니다. '하늘의 뜻' 이런 상상을 하면 구름 잡는 이야기가 돼서 객관적으로 증명할 수 있는 일이 아닙니다.

지금 우리가 사는 세상은 이런 세상이 됐는데 복음서를 쓰던 분들은 그렇게 생각하지 않았습니다. 복음서를 쓰던 분들은 예수의 행적이라든가 예수의 말씀을 우리가 기억나는 대로 정리해서 전하기만 하면 그것이 유대 땅의 이야기, 혹은 베들레헴에서 태어난 한 **유대인의 언행이 아니라 어디를 가지고 가든 세계의 모든 사람들이 듣기만 하면 '맞아, 맞아.' 하고 무릎을 칠 이야기라고 생각**했습니다. 그래서 예수의 언행을 정리하기 시작했다는 것입니다.

이렇게 해서 바울의 편지가 기독교 성경 중에서 제일 먼저 쓰입니다. 그 편지의 내용은 모두 이런 것입니다. '제가 여러분들에게 이런 분을 전하기 위해서 갑니다. 예수 얘기를 하러 갑니다. 그런데 예수 얘기는 다른 얘기가 아니라 우리가 사람답게 사는 얘깁니다.' 처음에는 바울의 편지 글들만 돌아다니는데 바울의 편지 글도 보시면 예수 얘기밖에 없습니다. 그런데 바울은 생전에 예수를 보지도 못하고 듣지도 못한 사람이거든요. 그렇다면 예수를 직접 만났던 사람들은 어땠을까요? '바울은 예수를 보지도 않고 듣지도 않고 예수 얘기를 하는데 우리는 우리가 직접 봤던 예수를 이야기하자.' 그래서 정리하기 시작한 것이 복음서입니다. 그중에서 복음의 특징을 잘 드러내고 있는 책이 우리가 같이 읽으려는 『요한복음』입니다.

요한복음의 구분 - 서시, 표징, 영광

　『요한복음』을 읽을 때 신학교나 성경을 연구하는 학자 간에 서로 합의를 보는 구분법이 있습니다. **『요한복음』을 보통 세 부분으로 나눠 보는데 서시 부분, 표징 부분, 영광 부분으로 나누는 것입니다.** 1장 1절에서 18절까지가 서시 부분입니다. 1장 19절에서 12장 50절까지가 표징 부분이고, 마지막으로 13장에서 21장 끝까지는 영광에 해당됩니다.

　서시는 원래 복음서의 전통에 속하는 것이 아닙니다. 이 **복음서가 쓰이던 당대에 예수 믿는 사람들끼리 모이면 서로가 읊고 노래하던 것이 있었는데 그것이 『요한복음』의 서시가 된 것입니다.** 『요한복음』이 쓰이던 시기에서 훨씬 거슬러 올라가는 소위 '유대인의 찬송'이 『요한복음』의 맨 앞 장이 됐습니다. 그 찬송을 복음서의 처음으로 삼았다는 것이 『요한복음』이 다른 복음서와 구별되는 특징인데, 『요한복음』을 쓸 때는 이 찬송 부분이 특별히 중요하다고 생각을 한 겁니다.

　다음은 표징 부분인데 『요한복음』의 거의 절반을 차지합니다. 우리말 성경에 나오는 표징은 'sign'의 번역어입니다. 이 표징이 바로 인간 언어의 핵심이라는 얘기를 해서 기호학의 기초를 놓은 학자가 그 유명한 스위스 태생의 페르디낭 드 소쉬르(Ferdinand de Saussure)입니다. 소쉬르의 『일반 언어학 강의』가 오늘날 언어학의 기초를 이루고 있는데 그 핵심은 '우리가 말을 한다고 할 때 이 말은 하나의 기호다. 또 우리가 어떤 행위를 한다고 할 때 그 행위도 하나의 기호다.'라고 전제하고 시작합니다.

우리가 어떤 사람의 말을 이해한다, 그의 행동을 이해한다고 할 때 거기에는 항상 말과 행동의 주체가 들어있다는 것을 잊지 말아야 합니다. 그 둘을 한꺼번에 붙잡고 있어야 말을 이해하는 것이지 어떤 사람이 말을 했는데 그 사람이 내뱉은 단어만 사전에서 찾아보고 이해할 수 있다거나 사진을 찍어서 그 행동을 분석해 보면 이해할 수 있다고 생각하면 말과 행동을 제대로 이해하는 게 아니라는 것이 소쉬르가 이해하는 표징입니다. 소쉬르가 당연한 얘기를 한 셈인데 왜 중요하냐 하면 그렇게 생각하지 않는 사람이 있어서 그렇게 된 것입니다.

소쉬르 이야기하면서 한 번 우회했는데 한 번 더 돌아가야겠습니다. 아마 모르긴 해도 20세기, 21세기의 사상가 중에서 제일 많이 거론되고 있는 사상가라고 생각되는데 아무도 기대하지 않았던 사람이 있습니다. 프랑스 출신이고, 1901년에 태어나서 1980년에 세상을 떠난 자끄 라깡(Jacques Lacan)이라는 심리학자입니다. 이 분이 무슨 얘기를 한 것이냐 하면 표징이 우리 사이에서 일한다는 것입니다. 우리 둘이 마주 서서 마음이 통하면 그게 표징이 일한 것입니다.

그러니까 묵언도 표징이 됩니다. 어떨 때는 둘이 마주 앉아서 아무 말도 하지 않았지만 마음이 탁 통할 때가 있지 않습니까? 그게 표징이 일한 때입니다. 물론 어떤 경우에는 말과 행동이 필요하지요. 그런데 말과 행동을 통해서 표징이 일을 하더라도 결과는 묵언 때와 똑같아야 됩니다. 마음이 통해야 표징이 일을 한 것이지 마음이 통하지 않으면 표징이 일을 한 것이 아닙니다. 그러면 이스라엘 사람들은 왜 이 표징이라는 것을 그렇게 중요하게 생각했을까요? 이것은 굉장히 중요한 철학 명제입니다. 표징이란 **우리가 한마음을 나누면 그것을 표징이라고 그러는 것입니다.**

『요한복음』의 표징 대목을 보시면 별의별 일이 일어납니다. 여러 가지 재미난 일이 많습니다. 결혼 잔치에 가서 물로 포도주를 만들기도 하고, 죽은 사람을 살리기도 하고, 눈 먼 사람의 눈을 뜨게 하고 말이지요. 배가 고프다니까 떡을 먹이기도 합니다. 이러다가 유대교의 지도자하고 충돌이 벌어지고 예수는 피해 다니게 되지만 말입니다. 사람들은 줄기차게 이를 기적이라 부르는데 예수에게는 이게 다 마음을 통하기 위한 표징입니다. 이제 우리가 살펴보게 될 표징을 통해서 **우리가 예수와 마음이 통하면 그 표징이 역할을 하는 것입**니다.

마지막으로 13장부터 끝까지가 전통적으로 영광이라 불리는 부분입니다. 이스라엘 사람이나 유대 사람이 무엇을 영광이라 그랬느냐 하면 **사람이 사람답게 사는 것이 영광**이지 다른 것을 영광이라고 하지 않았습니다. 그리고 영광을 누리면 누구나 행복하고 기쁩니다. 왜 기쁘냐 하면 자기가 자기 본분대로 사니까 기쁩니다. 그러면 본분대로, 사람 된 대로 사는 데 필요한 열쇠는 무엇일까요? 표징을 통해서 우리가 서로 나누어야 되는 그 한마음이지요. 자! 『요한복음』 전체를 이렇게 정리했으니 이제 1장 1절부터 18절까지의 서시 부분부터 봅시다.

Chapter 02

말씀이
우리와 함께

02 말씀이 우리와 함께

『요한복음』 처음에 보면 '말씀이 있었다.'로 시작합니다. 여기서 '말씀'이 바로 우리가 여태까지 살펴본 표징입니다. 그리스어로는 이것을 로고스라고 하는데 여러 가지로 해석하지만 사람의 말을 로고스라고 합니다. 그리고 로고스니까 소리도 있어야 되고, 글도 있어야 되고, 행위도 있어야 되고, 뭔가 전달하는 매체도 있어야 되지만 앞에서 말씀 드린 대로 표징에서는 그 매체가 중요한 게 아닙니다. 그 매체를 통해서 서로 나누는 것, '나'와 '너'가 서로 만나는 그 대목이 중요합니다.

'태초'는 처음부터 지금까지 그렇다는 말

그 말씀이 '태초에' 있었다고 합니다. 『창세기』도 '태초에'로 시작합니다. **태초가 처음이라는 말인데 처음이라는 말은 처음이 있고 끝이 있다는 얘기가 아니라 애당초에 일이 생기기를 그렇게 생겼다는 말입**

니다. 처음부터 그렇게 생긴 것이니까 모든 것은 지금도 그 모습을 그대로 유지하고 있다는 얘기를 하려는 것입니다. 다시 확인하지만 처음에 뭐가 있었다고요? 서로 나눠야 되는 '말씀'이 있었다는 것입니다. 그런데 그 말씀이 바로 하나님과 함께 계셨다는 것이고요.

'하나님'이라는 말이 나오는데 『요한복음』을 읽으면서 두고두고 우리가 생각해야 되는 말입니다. 사실 예수는 '하나님을 보여 주기 위해서, 하나님을 들려주기 위해서, 하나님을 전하기 위해서 내가 세상에 왔다.'고 했다가 그것 때문에 곤욕을 치릅니다. 사람들이 '그러면 하나님을 보여 다오, 하나님을 들려 다오.' 합니다. 이에 대해 예수가 이렇게 대답하지요. '아니, 제가 여러분하고 이렇게 오래 같이 있었고 제가 이 모든 말씀을 드렸는데도 하나님을 보여 달라니요? 하나님을 들려 달라니요?' 그러니까 '이런 세상에! 그러면 네가 하나님을 보여 주는 장본인이란 말이냐?' 하고 나온 것이지요. 이렇게 해서 곤욕이 시작됩니다. 이 하나님을 보여 주는 문제가 『요한복음』을 읽어가는 데 핵심 주제입니다. 왜냐하면 예수가 보여준 하나님은 바로 그 말씀과 같이 계셨던 하나님입니다. 그러니까 그 **말씀이 일을 하면 즉, 표징이 일을 하면 우리는 하나님을 만난 것이고, 하나님과 통한 것입니다.** 그래서 '그 말씀이 하나님이셨다.'라고 했습니다.

태초의 모습을 유지하는 사람이
하늘이 내려준 사람

그 다음에 '그는 태초에 하나님과 함께 계셨다.'라고 했지요? 누가 태초에 하나님과 함께 있었다고요? 예수가 하나님과 같이 있었습니다. 1장 14절에 보면 어떤 번역은 독생자, 어떤 번역은 외아들 이렇게 번역한 말이 나옵니다. 이 말을 어떻게 이해하느냐가 전통적으로 많은 문제를 일으키고 있는데 저는 이렇게 생각합니다. **독생자나 외아들을 잘못 이해하는 지름길이 하나 있는데 예수 이외에는 하나님으로부터 난 사람이 없다고 하는 것입니다.** 그러나 그런 생각은 엄청난 오해입니다. 그것이 왜 오해인가는 우리가 『요한복음』을 읽어 내려가면서 차차 밝혀지겠지만, 외아들과 독생자를 우리가 어떻게 이해해야 바로 이해하는 것일까에 대하여 우선 간단하게 대답하면 이렇게 말할 수 있습니다. 하나님이 만든 사람은 다 예수 같은 사람이지 그 이외에 다른 사람이 없습니다. 우리가 보통 하늘이 내려준 사람 그러는데 **하늘이 내려준 사람이란 태초의 모습을 그대로 유지하는 사람입니다. 본디의 자기 모습을 잃어버리지 않은 사람이 바로 예수 같은 사람**입니다. 그것이 독생자의 의미입니다. 『요한복음』을 읽어 내려가다 보면 이 문제가 갈수록 심각하게 제기되는 것을 볼 수 있습니다.

한편에서는 독생자라는 말을 듣고서 감동하고 감화를 받아 자기의 삶이 변하는 사람이 늘어갑니다. 예수의 말을 듣고 '아! 나도 예수같이 살면 나답게 사는 것이로구나, 태초에 생긴 대로 사는 것이구나, 나도 영광을 누리고 나도 행복을 누릴 수 있는 것이구나.' 하는 깨달음이 물밀듯이 밀려옵니다. 다른 한편에서는 그 말을 듣고 불쾌한 정도가 아니라 분노를 느끼고 예수를 죽여 버려야겠다는 아주 극한 상황에 빠지는 사람이 생기는데 이들은 독생자라는 말을 듣고 예수가 자기만이 하나님에게서 난 사람이라고 얘기하는 것으로 이해하는 사람입니다.

'감히 자기가 어떻게 하나님의 아들이라는 거야.' 이런 생각이 듭니다. 사실 아버지와 맞먹는 것이 아들 아닙니까? 아버지가 세상 떠나고 나면 그 아버지의 자리를 자식이 채우니까요. 여기서 아들이라고 한다고 해서 꼭 남자라는 생각을 하실 필요는 없습니다. 아버지의 자리, 엄마의 자리는 딸도 채우고 아들도 채웁니다. 아들이라는 게 중요한 자리인 줄 아니까 '네가 감히 어떻게 하나님의 아들이라고 해?' 하며 사람들이 분개합니다. 다시 '말씀' 얘기로 돌아가서 여기에 태초에 말씀이 있었는데 그 말씀이 하나님과 함께 계셨다고 그랬으니까 우리가 하나님을 알려면 그 '말씀'을 이해하면 됩니다. 제가 이 새번역 성경 한 번 읽어드릴 테니까 느껴보세요.

> 태초에 '말씀'이 계셨다. 그 '말씀'은 하나님과 함께 계셨다. 그 '말씀'은 하나님이셨다. 그는 태초에 하나님과 함께 계셨다. 모든 것이 그로 말미암아 창조되었으니, 그가 없이 창조된 것은 하나도 없다. 창조된 것은 그에게서 생명을 얻었으니, 그 생명은 사람의 빛이었다.(1:1-4)

여기서 우리가 '말씀'과 마주하고 있는데 천지가 어떻게 만들어졌는지가 드러나는 대목입니다. **우리가 이 '말씀'을 알고 이해하게 되면 천지가 어떻게 생겼는지를 이해하게 되고 바로 사는 것입니다.** 그리고 그 '말씀'이 바로 우리들의 빛이라는 것입니다. 이 빛이 여기서 금세 곤란을 당합니다. 5절부터 읽어 볼까요.

> 그 빛이 어둠 속에서 비치니, 어둠이 그 빛을 이기지 못하였다. 하나님께서 보내신 사람이 있었다. 그 이름은 요한이었다. 요한은 그 빛을 증언하러 왔으니, 자기를 통하여 모든 사람을 믿게 하려는 것이었다. 그 사람은 빛이 아니었다. 그는 그 빛을 증언하러 왔을 따름이다.(1:5-8)

그 유명한 빛과 세례요한의 얘기입니다. 제가 앞에서 사해사본을 말씀드렸는데 사해사본이 발견된 이후 확인되는 것은 이 사해 유물들이 세례요한과도 굉장히 긴밀한 관계를 갖고 있는 공동체가 남긴 유물이라는 것입니다. 아마도 예수의 사랑하는 제자였던 사도요한도 세례요한의 공동체에 들어갔을 것이라고 추측을 합니다. 여기서 중요한 얘기는 그 빛이 사람 가운데, 어둠 속에 왔는데 못 알아본다는 것이지요. 여기서 어둠이라는 것은 무엇이겠습니까? 예를 들어 빛을 우리가 올바로 아는 것이라고 하면 어둠은 빛이 없는 것이니까 바로 알지 못하는 것을 말합니다. 빛이 어둠 속에 왔다는 것은 바로 알지 못하는 사람 가운데 바로 아는 지혜가 전해졌다고 봐도 됩니다. 또 우리가 생명이 생명답게 살기 위해서 바로 알려고 하는 것인데 생명이 생명답게 살지 못하는 그런 세상을 우리가 어둠이라고 얘기할 수밖에 없는 것입니다. 여기 새번역에 보면 이렇게 번역을 했습니다.

> 그 빛이 어둠속에서 비치니, 어둠이 그 빛을 이기지 못하였다.(1:5)

여기서 '깨닫지 못했다' 그러지 않고 '이기지 못했다' 그랬는데 이렇게 번역을 해도 괜찮습니다. 무슨 말이냐 하면 빛이 필요한 세상에 빛이 비추면 세상이 금세 그 빛을 알아보고 깨우쳐서 그 빛을 따라갈 것 같은데 그렇지가 못하다는 것입니다. 사람들이 왜 빛을 알아보지 못할까, 이게 『요한복음』이 끝까지 놓치지 않는 문제의식입니다.

그러면 세례요한과 빛의 관계는 무슨 관계일까요? 이스라엘 사람에게 세례요한은 굉장히 중요한 선지자입니다. 마지막 선지자예요.

이 분은 들판에서 살았습니다. 메뚜기와 벌꿀을 먹으면서 살아간 야인(野人)이었다고 합니다. 그런데 이 야인의 말이 자기는 빛이 아니라고 합니다. 자기는 단지 그 빛이 예수라는 것을 얘기하기 위해서 온 사람이라고 했습니다. 요한이 왜 이런 말을 할까요? 요한의 말이 빛은 예수만이 빛이고 심지어 세례요한마저도 빛에 해당되지 않는다고 얘기를 하는 것일까? 이것은 아까 독생자라는 말, 외아들이란 말을 오해하는 대목하고 같이 짝을 이루는 대목이라고 저는 생각합니다. 여기서 잠깐 건너뛰어서 14절을 보겠습니다.

> 그 말씀은 육신이 되어 우리 가운데 사셨다.(1:14)

여기서 육신이라는 말은 먹어야 살고, 배설해야 살고, 잠자야 살고, 그런 사람을 육신이라고 합니다. 그냥 우리 같은 사람을 육신이라고 그러는 것입니다. **말씀이 다름 아닌 육신이 되었다는 말은 이것을 요즘 말로 바꾸면 말씀이 그냥 보통 사람이 됐다는 뜻입니다.** 그냥 사람이 되었다고 하지 않고 육신이 되었다라고 한 것은 육신 없는 사람, 육신 아닌 사람은 아무도 없으니까 그렇게 말한 겁니다. 숨 쉬고 사는 사람은 다 육신입니다. 여기에 세례요한이 '나는 예수가 아니야, 예수만이 빛이야' 했던 것이 어떤 의미였을까를 가늠해 볼 수 있는 실마리가 보입니다.

이 대목에 대해 여러 학자의 연구를 보기도 하고 저도 생각을 해 보는데 여러분도 어떤 생각이 마음에 드는지 결정하시기 바랍니다. 세례요한은 육신이었지만 그냥 육신, 보통 육신이 아니었잖습니까? 야인생활은 보통사람이 하는 일이 아닙니다. 여러분! 이 중에 몇 분이나 들판에 나가 혼자서 가죽옷 입고 메뚜기 잡아먹으며 사실 수 있겠습니까? 우리는 가정도 돌보고 직장에도 나가야 하고, 이런 게 다 육신이 하는 일입니다. 그런데 세례요한은 자기는 그렇게 특별한 삶을 살면서 하나님의 말씀을 전한다고 했지만 참다운 빛의 역할을 하지 못한 것이라고 생각한 것입니다. **참다운 빛이라는 것은 어떻게 살든지 있는 그대로 사는 것입니다.**

육신이란 말의 그리스어를 직역하면 그냥 고깃덩어리란 뜻입니다. 우리가 다 고깃덩어리입니다. 이 고깃덩어리가 마음이 마음 값을 하면서 말씀이 말씀으로서 일하면 그게 다 빛이 되는 것입니다. 그런데 요한이 보기에 자기는 거기까지는 가지 못한 거예요. 자기는 그냥 고깃덩어리로는 안 되고 특별하게 살아야만 된다고 생각했기 때문에 자기 자신은 거기까지 가지 못했다고 본 것입니다. 이렇게 보면 『요한복음』이 세례요한과 관련하여 하고자 하는 말의 핵심은 고깃덩어리인 우리는 누구나 그 '태초의 말씀'을 접할 수 있다는 것입니다. 단지 문제는 어둠이 빛을 알아보는 것은 당연한 것인데도 어둠이 빛을 못 알아본다고 하는 것입니다. 우리가 억지를 부리지 않는다면 실상 빛은 누구나 다 알아보게 돼 있다고 말하는 것입니다. 이제 그 빛에 대한 요한의 증언이 15절에 나옵니다.

> 요한은 그에 대하여 증언하여 외쳤다. "이분이 내가 말씀드린 바로 그분입니다. 내 뒤에 오시는 분이 나보다 앞서신 분이라고 말씀드린 것은, 이분을 두고 말한 것입니다. 그분은 사실 나보다 먼저 계신 분이기 때문입니다.(1:15)

왜 이런 말이 가능하냐 하면 말씀은 태초부터 있는 것이니까 먼저 왔다 뒤에 왔다가 문제가 되지 않습니다. 말씀은 항상 처음부터 끝까지 있는 것이니까요. 그 다음에 이런 말씀이 있습니다.

> 우리는 모두 그의 충만함에서 선물을 받되, 은혜에 은혜를 더하
> 여 받았다.(1:16)

충만, 은혜는 기독교 성경에서 매우 중요한 용어입니다. **충만은
사람이 사는데 이 빛만 우리가 간직하면 부족함이 없다는 뜻입니다.
그리고 은혜는 제 힘이 아니더라도 그 빛은 제가 살기에 넉넉한 자원
이 된다는 뜻**이고요. 그 다음 절을 보지요.

> 율법은 모세를 통하여 받았고, 은혜와 진리는 예수 그리스도로
> 말미암아 생겨났다.(1:17)

이 말이 유대인의 신경을 제대로 건드립니다. 왜냐하면 율법은 여
러 가지로 부족함이 있었지만 예수를 통해서 받은 은혜와 진리는 다
르다고 하니까요. **진리는 저절로 있는 것이어서 모든 육신이 다 확보
할 수 있는 것이고, 은혜는 육신 모두에게 골고루 제공된 것이므로 특
별히 모세의 율법이 아니라도 충분하다는 것**입니다.

> 일찍이, 하나님을 본 사람은 아무도 없다. 아버지의 품속에 계신
> 외아들이신 하나님께서 하나님을 알려주셨다.(1:18)

이 18절이 재미있지요? 하나님을 보았다든가 하나님을 들었다든
가 하는 얘기들은 다 문제가 있다는 것입니다. 그런데 하나님을 우
리가 어떻게 알게 됐느냐 하면 이 육신을 통해서 알게 되었다는 겁

니다. 육신은 우리에게 하나님을 어떻게 알려주지요? 이 '말씀'을 통해서 알려줍니다. 우리가 보기에 예수도 우리와 똑같이 육신을 입었습니다. 밥도 먹어야 되고 잠도 자야 하는 고깃덩어리입니다. 우리도 고깃덩어리입니다. 이렇게 말하면 현대 철학자들이 말하듯이 우리가 동물과 다름없다고 얘기하는 것 같지만 **예수는 우리들에게 '말씀'을 나누는 분입니다. 표징입니다.**

예수와 우리가 마주 서서 말씀을 나누게 되면, 우리는 그 하나님을 본 바나 다름이 없게 되는 것입니다. 하나님이 우리에게 알려진 것이나 다름없습니다. **사람이 사람답게 살 수 있고, 충만하고, 부족함이 없이 살 수 있으면 하나님이 알려진 것입니다.** 부족함이 없다는 것은 다 갖췄다는 얘기가 아닙니다. 제가 절름발이일지라도 제가 눈이 멀었을지라도 영광스럽게 기쁘게 살기에 충분한 길이 열렸다는 말입니다.

복음이란?

복음(福音)이 그래서 복음인 것입니다. '福音'은 좋은 소식이라는 뜻입니다. 히브리어로는 euangel라고 씁니다. 영어로는 u가 v가 되어 evangel 이라고도 합니다. 여기서 'evangelism, evangelical'이라는 말이 파생되지요. 복음이 여기서 나오는 것인데 'eu'라는 말은 좋다는 얘기이고 'angel'은 천사이니까 천사가 좋은 소식을 우리에게 전하는 것입니다. **예수가 좋은 소식을 전했는데 이 소식은 이스라엘 사람들이 옛날부터 늘 기다리던 소식입니다.** 그 소식이 예수에 대해서 예언했다는 글 속에 나오는데 하나님의 입술에 속하는 글 중의 하나인 『이사야서』 52장 7절입니다.

놀랍고도 반가워라! 희소식을 전하려고 산을 넘어 달려오는 저 발이여! 평화가 왔다고 외치며, 복된 희소식을 전하는구나. 구원이 이르렀다고 선포하면서, 시온을 보고 이르기를 "너의 하나님께서 통치하신다." 하는구나.

여기서 **시온은 달동네**를 말합니다. 이스라엘 사람이 평지에 내려가면 하도 못살게 구는 사람이 많으니까 저 언덕 위, 달동네에 모여 살고 있습니다. 요즘 시온의 영광 그러니까 시온이라고 하면 천당을 얘기하는 줄 알지만 사실 달동네를 말합니다. 평지에 살 수가 없어서 산꼭대기에 올라가 사는 사람들이 모여 사는 곳을 시온이라고 했습니다. 그 다음 '하나님께서 통치하신다.'라고 했는데 **하나님이 다스리면 다 잘 살게 되는 때가 되는 것**입니다. 심지어 달동네 사람도 잘 살게 됩니다. **다 잘 살게 되었다는 말의 의미가 무엇이냐 하면 평화가 왔다는 것**이고요.

여기서 예수가 전하는 기쁜 소식이라는 것은 무엇일까 생각해 볼 필요가 있습니다. 이 얘기로 『요한복음』 서시 부분 이야기를 마치겠습니다. 저는 인간과 동물이 뭐가 다를까 늘 생각해 봅니다. 찰스 다윈도 그 대목은 잘 밝히고 있다고 생각하는데 우리가 찰스 다윈을 항상 오해하기 때문에 『종의 기원』을 다시 읽어보자고 권합니다. 여러분! 동물은 싸울 일이 생기면 싸우지요? 인간은 싸울 일이 생기면 싸우기도 하지만 한편으로는 이런 상황이 안쓰럽습니다. 그래서 **인간은 싸울 일이 생겼을 때 싸우지 않고 해결할 길을 찾습니다.**

'말씀'은 **싸우지 않고 살도록 하는 것**입니다. 그런데 동물에게는 언어가 필요 없습니다. 동물은 싸울 일이 있으면 싸워야 되고 싸우면 끝장이 납니다. 사람은 끝장 안 내려고 안 싸우는 것인데 그때 말이 필요합니다. '말씀'이 필요한 것입니다. **'태초에 말씀이 계셨다.'는 것은 태초에 하나님이 천지를 창조하실 때 싸우지 않고 말로 살도록 창조했다는 것입니다.** 이런 천지 구도를 가장 잘 이해하고 맡길 만한 장본인은 인간밖에 없습니다. 그래서 『창세기』에 보면 하나님이 태초에 천지를 창조하고서 인간에게 맡깁니다. 왜냐하면 인간은 천지의 법도를 아니까요. 천지의 법도란 싸울 일도 싸우지 않고 살 수 있는 길이지요. 싸우지 않고 살 수 있는 길이 있다는 소식이 기쁜 소식입니다. 그 소식이 우리에게는 구원이 된다는 얘기입니다.

Chapter 03

예수와
세례요한의 차이

03 예수와 세례요한의 차이

성경은 같이 짚어보고 간추려야

기독교 역사를 볼 때 기독교가 사람을 살리고 세상을 밝힌 시대도 있었지만 세상을 어지럽게 하고 사람의 삶을 괴롭힌 시기도 많았습니다. 대개 종교가 종교 역할을 잘 하지 못할 때 특별히 나타나는 경향이 하나 있습니다. 저처럼 선생이라고 앞에 나와서 무슨 말을 할 때 어느 누구도 그 선생에 대해서 소위 '청문회'를 하지 않는 것입니다. 그러면 종교가 잘못된 길로 들어서는 것 같습니다. 성경도 마찬가지입니다. **성경은 사람의 말로 된 삶의 진리에 대한 이야기이기 때문에 우리가 지금 하는 것처럼 같이 짚어보지 않으면 안 됩니다.** 우리가 들여다보게 되는 『요한복음』의 여러 대목에서도 같이 다독거려야 할 중요한 주제들이 드러나고 있습니다.

세례요한은 누구인가?

『요한복음』이 제기하는 또 다른 문제가 있습니다. 요한이 누구냐는 것이지요. 이때 요한은 『요한복음』을 쓴 요한이 아니라 세례를 주는 요한입니다. 세례요한을 소개하는 대목이 『누가복음』에 있습니다. 요한의 어머니가 요한을 수태한 후 예수의 어머니 마리아가 요한의 어머니를 찾아갑니다. 그때 마리아도 예수를 태중에 가지고 있었는데 마리아가 문간에 들어서자 어머니 뱃속에 있던 요한이 깡충깡충 뛰었다고 합니다. 이것을 보면 요한과 예수는 그저 몇 달 차이입니다.

요한이 예수보다 몇 달 먼저 태어난 분인데 예수가 세상에 나타나서 언행을 끼치기 시작할 때 요한은 이미 유대 땅 전체에 유명한 빛의 역할을 하고 있던 분이었습니다. 요한은 세상과 섞이지 않고 가죽옷을 입고 메뚜기와 벌꿀을 먹으며 들판의 소리로 살았습니다. 광야의 소리로 사람들에게 '여러분! 뉘우치십시오. 뉘우치십시오. 하나님의 나라가 먼 데 있는 것이 아니라 바로 우리 가운데 하나님의 나라가 있습니다. 여러분들 뉘우치지 않으면 이 나라에서 바로 살수가 없습니다.' 이런 얘기를 하고 돌아다녔습니다.

세상의 이치는 하나

그럼 요한과 예수는 어떤 관계일까요? 이 질문은 바꾸어 말하면 나와 예수의 관계는 어떤 것일까, 우리와 예수의 관계는 어떤 것일까를 묻는 것하고 크게 다를 게 없습니다. 이에 대해 물로 세례를 주는 요한이 예수에 대해 뭐라고 얘기하는지 들어 봅시다. 사람들이 요한에게 와서 '우리가 당신에게 배워야 되는 것 아닙니까?' 그러니까 요한이 '아니요, 저보다는 예수에게 배우십시오.' 합니다. 왜 요한이 이런 얘기를 하는지 이해하는 게 중요한데 이런 문제를 제시하기 위해서 1장 1절에서 18절이 쓰인 겁니다. **『요한복음』이 첫 대목에서 우리들에게 딱 부러지게 얘기해 주고자 하는 것은 세상의 이치가 하나라는 겁니다.** 천지, 우주, 자연이 만들어진 이치나 우리 몸이 만들어진 이치는 다 같은 하나라는 겁니다. 여기서 몸은 단순히 고깃덩어리만 얘기하는 것이 아닙니다. 우리가 사람이라고 할 때는 몸을 가지고 사는 것을 사람이라고 하고 몸속에는 감정, 이성의 이치도 담겨 있습니다. 몸은 이 모두를 포함합니다.

땅은 서로 어울려 사는 곳

그 다음은 땅입니다. 땅에는 여러 가지 의미가 있긴 하지만 특히 **성경에서 땅이라고 할 때는 서로 어울려 사는 것을 말합니다.** 물론 사람뿐만 아니라 살아있는 모든 것이 어울려 사는 것입니다. 또 살아있는 것뿐만 아니라 무생물과 생물이 같이 어울려 사는 것이 땅입니다. 그러나 요즘 우리가 사회라고 할 때는 이것을 다르게 이해하는 것을 볼 수 있습니다. 종종 사람만의 모임을 사회라고 생각합니다. 아니에요. 만물과 어울려 사는 게 사람입니다. 그 어울려 사는 모든 것, 소위 천지인(天地人), 다시 말해 **자연, 인간, 사회가 원래 같은 이치로 지어졌다고 선언하는 것이 『요한복음』 1장의 첫 대목입니다.** 그런데 아주 재미있게도 그 이치는 말로 우리들에게 전해진다고 했습니다. 말이라는 것이 우리 사람들의 특권 아닙니까? 그러면 여기서 말하는 사람의 언어라는 것은 만물에 통하는 그 이치를 주고

받을 수 있는 사람의 말을 얘기하는 것입니다. 『요한복음』은 이 문제에 대하여 '천지와 사람이 이루어진 진리, 그 이치는 다 같은 것인데 그 이치를 가지고 말하는 것 때문에 이 글을 썼습니다.' 그러는 것입니다.

『요한복음』의 오늘 이 대목은 서양철학의 기초가 됩니다. **초기 기독교든, 중세든, 현대든 간에 서양이 기독교의 영향을 놓치지 않고 꼭 붙잡고 있는 대목이 있습니다. 그것이 자연과 사람과 사회를 꿰뚫고 있는 이치가 한 가지일 뿐만 아니라 그것은 사람의 말로 표현될 수 있다는 것입니다.** 우리가 매일 매일을 살아가지만 삶에는 우리가 모르는 것이 너무 많습니다. 논리가 없는 것 같습니다. 그렇다고 우리가 '삶은 어차피 모를 일이니까 몰라도 돼.' 그러지 않습니다. 또 모른다고 우리가 싫어하지도 않습니다. 늘 보고 싶고, 같이 살고 싶고, 또 알고 싶은 것이 싫어하지 않는 것 아닙니까? 싫어하지 않는다는 것은 모른다고 버리지 않을 뿐만 아니라 몰라도 알기를 원한다는 것입니다. 그러니까 유학 사상 전체를 통해서 볼 때도 배울 학(學) 자가 매우 소중합니다. 모르는 것은 배우면 알 수 있다는 생각, 모른다고 싫어하지 않는 마음입니다. **배운다는 것은 싫어하지 않는 마음입니다.** 말이 안 되면 그냥 내버려둘 수 없다는 얘기도 되지요. 바로 그런 얘기를 하려는 것이 『요한복음』 첫 대목의 얘기입니다. **『요한복음』은 사람의 말을 소중히 여기는 것입니다.**

그런데 왜 마지막 대목에 와서 요한의 얘기를 꺼내는 것일까요? 그 핵심은 여기에 있습니다. 예수도 세례요한도 같은 말을 하고 살거든요. 똑같은 말을 씁니다. 그런데 어떤 의미에서 우리는 예수의 말과 세례요한의 말을 구별해야 할까 하는 질문을 하고 있는 것입니다. 바꿔 말하면 우리가 평상시에 쓰는 말과 우리가 특별히 말씀

이라고 구별하는 예수의 말 사이에 공통점은 무엇이고 또 구별해야
하는 까닭은 어디에 있는지를 들여다보기 위해서 예수와 요한 이야
기를 하는 것입니다. 오늘은 세례요한과 예수의 차이가 무엇인지 살
펴보는데 1장 19절에서 대두되고 있는 중요한 문제입니다.

레위지파 이야기와 십일조의 시작

제사장과 레위지파 사람 얘기가 나오는데 레위지파는 전통적으
로 이스라엘을 구성하고 있는 열두 지파 중의 한 지파입니다. 이 레
위라 불리는 지파 사람들은 원래 성격이 광폭하고 싸움을 잘 했습
니다. 동네에서 싸움만 붙으면 이들을 당해낼 도리가 없을 정도로
폭력적인 사람들이었는데 하루는 하나님이 나타나서 '너희들이 그
렇게 싸움만 일삼고 있으니 열두 지파가 다 살려면 내가 너희들에게
다른 일을 시켜야겠다.' 그럽니다. '너희들은 이제부터 땅도 갖지 말
라.'고 합니다. 대개의 싸움은 땅을 넓히겠다는 싸움이니까 하나님
이 그렇게 조치를 한 것이지요. 그리고 '일도 하지 말라.'고 했습니다.
왜냐하면 싸움 잘하는 사람들은 일한다는 핑계로 일을 저지릅니다.
자기가 열심히 심고 가꿔서 열매를 거두는 것이 아니라 빼앗습니다.
그러니까 폭력적인 사람의 일이라는 것은 힘 키우기입니다. 총과 칼
을 만들고 근육을 키워서 다른 사람을 쉽게 때려눕힐 수 있는 힘을
기르는 일을 합니다.

이렇듯 남의 땅, 남이 가꿔놓은 열매를 강점, 강탈해서 편안하게
살려는 사람이 레위지파 사람이었는데 하나님이 그 대신에 다른 일
을 시킵니다. 유대인에게는 일주일에 한 번씩 사람들이 다 모여서 일
도 안 하고 편안하게 쉬는 날이 있습니다. 장터에 모여 가지고 사람

사는 얘기를 서로 나누는 날을 이스라엘 사람들이 안식일이라고 불렀습니다. 말하자면 장이 서는 날입니다. 그 장 서는 날에는 사람들이 많이 모이니까 누군가 뒷바라지를 해야 하지 않겠습니까? 모이는 장소도 마련해야 하고 사람들을 먹이기도 해야 하고 여러 가지 심부름할 일이 많습니다. 또 사람 모아 놓고 얘기하려면 얘기하는 사람을 위해서 연단도 꾸미고 또 할 말도 준비해야 합니다. 그런 일을 하나님이 레위지파 사람들에게 맡깁니다. 그러고서는 '너희들은 앞으로 이렇게 먹고 살도록 해라. 나머지 열 한 지파 사람들이 각각의 소출 중에서 1/10씩을 모아가지고 그것으로 너희들을 먹여 살리게 할 테니 너희들은 먹고 사는 것을 걱정하지 마라.'고 한 것입니다.

이게 요즘 교회가 말하는 십일조의 시작입니다. 다른 지파 사람들도 다 좋은 생각이라고 했습니다. 자기들이 레위지파를 먹여 살리되 안식일 행사를 돌보는 사람으로 쓰자는 데 합의를 했습니다. **십일조 제도가 이렇게 못된 사람, 막무가내인 사람을 사회적으로 교정하는 역할을 하는 제도로 출발**합니다. 제사장이란 레위지파의 별명인데 그 사람들이 나중에 제사장이 됩니다. 사람이 모여들 때 필요한 일을 돌보는 것을 제사장이라고 했습니다. 나중에 보면 레위지파 사람이 뭐를 잘했느냐 하면 싸움 대신에 노래를 잘 불렀습니다. 이런 의미에서 레위지파 사람은 요새 말하는 엔터테인먼트를 하는 사람들입니다. 그게 제사장이었습니다.

특권층이 된 레위지파

그런데 예수가 이 땅에 올 때쯤에는 레위지파 사람들이 아주 이상한 권력층이 되어 있었습니다. 누가 땅도 가지지 않고 직업도 가지지 않으면서 우리를 위해 수고하면 우리는 그분들이 고맙지 않겠습니까? 고마우니까 떡이라도 하나 더 싸 드리고, 만나면 '정말 수고가 많습니다.' 하고 공손하게 인사합니다. 그런데 그것을 보고 생각을 잘못하는 사람은 '내가 특별한 사람이기 때문에 나를 대접하는가 보다.'라고 생각해서 곁길로 빠집니다. 제사장이라는 지위가 갑자기 특권층이 됩니다. 원래 특별한 부류의 사람이라서가 아니라 우리를 위해서 수고를 많이 하고 허드렛일과 궂은일을 마다 않는 분이라서 대접하고 고마워했던 것인데 그들이 특권층이 됩니다.

그리스도는 누구인가?

그 레위지파 사람들이 요한에게 사람을 보냈습니다. 그때는 세례 요한이 나타나면 이스라엘의 대중이 몰려들어 세례를 받았습니다. 그러니까 레위지파 사람이 묻고 싶은 질문이 있는 겁니다. '당신이 그리스도입니까?'라고. '그리스도'라는 말이 있고 '메시아'라는 말이 있습니다. 히브리어로는 '마사아'인데 영어의 음으로는 메시아입니다. 메시아가 그리스어로 그리스도인데 머리에 기름을 바른다는 뜻입니다. 그래서 그리스도 하면 '머리에 기름 부은 자'로 번역을 합니다. 대개 세 가지 공직을 맡는 이들에게 공직을 맡기는 표시로 발랐습니다. 우선 왕에게 기름을 부어요. 그 다음에 예언자입니다. 선지자라고도 하는데 같은 말입니다. 제가 지난번에 말씀 드렸죠? 하나님의 입술. 그리고 세 번째가 제사장입니다.

그런데 이 세 가지 공직을 맡길 때 특별한 사람을 고르는 것은 아닙니다. 이스라엘의 역사에 보면 제일 먼저 왕이 되는 게 다윗이었는데 다윗이 왕 되는 대목이 아주 재미있습니다. 누가 다윗의 아버지더러 '당신 집안에 왕이 될 아들이 하나 있는데 그를 찾아서 왔습니다.' 하니까 아버지가 맏아들을 데리고 나왔습니다. 왜냐하면 맏아들이 듬직하거든요. 그런데 찾아온 사람이 '아니, 그 아들 말고 아들이 또 있지요?' 그러는 겁니다. 아버지가 머리를 긁적거리다가 '우리 집의 막내가 하나 있기는 한데 보잘것없는 아이입니다. 그 녀석은 내가 지금 양을 치라고 저 들판에 내 보냈습니다.' 그러니까 찾아온 사람이 '아, 그 아들 좀 불러주시죠.' 합니다. 그게 이스라엘의 첫 임금이 되는 다윗입니다. 그 대목이 무엇을 말하느냐 하면 왕이라고 특별한 사람을 고른 것이 아니라는 겁니다. '왕 좀 하실래요? 왕 좀 하십시다.' 이러는 거죠. 이제부터 왕 하시라고 머리에 기름을 부어놓으면 이 분이 왕이 됩니다. 그러니까 왕이라는 것이 특별한 분이 아니라 왕이라는 책임을 맡는 것입니다.

그 왕의 책임이 무엇일까요? 다윗이 왕 노릇 하는 처음 얘기를 보면 이렇습니다. 왕이 되면 피곤합니다. 왕 되기 전에는 자기 일만 챙기면 되거든요. 왕이 되면 자기 일을 챙기는 게 아니라 남의 일을 챙겨줘야 합니다. 남의 일이 제대로 돌아가는지를 챙기는 사람이 왕이었습니다. 예언자나 선지자도 마찬가지입니다. 우리말에 '알아야 면장을 하지' 하는 말이 있잖아요? 바로 그겁니다. 알아야지요. 그래서 '선지(先知)' 아닙니까? 우리가 그냥 안다고 할 때는 제가 알 만큼만 알면 됩니다. 제 책임만 하면 돼요. 그런데 어떤 사람을 보고 '오늘부터 선지자가 되실래요?' 하고 기름을 부어놓으면 이 분이 선지자가 되는 것인데 그때부터 아주 골치가 아파집니다.

성경에 보면 예레미야라는 유명한 선지자 얘기가 나옵니다. 구약성경에서 『이사야서』 말고 제일 두꺼운 책이 『예레미야서』인데 그 예레미야는 하나님이 선지자가 되라고 하니까 선지자 안 하겠다고 도망 다닙니다. 『예레미야서』의 특징은 구구절절이 '왜 나를 예언자로 기름을 부어가지고 이 고생을 시키십니까?' 하는 얘기입니다. 예레미야의 예언서만 있는 게 아니고 그 뒤에 예레미야의 슬픈 노래라는 『예레미야 애가』도 있습니다. 예레미야는 슬픈 선지자였습니다.

제사장은 왕이 하는 일보다 더한 일을 합니다. 사람들이 즐겁게 노는 날, 모두가 장터에 나와 쉬는 날 쉬지 못하는 사람이 제사장입니다. 어떻게 보면 우리나라에서 전통적으로 제사장 역할을 하는 분은 부엌일을 맡고 있는 우리 어머니와 아내와 할머니와 누나이겠지요. 잔치가 있을 때마다 죽어라 하고 일해야 되지 않습니까? 그런 사람들이 제사장이었습니다. 그러니까 어떤 사람보고 '제사장 좀 하시지요.' 그러면 큰일 나는 겁니다. 남 즐거울 때 고생을 푸지게 해야 되는 게 제사장이니까요.

우리를 살리는 그리스도

이스라엘 사람이 왕, 선지자, 제사장 이 셋을 통틀어서 얘기할 때 그리스도라고 했습니다. 이스라엘에는 전통적으로 그 세 가지 역할을 한몫에 하는 분이야말로 우리를 살려주는 사람이라는 생각이 있었습니다. 그런데 살린다는 말은 생사의 기로를 놓고 하는 얘기가 아니라 사람이 사람답게 살아야 사는 맛도 나고 사는 즐거움이 있는 것인데 사람답게 살지 못하면 살아도 죽은 것이나 마찬가지라는 얘기입니다. 이렇게 되면 죽고 싶습니다. 자살하는 사람도 생기고 남을 죽이기도 합니다.

사람이 산다는 것은 죽고 싶은 마음, 죽이고 싶은 마음이 들지 않고 목숨이 붙어있는 동안 삶의 즐거움을 누리면서 사는 것을 말하는 것인데 우리가 그렇게 살도록 그 일을 밝혀줄 분을 그리스도라고 불렀던 것입니다. 우리가 어둠 속에 있어서 그 일을 잘못 보는 것이라면, 이제는 빛을 보듯이 환하게 밝혀줄 분, 우리가 알아들을 수 있는 사람의 말로 일러주고 타일러 줄 분을 그리스도라고 불렀습니다. 성경에 보면 이스라엘 사람에게는 '그리스도가 오면 우리는 살맛나게 살 수가 있게 되는 거야.'라는 기대가 있었습니다. 그래서 세례요한이 나타나자 많은 사람이 감동을 받고 앞 다투어 세례를 받은 것이지요. 사태가 여기에 이르니까 제사장 역할을 맡은 이들이 요한에게 사람을 보내서 '당신이 바로 그 사람입니까?' 하고 물어본 것입니다. 세례요한이 대답합니다. '아니요, 제가 아닙니다. 제 뒤에 오는 저보다 젊은 사람이 하나 있습니다. 저보다 후에 태어난 사람인데 바로 그가 그리스도입니다.' 왜 요한이 예수가 그리스도라고 그랬을까요? 이게 오늘 다루려는 문제의 핵심입니다.

1장 19절부터 34절까지에 요한이 물로 세례를 주는 얘기가 나옵니다. 요한이 세례를 어디서 줬을까? 고고학자들이 요한이 세례를 주던 강의 위치를 이곳저곳 잡아 봅니다. 그런데 가보면 흙탕물이 잔뜩 고여 있습니다. 설마 여기는 아니겠지 하고 어떤 지질학자는 강 하류 쪽으로 내려갑니다. 강폭이 좀 넓어서 물이 많이 모이는 곳인데 수많은 군중이 세례를 받았다니까 넓은 곳에서 받았을 것이라 생각하는 것이지요. 그곳에도 가보면 그게 사막에서 흐르는 강이기 때문에 물이 맑지가 않습니다. 흙탕물이기는 마찬가지입니다. 사람들이 그 물에 뛰어들어 온몸을 흠뻑 담갔다가 나오는데 그것을 세례라고 그랬습니다. 우리가 지금 물세례라 부르는 것입니다.

세례의 두 가지 의미

세례는 성경 속에서는 두 가지 의미를 찾아 볼 수 있습니다. 하나는 물 때문에 우리가 산다는 생각이 있습니다. 우리는 물을 마셔야 살지요. 이때의 물은 생명입니다. 동시에 물과 관련하여 이스라엘 사람이 떠올리는 것은 노아의 홍수 얘기입니다. 물은 우리를 살리지만 죽이기도 합니다. 바다를 보세요. 바닷물이 뱃길이기도 하지만 잘못 나갔다가는 죽을 수가 있습니다. 땅 위에 서서 살 때와 달리 물에서는 죽기가 쉽습니다. 이래서 물은 죽음을 의미하기도 합니다. 여기서 이스라엘 사람의 세례에 대한 생각을 가늠해 볼 수 있습니다.

우리가 잘못 알고 사는 삶은 죽은 것이나 마찬가지입니다. 그러니까 숨은 쉬면서도 죽은 것처럼 살던 삶은 청산해야 합니다. 이게 씻는다는 이야기입니다. 씻으려면 물이 필요하지 않습니까? 세례는 잘못 알고 사는 삶을 물로 청산하는 것입니다. 그리고 이제 물이 가지고 있는 새로운 생명력으로 사는 것입니다. 이 물을 마시면 더 이상 갈증이 나지 않습니다. 더 이상 목마르지 않고 활기차게 살 수 있는 계기를 마련했다고 축하하는 예식이 세례입니다. 그런 세례예식은 아무나 할 수 있는 것이 아니라 우리를 잘못된 길에서 벗어나 바로 살수 있는 길로 인도해 줄 수 있는 스승만이 거행할 수 있다고 생각했습니다. 기름을 부어서 그런 역할을 할 수 있다고 세워진 사람이 할 수 있는 일이 세례라고 이스라엘 사람들은 생각했습니다.

요한이 세례를 준다니까 사람들이 구름같이 몰려옵니다. 구정물인데도 옷을 입은 채로 마구 뛰어 들어가는 것을 보면 사람들이 엄청나게 감동을 받은 겁니다. 사태가 이렇게 진전되니까 교회 지도자들이 묻습니다. '당신이 어째서 이런 일을 하고 있습니까?' 사실 요한이 그리스도인가 아닌가를 확인하기 위해서 묻는 것이 아닙니다. 만약 요한이 자기가 그리스도라고 대답할 경우에 문제가 됩니다. 아무도 세례요한에게 기름을 부은 적이 없습니다. 그 사람은 면허증 없는 의사처럼 불법을 행하고 있는 것입니다. 요한에게 사람을 보낸 것은 꼬투리를 잡아서 처형하려고 그런 것입니다. 그런데 이때의 종교 지도자들은 이상합니다. 누군가가 사람들에게 감동을 주면 어떻게 해서 저런 감동을 불러일으키나 궁금해서 배우려고 해야 하지 않습니까? 그런데 자기들의 정적이 나타났다고 생각해서 처단해 버릴 기회만 노립니다.

요한에게 사람을 보낸 이들의 기대와 달리 세례요한이 중대한 선언을 합니다. '나는 그리스도가 아닙니다. 예수가 그리스도입니다.' 요한이 왜 이런 이야기를 할까요? 여러 가지로 생각해 볼 수 있습니다. '아, 나 죽일 생각하지 마세요. 진짜 죽이고 싶으면 예수를 죽이세요.' 이런 말이 될 수도 있습니다. 그러나 『요한복음』에 이 대목을 담을 때는 그런 뜻으로 담은 것은 아니겠지요. 세례요한은 목숨이 아까워서 그런 말을 한 게 아니라 뭔가 밝혀야 될 일이 있기 때문에 그랬다는 겁니다.

세례요한이 무슨 얘기를 하는지 보세요. '저는 강물로 세례를 주지 않습니까? 그런데 내 뒤에 오는 예수는 물로 세례를 주시는 분이 아닙니다.' 『요한복음』 1장에서 18절까지는 『요한복음』밖에는 없는 얘기지만 지금 나오는 이 이야기, 19절에서 23절까지는 똑같은 이야기가 『마태복음』에도 나오고 『마가복음』에도 나오고 『누가복음』에도 나옵니다. 요한이 '나는 그리스도가 아닙니다.' 하더니 '저는 물로 세례를 주지만 예수는 물로 주지 않습니다. 예수는 성령과 불로 세례를 줍니다.' 이렇게 자기와 예수를 비교합니다. 『요한복음』 여기에는 성령만 얘기하지만 불 얘기가 나중에 나옵니다. 그러면 여기에서 다시 묻지 않을 수 없는 질문이 '요한과 예수의 차이는 뭘까?'입니다. 물과 성령, 물과 불의 차이는 무엇일까 궁금합니다.

어린양에 대한 오해

앞으로 또 다룰 주제가 있습니다. 바로 '하나님의 어린양'입니다. 1장 29절을 보면 요한이 예수를 '하나님의 어린양'이라고 표현했습니다. 하나님의 어린양이란 무엇일까요? 이것은 이스라엘 사람이 늘 하던 얘기입니다. 종종 어린양을 제사에 바치는 제물로 생각합니다마는 그것은 잘못입니다. 이스라엘 사람은 어린양을 제물로 쓰지 않기 때문입니다. 『요한복음』 2장에 예수가 성전 뜰에서 장사하는 사람의 상을 뒤엎는 얘기가 나옵니다. 소, 양, 비둘기 이런 것들을 내쫓습니다. 이런 짐승이 왜 성전에 있을까요? 이스라엘 사람이 제사를 지낼 때는 보통 수소를 잡습니다. 제사를 드리고 나서 제사 드린 고기로 동네잔치를 벌여야 되는데 어린양을 잡아가지고는 어림도 없습니다. 그래서 큰 수소를 잡습니다. 숫염소를 잡기도 하는데 염소를 잡을 땐 여러 마리를 잡고, 그때도 고기가 많이 나올만한 염소를 잡습니다. 이도 저도 아니면 비둘기를 쓰지요. 양을 쓸 때는 어린양이 아니라 큰 양을 씁니다.

어린양이라는 것은 제사에 쓰이던 양이 아닌데 그러면 무엇일까요? 『이사야서』에 보면 어린양은 보잘 것이 없습니다. 잡는 게 아니라 돌봐줘야 되는 것이 어린양입니다. 『이사야서』에서 어린양의 특성을 '그 어린양은 항상 평화를 사랑하고 폭력을 휘두르지 않고 거짓말도 하지 않는데 사람들이 천대한다.' 이렇게 이야기합니다. 무슨 이야기이지요? '예수가 하나님의 어린양'이라는 말은 예수는 우리에게 평화를 준다는 것입니다. 평화란 싸우지 않고 사는 것, 폭력을 쓰지 않고 사는 것. 말로 사는 것을 말합니다. 우리는 누가 싸움하려고 주먹 쥐고 대들면 '말로 합시다.' 그러지 않습니까? 말로 한다는 것은 싸움 안하고 사는 것입니다. 물론 말싸움이란 것도 있어서 어떤 때는 말싸움이 주먹 싸움보다 심각할 때가 있습니다. 그것도 문제입니다. 말로 한다는 것은 싸움할 건더기를 덮어버린다는 뜻이 아니라 왜 싸우게 됐는지 찬찬히 살피고 가려낸다는 것입니다. 우리가 싸울 수밖에 없게 만드는 요소를 밝혀서 그것을 다스려나가는 것입니다. 그러면 우리는 그 말 덕분에, 그 이치 덕분에 싸우지 않고도 평화 속에 살 수 있으니까 말로 하자는 것이지요.

어떻게 보면 이 대목이 사람이 금수와 다른 것일 텐데도 여기서 어린양을 내세우는 데에는 특별한 의미가 있는 것 같습니다. 우리가 보기에 어린양은 쓸모가 없어 보입니다. 그러나 어린양은 폭력으로 사는 것이 아닙니다. 천대를 받더라도 평화롭게 살고 이치를 따라서 자기의 생명을 유지하기 때문에 어느 날엔가는 성장해서 큰 양이 됩니다. 한 걸음 더 나아가 이런 얘기를 하는 대목까지 있습니다. 나중에 큰 양이 되면 털을 깎는데 털을 깎아도 발버둥치지 않습니다. 양은 자기 것을 뺏긴다고 생각하는 게 아니라 내가 이렇게 잘 키운 털을 사람들이 요긴하게 쓴다니까 즐겁게 바친다는 분위기가 있습니다. 그런 씨를 품고 있는 것이 어린양입니다. 여기 『요한복음』에 '하나님의 어린양을 보십시오!' 하는 표현이 그런 뜻입니다.

예수와 세례요한의 제자

1장 35절에서 42절까지는 세례요한의 제자 이야기입니다. 세례요한을 쫓아다니는 제자 중에 요한의 얘기를 잘 알아듣는 베드로와 안드레라는 사람이 있었다는 얘기가 나옵니다. 다른 성경에는 이런 얘기가 없습니다. 아무데도 베드로가 세례요한의 제자였다는 얘기가 없는데 『요한복음』에는 나옵니다. 요한이 베드로와 안드레에게 한번 예수라는 분을 만나봐라 그랬는데 그들이 다녀와서 '네, 우리가 만나 뵀더니 그분이 그리스도이시군요.' 했다는 것입니다. 43절에서 51절은 빌립과 나다나엘 이야기입니다. 그분들은 세례요한의 제자는 아니지만 이스라엘 사람 중에서는 사람이 산다는 게 뭘까, 삶의 이치가 뭘까에 대해 열심히 공부하는 분이었던 것 같습니다. 예수가 나다나엘을 보고 '네가 무화과나무 아래에 있는 것을 보았다.' 하니까 깜짝 놀라면서 '아, 선생님은 정말 하나님이 보낸 분이군요.' 합니다. 그러니까 예수가 '내가 무화과나무 아래에 있는 것을 보았다고 그래서 그런 얘기를 하느냐, 그보다 더 큰일을 볼 것이다.' 하고 응답합니다.

무화과나무 아래에 있다는 것은 무엇을 의미하는 것일까 정확히 알 길은 없습니다. 그런데 구약성경의 시편에 공부하는 사람이 무화과나무 아래에 모여서 공부를 했다는 시 구절이 있습니다. 그러니까 나다나엘이라는 사람은 공부하는 사람, 배우는 사람, 이렇게 봐도 무방할 것입니다. 말하자면 군자예요. 이치를 깨달아서 살려고 하는 사람인데 '당신, 그런 사람 아니야? 내가 보면 알지.' 그러니까 나다나엘이 감동하는 겁니다. 나다나엘은 다른 일 다 젖혀 놓고 진리를 궁구하는 것으로 평생 업을 삼은 사람인데 자기를 알아보는 분이 있으니까 '아, 선생님도 그런 분이시군요.' 그러는 거죠. 그 감동을 '하나님의 아들이시군요.'라고 표현한 것입니다.

예수는 무엇이 달랐나?

여기까지가 1장의 이야기인데 이런 질문을 해 볼 수가 있습니다. 베드로, 안드레, 빌립, 나다니엘, 요한과 예수의 차이가 무엇이기에 이 분들이 초점을 예수에게 맞춰 놓고 자기들은 '아니야'라고 이야기를 하는 것일까요? 이 대목을 어떻게 읽느냐에 따라서 『요한복음』 및 모든 다른 성서가 밑바탕이 되어 융성한 기독교의 역사가 달라진다고 저는 생각합니다. 이 대목을 어떻게 읽느냐에 따라 교회가 사람을 살리는 교회가 되기도 하고 사람을 잡는 교회가 되기도 합니다. 이 대목을 잘못 읽는 것은 이렇게 읽는 것입니다. '예수는 하늘에서 내려온 특별한 분이고, 예수는 예수이기 때문에 그런 것이지 우리가 예수 같을 수는 없어.' 그 말이 겉보기에는 그럴 듯한데 교회를 썩게 하고, 세상을 어지럽게 하고, 어둡게 하는 것 같습니다.

왜 그럴까요? 예수 이외의 나머지 사람이라는 게 사실은 우리를 얘기하는 것 아닙니까? 그런데 예수를 이렇게 보면 자기 삶에 대하여 자기가 책임질 생각을 하지 않게 됩니다. 나도 배우는 사람이라는 생각을 하지 않고 예수가 다 잘 아니까 예수에게 목을 매면 된다고 생각합니다. 예수에게만 붙들려 있으면 내 삶은 해결되겠거니 하는데 그렇게 붙잡은 예수는 진정한 예수가 아니라 허깨비 예수가 돼버립니다. 왜냐하면 2장에 들어가면 예수가 자기의 정체를 밝히면서 거듭 강조하는 것이 있습니다. '예, 저야말로 하나님의 품에 안겨 있던 하나님의 외아들입니다. 저는 하나님에게서 왔습니다. 저는 제 말을 하는 게 아니라 하나님의 말을 합니다. 그런데요, 여러분은 왜 안 그러세요?' 예수가 꼭 이렇게 반문합니다. '여러분도 꼭 저와 마찬가지인데, 왜 저는 그러는데 여러분은 아니라고, 못한다고 그럽니까?' 이게 예수 말씀의 핵심입니다.

예수가 이렇게 꾸짖는 것은 '저만 그런 게 아니지 않습니까? 사람 치고 하나님의 외아들 아닌 사람이 어디 있습니까?' 하며 다시 확인하는 것입니다. 앞에서 제가 1장 1절에 나오는 '말씀'에 대해서 이야기했습니다. 그 이야기는 하나님을 벗어나서 하나님을 떠나서 하나님과 상관없이 지어진 사람은 아무도 없다는 것이고 그것을 하나님의 외아들이라 그런다고 첫 시간에 말씀 드렸습니다. 그러니까 예수가 '여러분! 저는 하나님에게서 왔습니다.' 그럴 때 '아, 그러니까 예수님은 얼마나 좋으시겠어요. 우리는 안 그런데.' 이렇게 말하면 자기 말을 못 알아듣는 것이라는 거예요.

종교지도자가 예수에게 위협을 느낀 이유

이런 말에 이스라엘 종교 지도자들이 예수에게 위협을 느끼기 시작합니다. 그런데 위협을 느꼈던 이유는 사실상 '나는 하나님에게서 온 사람'이라는 그 말 자체 때문에 위협을 느꼈던 것이 아닙니다. 수많은 사람이 예수를 따라 다니는데 예수에게 감동을 받고 나면 '맞았어! 나도 하나님의 외아들 같은 거야.' 이러는 겁니다. '이 삶의 이치, 말하자면 자연에 담긴 삶의 이치, 사회에 담긴 삶의 이치, 천하에 담긴 삶의 이치는 나도 내 몸을 찬찬히 살펴보면 내 안에도 있는 거야.' 하며 용기를 내고 정열에 불탑니다. 종교지도자들이 예수를 만났던 사람과 얘기해 보면 활기가 넘쳐흐르고, '예수, 예수' 하며 따라다니는데 예수라는 어떤 지도자에게 목을 매고 사는 사람이 아니라 예수 때문에 그 말씀이 내 안에 있다는 것을 알았다며 확신에 찬 사람이 되니까 종교지도자들 밥줄이 끊기게 생겼습니다. '큰일 났다. 우리의 적이 나타났다.' 이런 생각이 들자 종교 지도자는 예수를 제거하려고 나서게 됩니다.

예수를 제거할 때 보면 조용히 죽이지 않습니다. 예수만이 문제라면 쥐도 새도 모르게 없애버렸겠죠. 그러나 예수를 처형할 때 보면 공공연하게 처형했습니다. 일벌백계로 삼겠다는 듯이 사람들이 다 보는 앞에서 처형합니다. '예수 같은 얘기하고 예수같이 살겠다고 그러면 다 이렇게 죽습니다. 여러분! 정신 바짝 차리세요.' 하며 골고다에서 처형합니다. 골고다가 산언덕인데 나무도 별로 많지 않아서, 사람을 죽이면 십자가밖에 보이는 게 없습니다. 다 보라는 거죠. 그렇게 예수를 죽였습니다.

이렇기 때문에 예수가 요한이나 안드레, 베드로, 빌립, 나다나엘과 어떤 차이가 있는지를 아는 것이 중요합니다. 예수를 살리느냐 죽이느냐의 문제입니다. 『요한복음』에서는 이 대목이 제일 중요합니다. 세례요한은 세례를 주는 요한이라서 사람들이 '요한! 요한!' 하면서 세례 받으러 따라다닙니다. 요한이 아니면 세례 받을 곳이 없는 것처럼 여기고, 자기 일생은 낭패라고 생각하는 것입니다. 그런데 **예수는 물로 세례를 안 받아도 성령과 불로 세례를 받으면 별다른 세례 예식을 거치지 않더라도 죽음의 삶은 청산하고 생명의 삶을 살게 된다고 가르쳐 주는 분**이라는 겁니다. 세례요한이 없더라도 각자가 다 살아갈 수 있는 길을 펴는 분이 왔다는 것입니다. 그래서 요한이 외칩니다. '여러분! 저에게 세례 받겠다고 쫓아오지 마시고 예수를 따라가십시오.' 예수를 따르라는 말은 요한을 버리고 예수를 좇으라는 것이 아니라 예수를 따르면 자신이 말씀의 담보자가 되어 사는 사람이 된다는 것입니다.

예수가 성령에 대해 여러 가지 얘기를 하지만 특히 『요한복음』이 그것으로 유명합니다. 15장, 16장, 17장에서는 예수가 거기서 이렇게 말을 합니다. '여러분들이 자꾸 예수님, 예수님 하고 저를 쫓아다니는데 제가 보니까 이제 제가 가는 것이 좋겠습니다. 제가 가면 여러분한테 더 좋은 일이 벌어질 것입니다. 왜냐하면 제가 가면 여러분이 붙잡을 것은 성령밖에 없을 테니까요.' 이게 바로 예수의 가르침입니다. **예수에게 가르침을 받은 사람은 사람 속에, 자연 속에, 사회 속에 있다는 것을 깨달은 사람이기 때문에 그에게는 매일의 자기 삶이 공부거리가 됩니다.**

예수와 성령

이런 걸 이제부터는 예수가 아니라 성령이 가르쳐 준다고 합니다. 이 성령이 히브리말로는 '루하'인데 '루하'는 의성어입니다. 우리가 '후 ~하~' 하고 숨 쉰다는 것이지요. 바람 같은 것을 성령이라고 합니다. 그리스 말로는 '프누마'라고 합니다. 이 '프누마'라는 말이 원래 공기라는 뜻입니다. 이게 성령이라는 말의 그리스어인데 그러니까 공기나 성령이나 같은 말입니다. 그런데 왜 성령에 공기란 말을 붙이게 되었는지가 궁금합니다. 우리는 성령이라고 번역을 해서 거룩하다는 성(聖)자가 들어가고 영험하다는 영(靈)자가 들어가니까 성령이 특별한 존재 같지만 사실은 **우리가 매일같이 쉬는 숨, 그리고 우리와 자연을 연결시켜주는 바람, 사람과 사람을 같이 감싸주는 공기와 같은 것이 성령이라는 이해가 이스라엘 사람들에게 있는 겁니다.**

불과 성령

그리고 불과 성령이라고 했는데 이 불이 재미있습니다. 왜 불이라고 했을까? 불이라는 것은 무엇인가를 활활 태워서 없앱니다. 그런데 불태운다는 것은 어떨 때는 없애버려야 될 것을 태우는 것이기도 합니다. 전염병이 돌 때는 다 태워버려야 합니다. 이처럼 불에는 깨끗하게 청소한다는 의미가 있습니다. 또 뭔가를 잿더미로 만들어서 원상복귀 시킨다고 할 때도 불이 필요합니다. 동시에 불은 우리가 사는 힘, 에너지에 해당합니다. 우리가 피가 찬 동물을 냉혈동물이라고 합니다. 그러나 피가 차다고 해서 불이 없는 것이 아니지요. 그 차가운 피조차도 삶의 에너지 역할을 합니다. 그리고 보면 불이 없는 데가 없습니다. 불이 있어야 삽니다. 오행에서 불은 오상의 예(禮)에 해당하는 것인데 예라는 것은 결국 우리가 혼자 사는 세상이 아니라는 것을 밑바닥에 깔고 있습니다. 예라는 것은 꼭 사람과 사람만의 관계를 말하는 것이 아니겠지요. 저는 그렇게 생각합니다. **사람과 동물 간의 관계, 사람과 자연 간의 관계 등 모든 관계가 제대로 지켜져 우리 모두가 다 어울려서 살게 되면 그게 예입니다. 그 예라는 것을 성경에서는 불로 표현**했습니다. 없앨 것은 없애고 또 챙길 것은 챙겨서 우리 모두가 잘 살아야 '예'라고 그럽니다.

그러면 예수와 요한 그리고 예수와 빌립, 나다나엘, 베드로, 안드레의 차이를 설명하면서 '예수는 하나님의 외아들이고 하나님의 어린양이지만 우리는 아니다.'라고 할 때 어떤 차이를 말하는 것일까 궁금한데 이것은 다른 차이를 이야기하는 것이 아닙니다. 성령은 바람이 통하듯이 마음이 통하는 거니까 이런 것은 특별히 강가에 나가서 물을 통한 예식을 거치지 않더라도 누구나 숨 쉬고 사는 사람이라면 할 수 있는 것이라고 가르쳐준 분이 예수입니다. 그런데 꼭 물을 뒤집어 써야 하고, 어떤 학위를 가져야 하고 하는 굴레에 갇혀서 사는 사람에게 세례요한은 세례를 줍니다. 사람들에게 가르친 내용은 그게 아니지만 세례를 안 주면 세례요한의 역할을 못하는 사람 같아서 세례를 주는데 그러니까 자기는 예수가 아니라는 것입니다.

예수의 세례는 세례 아닌 세례

예수의 세례는 세례 아닌 세례입니다. 왜냐하면 성령과 불의 세례는 세례예식을 거치지 않아도 누구나 다 알 수 있는 세례라는 의미였습니다. '여러분 예수를 어떻게 믿습니까? 어떻게 하면 예수교인이 됩니까? 여러 가지 원칙이 있지만 한 가지 원칙이 있어요. 세례를 받으셔야 됩니다. 그런데 이 세례는 물하고 관계가 있습니다.' 하는 식으로 가르치는 것을 요한은 '그런 것은 제가 가르치는 방식입니다. 그래서 저는 예수라고 감히 말할 수 없습니다.'라고 했습니다. 반면에 그런 틀을 벗어나서, **세례를 받거나 말거나, 예수를 믿거나 말거나 사람이라면 누구나 다 배워야 되고 깨쳐야 되고 따라야 할 진리를 가르쳐주는 분이 바로 예수**라는 겁니다.

예수 믿는 사람의 가장 큰 실수가 있습니다. 『요한복음』을 공부하다 보면 10장에 '양의 문' 이야기가 나옵니다. '예수라는 말을 입에 담지 않고, 또 예수를 믿지 않는다고 하면 그것은 예수를 따르는 것이 아니다.' 이것은 요한이 보기에 예수의 가르침이 아닙니다. 그건 세례요한의 가르침입니다. 세례요한이 '저는 예수의 신발 끈도 풀 자격이 없는 사람이에요.' 했던 이유가 이것입니다. 요즘 말로 '교회 안 나가시면 예수하고 상관없습니다. 예수라는 말을 입에 담지 않으시면 예수와 상관없습니다. 세례 받지 않으면 진리가 없습니다.'라는 사람은 예수가 아니라는 얘기를 하기 위해서 요한이 자기 자신과 예수를 구분하는 것입니다. 예수와 요한의 중대한 차이가 이제 좀 확실해졌나요?

첫 번째 표징, 결혼 잔치의 술

2장에 들어가면 예수가 행한 여러 가지 일이 나오는데 그 첫 번째가 결혼식장에 가는 이야기입니다. 잔치에는 술이 있어야 되지 않습니까? 그런데 마침 술이 떨어졌습니다. 예수 어머니가 찾아와서 '예수야, 술이 떨어졌단다.' 그러니까 예수의 대답이 재미있습니다. '아니, 어머니 술이 떨어졌는데 저더러 어떻게 하라고 그러십니까? 제발 그러지 마세요.' 그런데 어머니가 예수를 지켜보니까 남의 잔치에 술이 떨어지면 '아, 그러면 안 되지.' 하며 술을 챙길만한 사람이거든요. 그런데 생각해 보세요. 술을 예수가 채워놓으면 사람들이 다음부터 술 생각나면 예수를 쫓아올 것 아닙니까? 술만 떨어지면 '예수 어디 갔어?' 그럴 테니까 '어머님, 제발' 그런 겁니다.

그런데 실제로는 술을 만들어 줍니다. 이스라엘 사람 집에 가면 문 앞에 독이 있다고 합니다. 그 독에 물을 담아서 그 물로 손발을 씻습니다. 이스라엘 사람이 맨발로 다니는데 사막에 사니까 먼지가 많지 않습니까? 그래서 남의 집에 갈 때는 손발을 씻고 들어가는 예법이 생겼습니다. 그런데 손님이 많이 오는 바람에 큰 독에 물이 바닥이 났습니다. 예수가 말합니다. '독에 물을 가득 채우세요.' 생각해보면 양동이에 세숫물을 채운 것입니다. 물을 채우고 나니까 '이걸 떠다 주세요.' 그럽니다. 그것을 올렸는데 술맛이 하도 좋아서 잔치 책임자가 좋은 술을 나중에 내놓았다고 시비를 겁니다. 이것을 예수가 행한 첫 기적이라고 합니다. 예수가 술 만든 것을 기적이라고 부르지만 예수에게는 기적이 아니라 뭔가를 전달하고 싶어서 사용하는 매개체라는 것입니다. 앞에서 제가 말씀 드린 '표징' 이야기 다들 기억하시지요?

두 번째 표징, 성전 청소

결혼 잔치 얘기는 다른 복음서에는 없는데 성전 청소 얘기는 다른 복음서에도 다 기록돼 있습니다. 성전이라면 사람들이 모여 기도하는 집, 하나님의 말씀을 생각하고 이치를 궁구하고 배우는 곳이 성전 아닙니까? 그래서 하나님의 집이라고 그러는데 예수가 보기에 그 하나님의 집이 이상해졌습니다. 하나님의 집에 가면 제사를 지내야 하니까 제사용품을 성전 마당에 놓고 팝니다. 시골에서 온 사람은 돈이 없으니까 채소를 한 묶음 내려놓고는 그 값에 해당하는 돈을 받아서 제사에 쓸 염소를 산다든가 했습니다. 그런 사람을 돈 바꾸는 사람들이라고 합니다. 성전 한쪽 마당에는 제사용품을 파는 소 장수, 염소 장수, 비둘기 장수들이 진을 치고 있고 또 다른 한 쪽에는 환전상이 잔뜩 앉아 있습니다. 그 사람들은 거기서 장사해 먹고 사는 사람들인데 예수가 나타나서 노끈으로 채찍을 만들어 막 휘둘러 댑니다. 폭력 행사하듯 동물들을 성전 뜰에서 다 내쫓았습니다.

이것 때문에 성전을 담당하는 종교 지도자와 예수 사이에 갈등이 생깁니다. '결혼 잔치에 가서 떨어진 술을 대접하는 것쯤은 우리가 봐줄 수가 있겠지만 어쩌자고 성전에 와서 저런 짓을 하지? 안 되겠는데.' 그럽니다. 그런데 왜 애초에 성전 마당에 와서 장사하는 것을 허용

했을까요? 십일조만 받아도 성전을 꾸려가기에 충분할 텐데 성전 마당에 왜 그런 사람들을 데려왔을까요? 사실은 장사하는 사람에게 뭘 뜯어내고 있는 것입니다. 성전 안에 들어가서 뭐 하려면 돈을 내야 합니다. 돈 챙기느라고 장사꾼을 불러들인 것인데 예수가 장사판을 싹 쓸어버립니다. 왜 그랬을까요? 다음 시간에 할 이야기와 연결되니까 그 대답은 그때로 미루기로 하지요.

Chapter 04

다시
태어나라

04 다시 태어나라

『요한복음』 3장은 예수하고 니고데모가 만나는 것으로 시작합니다. 니고데모는 유대인 중에서 교육을 잘 받은 사회지도층 인사였습니다. 반면에 예수는 무명 인사였습니다. 30년 동안 초야에 묻혀 있다가 30세에 세상에 나타나서 보통 사람들과 어울려 얘기를 나누며 지냈는데 그 얘기가 사람들에게 삶의 의욕을, 힘을 북돋워 줬습니다. '그이가 말하는 대로 하면 내 삶을 내가 보살펴 나가면서 살 수 있겠다.' 이런 감동에 예수를 우연히 만났던 사람이 예수를 따라다니기 시작합니다.

니고데모는 왜 예수를 찾아왔을까?

『요한복음』 3장에 이를 때까지를 보면 예수가 주로 만나는 사람은 자기 동네 사람 아니면 자기가 자주 드나드는 곳에서 만나는 보통 사람이었습니다. 사람들이 예수의 얘기를 듣고는 '아, 이런 얘기는 내가 미처 생각하지 못했었지만 들어보니까 내 얘기로구나. 내가 할 수 있는 일이구나, 내 삶에 대한 얘기로구나.' 이런 신기한 생각이 들자 '선생님! 선생님!' 하고 예수를 쫓아다녔습니다. 니고데모라는 유대 지도자에게까지 소문이 들려왔습니다. 그러자 '예수가 누군지 한 번 만나봐야겠다.'라는 생각이 들었습니다. 니고데모가 예수를 찾아 왔다는 것은 지금까지 『요한복음』 분위기와 좀 다릅니다. 사회적 명망가가 민중들이 따라다니는 새로운 인물이 등장하자 과연 어떤 사람인가 확인하러 온 셈입니다.

여기를 보시면 이렇게 시작합니다. '바리새파 사람 가운데 니고데모라는 사람이 있었는데 그는 유대 사람의 한 지도자였다.' 우리가 유대 사회를 얘기할 때 대개 바리새파, 에세네파, 사두개파의 세 분파가 있었다고 합니다. 에세네파는 사해사본 발견으로 우리에게 알려지게 된 사람들입니다. 거기에서 한 무리의 사람이 모여 살면서 바깥세상과는 색다른 생활 체제를 이루고 살았다는 것이 밝혀졌습니다. 이를 **에세네 공동체라고 부르는데 속세와 될 수 있는 한 구분된 삶을 살던 사람들입니다. 사두개파는 전통적인 종교 의식을 중요시하는 사람들**입니다. 그게 왜 예수 때에 와서 더 중요하게 됐느냐 하면 그때는 로마 사람이 와서 다스리고 있지 않았습니까? 나라를 잃어버린 사람들이었기 때문에 오래된 예식을 지킨다는 것은 자기의 정체를 지키려는 노력이기도 합니다. 그렇게 유대의 전통을 유지하던 사람들이 사두개파 사람입니다. 마지막으로 **바리새파는 유대 사람들의 사회, 교육, 정치, 경제의 현실을 실무적인 면에서 이끌어가는 사회적인 지도자들**이었습니다.

이 바리새파 니고데모가 예수를 찾아왔다는 얘기는 정치, 사회, 교육에 관심을 가지고 있던 지도자에게도 한번 확인해야 되겠다는 의욕이 생길 만큼 예수의 소문이 퍼졌다는 얘기입니다. 거기 보시면 '이 사람이 밤에' 그랬습니다. 밤에 찾아왔다는 것은 남이 보지 않을 때 찾아왔다는 얘기입니다. 예수는 낮에 찾아갈 만한 사람은 아직 아닙니다. 사회 지도자가 사람을 잘못 만나면 소문이 나지 않습니까? '니고데모도 예수를 만났다!' 이런 소문이 날 수 있으니까 위험합니다. 혹시 예수를 따르는 군중에게 발견되면 '니고데모도 예수를 지지한다.'는 소문이 날 수 있습니다.

니고데모가 찾아와서 하는 질문이 재미있습니다. 여기는 '선생님'이라고 했는데 '랍비'가 그 말입니다. 지금 우리는 예수를 종교 지도자로 생각하지만 예수가 등장할 때는 선생님으로 알려졌습니다. 그분은 우리가 당연히 알아야 될 것을 우리가 모르고 있으니까 챙겨주는 선생님이었습니다. 니고데모가 "우리는 선생님이 하나님께로부터 오신 분임을 압니다." 이렇게 말합니다. 여기서 '우리는'이라는 것은 니고데모가 바리새파를 대표해서 하는 얘기는 아닙니다. 자기 신분을 밝히지 않는 면이 있습니다. '우리는'이라는 것은 예수를 따라다니며 배우는 사람이 그렇게 얘기하니까 자기도 그중 하나라는 얘기 정도가 되겠지요.

그 다음 "하나님께서 함께 하지 않으시면 선생님께서 행하시는 그런 모든 표징들을 아무도 행할 수 없습니다."라고 했습니다. **예수가 행한 첫 번째 '표징'이 혼인잔치를 찾아간 것이라는 것은 사람의 혼인이 그만큼 중요하다는 것을 뜻합니다.** 니고데모는 그런 표징을 머릿속에 담고 이야기합니다. 보통은 부모님이 혼인 예식을 치른 후에 우리가 수태되고 또 태어나지 않습니까? 예수는 그런 게 아니었습니다. 그럼에도 30세에 세상에 나타나서 처음 한 일이 혼인 잔치에서 축하한 것입니다. 니고데모가 찾아온 이유에는 그게 있었을 겁니다.

물로 술을 만든다는 것을 보니 보통분이 아닌 것 같아서 찾아왔다는 얘기를 '선생님이 하나님께로부터 오신 분이 아니라면 이런 기적을 행하지 못하실 텐데'라고 표현한 것입니다. 자신의 신분을 밝히지 않은 것은 바리새파 지도자로서 또 다른 생각이 있는지도 모릅니다. '우리가 로마 식민정치 아래 살고 있는데 물로 술을 만들 수 있는 능력이 있는 사람이라면 로마도 물리칠 수 있을 것 같은데' 하는 정치적인 의도가 있어서 찾아와 물었을 수도 있습니다.

진정으로 진정으로

예수의 대답을 한 번 보세요. 이게 3장의 핵심입니다. "예수께서 그에게 말씀하셨다. 내가 진정으로, 진정으로 너에게 말한다." 『요한복음』이 좋아하는 표현입니다. 그냥 '내가 너한테 말한다.'가 아니라 '진정으로, 진정으로' 그래요. **예수 믿는 사람은 기도를 마칠 때 '아멘!' 그럽니다. 그 말이 바로 '진정으로'입니다.** 예수의 말을 고쳐 말하면 '내가 아멘, 아멘 하고 말씀드리겠습니다.'가 됩니다. 그런데 왜 예수는 니고데모에게 얘기할 때 '내가 진정으로 진정으로 너에게 말한다.' 그랬을까요? 니고데모에게 내 말을 좀 잘 들으라는 얘기이겠지요. '당신이 나에게 그렇게 묻는데 질문이 진정한지는 내가 잘 모르겠소.' 그런 분위기가 있습니다. 우리도 그런 적이 있지 않습니까? 저는 떠보려고 질문을 했는데 대답하는 사람이 '제가 진짜로 대답할게요.' 하면 떠보려고 질문했던 것이 무색해집니다.

예수는 이어서 "누구든지 다시 나지 않으면 하나님 나라를 볼 수 없다."라고 말합니다. 엉뚱한 얘기이지요. 이게 예수를 믿는다는 사람에게 두고두고 화두가 됩니다. '다시 태어나다'는 것은 무슨 얘기일까요? 사람 태어나는 얘기인 것은 분명합니다. 사람은 태어나는 게 중요합니다. 그런데 **자기 스스로 태어날 수는 없습니다. 반드시 부모님이 있어야 태어납니다. 그것은 필연이죠.** 우리의 일생을 보면 그렇지 않습니까? 우리가 우리 생일을 골라서 태어난 것도 아닙니다. 생일만이 아닙니다. 세상을 떠나는 날도 정해져 있지 않습니다. 자기 가는 날을 자기가 정하면 문제가 있습니다. 가는 날은 누구도 정할 수 없습니다.

이렇듯 우리가 정할 수 없는 것을 우연이라고 합니다. 말하자면 우리 인생이 온통 우연의 연속인데, 그 우연인 인생을 도대체 무슨 수로 필연이라고 하는 진리로 챙길 수 있단 말이야?' 이런 생각이 현대 교육의 밑바탕에 깔려 있습니다. 대중이 그렇게 교육을 받으니까 진리는 필연이 아니라고 생각하는데, 사실 사람 낳는 얘기를 하게 되면 이것은 필연입니다. **'나'는 필연입니다. 왜 그런지 보세요. 태어난 사람 중에서 엄마, 아빠 없는 사람 보신 적 있습니까? 아무도 없습니다.** 태어난 사람은 필연으로 받아들일 수밖에 없는 하나의 진리가 있는데 엄마 한 사람, 아빠 한 사람이 꼭 있어야 사람이 태어난다는 것입니다. 사람들은 '다시 태어나다'는 대목에 자꾸 신경을 쓰는데 일단은 그냥 태어나는 것에 더 신경을 써야 합니다.

예수가 그렇게 말씀하니까 니고데모도 '사람이 늙었는데, 그가 어떻게 태어날 수 있겠습니까? 나더러 다시 태어나라고요? 어머니 뱃속에 다시 들어갔다가 태어날 수야 없지 않습니까?' 이렇게 답합니다. 왜냐하면 니고데모의 귀에 '다시'라는 말밖에 안 들린 것입니다. 그런데 예수는 사실 이 말을 한 것입니다. '당신 말이야, 태어난 것 잊어버렸으면 다시 태어나야 될 것 아니냐?' 우리가 말을 이렇게 하지 않습니까? '아이, 다시 해야겠다.' 모르고 그랬으니까 그런 때는 다시 하면 됩니다. 그런데 니고데모는 '무슨 수로 다시 태어납니까?' 이렇게 말을 했습니다.

그런데 사실은 그게 중요한 게 아닙니다. 태어난 것도 모르면서 어떻게 다시 태어나겠습니까? **태어난 것을 아는 사람은 매일같이 다시 태어나는 겁니다.** 왜 그런지 잘 보세요. 누구나 엄마, 아빠가 없으면 못 태어납니다. 그 엄마, 아빠가 얼마나 훌륭한 사람이냐는 둘째 문제입니다. 제가 우리 엄마를 되돌아 볼 때 아무리 볼품없고 창피할지라도 그 엄마 없으면 내가 없습니다. 또 아빠를 생각해 볼 때 말조차 꺼내기 힘든 분일지라도 그 아빠 없이는 내가 여기에 없습니다. 그러니까 **내가 여기 있다는 사실이 고마운 사람은 아빠, 엄마가 어떤 분이냐 하는 것은 둘째 문제이고 아빠, 엄마가 계시다는 그 자체가 고맙기 이를 데 없는 것입니다.**

사라진 어린 예수

『누가복음』에 보면 예수의 열두 살 때 이야기가 나옵니다. 예수가 열두 살 때 예루살렘에 갑니다. 유대인의 큰 명절에 유월절이 있는데 그때 다들 예루살렘으로 올라갔다고 합니다. 나사렛은 조그마한 시골 동네였으니까 예루살렘으로 올라갑니다. 열두 살이 되기 전에도 늘 올라갔겠지요. 그런데 열두 살이 되던 해에 예루살렘에 올라가서 유월절을 지내고 집으로 돌아가고 있는데 예수가 보이지 않습니다. 예루살렘에 오른 게 처음이 아니고 매년 갔으니까 예수가 뒤따라올 줄 알았는데 안 따라오는 거예요. 『누가복음』에 보면 예루살렘으로 다시 가서 천지사방을 찾아 다녔는데 못 찾습니다. 그러다 성전에 올라가보니 예수가 성전에 앉아 있습니다. 성전 안에는 유대인의 선생님, 성경을 잘 이해해서 토론하기를 즐겨 하는 노인들이 앉아 있는데 거기에 열두 살 소년이 함께 앉아서 얘기를 하고 있습니다. 깜짝 놀라 '애, 너 거기서 뭐하고 있니? 아버지랑 엄마랑 함께 다녀야 하는 것을 모르니?' 그랬더니 예수가 대답을 이렇게 합니다. '아니 어머니, 제가 아버지 집에 있는데 왜 저를 찾으십니까?' 깜짝 놀랄 일이죠. '네 아버지 집이라니? 아버지가 여기 계신데.'

열두 살 때 그 대화는 우리도 깜짝 놀랄 대화입니다. 예수가 열두 살 때 요셉이 친부가 아닌 것을 알았던 것 같습니다. 소년 예수가 '내 친부가 누구일까?' 하고 고민했는지 모릅니다. 우리 자신의 경험은 아니지만 상상해 볼 수 있는 일입니다. 동네 사람들이 수군대는 소리를 들었다고 합시다. 그 충격이라는 것은 대단했겠지요. 아빠를 찾고 싶었겠지요. '도대체 어떻게 된 일이야? 난 아빠가 없단 말이야?' 열두 살 난 예수가 아버지를 챙긴 겁니다. '내가 아버지가 없을 리가 없지. 아버지를 찾지 못하더라도 없다고 얘기할 수 없어. 그러면 내가 못 찾은 아버지는 어떤 분일까? 하나님 아버지 같은 분이겠지. 내가 볼 수도 없고 만날 수도 없지만 아버지 없이는 내가 여기 있을 수 없는 것이니까.' 대단한 얘기죠. '그것이 예수의 잘못된 망상이었을까?' 우리에게 묻고 있는 겁니다. 예수가 하나님을 아버지라고 한 것이 잘못이었을까? 니고데모의 말이 '선생님이 하나님께로부터 오신 분임을 알고 있습니다.'였는데 예수가 '하나님 아버지' 하니까 하나님에게서 왔다는 얘기를 한 것입니다.

그러면 예수가 하나님을 아버지라고 한 건 무슨 말이었을까? 그에 답할 수 있는 실마리가 여기 있습니다. 태어난 사람은 엄마도 있고 아빠도 있습니다. 그런데 다시 태어난다는 것은 무얼까? 어쩌면 예수 자신이 경험한 것입니다. '나는 세상에 아빠 없는 사람인가?'

그랬겠지요. 그런데 아빠가 없을 수가 없으니까 '나는 하나님이 아빠다. 왜냐하면 안 보이는 아빠는 하나님과 같으니까.' 이렇게 된 겁니다. 과연 그럴까요? 이게 여러분 각자 마음속에 담으셔야 하는 질문입니다. 왜냐하면 오늘 예수에게서 엉뚱한 대답이 튀어나왔잖아요. '하나님에게서 오신 분이냐?'고 했더니 갑자기 다시 태어나야 한다고 하지 않습니까? 이럴 때 질문과 답을 잘 엮으셔야 됩니다. 안 그러면 말이 안 됩니다. 예수는 손잡을 수 있는, 만날 수 있는 아빠를 그리워하는 것입니다. 그것도 아니라면 '네 아버지는 어느 날 몇 시에 돌아가셨어.'라는 얘기라도 들으면 좋겠는데 그것도 모르는 겁니다. 그렇다고 아빠가 없다고 얘기할 수 없습니다. 비로소 아빠를 되찾았는데 **자기 아빠는 하나님과 다를 것이 없다는 것을 확인하고 다시 태어났다고 예수가 생각한 것**이지요. 저는 이렇게 생각합니다.

여기 '아니, 나더러 다시 태어나라고 그러시는 겁니까? 엄마 뱃속에 들어갔다가 나오란 말입니까?'라고 하는 니고데모의 답이 너무 재미있습니다. 다시 태어나라고 하니까 니고데모는 엄마만 생각합니다. 다시 태어나려면 아빠도 있어야 될 것 아닙니까? 제대로 말하려면 '내가 새 아빠, 새 엄마를 맞아서 다시 태어나란 말입니까?' 그렇게 대답해야 되는데, 아빠는 이미 있다는 전제 하에 '나더러 엄마 뱃속에 다시 들어갔다 나오란 말입니까?' 했습니다. 왜 이런 얘기가 나오느냐 하면 제가 태어날 때는 하도 갓난아기라서 그때 정황을 기억에 담지는 못하지만 엄마가 내 엄마라는 것은 좀처럼 의심이 안 됩니다. 어렸을 때부터 엄마 품에 안겨 자랐고, 엄마 젖을 먹고 자랐고, 엄마 덕분에 자랐으니까 그렇습니다. 그런데 아빠는 그렇게는 모릅니다. 아빠는 아홉 달이 되기 전에 사라질 수도 있습니다. 그래서 아빠 찾기가 힘든 겁니다. 이렇게 보면 아빠를 챙긴다는 사실은 핑장히 중요한 것입니다. **아빠를 챙긴다는 것은 곧 가정을 챙긴다는 것**입니다. 예수가 혼인 예식을 중요하게 생각하지 않았습니까? 혼인 예식에 가서 무엇을 챙겨야 되겠습니까? 물론 가정이지요.

왜 결혼이 중요했을까?

결혼 제도가 왜 생겼느냐가 인류 역사에서 중요한 질문입니다. 부부(夫婦)를 묶어 놓기 위해서 결혼제도가 생겼을까요? 아니지요. 아이가 태어날 경우에 그 아이를 보호하기 위해서 결혼제도를 만든 것입니다. 처음에는 결혼제도가 없다가 남녀가 만나서 생명이 태어나니까 그 생명을 보호하기 위해 예식을 통해 부부를 만든 것입니다. 유학(儒學)에서는 그것을 '별(別)'이라고 합니다. 부부유별(夫婦有別)의 '별'입니다. **특별한 만남이라고 해서 '별'인 것입니다. '별'은 그냥 부부가 아니라 부모라는 의미와 똑같다고** 저는 생각합니다. 부모가 된 부부, 아이가 있는 부부는 특별한 '별'입니다. 그래서 사람을 부를 때 누구 엄마, 누구 아빠 하지 않습니까? 아주 좋은 습관입니다. 이 특별한 별은 지키지 않으면 안 됩니다. 부부를 왔다 갔다 할 수 없습니다. 별이 아닌 것은 왔다 갔다 해도 됩니다. 공기는 아무데나 있기 때문에 아무 공기나 마시면 됩니다. 그런데 별은 바로 그게 아니면 안 됩니다. 그것을 놓치면 큰일이에요. 왜 이 별 개념이 생겼을까? 사실은 아이 때문에 생겼다고 생각합니다.

아이가 소중했던 예수

예수는 어떤 의미에서 30년 동안 아이로서 질문이 많았던 사람입니다. '내가 도대체 아이로서 어떻게 태어났으며, 아이로서 어떻게 살까? 과연 우주는 나를 돌보고 있는 것일까? 과연 세상은 나를 돌보고 있는 걸까?' 이런 생각 말이에요. 우리가 수신제가치국평천하(修身齊家治國平天下) 그러지 않습니까? 그때의 수신(修身)은 아이의 얘기인데 그 아이가 있으려면 가족이 있었던 겁니다. 그리고 가족이 있다는 것은 부부, 남녀가 만날 만한 마을이 있다는 얘기입니다. 또 마을이 있다는 얘기는 지구가 있었기 때문에 그랬던 것이고, 이렇게 다 거슬러 올라가는 것입니다. 이렇게 아이는 자기가 얼마나 소중한 존재인지 알게 되고 자기를 갈고 닦기 시작합니다. 자기를 돌보기 시작하고 옳은 것은 옳게, 그른 것은 고쳐 가며 삽니다. 그런데 그 수신제가치국평천하의 계보가 아이에게 확실치 않으면 아이는 헤매고 살게 됩니다. 수신을 못합니다. 어렸을 때 제일 탈선하기 쉬운 게 부모가 분명치 않고 부모가 나를 돌보지 않으면 제일 힘듭니다. 실제로 '너는 다리 밑에서 주워 온 아이야.' 그래서 비뚤어지는 아이도 있습니다. 그 말은 위험한 말입니다.

예수는 '아이로서의 질문'이 누구보다 컸던 분이고 그 질문을 해결하신 분이었습니다. 그런 예수가 수신제가(修身齊家)의 계보를 찾아 훌륭한 선생이 돼서 수많은 사람들에게 감동을 주었다고 『요한복음』이 예수의 이야기를 펼쳐 나가고 있는 것입니다. 오늘도 몇 가지 감정의 핵심을 다루는데 어떤 감정이었을까요? 아이의 감정을 푸신 겁니다. 예수는 아이를 굉장히 소중하게 생각했습니다. 예수가 좋다고 애들이 막 몰려오면 어른들이 '너희끼리 가서 놀아라.' 그러죠. 그럴 때마다 예수가 말합니다. '아이들이 제게 오는 것을 절대 막지 말아 주세요. 아이들이 소중합니다.' 어떤 분이 이런 얘기를 할 수 있을까요? 자기의 아이 때를 기억하는 분이 그런 얘기를 할 수 있는 것입니다. 아이를 소중하게 여긴다는 것은 단순히 밥을 먹인다는 것이 아닙니다. 아이에게 부모에 대한 혼동이 생기면 큰일 납니다. 사람으로서 자라기가 힘들어요. 예수가 그것을 걱정하는 것입니다. '아이들이 제게 오는 것을 막지 마십시오. 저는 제가 아이 때 얼마나 괴로웠는지를 알기 때문에 제게 찾아오는 아이가 그런 괴로움을 겪지 않도록 보듬어 줄 거예요.' 예수는 아버지가 안 보여도 하나님이 아버지라고 얘기할 수 있었던 분이기 때문에 아이들을 돌볼 수 있었습니다.

> 예수께서 대답하셨다. "내가 진정으로 진정으로 너에게 말한다. 누구든지 물과 성령으로 나지 아니하면, 하나님 나라에 들어갈 수 없다. 육에서 난 것은 육이요, 영에서 난 것은 영이다. 너희가 다시 태어나야 한다고 내가 말하는 것을 너는 이상히 여기지 말아라."(3:5-7)

번역이 좀 그렇지요? 저는 예수가 한국말을 했으면 이렇게 말씀을 안 했을 것이라고 생각합니다. 제 생각에 예수가 이렇게 말했을 것 같아요. '제가 아는 대로 참으로 제 심정을 말씀 드릴게요. 사람이 물을 마셔야 살지 않습니까? 그렇지만 우리가 물만 마시고 사는 것은 아닙니다. 우리의 마음이 살아있어야 사는 것인데 그것이 성령입니다.' 물만 마시고 사는 게 아니라 우리 마음도 살아나야 사는 것인데 그렇지 않으면서 어떻게 하나님 나라에 들어가겠다고 하느냐는 것입니다. **유대 사람에게 하나님 나라 이상으로 좋은 곳은 없습니다.**

하나님 나라는 어디인가?

하나님 나라는 하늘에 있는 게 아니라 우리가 지금 다 그 나라에 살고 있습니다. '나라'라는 말은 여러 의미가 있지만 요즘 같은 국가 개념이 아닙니다. 제가 사는 터전을 나라라고 그러는 것입니다. 우리가 집안에서만 사는 것이 아니지요. 대문을 나서면 나라로 나가는 것입니다. 하나님의 나라라면 제일 좋은 천지를 말하는 것인데 하나님 나라가 따로 있는 것이 아닙니다. **하나님 나라는 누구에게나 좋은 나라입니다. 고아에게도 좋은 나라, 눈먼 이에게도 좋은 나라, 앉은 뱅이에게도 좋은 나라, 그게 하나님 나라입니다.** 그게 예수가 말하는 하나님 나라였습니다. 이렇게 말하면 '하나님 나라에도 앉은뱅이가 있습니까?' 이런 질문을 할 수 있습니다. 그래서 제가 하나님 나라 얘기 하나 해드리려고 합니다. 뭐가 천당이고 뭐가 지옥인지를 잘 설명해 주기 때문에 제가 좋아하는 동화가 하나 있습니다.

어떤 사람이 천당도 구경 가고 지옥도 구경 갔답니다. 천당이나 지옥이나 조건이 똑같더래요. 천당이라고 지옥보다 조금도 나을 게 없더랍니다. 사람들이 밥상에 빙 둘러앉아 밥을 먹고 있는데 천당도 지옥도 매한가지였답니다. 다만 숟가락이 너무 길어서 저만치 있는 밥공기의 밥을 떠다먹어야 되게 생겼답니다. 천당도 숟가락이 그 모양이고 지옥도 숟가락이 그 모양이더래요. 그런데 천당하고 지옥하고 뭐가 다른지 봤더니 천당에서는 그 숟가락으로도 서로 즐겁게 밥을 잘 먹고 있는데 지옥은 싸움질 하느라고 밥도 제대로 못 먹고 있더랍니다. 자세히 보니 천당에 있는 사람들은 숟가락이 너무 기니까 서로 밥을 떠 먹여 주고 있는 겁니다. 입에 밥이 잘 들어가니까 콧노래가 나옵니다. 그런데 지옥에서는 그 숟가락으로 자기 밥을 퍼먹으려 하는데 자기 밥그릇의 밥은 안 퍼지니까 남의 밥그릇의 밥을 푸게 되는 겁니다. 그 밥도 입에 잘 안 들어가니까 짜증이 날 뿐만 아니라 남의 밥에 손을 대니까 왜 남의 밥에 손대느냐고 싸움이 납니다. 밥 퍼 먹으라는 숟갈로 때리고 난리가 났습니다. 그게 지옥이더랍니다. 동화지만 재미있지 않습니까? 천당과 지옥은 조건이 달라서 천당과 지옥이 갈리는 게 아닙니다. 마음 하나로 세상이 달라집니다. **어떠한 조건 속에서도 살 수 있도록, 살맛나도록 마음을 쓰는 그곳이 하나님 나라입니다.** 조건 핑계 대면서, 밥 퍼먹으라는 숟가락으로 사람을 두들겨 패면 그게 지옥입니다.

성령은 무언가?

성경에는 물과 성령 얘기가 늘 나옵니다. 오늘도 니고데모가 물어봅니다. '성령이 뭡니까?' 예수 대답이 아주 재미있습니다. 3장 8절입니다. '바람은 불고 싶은 대로 부는 것 아닙니까? 선생님도 바람 소리를 듣지만 바람이 어디에서 와서 어디로 가는지 모르지 않습니까? 제가 성령 얘기를 했는데, 거룩한 마음이라 얘기를 했는데, 그것도 다 이런 겁니다.' 성령이 뭐냐니까 예수가 바람 얘기를 했습니다. 우리가 바람이 불면 바람이 있다는 것을 알지요. 그러나 바람은 보거나 붙잡을 수 없습니다. 그러니까 바람도 물리현상이고 과학적 사실이지만 징험(徵驗)할 수 없다는 생각을 하게 됩니다. 예수가 징험할 수 없는 바람 얘기를 하려는 것일까요? 아니지요. 이런 말을 할 때는 특별한 뜻이 있는 것입니다. 물과 바람을 비교해 보겠습니다. 물은 바람과 달리 분명합니다. 만질 수 있고 볼 수 있습니다. 마찬가지로 몸도 분명합니다. 반면에 바람은 보이지 않습니다. 그런데 우리는 바람 덕분에 삽니다. 우리가 '목숨'이라고 말하지 않습니까? 숨이 들락날락하면 살아 있는 겁니다.

물과 성령의 대비

이런 맥락에서 물과 바람, 다시 말해 물과 성령을 대비하여 말하는 것입니다. 이것을 어떻게 이해하느냐가 우리가 풀어야 할 숙제이지요. 오늘 '육(肉)'이 나왔습니다. 물[水]이 물체인 것처럼 육도 물체입니다. 영은 바람입니다. 달리 표현하면 물[水]은 물(物)로 표현하고 바람은 정신(精神)으로 표현합니다. 정신의 '신'은 '神'으로 씁니다. 마음을 신(神)이라고 그러는 것이죠. 이 둘의 관계에 대해 늘 토론을 많이 하는데 예수가 '이 둘이 다 있어야 사람이 사는 것 아닙니까?' 하는 겁니다. 다시 태어난다는 건 이런 얘기입니다. 우리가 몸을 가지고 살고 있습니다. 그 몸은 생일(生日)이 있고 망일(亡日)이 있는 몸입니다. 그래서 몸이라고 할 때는 생일과 망일 속에 갇혀 있는 것으로 생각하기 쉽습니다. 그러나 예수의 말씀은 사람이 그렇게 살면 태어나지 않은 것만도 못하게 산다는 것입니다. 그렇게 살면 사람이 사람답게 못사는 것입니다. 원래 태어난 값어치를 살려서 사는 사람을 우리가 '다시 태어났다'라고 얘기할 수 있는데 그 사람은 몸만 가지고 사는 게 아니라 마음을 챙겨서 사는 사람을 말합니다.

마음을 챙겨 살게 되면 어떤 일이 벌어지나 보세요. 여러분들 여기 와서 앉아계시는데 여러분의 몸은 여기 있을 뿐이지 다른 곳에 있을 수 없습니다. 그러나 그때라도 여러분의 마음은 산지사방을 다 다닐 수 있습니다. 우리의 몸이라는 것은 여기에 있고 다른 곳에 있을 수 없지만 우리는 거기에 갇혀 살지 않습니다. 그리고 언젠가는 우리가 이 몸을 놓고 가야 할 때가 오면 놓고 갈 수 있습니다. 그 몸은 자기가 살던 집에 지나지 않으니까요. 이사도 가는데 몸 놓고 못갈 게 뭐 있습니까? 이 집에서 많이 살았으니 그 몸 놓고 가자는 것이지요.

하나님이 아버지라는 말은 아버지가 몸에서만 사는 줄 알았는데 그게 아니라는 것을 예수가 안 것입니다. 사실은 몸속에 살지 않는 아버지를 챙긴 것입니다. '하나님 아버지라 말하는 예수가 이상한 것 아니야?' 이렇게 말할 수 있지만 안 그렇습니다. 육신을 갖고 몸에 갇혀 사시던 아버지만 아버지가 아니라 돌아가신 아버지도 아버지입니다. 살아계신 아버지도 자주 찾아봬야 하겠지만 제 마음속에 아버님을 어떻게 모시느냐가 더 중요합니다. 아버님이 몸에만 있는 것이 아니라 제 마음에도 들어와 계신 것이라고 할 때, 제 자신이 몸에 갇혀 사는 게 아니게 됩니다. 아버님도 몸에 갇혀 사시지 않고 제 마음속에 살고 계신데 저도 마찬가지 아니겠습니까?

제가 죽어서 없어진 것까지 상상할 것도 없습니다. 그냥 잠시 자리에 없다고 합시다. 그런데 누가 나를 보고 싶어 해요. 이 장면을 그냥 한번 그려 보세요. 우리가 보고 싶다는 말은 안 보이니까 하는 말이지 않습니까? 저는 미학 강의에서 '아름답다'를 어떻게 정의할까 여러 가지로 토론을 해왔습니다. 제가 요즘에 '아름답다'는 말과 '보고 싶다'는 말이 같은 말이라는 생각을 했습니다. **우리가 보고 싶다고 그럴 때는 아름다우니까 보고 싶은 것입니다.** 예컨대 우리 할머니를 보고 싶다고 했는데 할머니께서 오셨어요. 할머니가 주름이 조글조글하고 이빨이 다 빠졌습니다. 그런데 어떤 사람이 '당신이 보고 싶다던 할머니가 이런 할머니야!' 그래요. 저는 그 할머니가 보고 싶은 겁니다. 아름답기 그지없습니다. 보고 싶어야 아름다운 것입니다.

'보고 싶다'는 말이 참 신기한 말입니다. 보고 싶다는 말은 사람을 앞에 두고 보면서 하는 얘기가 아닙니다. 안 보여서 하는 말입니다. 보고 싶음이 사무칠 때는 살아 있는 사람만 보고 싶은 게 아닙니다. 돌아가신 분이 아리게 더 보고 싶습니다. 왜 돌아가신 분도 보고 싶을까요? 그런 것을 예수께서는 니고데모에게 '그렇게 사는 사람이 영원하게 사는 사람이에요.'라고 말씀하신 겁니다. **영원하게 산다는 것이 죽지 않고 산다는 게 아니었습니다.** 우리가 다 영원하게 사는 겁니다. 영원하게 살지 않으면 세상에 보고 싶은 게 뭐가 있겠습니까? 왜 눈에 안 보이는 사람이 보고 싶겠습니까? 그것이 다 우리가 영원하다는 증거입니다. 우리는 지금 『요한복음』을 공부하고 있습니다. 2000년이나 된 책이 우리하고 무슨 상관있습니까! 그러나 까마득한 옛날의 이야기도 우리는 알고 싶고 듣고 싶고 한데, 무엇인가 분명치 않은 것이 있어서 더 알고 싶어집니다. 그게 다 우리가 영원하다는 증거입니다. **사람은 영원하고 무한한 자기 모습을 보살피지 않으면 살 맛이 없어집니다.**

태어난다는 말은?

예수의 '태어난다'는 말은 이런 얘기가 되는 것입니다. 예수가 몸 아버지만이 아버지가 아니라 마음 아버지가 진짜 아버지라는 것을 챙기고 나서 비로소 자기가 이 세상에 태어난 것이 얼마나 고맙고 소중한 일인지를 알았다는 것입니다. 이 얘기를 3장 16절에서 합니다. 3장 16절은 예수 믿는 사람에게 가장 중요한 구절입니다. '하나님께서 세상 사람들이 사는 것을 얼마나 사랑하셨느냐 하면 하나밖에 없는 아들을 주셨는데 그 하나밖에 없는 아들을 믿는 사람마다 멸망하지 않고 영원히 살게 됩니다.' 이 말을 예수가 했습니다. 제가 어려서 말문이 트이기 시작할 때부터 외우라고 해서 맨날 외웠던 구절입니다. 그런데 이게 알고 보니 그런 얘기입니다.

누가 외아들인가?

여기서 외아들을 잘못 이해하면 안 됩니다. 외아들이 따로 있는 것이 아닙니다. 쌍둥이도 외아들입니다. 이 세상에 자기에게는 자기 하나밖에 없는 겁니다. 부모가 자기 만들고 또 똑같은 것을 하나 더 만든 것이 아닙니다. 자기 하나를 부모가 낳아 준 것입니다. **지금 외아들을 오해해서 예수만 아들이지 우리는 아니라고 그럽니다. 사람치고 외아들 아닌 사람은 아무도 없습니다.** 이때 아들은 남성을 이야기하는 것이 아닙니다. 우리가 다 외아들입니다. 그때 몸만 챙기면 아버지를 잘못 챙기는 겁니다. 마음을 챙기는 사람을 우리가 뭐라고하느냐 하면 '하늘 아버지를 챙긴다.' 그렇게 말합니다. 이것은 남자만 챙긴다는 얘기가 아닙니다. 우리가 전통적으로 이야기하는 부생모육지은(父生母育之恩)이 있지 않습니까? 이게 남자 여자 얘기가 아니라는 것이 여기서 분명해집니다. 이때 부(父)가 하늘 아버지입니다. 몸은 분명하니까 엄마는 분명하다는 겁니다. 그러나 돌아가신 엄마는 우리가 하늘 아버지 챙기듯이 또 챙기지 않습니까?

그렇게 되면 사람은 사람이 영원 무한하다는 것을 챙기고 사는 것입니다. 이렇게 사는 사람이 하늘나라에 사는 사람입니다. 오늘 니고데모가 예수를 만났는데 니고데모가 제대로 예수를 만났을까 궁금해요. 『요한복음』 뒤쪽에 가면 나옵니다. 니고데모가 예수의 말을 알아들은 것 같습니다. 왜냐하면 **내가 사는 것은 몸에 갇혀 사는 것이 아니라 마음을 가지고 사는 것인데 마음 가지고 산다는 것은 영원 무한한 나를 챙기는 것**이라고 합니다. 그렇게 살면 몸도 살아요. 어느 정도로 몸이 살게 되느냐 하면 이런 예수 덕분에 앉은뱅이도 일어나고 눈먼 사람들도 눈을 떴다는 것입니다. 이제 『요한복음』 3장이 다 끝났는데 여러분들 기분이 어떠세요? **마음이 좀 편해지셨나요?**

Chapter 05

걱정하지 말라
(차별에 관한 이야기)

05 걱정하지 말라
(차별에 관한 이야기)

이제 4장으로 들어갑니다. 예수가 사마리아라는 지역을 지나가게 됩니다. 예수가 먼 길을 오느라 피곤해서 수가라는 마을의 우물가에 앉아 쉬고 있다가 우연히 만난 여인과 주고받는 대화가 나오고 다시 갈릴리로 가서 왕의 신하의 아들을 고칩니다. 지도를 보시면 이스라엘은 지중해 동쪽 연안에 접하여 고구마 같이 길쭉하게 뻗어 있습니다. 길쭉한 이스라엘 땅의 북쪽지방이 갈릴리 지방입니다. 예수 당대의 갈릴리는 굉장히 낙후된 지역이었습니다. 이스라엘 땅 남쪽은 유대인데 예루살렘이 있고 문화의 중심이 그쪽에 있었습니다. 남과 북의 중간이 소위 사마리아 지방인데 원래는 이 지역도 이스라엘 왕국에 속하고 이스라엘 지파가 사는 지역이었습니다.

북쪽 갈릴리 바다라 불리는 호수에서 요단강이 흘러 나와 그 아래 남쪽 사해로 들어갑니다. 갈릴리 바다와 사해를 연결해 주는 것이 요단강입니다. 요즘도 예수 믿는 사람들은 죽는 것을 요단강 건너는 것이라고 말합니다. 그 말이 왜 생겼느냐 하면 요단강의 서쪽은 지중해를 면하고 있어서 이스라엘 사람들이 모여 사는 곳인데 반하여 동쪽은 온통 산악지대입니다. 사람이 살 만한 곳이 못 됩니다. 그래서 요단강 건너갔다는 것은 살 곳을 떠났다는 얘기가 됩니다.

열심히 일하신 예수

지형은 그렇고 거리는 얼마나 될까요? 2장에 보면 갈릴리 가나에서 예수가 혼인잔치에 가서 물로 술을 만들었다고 했는데 금세 예루살렘에 나타나서 성전을 청소하거든요. 이 가나와 예루살렘의 거리는 약 120km가 된다고 합니다. 걷기에는 먼 길입니다. 성경을 읽을 때는 단숨에 간 것 같지만 사실은 예수가 먼 길을 여행합니다. 걸어서 예루살렘까지 여행한 후 니고데모를 만났습니다. 그리고 오늘 얘기는 예루살렘을 떠나서 다시 갈릴리로 돌아가는 장면입니다. 그 중간쯤의 사마리아 지역 수가 성에서 한 여인을 만납니다. **예수가 3년 동안 일했다고 하지만 한 자리에서가 아니라 이렇게 엄청난 거리를 걸어 다니며 행하고 말했습니다.**

이렇게 유대 땅과 갈릴리를 오르락내리락 하면서 언행을 펼치는데 사마리아 얘기가 흥미로운 것은 중간에 있는 사마리아 지역이 특별한 상황에 있기 때문입니다. 『요한복음』에서 오늘까지 등장한 사람은 모두 이스라엘 사람 또는 유대인입니다. 예수도 그 무리에서 태어난 같은 종족 사람입니다. 그런데 이 중간의 사마리아 지방에 살던 사람도 이스라엘 사람이기는 마찬가지지만 다릅니다. 이스라엘에 원래 12지파가 있다고 그랬지요? 그런데 사마리아 사람은 12지파에 속한 사람임에도 이민족 취급을 받는 사람이 됐습니다. 유대 사람은 사마리아 사람과 상종을 안 했습니다. 보기만 해도 '아! 유대 사람이로구나, 아! 사마리아 사람이로구나.' 알 수 있었기 때문에 서로 피해 다녔습니다. 유대와 갈릴리를 오갈 때는 이 사마리아를 거치지 않으면 오갈 수가 없었는데 다만 요단강 강변을 따라 움직이면 사마리아 지역을 피해서 갈 수 있었습니다. 그래서 주로 다니던 길은 요단강 강변길이었습니다.

이번 여행은 예수가 제자들을 이끌고 강변길이 아니라 다른 길을 걷습니다. 거리로 치면 직선 길이라 가까운 길이지만 유대 사람이 보통은 다니지 않는 길을 갑니다. 사마리아 지역을 통과합니다. 예루살렘에서 갈릴리까지 120km이니까 한 시간에 4km를 간다고 할 때 30시간 정도 걸리는 거리입니다. 부지런히 걸어도 이틀, 사흘 걸리는 길입니다. 사마리아를 통과한다고 할 때는 사마리아 사람들의 신세를 져야 합니다. 밥도 사먹어야 하고, 여인숙에 들어가 쉬기도 해야 합니다. 상종하기도 싫어하는 사람들과 이런 거래를 하려고 하겠습니까? 그러니 빙 돌아서 갑니다.

그런데 예수는 지금 이 사마리아 길을 걷고 있습니다. 예수는 예루살렘과 갈릴리를 한두 번이 아니라 시종 왔다 갔다 합니다. 당시 사람들은 그런 짓을 안 했습니다. 예루살렘에 사는 사람은 예루살렘에만 살았지 갈릴리에 갈 이유가 없었습니다. 그 후진 동네 올라가면 뭘 하겠습니까? 갈릴리가 후진 동네가 된 이유에는 유대 사람이 사마리아를 가운데 두고 양쪽으로 갈라져 사는 것도 한몫을 했습니다. 그러다 보니 유대 사람이 괜찮게 산다고 한들 갈릴리 사람이 덕을 볼 길이 없었습니다. 그럼에도 불구하고 예수는 양쪽을 부지런히 다닙니다.

예루살렘에서 만난 사람들이 예수에게 '당신이 엘리야입니까? 우리가 얘기하는 선지자입니까?' 이렇게 물어봅니다. 그런 것은 예루살렘에서나 하는 얘기입니다. 왜냐하면 훌륭한 사람은 예루살렘에 있는 유대인이 믿는 훌륭한 예언자들, 이사야, 엘리야, 예레미야 이런 전통에서 나와야 되기 때문입니다. 말하자면 갈릴리는 그런 질문을 하는 사람들에게 버려진 동네입니다. 그런데 예수는 두 동네를 부지런히 다닙니다. **두 동네는 나눠진 동네가 아니라는 것, 예루살렘에서 행하고 말하는 것은 갈릴리 사람들에게도 행하고 전해야 된다는 것을 몸으로 말하는 것입니다.**

사마리아 여인에 대한 기록

『요한복음』 4장에 나오는 **사마리아 여인 얘기는 『요한복음』에 처음 나오는 얘기**입니다. 가나에서의 결혼 잔치, 예루살렘에서의 성전 청소, 그 다음에 니고데모 만난 얘기, 그리고서 이제 사마리아 얘기가 나오는데 이렇게 긴박하게 사건들을 정리하는 사람에게 있어서는 빼놓을 수 없는 아주 중요한 이야기입니다. 예수는 사람들이 보통 다니는 강변길을 거치지 않고 일부러 사마리아 지역을 직통하다가 수가성에 이르러 여인을 만났다는 장면이 그려지고 있습니다.

『요한복음』은 복음서 중에서 제일 늦게 쓰였습니다. 서기 90년대 내지는 100년대에 쓰여 졌다고 하면 예수의 말씀을 듣고 행적을 본 사람은 모두 세상을 떠난 시대입니다. 그 후대 분들이 예수를 믿을 때는 이미 『마태복음』, 『마가복음』, 『누가복음』이 쓰였기 때문에 이 복음서들이 돌아다니고 있었습니다. 20~30년 동안에는 그 글을 서로 나눠보고 있었습니다. 그런데 그 글을 읽으면서도 '아니야, 우리가 다른 복음서를 하나 써야겠어, 새로운 세대가 기억할 수 있는 얘기들을 따로 써야겠어.'라고 생각을 했다는 것은 무엇인가 마태, 마가, 누가의 복음서에 담겨 있지 않은 어떤 것을 쓰지 않으면 예수가 바로 전달되지 않는다고 생각을 한 것입니다. 그래서 『요한복음』을 썼다고 볼 수 있는데, 그중에 특히 가나에서 술을 만들어 준 이야기, 사마리아에서 여인을 만나 대화를 나눈 이야기가 되살려진 것은 왜일까 우리가 짐작을 할 수밖에 없습니다. 그러면 마태, 마가, 누가는 그런 얘기를 몰랐던 걸까? 혹은 알더라도 그런 얘기는 중요하지 않으니까 뺀 것일까? 혹은 전혀 없던 얘기인데 소위 『요한복음』 기록의 배경이 된 요한 공동체가 쓴 것일까?

할례와 물세례, 성령세례

이스라엘에는 세 종파가 있었다고 말씀 드렸습니다. 성전을 돌보는 종교 전통파 유대인인 사두개파와 정치, 경제의 실세 유대인인 바리새파, 에세네파가 그것입니다. 사해사본이 나온 동굴도 에세네파의 동굴인데, 항아리 속에 묻어 두었던 에세네파의 문서들을 목동이 우연히 발견해서 사해사본이 햇빛을 본 것입니다. 사해사본은 19세기 말, 20세기 초에 발견된 가장 오래된 문서이기 때문에 중요하다는 것인데 에세네파가 『요한복음』을 썼을 것이라 추정합니다. 오늘 세례요한이 나오는데 여기에 보면 '예수가 많은 사람들에게 세례를 주었다.' 그런 얘기로부터 시작하잖아요. 다른 데는 예수가 세례를 줬다는 얘기가 없습니다. 『요한복음』에만 나오는 얘기인데 사실은 예수가 세례를 준 것이 아니라 그 제자들이 세례를 줬는데 사람들이 그렇게 얘기를 한다고 부연했습니다.

세례 얘기로 시작하는 것은 에세네파 사람들이 세례를 중하게 여겼다는 것을 말합니다. '물로 세례를 받아야만 우리가 참답게 사는 것이고 하나님의 뜻대로 사는 것이지, 물로 세례를 받는 예식도 않고 사람이 하나님 뜻대로 사람답게 산다고 하는 것은 우리가 너무 쉽게 생각하는 것이다.'라고 에세네파들이 생각했습니다. 에세네파는 물로 세례로 받은 사람끼리 자기네 나름대로 특별하게 수도자적 자세로 사람답게 살려고 하는 사람들인 것입니다. 그렇다면 사두개파나 바리새파 사람들은 물세례를 안 받았다는 것일까요? 물세례가 세례요한의 줄기라고 하는 것은 수많은 학자들이 연구한 결과인데 그분들의 의견은 에세네파가 물로 세례를 받아야만 전통적인 이스라엘 사람이라고 생각한 반면 사두개파나 바리새파는 물로 세례를 받지 않아도 전통적인 이스라엘 사람이라고 생각했다는 겁니다. 물로 세례를 받아야만 정통 유대인이라고 생각한 것이 에세네파입니다.

그럼 나머지 사람은 무엇으로 이스라엘 사람임을 증명했을까요? 세례에 대해 대부분의 학자들이 합의를 보는 것이 있습니다. 남자, 여자, 아이, 어른, 신분고하를 막론하고 누구나 받는 게 물세례입니다. 그런데 사두개파나 바리새파들은 물세례가 아니라 할례로 이스라엘 사람의 정통성을 증명했습니다. 할례는 남자만 받는 것이니까 물세례와 다릅니다. **남자애들이 태어나서 7일이 되기 전에 포피를 자르는 것인데 여자들은 할례와 무관하니까 여자들은 이스라엘의 정통에서 배제됩니다. 세례요한이 물로 세례를 주는 운동은 여기에 비춰 봤을 때 혁신적인 운동이었습니다.** 할례를 통해서, 남자들을 통해서 이스라엘 신앙의 정통성 내지는 사람다운 삶을 유지한다고 생각하던 정통 이스라엘파와는 다른 지향성을 드러내는 운동이었습니다. 이렇게 되면 남자뿐만이 아니라 남녀노소 누구나 물에만 첨벙 뛰어 들어가도 '나는 새롭게 산다.'가 되는 겁니다. '나는 죽었다가 다시 살아났기 때문에 이제부터는 새롭게 산다.'는 것을 **물세례 예식을 통해**

증명을 하는 사람은 누구나 다 하나님의 자녀가 됩니다. 이러니까 이게 당시에는 새로운 운동이었다고 그럽니다.

이런 맥락에서 4장에 예수가 같이 세례를 주었다는 말이 무슨 뜻인지 생각해 볼 필요가 있습니다. 예수는 정통 중에 정통, 바리새파 사람입니다. 이스라엘의 전통을 종교적으로 특별히 지켜간다는 사두개파보다도 바리새파 사람들 자신이 더 정통이라고 생각하는데 자기들은 사회생활을 활발하게 하면서도 전통을 지키는 정통파라는 것입니다. 생각이 이러니까 정통파 중에서는 누구나 알아주는 실세 정통파였는데 예수가 뜻밖에 에세네파와 가까웠다는 얘기입니다. 그래서 물로 세례를 주는 일에 참여를 했다는 것이지요. 오늘도 물과 성령의 얘기가 나오는데 물로 세례를 주면서도 '물세례가 아니라 사실은 성령으로 세례를 받아야 됩니다.'라고 말한 사람은 세례요한 자신입니다. '저는 물로 세례를 주는 일밖에 못합니다. 저는 그리스도가 아닙니다. 예수가 우리를 진짜 살려주시는 분인데 그분은 물로 세례를 주시는 게 아니라 성령으로 세례를 주시는 분이에요.' 이런 얘기를 했습니다.

그러나 4장 1절~2절 첫 대목에 "요한보다 예수께서 더 많은 사람을 제자로 삼고 세례를 주신다는 소문이 바리새파 사람들의 귀에 들어간 것을 예수께서 아셨다. 사실은 예수께서 직접 세례를 주신 것이 아니라 그 제자들이 준 것이다" 이렇게 쓰여 있습니다. 예수가 물세례를 주고 있다, 이것은 예수가 에세네파에 속했다는 것입니다. 예수가 할례파가 아니라 물세례파라는 것입니다. '누구나 물에 첨벙 들어가면 새 사람이 되는 거야.'라고 외치는 새로운 운동에 예수가 가담했다는 소문이 바리새파 사람들에게 들렸고, 이는 바리새파의 경각심을 자극했습니다.

그런데 사실은 예수가 아니라 그의 제자들이 세례를 준 것이라고 했습니다. 그러나 예수의 제자들이 그랬다는 말이나 예수가 그랬다는 말이나 뭐 크게 다르겠습니까? 그런데도 왜 이런 구분을 했을까? 예수가 세상을 떠난 지 수 세대가 지나서 이런 얘기를 정리하는 것이니까 이것은 예수를 보호하기 위해서 한 얘기는 아닙니다. 예수는 벌써 돌아가셨는데 예수를 보호하기 위해서 그랬던 것은 아닙니다. 제자들이 세례를 준 것이라고 굳이 변명할 필요는 없었습니다. 이 점을 감안할 때 여기서 **중요한 것은 예수가 물세례를 줬다는 데 초점이 있는 것이 아니라 성령 세례에 초점이 있다**는 주제를 유지하기 위해서 이렇게 쓴 것이라는 것을 짐작할 수 있습니다. 그 다음으로 가겠습니다. 3절부터 6절까지 읽어보지요.

야곱의 우물에서 사마리아 여인을 만나다

예수께서는 유대를 떠나, 다시 갈릴리로 가셨다. 그렇게 하려면, 사마리아를 거쳐서 가실 수밖에 없었다. 예수께서 사마리아에 있는 수가라는 마을에 이르셨다. 이 마을은 야곱이 아들 요셉에게 준 땅에서 가까운 곳이며, 야곱의 우물이 거기에 있었다. 예수께서 길을 가시다가, 피로하셔서 우물가에 앉으셨다. 때는 오정쯤이었다.(4:3-6)

이 대목은 다른 복음서에는 안 나오는 이야기인데 흥미진진한 소설을 쓰듯이 쓰고 있습니다. 보통 사람들은 사마리아를 피해 요단 강 강변길을 따라가는데 예수는 그렇게 하지 않고 사마리아를 통과해서 갑니다. 그리고 어차피 사마리아를 통과할 바에는 사마리아 사람이 사는 동네를 지나서 가겠다고 한 것입니다. 예수의 일행이 먼 길을 걸어 수가성에 도착합니다. 정오쯤에 동네 우물가에 닿았습니다. **이 수가성에는 야곱의 우물이 있는데 야곱이 이스라엘의 진짜 조상입니다.** 예수 믿는 사람이 믿음의 조상이라고 하는 아브라함이 있습니다. 이 아브라함의 아들이 이삭이고 그 아들이 야곱입니다. 이삭에게는 아들이 둘 있었어요. 사실은 쌍둥이입니다. 야곱과 에서라는 아들인데 에서가 맏아들이고 야곱이 둘째 아들입니다. 그런데 왜 사람들이 야곱, 야곱 하느냐 하면 스토리가 있습니다. 애들을 낳고 보니까 야곱이 자기 형, 에서의 발꿈치를 잡고 있더라는 겁니다. 뱃속에서 형을 누르고 먼저 태어나려고 했는데 형이 먼저 빠져나오는 바람에 잡고 있던 발꿈치를 놓지 않았다고 해서 이름이 야곱이라 붙여진 것입니다. 그 **야곱에게 하나님이 열두 아들을 주셔서 그 아들들이 이스라엘의 12지파를 이루었다는 것이** 이스라엘 사람들의 **전통**입니다.

우물과 요셉의 이야기

이 야곱 때에 이스라엘에 엄청난 가뭄이 들어서 굶어 죽지 않으려고 자진해서 이집트로 내려갔다가 그곳에서 오랫동안 이집트 사람의 종노릇을 하게 됩니다. 그러다가 모세 때에 와서 모세의 지도 하에 이집트에서 풀려났다는 것이 **이스라엘 사람들이 전해오는 얘기인데 그 이스라엘 사람들을 보존시킨 장본인이 야곱의 열두 아들 중에서 막내아들 요셉**이었습니다.

그런 **요셉에게 아버지 야곱이 마련해 준 우물** 앞에 예수가 지금 와 있습니다. 이스라엘 부모가 자식에게 주는 가장 중요한 유산 중 하나가 우물을 파주는 것입니다. 물이 귀한 지역이니까 부모가 우물을 파주며 '너는 이 우물물을 먹고 살아라.' 그러면 조상이 자손에게 살 터전을 마련해 주는 것이 됩니다. 그리고 오늘 '생수'라는 표현이 나오는데 이스라엘 사람에게는 이런 맥락이 있는 것입니다. **물이라는 것은 사람 사는 뿌리**입니다. 물 때문에 사람이 사람답게 사는 것인데 야곱이 요셉에게 물려준 우물이 수가라는 마을에 있습니다. 지금은 사마리아 땅이 되었지만 어떻게 보면 **이스라엘 사람이 되는 그 명맥의 근원을 찾아가서 예수가 앉아 있는** 셈입니다. 예수가 이 우물을 찾아갔다는 사실 뒤에는 이런 의미심장함이 있습니다. 오늘 사마리아 여인 얘기와 상관없는 것처럼 보이는 이스라엘의 역사를 훑어봤지만 이스라엘 사람에게 그런 사연이 있는 우물의 역사 위에 예수가 지금 앉아 있습니다.

우물 앞 아슬아슬한 장면

이스라엘 사람이 모세의 도움을 받아 이집트에서 고향으로 돌아오긴 했지만 동생도 팔아먹고, 종살이 하고, 남의 도움을 받아 살다가 도망 나오고, 기구한 역사의 연속입니다. 그런데 고향에 돌아와서는 서로 상종도 안 하는 일이 벌어지고 있습니다. 이스라엘 조상의 땅, 요셉의 우물이 있는 땅, 사마리아 땅을 유대인이 다 버렸습니다. 거기에는 유대 사람이 상종도 하지 않는다는 사마리아 사람이 그 우물물을 먹고 살고 있습니다. 예수가 먼 길을 오느라 지치고 목이 말라 피곤한 몸으로 그 우물가에 걸터앉았는데 때는 12시입니다. 햇볕이 쨍쨍 내리쬐는 시간입니다. 그 다음에 7절에서 15절까지 좀 길지만 한번 읽어보지요.

한 사마리아 여자가 물을 길으러 나왔다. 예수께서 그 여자에게 마실 물을 좀 달라고 말씀하셨다. 제자들은 먹을 것을 사러 동네에 들어가서, 그 자리에 없었다. 사마리아 여자가 예수께 말하였다. "선생님은 유대 사람인데, 어떻게 사마리아 여자인 나에게 물을 달라고 하십니까?"(유대 사람은 사마리아 사람과 상종하지 않기 때문이다.) 예수께서 그 여자에게 대답하셨다. "네가 하나님의 선물을 알고, 또 너에게 물을 달라는 사람이 누구인지를 알았더라면, 도리어 네가 그에게 청하였을 것이고, 그는 너에게 생수를 주었을 것이다." 여자가 말하였다. "선생님, 선생님에게는 두레박도 없고, 이 우물은 깊은데, 선생님은 어디에서 생수를 구하신다는 말입니까? 선생님이 우리 조상 야곱보다 더 위대하신 분이라는 말입니까? 그는 우리에게 이 우물을 주었고, 그와 그 자녀들과 그 가축까지, 다 이 우물의 물을 마셨습니다." 예수께서 말씀하셨다. "이 물을 마시는 사람은 다시 목마를 것이다. 그러나 내가 주는 물을 마시는 사람은, 영원히 목마르지 아니할 것이다. 내가 주는 물은, 그 사람 속에서, 영생에 이르게 하는 샘물이 될 것이다." 그 여자가 말하였다. "선생님, 그 물을 나에게 주셔서, 내가 목마르지도 않고, 또 물을 길으러 여기까지 나오지도 않게 해주십시오."(4:7~15)

이 대목이 아주 재미난 대목입니다. 읽기에 따라서는 성경에 들어가지 못할 몹쓸 얘기가 들어가 있는 것 같습니다. 낮에는 여인들이 물 길러 나가지 않습니다. 선선할 때 물을 길어다 두어야 하루 종일 물을 쓸 수 있으니까 아침에 물을 길으러 나갑니다. 그러니 낮 12시가 되어서 여자가 어슬렁어슬렁 우물가로 나온다면 그 여인은 보통 여인이 아니에요. 집안일을 부지런히 돌보는 여인이 아닙니다. 그 여인에게 예수가 부탁합니다. '나 물 좀 주시오.' 낮에 우물가나 돌아다니는 여인에게 30대 청년이 말을 거는 것인데 어떻게 보면 수작을 거는 것이나 마찬가지입니다. 종교 지도자가 모르는 여인이 다가오면 모른 척 해야지요. 그런데 예수가 다정하게 그 여인에게 말을 걸었습니다. 그런데 여인의 대답이 재미있습니다. 여인이 아무 말 안 하고 물을 주는 것이 아닙니다. '내가 보아하니 사마리아 사람도 아닌 것 같은데 어쩌자고 나에게 물을 달라고 합니까?' 흥미진진한 대화예요. 예수의 말씀이 더 재미있습니다. '하나님의 선물을 알고 또 지금 당신한테 물을 달라는 사람이 누구인지를 알았으면 오히려 나더러 물을 달라고 그랬을 텐데. 나는 진짜 생수를 줄 테니까.'

육감으로 알 수 있는 대화

구약도 그렇고 그 시대 사람의 글은 많이 남아 있지는 않습니다. 당시 사람은 지금처럼 몇 천 년 동안이나 쌓여온 글을 읽지 않았습니다. 읽을 글이 그렇게 많지 않았습니다. **그때 쓰인 말 또는 서로 나눈 말을 보면 대개가 들으면 금방 육감으로 무슨 말인지 알아들을 수 있는 그런 말을 했습니다.** 예수가 물 달라면 목이 말라서 그랬으니까 그냥 물을 떠줬으면 끝나는 건데 여자가 그것을 빌미로 자꾸 말을 거는 거예요. '어떻게 하려고 나더러 물을 달라고 그러셔?' 그러는 겁니다. 사실 예수의 말은 말이 안 되잖아요. 물 달라고 하는 사람이 '나더러 물 달라고 그러면서 한 번 마셔도 목마르지 않는 생수를 줄 텐데.' 이게 말이 됩니까? 그런 물 있으면 자기나 마시지 왜 물을 달라고 그럽니까? 그러니까 여인은 그 말을 남자가 거는 수작으로 알아듣습니다. 아슬아슬한 순간입니다. 예수 때에도 지도자가 부적

절한 행동으로 인해 염문을 일으키는 일이 많았습니다. 옛날이나 지금이나 똑같습니다. 왜냐하면 종교에서 스승과 제자가 사람 사는 문제에 대해 소중하고 깊은 대목을 나누다 보면 사람과 사람이 만나는 것이니까 자칫 엉뚱한 데로 빠질 수 있습니다.

4장을 읽어 보시면 '아, 이럴 수가.' 하는 아슬아슬한 대목이 진전됩니다. 여자의 말이 재미있어요. '아니, 두레박도 없으면서 무슨 생수를 준다고요?' 무슨 얘기인지 알았다는 겁니다. '이 우물은 우리 조상 야곱이 파준 우물인데, 당신은 야곱의 물을 이야기하는 것이 아니라 다른 물을 얘기하는 것인가 본데, 당신이 야곱보다 잘났다는 말인가 보죠?' 이래요. 야곱보다 잘나려면 야곱의 관례를 깰 수 있는 사람이에요. 야곱의 관례는 뭡니까? 유대 남정네가 사마리아 여인에게, 그것도 대낮에 우물가에 나온 여인에게 수작을 걸면 안 되는 것이지요. '그것도 무시하고 내가 생수를 줄게 하면 당신은 야곱도 무시하고 사는 그런 양반입니까?' 하는 대화입니다. 여러분은 어떻게 들으셨습니까? 신학교에서 제가 이야기를 이렇게 하면 눈살을 찌푸리는 학생들이 많습니다. '저 선생이 도대체 뭘 어쩌려고!' 그러나 제가 일부러 이상하게 읽는 것이 아닙니다. 우리가 그렇게 읽어야 비로소 이야기의 핵심을 제대로 이해하게 되지 안 그러면 우스운 이야기가 됩니다. 그렇지 않습니까? 물을 달라 그래 놓고서 '왜 나한테 물을 달라고 그래?' 그랬더니 예수가 갑자기 거룩한 종교 얘기를 합니다. 여인은 눈도 깜짝하지 않아요. 여인은 자기가 어떤 상황에 처했다는 것을 잘 알고 있습니다. 이제 4장 16절에서 26절까지 읽어 보겠습니다.

예수께서 그 여자에게 말씀하셨다. "가서, 네 남편을 불러 오너라." 그 여자가 대답하였다. "나에게는 남편이 없습니다." 예수께서 여자에게 말씀하셨다. "남편이 없다고 한 말이 옳다. 너에게는, 남편이 다섯이나 있었고, 지금 같이 살고 있는 남자도 네 남편이 아니니, 바로 말하였다." 여자가 말하였다. "선생님, 내가 보니, 선생님은 예언자이십니다. 우리 조상은 이 산에서 예배를 드렸는데, 선생님네 사람들은 예배드려야 할 곳이 예루살렘에 있다고 합니다." 예수께서 말씀하셨다. "여자여, 내 말을 믿어라. 너희가 아버지께, 이 산에서 예배를 드려야 한다거나, 예루살렘에서 예배를 드려야 한다거나, 하지 않을 때가 올 것이다. 너희는 너희가 알지 못하는 것을 예배하고, 우리는 우리가 아는 분을 예배한다. 구원은 유대 사람들에게서 나기 때문이다. 참되게 예배를 드리는 사람들이 영과 진리로 아버지께 예배를 드릴 때가 온다. 지금이 바로 그때이다. 아버지께서는 이렇게 예배를 드리는 사람들을 찾으신다. 하나님은 영이시다. 그러므로 하나님께 예배를 드리는 사람은 영과 진리로 예배를 드려야 한다." 여자가 예수께 말했다. "나는 그리스도라고 하는 메시아가 오실 것을 압니다. 그가 오시면, 우리에게 모든 것을 알려 주실 것입니다." 예수께서 말씀하셨다. "너에게 말하고 있는 내가 그다."(4:16~26)

여기에 극적인 진전이 있습니다. 이쯤 되니 예수가 갑자기 남편을 데려오라고 합니다. '당신 남편 있어?' 그런 거예요. 그 여자가 '나 남편 없어요.' 이렇게 대답합니다. 예수 대답이 대단히 걸작입니다. '맞았어. 남편이 다섯이나 되지만 지금 살고 있는 사람도 남편이 아니잖아.' 이것은 '나는 당신이 어떤 여자인지 알아.' 그런 뜻입니다. 아슬아슬한 대목입니다. 그런데 이것을 잘못 읽으면 '역시 예수님이야, 남편이 몇이었는지 딱 알아맞히잖아, 사람을 훤히 꿰뚫어 보시고 계셔.' 그렇게들 읽어요. 물론 그렇게 읽을 수 있지만 이 얘기의 핵심은 거기에 있지 않습니다. 『요한복음』이 이럴 때에 진전될 수 있는 상황을 지금 소상히 전하고 있는 겁니다.

내 아픔을 아시는 예수

예수가 여인의 남편이 다섯이라고 하는 것은 꼭 다섯을 이야기하는 것이 아닙니다. '당신 말이야, 남편이 많았지. 남편이 많았지만 남편다운 남편은 하나도 없잖아.' 이런 얘기입니다. 이 얘기는 여인에게는 가장 뼈아픈 얘기입니다. 남자와 가정을 차린 게 한두 번도 아니고, 지금도 누구와는 같이 살아야 되기 때문에 같이 살고 있지만 그가 남편 같지 않다면 너무나 불행한 일입니다. 그런데 듣기에 따라서는 굉장히 위험한 얘기를 예수가 하는데 '당신은 남편도 없는 여자다.' 하니까 여자가 돌연 다른 모습을 보입니다. '가만 있어봐, 당신은 말하는 투가 예언자 같으시네요.' 여러 가지로 생각해 볼 수 있는 부분입니다. 예기치도 않게 자기의 딱한 사정을 들여다보는 사람을 만난 것입니다. 그때의 예수는 더 이상 자기에게 수작을 거는 남자가 아닙니다. 아슬아슬한 대목을 건너가는 순간입니다. 추문이 아닌 진솔한 대화로 넘어가는 아슬아슬한 대목인데 이것을 어떻게 읽느냐가 문제입니다.

여인이 '내 인생의 아픈 점을 들여다보는 분이시구나.' 하는 생각이 드니까 이제 앞에 있는 분이 남자다 여자다 하는 것은 더 이상 문제가 아닙니다. 남자, 여자가 아니라 '사람'을 만나는 셈입니다. 그러니까 다짜고짜 물어요. 여인이 산을 가리키면서 묻습니다. '당신이 예언자신가 본데 제가 묻고 싶은 게 있어요. 우리는 어디서 예배를 드려야 되나요?' '우리 조상은 이 산에서 예배를 드리고 당신들 유대 사람은 예루살렘에 내려가서 예배를 드려야 한다고 그러지 않습니까? 우리는 예루살렘에 내려갈 수가 없으니 사마리아 사람들은 예배를 드릴 곳이 없어요.' 하는 겁니다.

이때 예수가 '그게 아니고 제 말씀을 잘 들어보세요. 당신들은 이 산에서 예배를 드려야 된다거나 혹은 예루살렘에 가서 예배를 드려야 된다고 하는데 그런 말을 할 필요가 없을 때가 올 텐데 그때가 바로 지금입니다.'라고 말해 줍니다. **예루살렘에서 예배한다, 산에서 예배한다는 것은 예배가 무엇인지 모르는 사람이 하는 얘기라는 것입니다. 예배를 아는 사람은 하나님은 영이시기 때문에 영과 진리로 거짓됨이 없이 있는 그대로 예배하는 그곳이 하나님을 예배하는 곳이라는 말입니다.** 그런데 이 대목이 재미있어요. '유대 사람한테서 구원이 온다고 그랬잖아.' 이 말이 재미난 말입니다. 왜냐하면 사마리아 여인은 유대 사람이 하는 얘기가 듣고 싶은 겁니다. 예루살렘에만 구원이 있다고 주장하는 사람이 유대 사람이니까 예수보고 '당신은 어떻게 생각하느냐?' 물은 것입니다. 예수가 대답합니다. '맞아요! 내가 유대 사람인데 내가 확실하게 말씀 드리자면 예루살렘도 아니고 이 산도 아니고 어디서나 영과 진리로 예배를 하면 그곳이 예배를 드리는 곳입니다.'

이런 질문은 내 인생의 가장 아픈 것, 내가 가장 괴로워하는 것, 내가 사는 데 있어서 이제 이것만 풀면 살 것 같은데, 그런 고민을 하는 나를 들여다보는 분이라서 물어보는 것입니다. 그런데 그분이 **예배하러 어디 따로 갈 데가 있는 것이 아니라 거짓 없이 영으로 사는 사람은 어디서나 살 길을 되찾는다고 얘기를 하니까 힘이 납니다.** 왜 그럴까요? 이 여인이 최소한 자기도 거짓 없이 영으로 사는 일은 할 수 있다는 자신이 생긴 것입니다. 안 그러면 질문을 계속했겠죠. '성령을 받으려면 어디로 가야 됩니까?' '산으로 가면 됩니까?' '예루살렘으로 가면 됩니까?'라는 질문을 할 텐데 그런 질문을 하지 않습니다.

그리스도가 올 때, 우리가 말이 통할 때

이제 이야기의 방향이 바뀝니다. 그런 일을 이루어주시는 분이 그리스도인데 그리스도가 올 때가 있다는 얘기를 꺼냅니다. 이게 성경의 중요한 주제 중의 하나인데 이것을 어떻게 이해하느냐가 문제입니다. 그런데 이런 것은 우리가 살아가며 매일같이 경험하는 얘기입니다. 예컨대 저는 마침내 살 길을 찾았어요. 내 모든 고민이 다 풀렸어요. 편안하게 자고 일어납니다. 아침이 전과 다르게 내게 다가옵니다. 오늘부터는 진리를 품에 안고 사람다운 사람의 마음으로 살겠다는 각오를 하고 집을 나섰습니다. 문을 나서는데 정신없는 '놈', 사기 '꾼', 나쁜 '놈'이 나를 괴롭혀요. 금세 세상이라는 게 아무리 내가 진리와 영을 찾아도 소용이 없다는 생각이 듭니다. 세상에는 나를 어지럽히는 사람으로 가득하고 진리를 모르는 사람이 날 괴롭힙니다. 사람답게 사는 것이 아닙니다. '나만 잘하면 뭐 해?' 그런 생각이 들지요.

'그리스도가 올 때'라는 말은 나만 사람답게 산다고 되는 것이 아니라 세상 모든 사람이 진리로 살기 때문에 더 이상 남 걱정을 하지 않고도 살 수 있는 때입니다. 그때는 '나만 잘 하면 뭐 해?' 그런 생각이 안 드는 때입니다. 그러니까 이 여인이 '그리스도가 올 때'를 말할 때는 '저는 살 길을 찾았습니다. 그런데 어느 세월에 온 세상이 사람 살 만한 세상이 되겠습니까?'라는 걱정이 앞서는 것입니다. 왜냐하면 여인은 이제 우물가를 떠나서 동네로 들어가야 합니다. 그런데 뜨거운 대낮에 우물가를 찾아 들었다는 것은 동네가 살기가 끔찍해서 아무도 보지 않는 대낮에 우물가로 온 것 아니겠습니까? 그런데 다시 동네로 돌아가려니 걱정이 되는 것이지요.

그러니까 여인이 말합니다. '그리스도가 온다고 했는데 그때나 돼야 내가 마음 놓고 동네로 돌아갈 수 있겠지요?' 그러니까 예수가 '내가 지금 당신하고 얘기하고 있잖아요. 내가 바로 그 그리스도입니다. 때가 따로 있는 것이 아니라 당신하고 내가 이렇게 말이 통했으면 그게 바로 그때입니다. 동네 염려하지 말고 돌아가세요.' 이러는 겁니다. **우리 둘이 말이 통했으면 그것으로 평천하가 된 것이나 다름이 없습니다.** 그런 얘기를 하는 대목입니다.

제자들이 돌아왔습니다. 제자들이 '아니! 선생님 이게 웬일이십니까?' 깜짝 놀라는 거죠. '보통 여인이 아닌 것 같은데 어쩌시려고?' 그러고서 수습하려고 '선생님, 우리들이 동네에서 사 온 음식인데 빨리 이거나 드시지요.' 합니다. 그 사이 여자는 물동이도 버려두고 허겁지겁 동네로 들어갔지요. 거기에 있다가는 문제가 복잡해질 테니 훌륭한 선생님을 위해서라도 자리를 피해야겠다고 여인이 돌아갔습니다. 그런데 예수가 하는 대답이 재미있습니다. '선생님, 여기 음식 장만해 온 것이나 드시죠. 왜 이렇게 몹쓸 일을 하시고 그러십니까?' 하니까 예수가 '나한테는 너희가 알지 못하는 먹을 게 있어.' 그래요. 이 여자하고 음식까지 나누셨나, 제자들이 또 놀라는 거죠. 음식까지 나눴을 정도면 보통 일이 아닙니다. 그 다음 성경 본문을 보시지요.

예수께서 그들에게 말씀하셨다. "나의 양식은, 나를 보내신 분의 뜻을 행하고, 그분의 일을 이루는 것이다. 너희는 넉 달이 지나야 추수 때가 된다고 하지 않느냐? 그러나 나는 너희에게 말한다. 눈을 들어서 밭을 보아라. 이미 곡식이 익어서, 거둘 때가 되었다.(4:34-35)

이것은 중요한 표현입니다. 농사는 사람이 마음대로 당겼다 놓았다 하는 게 아닙니다. 왜 넉 달을 기다려야 되느냐 하면 자연의 도리는 우리가 어길 수가 없는 것이니까요. 씨를 심고 때가 돼야 추수를 하는 것인데 예수가 놀라운 말씀을 합니다.

추수하는 사람은 품삯을 받으며, 영생에 이르는 열매를 거두어들인다.(4:36)

추수하는 사람이 품삯을 거둬들인다는 것은 수고한 노동이 헛되지 않아 그 대가를 거둬들인다는 것인데 사람들은 그때를 기다려야 된다고 하지만 **지금이 추수할 때**라는 것입니다. 당장 품삯이 주어지는데 그 품삯이 뭐냐 하면 영생에 이르는 열매입니다. **죽어도 영원히 살고 산다고 할 때에는 죽을 수 없는 영원한 삶을 누리는 품삯을 기다렸다가 나중에 받는 것이 아니라 지금 당장 받는다는 것입니다.**

그러므로 '한 사람은 심고 한 사람은 거둔다는 말이 옳다.'(4:37)

이것도 재미있는 말입니다. 이 말은 사람들이 많이 인용하는 말입니다. 심는 사람이 추수하는 사람이 아닐 수 있습니다. 우리 자식은 부모님 덕에 산다는 말과 같아요. 부모님이 씨를 심는다고 고생

했지만 추수의 덕은 보지 못하고 돌아가십니다. 이것과 통하는 것입니다. 수고는 남들이 했는데 너희는 그들 수고의 결실에 참여하게 된 것이다, 이런 말씀이지요. 이것은 우물가에서 만난 여인이 동네 걱정하는 것과 연결이 됩니다. '내가 잘한다고 세상이 달라지지 않는 한 무슨 소용이 있겠습니까?' 하는데 대하여 예수님이 추수하는 문제를 내놓고 설명을 하는 겁니다. 이것은 어떻게 보면 여인의 걱정거리, 여인의 불안감에 응답한 것이기도 합니다. **우리가 우리를 돌본다는 것은 우리 일만 돌보는 것만이 아니라 우리가 보지도 못하는 세상 사람들, 또 시간을 기다린다면 우리 후대를 돌본다는 것하고 같습니다.** '내가 내 몸 돌보는 일이 세상 돌보는 일이나 마찬가지니까 아무 걱정 말고 동네로 돌아가시오.'라고 예수가 말씀하는 것입니다. 4장 39절을 보시지요.

> 그 동네에서 많은 사마리아 사람이 예수를 믿게 되었다. 그것은 그 여자가, 자기가 한 일을 예수께서 다 알아맞히셨다고 증언하였기 때문이다.(4:39)

여기서 알아맞힌 증언이 뭘까요? 남편이 다섯이라는 것일까요? 누가 과거에 어떻게 살았는지 알아맞힌다고 해서 내 살 길을 제시해 주지 않는 한, 동네 내려가서 떠벌리고 다니지는 않습니다. **여인이 전하고 싶은 말이 뭐냐 하면 '나는 이제 살 길을 찾았어. 나는 이제는 내 스스로 살 수 있겠어.' 이렇게 얘기를 했다는 것입니다.**

> 사마리아 사람들이 예수께 와서, 자기들과 함께 머무시기를 청하므로, 예수께서는 이틀 동안 거기에 머무르셨다.(4:40)

이틀 동안 무슨 말씀을 했는지에 대한 얘기가 없지만 이틀 동안 머물렀다는 것은 깜짝 놀랄 얘기입니다. 왜냐하면 사마리아는 머무르지 않고 빨리 지나가야 되는 동네인데, 이틀 동안이나 동네 사람을 만났다는 것은 보통 얘기가 아닙니다. 동네 사람은 그 여인이 어떤 여인인지 뻔히 아는데 예수와 만난 것이 추문거리가 되지 않고 오히려 그 여인에게 살 길을 찾아주었다는 증거물이 되어 동네 사람이 친해지는 계기가 됐습니다. 많은 사람이 예수의 말씀을 듣고서 믿게 되었는데 뭘 믿었겠습니까? **진리와 영으로 살면 언제 어디서나 우리 몸속에서 생수가 샘솟듯이 우리가 살 수 있는 힘을 차린다는 것, 그것 때문에 추수할 때가 언제 올지 염려할 필요 없이 씨를 심는 사람만 되어도 추수한 것과 다를 바가 없다는 것입니다. 씨 심는 사람과 추수하는 사람이 다르다고 할지라도 남 좋은 일 하는 것이라고 걱정할 필요가 없는 사람이 되었다는 것**인데 사마리아 동네 사람이 이렇게 믿는 사람이 된 것입니다.

그러고 나서 동네 사람이 그 여자에게 하는 얘기가 재미있습니다. 42절입니다. 오늘의 마지막 대목입니다. '이거 봐, 이제 우리가 예수 믿게 된 거는 당신 때문이 아냐. 우리가 직접 예수의 말을 듣고 그분이 하는 말로 미루어 보니까 그분이야말로 세상을 구원하러 온 그리스도요 메시아라는 것을 알았기 때문이야!' **우리가 무엇을 알았다고 하는 말은 스스로 확인했다는 말입니다.** 이틀 사이에 동네 사람이 그 이야기를 합니다. 동네 사람이 그런 이야기를 하는 것은 '여인에게 다섯 남편이 있었다, 지금 남편도 남편이 아니다.'라고 기가 막히게 맞혔기 때문에 예수를 믿는 게 아니라 **예수 얘기를 듣고 자기가 선 바로 그 자리에서 살 수 있는 힘을 얻었기 때문에 믿는 것입니다.**

이런 이야기이기 때문에 사마리아 여인 얘기는 『요한복음』을 쓰는 사람에게는 절대 빼놓을 수 없는 이야기가 됩니다. 사마리아 사람은 이제 더 이상 예루살렘에 갈 필요가 없습니다. 이 대목을 교회에서 잘못 주장하면 이렇게 얘기할 수 있습니다. '사마리아 여인이 예수를 믿어서 살게 된 것이니까 예수를 믿지 않으면 세상에는 살 길이 없어.' 그런데 이야기를 읽어보시면 정반대의 얘기인 것을 알 수 있습니다. **예수를 믿지 않아도 심지어 사마리아인일지라도 어디에서나 진리와 성령으로 살면 뱃속에서 생수가 터져서 흐르는 것처럼 영원히 목마르지 않고 산다는 얘기입니다. 예수가 전하는 것은 이것을 믿으라는 것이지 '여러분이 나를 믿지 않으면 안 돼, 어떤 특정 종교를 따르지 않으면 안 돼.' 하는 얘기가 아닙니다.**

야곱의 물과 성령 이야기

우리는 이제 물과 야곱의 물과 성령 얘기가 어떻게 연결되는지 볼 수 있는데 이런 이야기가 『요한복음』에 계속 되풀이되고 있습니다. 우선 1장에 말씀이 몸이 되었다고 했습니다. 이 말은 말씀이라는 게 따로 하늘에 고이 모셔져 있는 것이 아니라 하늘의 말씀이 우리의 몸이 되었다고 하는 것입니다. 이 대목이나 '우리는 이제부터는 모세 때문에 사는 게 아니라 은혜와 진리로 사는 것이다.'라고 하는 것이나 마찬가지입니다. 여기서 **은혜는 '내가 타고난 것'**입니다. 그래서 부모님 은혜라고 합니다. 부모님께서 나에게 몸을 주셨으니까 부모님이 은혜의 핵심입니다.

그 다음에 우리는 세례요한이 예수에 대해서 하는 말을 들었습니다. 예수가 나보다 훌륭한 선생님이라고 하는 말입니다. '나는 물로 세례를 주는 것이 중요하지만 저 분은 성령으로 세례를 주는 분인데 내가 내 눈으로 봤어, 그분에게 하늘에서 비둘기가 내려오듯이 성령이 내려오는 것을 봤어.' 하는 얘기가 1장 33절에 나왔습니다. 그러고서는 3장에서 니고데모와 '다시 사는' 이야기를 합니다. '그렇다고 해서 **우리가 몸으로 사는 게 사는 것이 아닙니다. 그 몸속에 있는 영이 주인 노릇을 해주지 않으면 그것은 사나마나 한 것입니다. 그러니까 당신은 몸으로 살지만 영이 주인이 되어서, 영이 내 몸속에서 샘물 솟듯 솟아나는 샘의 원천이 되어서 사는 사람이 몸이 다시 태어나는 사람이고, 거듭나는 사람이고, 영원히 사는 사람이다.**'라고 하는 얘기를 거쳐 왔습니다.

　『요한복음』을 공부하다 보면 같은 얘기가 되풀이되고 있는 것을 볼 수 있습니다. '생명을 주는 것은 육이 아니고 영이다.'라고 했습니다. 그러다가 예수가 '나는 여러분의 육을 키우는 빵입니다. 여러분은 나를 먹어야 됩니다. 여러분이 나를 먹어야만 영이 육을 끌고 나가는 참다운 사람이 됩니다.' 이런 말을 합니다. 또 7장에서는 '목마른 사람들은 모두 다 내게로 오세요. 그러면 나는 속에서부터 흘러나오는 생수를 여러분에게 드리겠습니다.' 그래요. 앞에서는 빵이고 여기는 영의 생수를 주겠다는 겁니다. 이런 얘기가 '야곱의 우물'과 연결되는 것을 『이사야서』에서 볼 수가 있습니다. 그 44장에 이스라엘 사람이 늘 기억하며 지내는 유명한 대목이 있습니다. 하나님이 야곱의 아들들 즉, 이스라엘의 열두 지파 아들들에게 약속하신 말씀이 있습니다. 하나님이 야곱에게 약속을 합니다. '내가 너희들에게 목마르지 않는 물을 줄 텐데 그 물을 마시면 죽어도 영원히 살고, 사는 동안은 목마름이 없이 살 수 있을 것이다.' 어떻게 보면 사마리아 여인이 대낮에 야곱의 우물가를 헤맨다는 것도 자기 삶의 목마름을 돌보기 위해서였겠지요. **우리의 인생이 불행하고 세상이 내**

뜻대로 안될 때 우리가 체험하는 것은 갈증입니다. 이때 누가 시원한 생수를 준다면 정말 살 것 같은 그런 갈증을 체험합니다. 『이사야서』에 그런 갈증 얘기가 나옵니다. 하나님이 하시는 말씀인데 한 대목을 읽어보겠습니다.

> 내가 메마른 땅에 물을 주고 마른 땅에 시내가 흐르게 하듯이,
> 네 자손에게 내 영을 부어 주고, 후손에게 나의 복을 내리겠다.
> 그들은 마치 시냇물 가의 버들처럼, 풀처럼 무성하게 자랄 것이
> 다.(『이사야서』 44:3-4)

여기에 **영을 부어주는 것과 복을 받는 것이 같습니다. 우리가 복을 많이 받아 행복하게 산다는 것의 핵심이 '영'이라는 것입니다.** 그렇다면 영을 받는다는 것은 어떤 걸까요? 이 대목이 『요한복음』의 핵심이고 『요한복음』 전편에 흐릅니다. 『요한복음』 20장에는 예수가 십자가에 못 박혀 돌아가십니다. 영원히 산다, 거듭나면 살아도 죽지 않고 죽어도 다시 살아난다는 예수는 십자가 형장의 이슬로 사라집니다. 그러자 제자들이 낙심을 합니다. '과연 진리와 영으로 산다는 게 될 법이나 한 일일까?' 실망하고 있는 제자들에게 예수가 나타나는 장면이 있습니다. 제자들이 문을 잠그고 앉아 있는데 예수가 잠근 문을 통과해서 들어옵니다. 영으로 나타난 것이지요. 예수가 나타나자 귀신이 나타난 줄 알고 벌벌 떱니다. 예수가 벌벌 떠는 제자들에게 이렇게 말합니다. '너희에게 이제는 평화가 있기를 바란다. 아버지께서 나를 보내신 것 같이 나도 너희를 보낸다.' 21절입니다. **예수가 하나님 아버지와 예수의 관계처럼 예수와 제자의 관계가 성립되었다고 선언합니다. 이제부터 제자도 예수의 역할을 하게 됩니다.**

그런데 예수가 왜 이런 얘기를 하느냐 하면 예수가 제자들 앞에 나타날 때는 이제 영으로 나타날 수밖에 없습니다. 재미있는 것은 예수가 다시 살아났는데 제자들이 예수를 길거리에서 만나도 못 알아봅니다. 예수가 나타나면 알아봐야 되는데 못 알아봐요. 자기들이 3년 동안 열심히 쫓아다닌 분 아닙니까? 당연히 '아! 예수님 다시 살아나셨군요.' 해야 되는데 모릅니다. 어디의 부활 사건 얘기를 봐도 예수를 못 알아보기는 마찬가지입니다.

유명한 얘기는 의심 많은 제자 도마 이야기입니다. 도마가 예수를 보고도 못 알아보니까 예수가 '도마야! 이리 좀 와 봐! 내 손을 좀 만져 봐라.' 합니다. '아! 못 박힌 자국이 있네요.' 예수를 알아봤다는 거죠. '너는 나를 꼭 만져 봐야 살아난 것을 알겠느냐? 나중에 온 사람은 날 볼 수도 없지만 내가 다시 살아난 것을 알고 믿을 거야. 그 사람들이 너보다 낫다.' 예수가 이러는 것입니다. 재미있잖아요? 얼굴은 못 알아본 사람이 손바닥 만져 보고 알아보았다는 게 신기한 일이지요. 『요한복음』을 처음에 읽던 사람은 이 말을 다 알아듣는다는 것이지요. 제가 볼 때 여러분도 이게 무슨 말인지 알아들을 수 있습니다. 그런데 **잘못 읽으면 정말 예수가 살아나서 문도 통과하고, 손을 내밀어 못 자국도 만져 보게 해서 살아난 것을 재확인시킨 것이겠지 할 텐데, 사실은 그렇지 않습니다.**

예수가 '이제는 너희가 나야.' 그럽니다. '내가 세상에 살 때는 하나님 대신에 하나님께서 보내신 자의 역할을 잠깐 동안 했지만 나는 이제 갔잖아, 대신 살아있는 여러분을 사람에게 보낼 테니까 당신들이 바로 나와 같은 거지.' 이렇게 말씀하신 다음에 숨을 휴~ 하고 불어 넣으셨습니다. 20장 22절 이야기입니다. 휴~ 하고 숨을 내쉬면서 '내 숨을 여러분 들이키세요.' 합니다. 예수가 숨을 내쉬고 여러분이 그 숨을 들이마시는 것입니다. 이렇게 숨을 같이 나누면서 예수가 '성령을 받아라.' 합니다. **숨을 휴~ 내쉴 때 여러분이 숨을 들이마시면 그것이 다름 아닌 성령**입니다.

용서라는 정의

23절에 예수가 말씀을 하시는데 '너희가 누구의 죄든지'로 시작합니다. 여기서 '죄'라는 말을 쉽게 '잘못'이라 해도 괜찮아요, '용서해 주면 그 죄가 용서가 될 것이요, 용서를 안 해주면, 그대로 남아 있을 것이다.' 그러고는 말이 뚝 끊어집니다. **세상에 왜 평화가 없느냐 생각해 보면, 내가 잘못해서가 아니라 누군가가 잘못했는데 우리가 억울한 것을 참지 못하면 평화가 없는 것**입니다. 수신하시는 분의 고민이 여기 있습니다. '요런 고얀 놈들! 나는 그래도 이만큼 정신 차려서 나를 돌보고 있는데 세상에 왜 이렇게 정신 나간 놈들이 많아. 저 놈들 불벼락이라도 내려 싹 쓸어 갔으면 좋겠네.' 싹 쓸어가면 좋은 세상이 올 것 같아요. 그런데 예수는 숨을 휴~ 불어 내주면서 '숨을 들이키세요.' 그럽니다. 성령을 받은 사람은 그러지 않는다는 겁니다. '요런 고얀 놈들!' 하지 않고 평화를 지킨다는 것입니다. 예수가 왜 죽었느냐 하면 예수가 그런 얘기하고 다니니까 '뭐라고! 너 그럼 한번 죽어볼래.' 그런 거죠. **예수는 죽더라도 평화를 지키고, 남의 죄를 용서하는 자리를 지킨 것**입니다. 앙갚음을 하지 않았습니다.

사마리아 여인에게서 보듯이 **사람이 죄를 지었을 경우에는 다 곡절이 있습니다.** 부모 때문이든, 혹은 정신 줄을 놓쳐서 실수를 했건 곡절이 있기 때문에 잘못을 저지른 것입니다. 그럴 때 거기에 맞게 **정의를 행사하는 일은 용서하는 일입니다.** 거기에는 용서도 있고 평화도 있고 동시에 여인에게 힘을 안겨줍니다. 어느 정도 힘을 얻었나 하면 온 동네 사람에게 '아! 이런 분을 만났어요.' 외치고 돌아다닙니다. 보통 일이 아니지요. 여인이 이러고 다니면 동네 사람들이 대낮에 우물가에 가서 한 남자를 만나고 와서 그걸 자랑이라고 떠벌리고 다니느냐며 핀잔을 줄 수 있는데 동네방네 소리치고 다닙니다. 사회적 편견에도 동네 사람에게 살 길을 전파한 것을 보면 그 여인은 엄청난 힘을 얻은 것입니다. **용서는 이렇게 힘을 가져다줍니다.**

그런데 우리가 '부모 탓이야! 세상 탓이야! 누구 탓이야!' 하지만 남들의 탓 속에는 사실 내 잘못도 끼어 있죠. 내가 마음을 미처 못 먹었던 일, 혹은 내가 나도 모르는 사이에 앙갚음 했던 일이 다 연결고리가 되어서 세상 일이 어려워지는 것이지요. 그러니까 엄격하게 말해서 세상에 몸담고 있는 사람치고 평천하가 되기 전에는 수신이 되었다고 큰 소리 칠 사람이 없어요. 왜? **평천하가 안 된 것은 내가 수신이 안 되었다는 증거이니까요. 동시에 내가 수신을 하고 있는 동안에는 평천하를 너무 염려하거나 탓할 필요가 없습니다. 왜냐하면 평천하는 제가 수신이 되는 만큼 이미 되고 있는 것입니다.** 추수 때를 기다린다고 하지만 예수님은 이미 추수 때가 되었다고 했습니다. 추수를 하는 사람과 심는 사람이 다른 것이 틀림이 없지만 그럼에도 우리는 씨를 심는 사람이자 곧 거두는 사람이라는 말씀을 한 것입니다. 그런 것이 바람이 불듯 숨 쉬며 살아가는 사람들의 도리라는 것이지요.

니고데모와의 얘기, 성전을 청소하실 때 이야기도 다 마찬가지입니다. 예수가 성전을 청소할 때도 이렇게 이야기합니다. '제사 드리고 돈 벌고 먹고 사는 게 사람 사는 게 아니야. 여기는 기도하는 집이야.' **기도는 영의 삶**이지요. 사마리아 수가 성 우물가의 이야기도 또한 그렇습니다. '우리가 물 없이는 못 살아. 그래서 나는 생수를 준다고 얘기하겠어. 그러나 솟구치는 물은 사실 의식주를 두고 얘기를 하는 게 아냐. 우리가 숨을 못 쉬면 죽은 사람과 다름없지만, 숨을 챙기면 샘솟는 물을 우리 몸속에 챙긴 것과 같이 영이 살면 우리 몸이 잘사는 거야. 그러니까 몸이 사는 길과 영이 사는 길이 달리 있는 것이 아니야.' 이렇게 얘기하는 겁니다. **우리가 몸을 살려야 하지만 영이 살아야 몸이 산다는 것이지요.** 영을 챙기는 일은 우물가에서 물을 챙기는 것보다 쉬운 일입니다. 왜? 물은 있어야만 마시지 않습니까? 누가 물을 가져다주지 않으면 그 물을 마실 수가 없습니다. 그래서 예수님이 그 여인에게 물을 달라고 한 것입니다. 그런데 영은 남한테 달라고 할 필요가 없습니다. 우리가 이미 다 가지고 있습니다. 숨 쉬고 있는 사람은 누구나 가지고 있는 것이 영입니다. 이것이 특히 4장의 핵심입니다.

사마리아 여인에게 살 길을 찾아주셨다는 것은 사마리아 여인이 이미 숨을 쉬고 사는 여인이었기에 자기가 스스로 살 수 있는 힘을 가지고 있었는데도 불구하고 그것을 몰랐다는 점을 예수가 깨우쳐 준 것입니다. 그리고 나니까 사마리아 사람이 다 몰려와서 여인에게 말합니다. '우리가 당신 때문이 아니야. 우리도 숨 쉬고 사는 사람이라는 것을 예수 때문에 확인했어. 우리도 이제는 스스로 살 수 있어.' 숨 쉬는 사람의 특징이 뭐냐는 것에 대해서 『요한복음』이 계속 토론합니다. 『요한복음』은 엄격한 의미에서 우리에게 '성령으로 사는 사람은 뭘까? 참다운 숨을 쉬고 있는 사람은 어떤 사람일까? 또 그것이 진리로 사는 사람인데 진리로 사는 사람이라는 것은 어떤 사람일까?'라는 것을 설명해 주기 위해서 얘기를 되풀이하고 있습니다. 제가 오늘 건너뛰어 20장을 읽어드린 것은 마지막 대목에서 **예수가 제자에게 다시 살아나서 숨을 쉬는 영이 되어 하시는 말씀의 핵심이 딱두 가지로 정리되는 것을 보여드리기 위해서 그런 것입니다. 평화와용서입니다.**

숨 쉬고 사는 사람 즉, 수신이 평천하와 일사분란하게 연결되어서 사는 현장이 무엇일까를 물으시면, 용서와 평화가 유지되는 바로 그 현장입니다. 그 사람이 숨 쉬고 사는 사람이고, 진리로 사는 사람이고, 그 사람은 누가 좌지우지할 수가 없는 사람입니다. 왜냐하면 그 사람이야말로 스스로 사는 사람이라서 누가 와서 그 사람을 붙잡아 십자가에 못을 박아도 끝이 나지 않습니다. 그는 되살아나는 삶을 사는 겁니다. 이것이 오늘 사마리아 여인 얘기의 핵심입니다. 다음 시간에는 사람 살리는 얘기, 병든 사람 고치는 얘기인데 이것이 다 오늘 얘기와 연결됩니다.

낫고 싶으세요?
(병과 죄에 관한 이야기)

06 낫고 싶으세요?
(병과 죄에 관한 이야기)

『요한복음』 5장은 세 부분으로 나눠 볼 수 있습니다. 1절부터 18절까지는 38년 동안 중풍을 앓던 환자를 고쳐주는 이야기입니다. 아무도 돌봐주는 사람이 없어서 일평생 병고에 시달리던 분을 고쳐 줍니다. 반면 유대 사람은 예수가 그 병을 고쳐줬다고 없애버려야겠다는 생각을 하게 됩니다. 병을 고쳐주면 사람들이 다 좋아하고 칭찬하고 영웅 대접할 것 같은데 위험한 사람이니 없애야겠다고 합니다. 19절에서 30절은 하나님과 예수, 하나님과 사람의 관계에 대해 얘기합니다. 불치병을 고쳤는데 그것이 사람이 한 일이 아니고 하나님이 한 일이라고 하니까 사람이 하나님 행세를 하느냐고 야단입니다. 이것이 예수가 죽어야 되는 이유가 됩니다. 19절에서 30절까지는 예수가 한 말씀이 왜 문제가 안 되는지에 대한 변론입니다.

그리고 31절에서 47절은 그렇게 얘기하는 예수의 말이 사실은 새로운 것도 아니고 엉뚱한 얘기도 아니고 지금까지 우리 인류를 가르쳐 온 모든 선생 얘기의 핵심이라는 것을 확인해 줍니다. '성경에도 늘 그렇게 얘기를 했었는데 어떻게 내가 이런 말을 한다고 여러분이 놀랍니까? 여러분은 왜 나보고 사람으로서 할 수 없는 그런 얘기를 한다고, 참소한다고 나를 몰아붙이십니까?' 하고 말하는 대목이 마지막 대목입니다. '여러분은 모세 얘기로 인해 나를 죽이려고 하는데 사실은 모세가 저하고 똑같은 얘기를 하고 있지 않습니까? 어떻게 모세는 안다고 하면서 내 말은 못 알아들을 수 있습니까?' 하는 이야기입니다. 이 마무리 대목은 예수가 이렇게까지 말하는 것으로 볼 수 있습니다. '유대인이 역사적으로 가장 소중하게 여기는 선생님이 모세가 아니냐.'는 것이지요. 유대인의 히브리 성서 처음에 나오는 가장 중요한 책 5권을 '토라'라고 합니다. 토라는 법이라는 뜻인데 이 다섯 책의 별명이 '모세 5경'입니다. 이렇듯 모세 아니면 유대인이 존재할 수가 없습니다. 모세 때문에 유대인이 존재하는 것인데 오늘 얘기의 마지막 부분에 가면 예수가 '내가 여러분께 말씀 드리려고 하는 것은 바로 모세가 가르쳐 준 것인데 어떻게 모세 얘기를 못 알아듣습니까?' 이렇게 말하는 것입니다.

　5장 1절부터 18절까지의 얘기를 어떻게 읽느냐가 굉장히 중요합니다. 저는 기독교 2천 년의 역사를 볼 때 1절에서 18절에 해당되는 이런 대목을 기독교회가 어떻게 이해했느냐가 관건이 되었다고 생각합니다. 여기서 개인은 아무 상관이 없습니다. **아무리 종교가 썩었다고 할지라도 개인 중에는 바로 믿는 개인이 얼마든지 있습니다. 그들 때문에 종교가 유지되는 것입니다.** 그러니까 우리가 종교에 대해 얘기할 때 도매금으로 넘기는 것을 조심해야 합니다. **종교가 아무리 부패했다고 하더라도 그 속에 사람을 살리는 활력소가 있기 때문에 종교가 종교로 되는 것입니다.** 5장은 난치병 환자를 예수가 말 한마디로 고쳤다는 것인데 일종의 기적 이야기입니다. 이것을 교회가 어떻게 이해하느냐에 따라서 길을 잘못 들거나 탈선하기도 합니다. 집단이 길을 잘못 들면 비판을 하지 않을 수 없는 것이 그 피해가 극심하기 때문입니다. 기차가 잘못 가면 기차에 탄 개개인이 아무리 잘 하더라도 다 잘못 가는 것 아닙니까? 그래서 집단의 잘못이 위중한 것인데 특히 이런 사건을 어떻게 이해하느냐에 따라서 기독교 역사가 판가름되는 것 같습니다. 기적이라는 똑같은 단어가 어떤 때는 좋은 의미로, 어떤 때는 꾸중을 듣는 의미로 쓰입니다.

우리가 앞에서 이를 표징이라고 했습니다. **표징은 우리가 마음을 나누는 도구**라고 말씀 드렸습니다. 그 도구 덕분에 서로 마음을 나누는데 그것이 한마음을 확인하는 역할을 할 때는 표징이라고 부릅니다. 그런데 똑같은 표징이라는 단어가 어떤 때는 기적으로 바뀝니다. 그런데 이것을 기적이라고 하면 이 기적은 사람이라고 다 일으킬 수 있는 일이 아닙니다. **특별히 타고 났다거나 남다른 능력을 가지고 있어야만 기적을 행할 수 있습니다. 그러나 똑같은 일을 기적으로 보면 예수는 늘 꾸짖습니다.** 특히 『요한복음』에서 여러 번 꾸짖습니다. '제가 한마음을 나누는 하나의 수단으로서 이런 일을 하는 것뿐인데 왜 자꾸 기적이라고 얘기하는 겁니까? 그리고 저만 보면 기적을 행하는 사람이라고 하고 또 기적을 행하라고 그러는데 그것은 잘못 하는 겁니다.'

오늘 2절에서 17절 얘기를 읽어보면 기적이 일어납니다. 38년을 앓던 사람, 아무도 돌보지 않던 사람을 예수가 고쳐줍니다. 여기의 장소를 고고학자들은 아마 예루살렘에 물이 고인 연못을 커다랗게 만들어서 예루살렘 사람이 물 구경하고 싶고 바람을 쏘이고 싶으면 모이는 곳이었던 것 같다고 합니다. 전설에 의하면 물이 움직이기 시작할 때 제일 먼저 물에 뛰어드는 사람이 병을 고칩니다. 그래서 이

분이 38년 중풍을 앓으면서도 거기서 병 낫기를 기다리고 있었습니다. 사정이 이러니 환자가 좀 많았겠습니까? 눈 먼 사람도 있고, 다리 저는 사람도 있고, 별 환자가 많았는데 38년을 기다리고 있었다니까 무척 오래 기다리고 있던 분인데 고생도 많았고 무엇보다 낫기를 간절히 바라고 있었을 것입니다. 예수가 그분을 찾아갔습니다.

예수의 질문이 재미있습니다. '낫고 싶으십니까?' 병자들이 버럭 화낼 질문이지요. 환자한테 가서 '낫고 싶으세요?' 그래 보세요. 병자가 대답하기를 '내가 지금 물만 움직이면 들어가려고 38년을 기다리고 있는데 아무도 나를 도와주지 않아서 이러고 있는 거지요.'라고 대답합니다. '무슨 그런 질문이 있습니까?'는 생략했습니다. 질문이 질문 같지 않아서 거기에는 대답을 안 했습니다. 그런데 거기다 대고 예수가 다짜고짜 명합니다. '그러면 일어나서 가십시오.' 그래서 앉아 있던 자리를 걷어서 일어서니까 걸어가지는 겁니다. 그 날이 마침 안식일이었습니다. **안식일은 유대인의 관습으로 아무것도 안 하는 날입니다. 레위지파만 일하고 다른 사람은 다 쉬는 날입니다.** 그런데 그 날이 어떻게 됐느냐 하면 길 가다가 침을 뱉고 그것을 신으로 비벼도 농사지었다는 죄목을 뒤집어쓰는 때가 되었습니다. 무시무시합니다.

그러니까 일절 일을 하면 안 되는 날이 안식일입니다. 구약을 읽어보면 안식일 규칙이 까다롭습니다. '이것도 못하고 저것도 못하고' 하며 금칙을 자세하게 기록하고 있습니다. **쉬라는 날인데 물론 안식일에 쉴 수 있는 사람은 괜찮은 사람이지요. 일주일에 하루쯤 푹 쉬어도 먹고 사는 데 지장이 없는 사람입니다. 그러면 안식일을 지키지 못하는 사람은 어떤 사람이었겠습니까? 그날도 쉬지 못하고 일을 하는 사람은 대개가 형편이 딱한 분이었겠지요.** 그런데 그런 사람은 다 처벌을 받았습니다. 이 날 환자가 일어나서 가니까 대번에 터지는 문제가 '아니, 오늘이 안식일인데 자리를 들고 가면 어떻게 해!'이었습니다. 자리를 들고 가는 것도 일종의 일입니다.

그게 시빗거리가 되니까 '아니, 사실은 그게 아니고 누군가가 나를 고쳐줬는데 그분 얘기가 자리를 걷고 걸어가라고 해서 내가 자리를 걷고 걸어간 것뿐입니다.' 하고 변명합니다. '도대체 그가 누구냐?' 고 묻습니다. 대답은 '몰라요'이지요. 왜냐하면 그 환자는 거기에 관심이 없습니다. 누가 자기를 고쳐줬는지에 관심이 없습니다. 일단 나았다는 것 자체가 자기의 소망이 이루어진 것이니까 자기 삶으로 곧장 들어갔습니다. 그런데 누가 고쳐줬느냐고 자꾸들 물어봅니다. 그 사람도 갑자기 예수가 누구인지 궁금해졌습니다. 혹시 모르지요. 예수를 찾아 다녔는지도. 그런데 예수는 안식일에 왜 그런 일을 하느냐고 사람들이 시비를 걸 줄 알고 이미 그곳을 빠져 나갔습니다. 13절에 그렇게 쓰여 있습니다. 귀찮아서 도망을 나왔습니다.

나중에 예수가 그 고쳐 준 사람을 만납니다. 14절에 예수가 그에게 '보아라! 네가 말끔히 나았다.' 그래요. 그러고서는 기대하지 않은 엉뚱한 말씀을 하세요. '다시는 죄를 짓지 마라. 그리하여 더 나쁜 일이 너에게 생기지 않도록 하여라.' 예수가 병을 고쳐주는 것은 죄 때문에 고생하는 사람을 죄에서 풀어줬다는 것입니다. 그러니까 어떻게 보면 환자의 병이 고쳐졌다는 것보다 더 고마운 일은 죄가 말끔히 씻겼다는 사실입니다. 여기 **'네가 말끔히 나았다.' 하는 예수의 말씀은 병이 고쳐졌다고 하는 그 자체를 두고 얘기한다기보다는 그가 죄로부터 깨끗해졌다는 것을 확인하는 셈입니다.** 이후에 그 환자가 자기에게 질문했던 사람에게 가서 얘기합니다. '아! 바로 저 분께서 저를 고치셨습니다.' 그러자 유대인이 예수를 붙잡고 시비를 겁니다.

예수 대답이 재미있었어요. 17절입니다. '아버지께서 이제까지 일하고 계시니 나도 일한다.' 말하자면 '하나님이 안식일이 있습니까?' 이런 얘기입니다. 그런데 『창세기』에 보면 하나님이 '나도 6일 동안 일하고 7일째는 쉬니까 너희도 쉬어라.' 그래요. 예수가 이를 뒤집어엎는 셈입니다. '하나님도 계속 일을 하시는데 사람이 일을 안 할 수가 있느냐?' 그랬습니다.

18절을 보세요. "유대 사람들이 이 말씀 때문에 더욱더 예수를 죽이려고 하였다. 그것은 예수가 안식일을 범하였을 뿐만 아니라, 하나님을 자기 아버지라고 불러서 자기를 하나님과 동등한 위치에 놓으셨기 때문이다." 이 말 한마디에 '하나님 아버지'라는 말이 유대 사람에게는 놀라운 말이라는 것이 드러납니다. 실제로 **예수가 하신 일 중에 아주 중요한 일이 뭐냐 하면 하나님을 아버지라고 부르기 시작한 것입니다. 그리고 스스로 '나는 하나님의 아들'이라고 부르기 시작했습니다.** 그런데 아들이 누굽니까? 아버지를 닮은 게 아들이고 아버지에게서 온 게 아들입니다. 아버지가 없으면 아버지의 자리를 채우는 게 아들이고요. 아들이 대를 잇는다고 말하는 것은 아버지는 언젠가 세상을 떠나겠지만 그 자리를 아들이 대신 채운다는 말입니다. 예수가 그런 뜻으로 얘기를 한 것입니다. 그래서 아버지가 일하니까 나도 일한다고 했는데 한 발 더 나가면 아버지는 오늘 쉬시지만 아들까지 쉴 수 있느냐, 이런 얘기도 가능합니다. 이러니까 '이거 큰일 날 사람이다.' 이렇게 된 것이지요.

유대인에게는 아버지와 아들을 차별하는 것이 중요합니다. 사실은 아버지와 아들의 차별이 중요한 게 아니라 유대인에게는 하나님과 사람의 차별이 중요합니다. 예컨대 사람은 불치의 병을 고칠 수 없다고 생각합니다. 사람이 못하는 일을 하나님만이 할 수 있다고 생각하니다. 이렇게 하나님과 사람을 구분할 때 능력을 가지고 구분합니다. **사람의 능력은 유한한데 하나님의 능력은 무한하다는 거지요. 자연히 능력에 따라 사람도 구별을 합니다. 능력이 큰 사람일수록 하나님에게 가까운 사람이고 능력이 모자라는 사람일수록 하나님과는 거리가 먼 사람이 됩니다.** 사람이 원래 차별되는 게 아니지만 하나님과 사람을 그런 원칙에 의해서 구별하다 보면 자연히 하나님에게 가까운 사람과 먼 사람이 생기니까 능력 위주로 사람을 차별합니다.

병은 죄가 아니다

건강한 사람과 병에 걸린 사람 중에 누가 하나님과 가까운 사람이겠습니까? 우선 우리가 환자가 되면 제일 안타까운 것은 평상시에 잘 하던 일도 못하잖아요. 이러면 하나님에게서 멀어진 사람입니다. 하나님에게서 멀어진 사람을 사람들이 죄를 지은 사람이라고 생각했습니다. 사람이 환자가 된 것은 죄 값이라고 생각합니다. 반대로 건강하고 능력이 남보다 나은 사람은 하나님과 흡사하다고 그럽니다. 남이 못하는 일을 잘하는 사람은 하나님과 가까운 사람일 뿐만 아니라 하나님과 가깝기 때문에 죄가 없다고 생각합니다. 그러니까 여러분! 오늘 이 대목을 어떻게 읽느냐에 따라서 굉장히 위태로워집니다. 예수가 과연 병자를 고쳐주고 나서 '당신은 죄가 많아서 이렇게 된 것인데 이제 죄가 말끔해졌다.'고 얘기를 하는 것일까요? 그렇게 해석하던 시대가 있었습니다. 그런 시대는 사람을 차별하는 버릇을 떨쳐버리지 못합니다. 그런 시대는 하나님의 벌을 받아서 병자가 되었다고 생각했기 때문에 병자 돌볼 생각을 하지 않았습니다. 그런데 예수가 이번에 병을 처음 고친 것이 아니지요. 죽을병을 앓던 대신의 아이를 살려준 일이 있지 않습니까? 예수는 누가 병을 앓는다고 하면 그냥 지나친 적이 없습니다. 꼭 고쳐줍니다. 그러고 나서 '하나님이 하시는 일을 내가 한다.'고 합니다. 그 말은 **병자가 성한 사람보다 죄가 많기 때문에 병자가 아니라는 것을 확인시켜 주는 것**입니다.

그러면 여기서 '네가 말끔하냐? 그러면 다시 죄를 짓지 말라.'는 얘기가 뭐겠습니까? 38년 동안 몸이 아픈 것만 해도 얼마나 괴로웠겠습니까? 그런데 그분에게는 더 괴로운 게 있었지요. 유대 사람이 당신은 죄 값을 치르고 있는 거야 그러면서 그 사람을 돌보지도 않는 것 아닙니까? 물이 동(動)하면 우리는 건강하니까 제일 급한 그 사람을 업어다 물에 넣어줘야 될 것 아니겠어요? 그를 죄 많은 사람이라고 아무도 돌보지 않았습니다. 그런데 예수께서는 '낫고 싶으시죠? 걸어가십시오.' 했습니다. **그 사람이 병이 나았다고 하는 얘기는 병자라서 죄가 더 많은 게 아니고 또 성한 사람이라고 죄가 없는 게 아니라는 것을 증명한 것입니다. 죄라는 것은 우리가 다 씻어야 될 죄일 뿐이라는 것을 확인한 것**입니다.

그 다음에 두 가지 중요한 확인이 더 있습니다. 우리가 건강한 것이 좋다고 해서, 그것을 능력이라고 생각해서 하나님과의 거리를 측정하는 척도로 사용하지 않았습니까? 예수는 그렇게 보지 않았습니다. 모든 병에는 원인이 있습니다. 무엇인가 잘못돼서 병이 납니다. 여러 가지 외부 요소가 침입하기도 하고, 어떤 때는 과로나 우리가 몸을 잘 돌보지 못해서 병이 납니다. 여기서 네 탓, 내 탓이 문제가 아닙니다. 중요한 것은 **하나님의 세상에는 네 탓 내 탓이 따로 없다는 겁니다. 네 탓이 다 내 탓이고 내 탓이 네 탓이라고 얘기하는 것입니다.** 예수가 하나님의 일을 할 때에는 개개인의 잘못을 따로 따지는 법이 없습니다. 예수가 모든 사람의 죄를 짊어지고 죽는다는 얘기의 의미도 여기에서 드러납니다. **누구의 잘못이 따로 있는 게 아닙니다. 그게 다 사람의 잘못입니다.**

19절에 들어가서부터는 계속 하나님 아버지 이야기입니다. 동물학자들이 보면 사람도 여느 동물과 다를 바가 없어 보입니다. 그러나 **사람이 다른 동물과 다른 점이 있는데 그것은 하나님을 생각하는 것입니다.** 동물은 하나님을 생각하지도 않고 그에 따르는 행동도 없는데 유독 사람만 하나님을 챙깁니다. 왜일까요? 사람은 하나님을 챙기지 않으면 사람 노릇을 못하니까 하나님을 챙기는 것입니다. 이런 것이 여기서 또 확인됩니다. 오늘 치병하는 과정을 보면 중요한 일이 벌어집니다. 병은 무엇인가 잘못돼서 일어나는 것이니까 고쳐줘야 됩니다. **하나님의 일을 하는 사람은 병을 고치는 것이 그의 일입니다.** 예수 이후에 병은 고쳐야 된다는 인식이 생겼습니다. 성경에도 눈 먼 사람의 눈을 열어주고 앉은뱅이를 일으켜주고 중풍환자도 고쳐주고 문둥병도 고쳐줍니다. 그 전에는 병이 왜 치유가 안 됐느냐 하면 고칠 생각을 안 했기 때문입니다. 예수 이후 사람들의 생각이 '병은 고쳐줘야 되는 것이로구나. 병은 사람이 응당 겪어야 되는 것이 아니로구나.' 하는 식으로 바뀌어서 의학이 발전합니다. 요즘에는 개안수술도 하고 발이 없는 사람들은 의족도 만들어주는 등 병을 고치려고 노력하지 않습니까?

우리는 2천 년이 걸렸는데도 아직 못 고치는 병이 있는데 예수는 그 병을 단박에 고칩니다. 그러나 시간 차이는 중요한 것이 아닙니다. 뭐가 중요하냐 하면 '낫고 싶으냐?' 그게 중요합니다. **'낫고 싶은 마음' 자체가 무슨 마음이냐 하면 '나는 죄 속에서 살 수 없다.'는 마음과 같은 것인데** 그 질문에 '낫고 싶다'라고 대답하면 나는 죄 속에서 살 수 없다는 것을 인정하는 것입니다. **우리가 죄라고 할 때 별 다**

른 것을 죄라고 하지 않습니다. 그것이 우리를 괴롭히기 때문에 죄라고 그러는 겁니다. 심지어는 건강 문제가 우리를 괴롭힐 때에도 그 죄는 내 죄가 아닐 수가 있습니다. 병균의 죄일 수도 있습니다. 그 죄가 우리를 괴롭히니까 우리는 낫고 싶은 겁니다.

죄가 우리를 괴롭히니까 낫고 싶은 것인데 예수가 '낫고 싶으세요?' 할 때 우리가 고개를 갸우뚱하면 문제가 있는 겁니다. 죄가 괴롭히는 줄 모르면 병이 자기를 괴롭히는 줄 모르는 것과 똑같은 것인데 어떻게 그런 일이 있을 수 있을까요? 그럴 수 있으니까 예수가 '낫고 싶으냐?'고 물어보는 것이겠죠. **죄와 한 몸이 되면 죄가 자기를 괴롭히는 줄도 모릅니다.** 여기서 누구 죄인지는 묻지 않습니다. 어쨌든 죄에서 낫기를 원하는 게 중요합니다. 죄에서 낫고도 병은 고쳐지지 않을 수가 있는데 그것은 문제가 되지 않습니다. 말끔하게 나은 후에 행실을 고치는 데 시간이 걸릴 수가 있으니까 그럴 수 있지만 일단 죄가 말끔하게 씻긴 분은 죄의 탓을 겪어나갈 수 있는 자기의 힘을 이미 되찾았기 때문에 견뎌나갈 수 있다고 볼 수가 있는 것이지요. 그런데 병 고치는 이야기를 이렇게 보지 않고 기적으로 볼 경우에는 계속 사람을 차별합니다. 또 사람을 영웅시합니다. 조금이라도 남다른 일을 하면 모든 일을 그 하나님 같은 분에게 맡깁니다. 그런데 사실은 어쩌다가 남다른 일을 할 수도 있지 않습니까? 그 바람에 갑자기 하나님과 가까운 사람이 되는데 그런 사람이 일을 맡아서 하다가 보면 대개 실수를 합니다. 정말로 **하나님에게 가까운 사람과 먼 사람이 있다고 생각하는 사람에게 일을 맡기면 천지가 잘못된 길로 이끌려갑니다.**

병에도 떳떳하게 살 수 있으면 예수를 만난 것

가톨릭 역사를 보면 초기의 교황은 일 잘하는 사람, 심부름 잘하는 사람이 교황의 직책을 맡았습니다. 나중엔 하나님과 가까운 사람이 교황이 되어야 된다고 생각하는 사람이 일을 맡기 시작하면서부터 뒤집어집니다. 교회의 역사를 읽어보면 불 보듯이 환하게 드러납니다. 그때부터 교회는 거꾸로 갑니다. 그러고는 사람을 차별합니다. 그것을 뒤집는 대목이 예수가 하나님의 일을 하는 대목입니다. 상상해 보세요. 38년 병을 앓던 사람이 병 나은 후 예루살렘 거리를 활보할 때 차이가 뭐가 있겠습니까? 굉장히 떳떳합니다. **사람 취급을 못 받던 사람이 예수를 만나자 그 순간부터 사람 행세를 하며 살게 되는 것입니다.** 우리가 이런 질문을 할 수 있습니다. '예수님이 왜 내 지병은 고쳐주지 않나?' 그런데 지병을 고치는 것보다 더 중요한 게 있습니다. **지병 때문에 억눌려 살던 내 마음이 활짝 펴져서 지병에도 떳떳이 살 수 있다는 핵심을 챙기면 예수를 만난 것**과 같은 것입니다. 예수도 고치지 못하는 지병이 있었는지 모릅니다. 그러나 그런 얘기가 성경에 나타날 리가 없습니다. 왜냐하면 예수는 병을 앓을망정 그것 때문에 떳떳하게 못 사는 사람이 아니었으니까요.

바울도 '내가 여러분이 모르는 커다란 가시가 몸에 있어요.' 그랬습니다. 남모르는 커다란 지병이 있었을까, 아니면 남모르는 괴로움을 안고 있었을까, 우리가 늘 궁금합니다. 바울은 그 얘기를 하면서도 그것 때문에 떳떳하게 살지 못했다든가, 그것 때문에 하나님의 일을 못했다든가, 그것 때문에 죄인이라는 생각을 한 적이 없습니다. 최소한 예수를 만난 이후에는 자기가 평생 떨치지 못하는 가시가 박혀 있다는 얘기를 하면서도 '저는 그렇게 기쁘네요. 저는 살 기분이 넘치네요.' 했습니다. 병 고치는 것 이야기할 때 우리가 가진 지병을 이렇게 보는 것이 중요합니다.

　다음 대목으로 넘어가면 예수가 자기를 죽이겠다는 유대 사람에게 해명하고 있습니다. 19절 보시면 '아들은 무엇이든지 아버지께서 하시는 일을 그대로 한다.'가 있지요. 여러분이 이 말을 '하늘이 하시는 일은 무엇이든지 사람도 그대로 한다.' 이렇게 읽으셔도 조금도 잘못 읽는 게 아닙니다. 19절에서 하는 말씀이 30절에 되풀이됩니다. '나는 아무것도 내 마음대로 할 수 없다. 사람은 하나님께서 하시는 대로 하나님이 하라는 대로 심판한다. 내 심판은 올바르다.' 예수는 심판을 하려고 온 것이 아니라고 했습니다. 구원하려고 온 것이지 심판하러 온 것이 아니라고 했는데 여기서는 무슨 심판을 한다는 것일까 궁금합니다. 하나님이 옳은 심판을 하는 것처럼 하나님의 뜻대로 사는 사람은 옳은 심판을 한다고 그랬는데 옳은 심판의 내용이 뭐죠? 옳은 심판은 이런 환자를 만났을 때 '그게 다 당신 죄값인 걸 어떡하겠어?' 이런 식으로 심판하는 것이 아니라 이때 심판은 고쳐주는 것입니다. '낫고 싶으시지요? 낫고 싶으시면 낫고 싶으신 대로 되셔야지요.' 이것이 올바른 심판입니다. 그 올바른 심판의 결과는 병이 낫는 것입니다. 엄격히 보면 병의 결과보다 더 중요한 게 있습니다. **죄에서 말끔하게 씻겨서 떳떳이 살 수 있는 것이 올바른 심판**입니다.

살아도 죽은 것이나 마찬가지인 사람을 살리다

　21절을 보시지요. '하나님께서 죽은 사람들을 일으켜 살리시니, 사람도 자기가 죽은 자 가운데서 살리고 싶은 자를 다시 살린다.' 세상을 살다 보면 정말 죽은 사람을 살리고 싶을 때가 많습니다. 어떤 때는 **우리 주변에 살긴 멀쩡하게 살아있는 것 같은데 죽은 사람이 나 다름없이 사는 사람이 많습니다. 그런 사람을 보면 살리고 싶습니다.** 그런데 하나님이 그런 사람을 다시 살린다는 것입니다. 그것이 하늘이 하는 일입니다. 하나님은 사람이 죽었다고 내버려두지 않는다는 것입니다. 그런데 하늘의 뜻대로 사는 사람은 죽은 사람도 다시 살린다, 이런 얘기를 했습니다. 제가 왜 하늘을 사람이라 얘기하고 그 하늘을 꼭 예수가 아버지라고 부르는 어떤 특정한 하나님과 특정한 아들 예수라고 하지 않느냐 하면 그렇게 읽으면 『요한복음』에서 예수가 하는 얘기가 앞뒤가 맞지 않게 돼 있기 때문입니다. 1장 1절부터 21장 마지막까지 말이 되게 읽으려면 다른 도리가 없습니다. 예수가 하나님이라고 부르는 것은 우리가 하늘이라 부르는 것이고, 여기 내가 아들이라는 대목에 사람을 대입하는 수밖에 없습니다. 이렇게 대입하면 말이 다 통합니다. 그렇게 보면 24절의 '나의 말을 듣고'는 '사람의 말을 듣고'로 읽어야 됩니다. 사람의 말이 굉장히 중요합니다. 말은 사람의 말밖에 없습니다. 우리가 하나님 말씀이라고 그러는데 하나님의 말씀을 누가 말합니까? 사람이 대신 말합니다. 사람의 말이 없으면 하나님도 말을 할 수가 없습니다. **사람의 말이 하나님 말씀과 같지 않으면 사람 말답지 못한 겁니다.**

신약성경에는 베드로가 쓴 편지도 있습니다. 베드로가 쓴 말에 독특한 표현이 있습니다. 『베드로전서』 4장에 나오는 얘기인데, '사람이 말을 하려면 어떻게 해야 사람 말이 제대로 되는지 아십니까? 하나님이 말하듯이 얘기를 해야 합니다.' 이렇게 얘기했습니다. 또 '사람이 남을 돕는다, 남과 어울려 산다고 할 때 어떻게 살아야 되는지 아십니까? 하나님이 남을 도와주고 남과 어울려 살듯이 그렇게 살아야 그것이 제대로 사는 겁니다.' 그래요. 베드로가 그런 편지를 쓰면서도 예수의 얘기는 쏙 뺍니다. 그러나 베드로는 예수를 전한다고 생각한 것이죠. 이 베드로가 어떤 베드로였는지 아시죠? 예수의 수제자인데도 예수를 십자가에 처형할 때 누가 베드로에게 '당신도 예수 따르던 사람 아니요?' 그랬더니 '천만에, 난 그런 사람 알지도 못한다.'고 했습니다. 그런 제자가 이번에는 '아니 내가 이럴 수가 있나!' 하고 뉘우치는 거예요. 이때 뉘우치고 나서 확인한 것이 '나는 말을 했지만 하나님같이 말을 안 한 사람이다. 하늘이 말하듯이 말을 해야 되는데 나는 이랬다저랬다 했으니 사람다운 말을 못했구나.'입니다. 예수는 친구를 사귀더라도 마치 하나님이 우리와 어울려 다니듯이 다녀야 된다고 가르쳤는데 누가 조금 협박을 하니까 '나 그런 사람 몰라요.' 그랬거든요. '이게 사람이 할 짓이 아니로구나!' 뉘우친 겁니다.

하늘을 믿는 사람은 심판을 받을 사람이 아니다

베드로가 뉘우친 것은 자기가 하나님이 아니라는 것을 뉘우친 것이 아닙니다. 내가 사람 노릇을 못했다는 것을 뉘우친 것입니다. 그 기준이 『베드로전서』를 읽어볼 때, **내가 하나님이 행동하듯이 행동하지 못한 것이 바로 사람 노릇을 못했다는 겁니다.** 예수가 이 대목에서 이런 이야기를 하는 것입니다. 그러고서는 24절에 이렇게 얘기합니다. '하늘을 믿는 사람은 영원한 생명을 가지고 심판을 받지 않는다.' 심판을 하러 왔다는 얘기, 바로 **심판한다는 얘기는 사람을 심판한다는 얘기가 아니라 우리가 사실 심판을 받을 사람이 아니라는 것을 확인시켜 주러 왔다는 것인데 그것이 예수의 심판입니다.** 우리가 다 심판을 받을 사람이 아니라면 심판은 저절로 없어지는 것 아니겠습니까? 심판 받을 사람이 없는데 심판 가지고 왈가왈부할 필요가 없습니다. 그런데 심판이 만일 남아 있다면 그것은 누구겠습니까? 심판 받을 사람이 아닌데도 불구하고 심판 받을 지경에 **빠지거나** 심판 받을 짓을 하게 되면 그거야 참 애석한 노릇이지요. 구할 도리가 없습니다.

이 핵심을 예수가 '영원한 생명을 가지고 사는 사람은 죽음에서 생명으로 옮겨갔다.' 이렇게 말했습니다. 『요한복음』은 예수가 십자가에 못 박혀서 제자를 두고 떠난 지 60~70년이 지나서 쓴 겁니다. 이 글을 쓸 때 예수가 살아서 다니는 것을 본 사람이 아무도 없습니다. 그래서 '예수가 어디 있냐?' 질문하면 '하늘에 있지요.'라고 대답한 것입니다. **저 위의 하늘을 얘기하는 것이 아니지요. 어디에나 있는 것이 하늘입니다.** 그래서 하나님을 얘기할 때 하늘 천(天)을 쓰는 것입니다. 틈새 없이 어디나 꽉 차 있는 게 하늘입니다. 그래서 '예수는 하늘에 있다.'라고 된 것이지요.

영생이 부활이다

그러나 살아난 예수를 보여 달라고 하면 보여줄 도리가 없습니다. 물론 『요한복음』 20장에 가면 살아난 예수를 봤느냐를 갖고 사람들이 부활에 대해서 왈가왈부하지만, 이 글을 쓰는 사람이나 읽는 사람은 그런 부담이 없었습니다. 왜냐하면 **영원한 생명을 가진 사람은 죽음에서 생명으로 옮겨가기 때문입니다. 영생은 동시에 부활입니다.** 그러니 예수가 자기 곁을 걸어 다니지 않아도 이 말을 할 때 아무런 부담이 없습니다. 예수가 죽은 줄 아는 사람도 예수가 죽음에서 생명으로 옮겨 갔다고 하는데 아무 거리낌이 없습니다. 신기하지요.

이 말을 쓰는 사람이나 그 말을 듣는 사람이나 우리 같은 사람인데 예수가 죽음에서 생명으로 옮겨갔다고 하면 이런 질문이 안 들겠습니까? '예수 선생은 어디 갔소? 요한! 당신은 저리 가고 예수더러 설명하라고 그러면 좋을 것 같은데.' 그런데 아무도 그런 생각을 하지 않았습니다. 왜냐하면 이 말을 알아들었기 때문입니다. 이 말이 뭐죠? 영원한 생명입니다.

그러니 영원한 생명이라는 것이 무엇인지를 아는 것이 중요합니다. 이것이 『요한복음』이 줄기차게 붙들고 놓지 않는 주제 중의 하나입니다. 사람이 산다고 할 때 오늘 있다가 내일 없어질 수 있는 삶에 연연해서 사는 것은 바로 사는 것이 아니라는 생각입니다. 그것은 잘못 사는 것입니다. **내가 단 하루를 살아도 내가 사는 생명이라는 것의 본질이 영원한 것이라는 것을 알고 사는 사람은 단 며칠을 살아도 영생을 사는 것**입니다. 영원한 삶을 사는 분이 사람다운 삶을 사는 분입니다. 그 영원한 삶은 여러 가지 특징이 있겠지만 특히 예수의 경우를 보면 죽음을 두려워하지 않습니다. 죽음을 두려워하지 않는다는 것은 죽음이 오면 오는 대로 받아들이는 것입니다. 이 세상에 죽지 않을 사람 아무도 없듯이 태어나지 않은 사람은 아무도 없습니다. 생명의 본질입니다. 그 생명이 있다가 없다가 하는 것이 생명의 본질이 아니라는 것입니다. 우리는 잠깐 살더라도 영원한 생명을 삽니다. 사람이 **사람으로서 값어치를 살려서 산다는 것이 무엇이냐 하면 사람이 하늘로 사는 것**입니다. 하늘같이 살지 않으면 그것은 사람으로서 사는 것이 아니라는 뜻입니다.

25절에 '죽은 사람들이 하나님 아들의 음성을 듣는다.'는 것은 사람의 음성을 듣는다는 것입니다. 하나님의 아들은 사람이니까요. 언제나 그때가 올까요? '지금이 바로 그때다.' 그러는 것이지요. 여러분! 죽은 사람이 우리의 말을 듣고 있다는 것입니다. 왜 그렇지요? 죽은 사람도 영생을 떨쳐버릴 수가 없기 때문에 그렇습니다. **죽어도 우리는 영생에서 떠날 수가 없습니다.** 영생 안에 있는 한 죽은 사람도 산 사람도 다 영원한 삶의 소리를 듣는데 그것은 사람의 소리입니다. 사람의 말입니다. 이렇게 보면 사람 말이라는 게 보통 말이 아닙니다. 이래서 저는 한자(漢字)가 보통 글자가 아니라는 생각을 합니다. **사람의 말을 그 뜻대로 한자로 쓰면 믿을 신 자, '信'입니다. 사람(人)의 말(言)은 믿을 만하다는 것이지요.** 사람이 믿는다고 할 때는 든든한 것을 믿는다는 것입니다. 믿는 사람은 걱정을 안 합니다. 믿는다는 것은 애기가 엄마를 믿는 것을 말합니다. 애기는 엄마만 있으면 든든합니다.

사람의 말이 하나님을 대표

그래서 사람의 말이 아주 중요합니다. 말이 말 같지 않으면 큰일 납니다. 이것은 말이 깨지는 것이고 말이 깨지는 것은 믿음이 깨지는 것입니다. 반면에 사람의 말이 꼿꼿하게 서면 우리는 다 삽니다. 왜냐하면 **사람의 말이라는 것이 하나님을 대표하기 때문**입니다. 하나님 얘기는 사람의 말을 빼고 나면 찾을 데가 없습니다. 이것이 『요한복음』 1장 1절의 핵심입니다. 처음에 말이 있었는데 그 말이 하나님이었다고 했습니다. 그런데 그 하나님의 말이 따로 있는 겁니까? 하나님의 말이 따로 있는 것이 아닙니다. **사람의 말이 제대로 될 때는 그것이 곧 하나님의 말입니다.** 예수가 그 얘기를 확인합니다.

선한 사람이나 악한 사람이나 모두 부활

그러고서는 예수가 5장 29절에 '착한 일을 한 사람들은 죽었다가 다시 살아나 부활하여 생명을 얻고, 악한 일을 한 사람은 부활하여 심판을 받는다.'라고 합니다. 이것을 보면 선한 사람만 부활하는 것이 아닌 모양입니다. 선한 사람이나 악한 사람이나 살기는 다 다시 사는 모양입니다. 재미있지요. 이 문제를 목사님께 물어도 한 80퍼센트가 틀립니다. '착한 사람만 부활합니까, 악한 사람도 부활합니까?' 질문하면 선한 사람만 부활한다고 그럽니다. 그래서 제가 틀렸다고 그러면 왜 틀렸냐고 야단입니다. 『요한복음』 5장 29절을 다시 읽어 보시라고 그러지요. **부활이라는 것은 선하다, 착하다의 문제가 아니라 사람이 사는 모습을 이야기하는 것입니다.** 왜냐하면 우리가 죽는다 해도 떠날 수 없는 것이 영생이기 때문입니다.

우리 생명의 본질이 영원한 것이라면 그것은 악한 자라도 영원한 생명과 무관한 게 아니라는 것입니다. **악한 자가 왜 문제가 되느냐 하면 악한 자가 될 경우에 잠시 악했다가 그만두는 게 아니라 두고 두고 영원히 시달리기 때문입니다.** 그것은 긴 시간을 두고 얘기하는 것이 아닙니다. 우리가 잠깐 잘못한 것이니까 금방 끝나겠지 생각하는데 그렇지 않습니다. 잠깐 잘못한 것은 누구를 해치는 겁니까? 영원한 생명을 사는 분들을 다치게 하는 것이기 때문에 그 상처가 영원한 상처가 됩니다. 다만 영원한 상처는 끊임없이 스스로 치유하는 힘이 있기에 다행입니다. 이래서 **죄라는 것은 용서 받으면 그만**입니다. 이상하지요. 죄라는 것이 용서해 줘도 뭔가 남아 있을 것 같아요. 용서한다는 것은 내가 죄를 그냥 눈감아 주는 것 같은데 그렇지가 않습니다. 우리가 죄를 용서했다고 할 때는 그 죄가 도저히 없어질 것 같지 않은데도 용서를 하고 나면 마치 신기루 같이 언제 있었느냐는 듯이 사라진다는 것입니다. 왜냐하면 **죄는 원래 있는 것이 아니고 착각 때문에 생기는 것**이니까 그렇습니다.

원래 있는 것은 선뿐

특히 29절을 보세요. 기독교가 성선설이냐, 성악설이냐 토론을 많이 하지만 기독교뿐만이 아니라 옛날부터 모든 가르침이 이 점에 있어서 확실합니다. **『창세기』를 보면 심지어 유대교도 선악이 갈라지기 시작하면 안 된다고 가르칩니다.** 그 말은 원래 있는 것은 '선'뿐이라는 것입니다. 그래서 하나님이 이 세상을 만드시고 뭐라 말씀하셨느냐 하면 '좋다' 그랬습니다. 그 말은 '선뿐이다' 이런 뜻입니다. 그런데 그 좋은 것에 사람의 착각 때문에, 사람이 깜빡 말실수하는 바람에 악이 끼어들면서 그만 선악이 갈라집니다. 원래 악은 없는 것인데 있는 것처럼 우리가 신기루에 취해서 사는 것입니다. **죄에 끌려 다니며 악에 끌려 다니며 고통을 받는 것은 엄격한 의미에서 여러분들이 실제로 겪는 고통이 아닙니다. 신기루와 같은 고통입니다.** 오늘 병 고치는 얘기도 여러분들이 그 내용을 찬찬히 읽어보면 이런 얘기입니다. 모세의 눈으로 읽고, 부처의 눈으로 읽고, 공자, 맹자의 눈으로 읽어야 됩니다. 두루 다 통하는 진리이니까 예수가 그 진리를 우리에게 전달하는 것인데 『요한복음』의 그 부분을 읽어보면 **병을 앓던 분의 기쁨은 자기가 죄인이라는 착각에서 벗어난 기쁨이라는 것**을 알 수 있습니다. 자기 마음을 다시 찾은 기쁨입니다.

30절 보시면 예수가 '나는 아무것도 내 마음대로 할 수 없다.'라고 합니다. 하늘의 뜻에 따라 산다는 얘기입니다. 사람이 천명을 어길 수 없는 것 아닙니까? 이때 **천명은 사람 바깥의 외부적인 명이 아닙**

니다. **천명은 사람을 지켜주는 사람의 원리를 가리켜서 천명이라고 그러는 것**이니까 제 멋대로 하는 것이 아닙니다. '나는 아버지께서 하라고 하시는 대로 심판한다. 내 심판은 올바르다.' 그러지 않았습니까? 그런데 이 말씀하고 38년 된 병자를 고치는 처음 부분하고 직결됩니다. '낫고 싶으세요?' 이것하고 직통합니다. '뭐를 원하시는 겁니까?' 이렇게 예수가 물어보는 것입니다. 우리가 '무엇을 원하느냐'가 굉장히 중요합니다.

제게 이 대목은 공자 말씀 중에 종심소욕불유구(從心所慾不踰矩)라는 말을 떠올리게 합니다. 마음이 바라는 대로 따라했더니 어김이 없다는 말이지요. '낫고 싶으세요?'는 종심소욕(從心所慾)을 묻는 겁니다. 그 질문에 환자가 '그럼요!' 하니까 '마음이 하자는 대로 그럼 일어나시오!' 해서 일어났습니다. 이게 불유구(不踰矩)입니다. 어김이 없습니다. 떳떳하게 살게 됐습니다. 이 전체를 죽 얘기하는 대목이 30절입니다. 결국 오늘 얘기는 예수가 병 고치는 특별한 재주를 가졌다는 것이 아니라 마음이 할 바를 따라하면 어김이 없고, 죄에 빠질 이유가 없다는 겁니다. 그렇다면 우리가 잘못되는 것은 무슨 이유일까요? 우리가 마음을 어기는 것입니다.

3장에 보시면 니고데모와 토론하는 대목에서 영(靈)이라고 부릅니다. 오늘도 왜 아들이 하나님이 아니면 할 수 없는 일, 또는 자기 뜻대로 할 수 없는 일을 하나님 뜻을 따라서 하느냐 하면 그것도 영(靈) 때문입니다. 영(靈)이 무엇이지요? **영(靈)이라고 부르는 것은 바로 사람을 하늘처럼 지켜주는 것입니다.** 그런데 이 **영(靈)은 바람처럼 어디에나 있다는 것**이지요. 우리가 지금 『요한복음』을 공부하고 있는데 우리가 왜 공부를 하지요? 그때 사람들도 공부를 했을 텐데 그들이 공부하는 책은 무엇이었을까요? 우리가 '구약'이라 부르는 경전을 얘기했겠지요.

우리가 이것들을 공부하는 것은 영원한 생명이 그 안에 있다고 생각하기 때문입니다. **영원한 생명은 언젠가 죽어서나 누려야 할 생명이 아니라 살아서도 매순간 누려야 할 생명인데 그 얘기가 성경이 하는 얘기라는 것입니다.** 예수가 이 대목에서 말합니다. '그러니까 성경이 바로 내가 하는 일이 하늘의 일이라고 이미 증명하는 것인데 왜 나한테 따집니까?' 여기서 따지는 사람은 성경의 대가들입니다. 괴롭히니까 예수가 한마디 합니다. 46절에 '너희가 모세를 믿었더라면 나를 믿었을 것이다.'했는데 이 말은 '모세가 다른 말을 한 것이 아니라 사람 얘기 한 것이다.'라고 말하는 대목입니다.

44절은 더 재미있습니다. "너희는 서로 영광을 주고받으면서" 했는데 서로 영광을 주고받는다는 것이 뭐죠? '그 사람 명의야, 못 고치는 병이 없어, 어서 그 사람 찾아가.' 이런 게 서로 영광을 주고받는 것입니다. "오직 한 분이신 하나님께로부터 오는 영광은 구하지 않으니, 어떻게 믿을 수 있겠느냐?"가 그 다음인데 '오직 한 분이신 하나님'도 재미있는 표현입니다. **오직 한 분이라는 것은 무슨 뜻이냐 하면 누구에게나 하나님은 그분밖에 없다는 뜻입니다.** 동아시아, 유대, 한국 등 어디나 '하나님' 하면 그 하나님밖에 다른 하나님이 있을 수 없다는 얘기이지요. 공자를 읽으나 부처님 말씀을 읽으나 다를 바가 없습니다. 하나님은 하나밖에 없기 때문에 똑같은 하나님을 읽고 있는 겁니다. 그런데 그분께서 주시는 영광이 있습니다. 누구에게 주는 영광이냐 하면 우리에게 주는 영광입니다. 무슨 영광이지요? 영광이 계속 나오는데 **영광이란 사람이 사람답게 사는 것입니다.** 사람이 사람답게 살 때는 사람이 하늘같이 말하고 하늘같이 사는 것이 기본인데 이렇게 살면 얼마나 영광입니까?

그러고서는 예수가 재미난 말씀을 합니다. '그러니 말입니다, 어떻게 여러분이 나를 믿을 수 있겠습니까?' 이때 믿는다는 말은 사람의 말입니다. **예수의 말이 사람 말을 못 믿는 이유는 사람이 하늘같이 말하고 하늘같이 행하면 안 되는 줄 알기 때문이라는 것입니다.** 그들은 사람 차별을 해서 자기보다 나은 사람을 하늘보다 더 떠받들면서 오히려 하나님같이 말하고 하나님같이 행하는 자기를 죽이겠다고 하니까 '당신들이 사람의 말을 어떻게 알아듣겠습니까?' 하는 것입니다. 여기서 문제는 사람의 말을 못 알아듣는 것이 문제입니다. 하나님을 못 믿는 게 문제가 아닙니다.

5장에는 일관된 것이 있습니다. '우리가 하고 싶은 것'을 챙긴다는 것이 아주 소중하다는 겁니다. 내가 무엇을 하고 싶다는 것은 내 마음이 하는 일을 말하는데 우리는 보통 욕심을 떠올리지요. 그러나 욕심이 원래 우리 마음에 자리가 있었던 것이 아니잖습니까? **욕심은 마음에 엉뚱한 혹이 하나 생기는 것입니다.** 없어야 될 것이 생긴 겁니다. 다시 확인하지만 **'우리가 하고 싶은 것'이라고 할 때 이것은 우리 마음속에서 하나님이 하고 싶은 것입니다.** 이게 소중한 것입니다. 그렇다면 우리가 하고 싶은 일을 하는데 엉뚱한 일을 하게 된다는 것은 마음이 마음의 역할을 못하는 것입니다. 마음에 생긴 혹 때문에 그렇게 됩니다. **혹 없는 마음이 하고 싶은 대로 하게 되면 병도 낫고, 죄도 없어지고, 그뿐만 아니라 저절로 착한 일, 복된 일, 남을 공경하는 일이 흘러나옵니다.**

우리가 그렇게 안 된다는 얘기는 우리가 환자라는 이야기입니다. 우리가 다 병자입니다. 병 중에 제일 심각한 병이 정신병 아닙니까? 몸에 병이 들면 들어 누워야 되니까 돌아다니지는 않습니다. 그런데 정신병자는 몸이 건강하니까 돌아다니면서 엉뚱한 짓을 합니다.

큰 난리죠. 얼핏 보면 성한 사람입니다. 큰일입니다. 그래서 옛날에는 정신병자를 다 없애버렸습니다. 서양사를 보면 15, 16세기에는 정신병자를 배에 가득 태우고 바다로 나가서 배에 구멍을 뚫어버렸습니다. 정신병자의 다리에는 돌멩이가 달려 있기 때문에 꼼짝 못하고 빠져 죽습니다. 같이 간 사람은 쪽배를 타고 돌아오고 병자들은 수장을 시켰습니다.

그런데 여러분! 예수가 제일 힘들여서 하는 일이 무엇인지 아십니까? 성경에 보면 정신병자를 고치는 일을 제일 많이 했습니다. 귀신 들린 자를 고친다는 게 바로 그 얘기입니다. 요즘은 정신병을 고치는 분이 정신과 의사죠. 정신과 의사가 배우는 의학의 기초를 잡은 사람이 바로 프로이트입니다. 그 이후 여러 학자가 나타나서 프로이트가 빠뜨린 사항, 보충해야 될 사항을 챙겨서 지금의 정신과 의학으로 발전시켰다고 하는데 정신과 의학은 아직도 프로이트가 만들어 놓은 굴레에서 벗어나지 못하고 있습니다. 그런데 저는 프로이트를 읽을 때마다 '정신병자가 따로 없구나! 프로이트가 바로 정신병자구나.' 이런 생각이 듭니다. 제가 뭘 안다고 남을 정신병자라고 그러겠습니까? 오만불손한 일이지요. 그런데 왜 프로이트를 정신병자라고 하느냐 하면 프로이트가 사람에 대해서 한 말을 그대로 받아들여서 그것이 사람인 줄 알고 살면 제가 정신병자 같이 살게 되기 때문입니다.

아인슈타인이 프로이트에게 물었다고 합니다. '어떻게 하면 전쟁을 안 하고 살겠습니까?' 사람의 본질에 대한 질문입니다. 아인슈타인은 자신처럼 목숨을 걸고 세상을 살아가는 사람 중에 이 대답을 해줄 사람은 프로이트밖에 없는 것 같아서 물었는데 그에 대한 대답이 걸작입니다. '인간이 생겨먹기를 어떻게 생겨먹었느냐 하면, 인간은 사랑하고 싶은 마음과 죽고 싶은 마음 두 개가 같이 붙어 있어서 계속 싸우기 때문에 싸움을 피할 수가 없습니다.' 이렇게 대답을 했습니다. 싸움을 피할 수가 없으면 계속 싸우고 살 수밖에 없는 것이지요. 그런데 제가 왜 정신병에 걸릴 것 같다고 얘기하느냐 하면, 여러분! 싸움도 하루 이틀이지 밤낮으로 싸움을 해보세요. 미칠 것 같습니다. 싸움을 즐기는 사람도 미칠 지경일 겁니다.

그런데 프로이트 이후의 모든 정신분석학이 이해하는 '사람'은 '사람은 싸우는 존재'라고 합니다. 그래서 정신병을 치료할 때 뭐라고 처방하는 줄 아십니까? '당신 왜 우울증에 걸려 있는 줄 아세요? 요즘 싸우지를 않아서 그렇습니다. 나가서 실컷 싸우세요! 그러면 우울증이 확 풀릴 겁니다.' 이게 심리치료입니다. 그런데 어떤 사람은 싸우는 병에 걸릴 수 있지 않습니까? 사람만 보면 싸우고 싶다고 그러고 죽이고 싶다고 합니다. 이것은 치료할 도리가 없으니까 어떻게 치료를 하는가 하면 주사를 놓는데 사람을 절반 죽이는 주사입니다. 사람의 본질이 두 개니까 그중 하나를 죽이는데 그 본질은 어떤 특정 호르몬과 관계가 있어서 이게 많이 분비되면 전투성이 드러난답니다. 사람이 싸울 때 보니까 그 호르몬이 증가된다는 거예요. 그 호르몬을 억제시키는 주사를 확 놓으면 사람의 본질 중 절반이 죽는 겁니다. 요즘 정신과 병원이 이렇습니다.

그러니까 **정신병에 걸리면 스스로 고쳐야 됩니다.** '낫고 싶으십니까?' 예수가 묻습니다. 왜? 사람이 미친 짓 할 때, 특히 싸우는 짓을 할 때 '싸우지 마세요!' 그러면 누구나 안 싸울 수 있는 것입니다. 여기 예수가 병자 고치는 것 보세요. 너무 쉽지 않습니까? '낫고 싶으세요?' 해서 '네' 하니까 '그러면 걸어가세요.' 합니다. 걸어가니까 다고쳐졌어요. 이것은 기적이 아닙니다. **인간이 당하고 있는 가장 어려**

운 문제는 우리가 하고 싶으면 하고 싶은 대로 그 길로 되돌아서기만 하면 금방 해결된다는 것입니다.

뉘우치면 바로 그 순간이 하늘 같이 사는 것

성경이 가르쳐 주는 최고의 치료 방법이 있습니다. 그것을 예수가 '여러분! 사실은 제가 필요 없습니다. 이것만 잘하시면 못 고치는 병이 없어요.' 하는 대목이 있습니다. 그 방법을 외치던 사람이 바로 세례요한입니다. 그래서 예수가 세례요한을 두둔합니다. 다른 복음서에는 없는 얘기인데 세례요한이 물로 세례를 준다는 얘기를 듣고 '그럼 나도 가서 물로 세례를 줘야지.' 하는 대목이 그것입니다. 예수가 그랬던 이유는 요한이 헛것을 가르친 사람이 아니라는 것을 증명하기 위해서입니다. 세례요한이 한 말 중에 예수가 보기에도 바꿀 수 없는 훌륭한 가르침이 있습니다. 그것이 '뉘우치세요! 여러분 뉘우치세요. 하나님 나라가 여기 있는데 뉘우치세요.'입니다. **하나님 나라는 사람이 하나님같이 살면 그게 바로 하나님 나라입니다.** 우리가 하나님으로 살면 하나님의 나라지요. 그렇죠? '하나님이 따로 오는 나라가 아니라 우리가 다 하나님으로 살면 하나님의 나라인데 하나님의 나라는 이렇게 간단해요. 여러분! 뉘우치면 됩니다.' 요한이 이렇게 말합니다.

여러분, 뉘우치는 것이 싱겁다고 생각하세요? 저도 뉘우쳐 봤는데요. 오죽 뉘우쳐 보지를 않았으면 뉘우쳐 봤다고 그러겠습니까? 그런데 뉘우쳐 보니까 좀 이상해요. 뉘우치는 게 아무것도 아닌 것 같은데 갑자기 사람을 바꿉니다. 사람이 바뀌니까 제가 하는 일이 다 바뀝니다. 밥맛이 달라져요. 밥이 똑같은 밥이 아니에요. 더 나아가 잘못된 밥을 먹어도 탈이 안 납니다. 그러면 **뉘우친다는 것이 무엇이지요? 자기 위치로 되돌아가는 것입니다.** 우리가 제일 크게 뉘우쳐야 할 것이 욕심이라고 하는데 그 이유가 무엇일까요? 욕심은 원래 제 모습이 아닙니다. 욕심이 원래 제 모습이 아니라는 것이 분명한 게 욕심이 생기면 자기 자신은 소중한 것이 아니게 됩니다. 좋은 것은 모두 밖에 있다고 생각하게 돼서 사촌이 땅을 사면 배가 아파집니다. 중요한 것이 다 밖에 있게 되니까 그렇습니다. 뉘우치고 나면 뜻밖에 이런 생각이 듭니다. '밖에 있는 것이 다 소중한 것이 아니구나! 가장 소중한 것은 부모님께서 생명을 주신 순간 나한테 같이 주신 것이로구나!' 이것을 알게 되면 그것이 바로 뉘우치는 것입니다. 그러면 구태여 밖에 있는 것을 챙길 필요가 없습니다. **뉘우치게 되면 바로 그 순간부터 사람이 하늘로 삽니다.** 성경에 '지금이 바로 그때다.' 그랬는데 뉘우치는 그 순간부터 사람이 하늘로 사는 것입니다. 그분에게는 언행일치라는 말이 필요가 없습니다. 말이 곧 행동입니다. **말만 제대로 하면 사람은 하늘같이 사는 것입니다.**

Chapter 07

금생과
영생 챙긴 예수
(먹고 사는 이야기)

금생과 영생 챙긴 예수
(먹고 사는 이야기)

오늘은 『요한복음』 6장을 공부합니다. 6장은 먹고 사는 문제입니다. 세상에 먹지 않고 사는 사람은 없으니까 우리 모두에게 해당되는 이야기입니다. 사람이 산다고 할 때 그냥 산다고 하지 않고 먹고 산다고 말하지 않습니까? 경제 문제가 대개 먹는 문제입니다. 먹고 사는 문제와 예수가 말하는 영생과의 관계, 먹고 사는 문제와 하늘 같이 사는 문제를 들여다보는 것입니다. 오늘 얘기는 충격적인 얘기입니다. 피를 먹고 살을 먹는 이야기입니다. 지난 2천 년 동안 기독교인이 모일 때 이 예식이 없으면 기독교의 본질을 놓칠 수 있다는 생각에 종파를 뛰어넘어 놓치지 않고 행하는 예식이 있습니다. 그것을 '거룩한 식사'라고 해서 '성찬식'이라고 부릅니다. '주의 만찬'이라고도 합니다. '예수가 우리들과 같이 나누는 제일 좋은 음식 또는 잔치'라는 뜻입니다. 이를 유카리스트(eucharist)라고 합니다.

여기 6장에서 예수가 예수교의 기초가 되는 이런 얘기를 합니다. '여러분! 내 살을 잡수세요! 내 피를 마시십시오!' 듣는 사람이 깜짝 놀랄 이야기입니다. 이것이 기독교가 성찬식이라고 하는 것의 연원인데 민생고와 영생의 관계 속에서 들여다보려 합니다. **오늘 다루려는 먹고 사는 문제도 이것을 어떻게 읽느냐가 기독교 역사의 향방을 크게 좌우했습니다.** 민생고 얘기도 사람들이 한 가지로 받아들이지 않습니다. 예수 같은 큰 스승이 민생고 문제를 다루면서 영생이 민생고에 대한 궁극적인 해답으로서 우리에게 주어진 것이라고 한다면 그렇게 이해하기 어려울 것 같지 않은데 사람들이 수군거립니다. 6장 60절 같은 대목을 보시면 심지어는 제자 중에도 '예수가 하는 이 말씀이 이렇게 어려우니 누가 알아들을 수 있겠느냐?' 하고 토론을 합니다. 그 토론의 결과로 예수의 제자들이 갈라섭니다.

어떤 제자들은 '아! 너무 어려워서 도대체 못 알아듣겠다.'며 떠나는 반면 남는 사람도 생깁니다. 어떻게 보면 민생고, 특히 경제 살리기 문제를 가지고 얘기하다 보면 사람들이 나뉘는 것 같습니다. 그 아래에도 베드로와 얘기하는 장면이 나옵니다. 베드로는 민생고에 대한 예수의 답이 사실은 옳은 답이라고 생각해서 떠나지 않고 남은 제자로 나옵니다. 그런 베드로마저도 예수가 처형장으로 끌려가니까 '아! 내가 그때 예수의 답이 옳다고 생각했었지만 사실은 내가 잘못 생각한 모양이다.' 하고 자기 자신을 뒤집습니다. 이런 문제가 오늘 우리에게 던져진 것입니다.

이렇게 보면 오늘 다루려는 이 문제는 사람들이 역사를 통해서 두고두고 씨름하는 난제 중의 난제입니다. 그런 문제를 지금 우리가 들여다보고 있습니다. 동양전통에도 요임금, 순임금이 가장 훌륭한 임금님이다 그러는데 요순시대는 민생고가 없었던 시대였습니다. 사람들이 먹고 사는 데 문제가 없던 시절이었다는 것이지요. 그러면 요순은 어떤 임금이었기에 그랬을까 궁금합니다. 그때는 임금이 있는지 없는지도 모를 정도로 백성들이 임금에게 신경을 안 썼던 시대였다고 하는데 말입니다.

예수는 경제 살리기를 구호로 내세운 것이 아니라 '여러분, 사람이 산다는 것은 사람이 태어나서 잠깐 사는 게 사람 사는 문제가 아닙니다. 짐승이라면 모르겠지만 사람이라고 하는 것은 태어나서 죽을 때까지 사는 것만을 사는 문제라고 생각하고 사는 것이 아닙니다. 죽는다는 사실로도 지워버릴 수 없는 그런 영원한 삶을 삶이라고 늘 생각하고 사는 것이 사람 아닙니까?'라고 얘기합니다. '단 하루를 살아도, 또 100년을 살더라도 영원히 산다는 것, 이 **영생을 챙겨야 사람이 사람으로서 행복하게 사는 것이지 영생을 챙기지 못하면 아무리 오래 살아도 사는 것이 아닙니다.**' 그렇게 말하는 겁니다. 예수의 이런 가르침이 살아가는 데 새로운 힘을 주니까 사람들이 예수를 따릅니다. '그 동안은 내 스스로의 삶을 바라볼 때 뭔가 잘못 봤다는 느낌이 있었는데, 아! 이제야말로 예수 때문에 내 삶을 들여다보는 눈이 밝아졌다. 하루라도 그 말씀을 좀 더 확실하게 들어야겠다.'는 사람들이 예수를 좇아다닙니다.

배고픔을 해결하다

2장부터 시작해서 우리가 예수의 행적을 보았는데 시간상 1년이 채 안 됐습니다. 1년이 채 안 되게 사람들과 더불어 마음을 나누는 일을 했는데 이 갈릴리라는 북쪽에 가난한 사람들이 많이 모여 사는 동네에 도착해서 예수가 말씀하신다는 얘기를 했더니 수많은 사람들이 모여 들었습니다. 어떻게 보면 이 사람들은 예수가 경제 살리는 사람이다 해서 모인 사람이 아닙니다. 배가 고파서 모인 사람이 아니에요. 밥은 못 먹더라도 해결해야 할 문제, 또 밥 먹는 것은 해결됐는데도 해결이 안 되는 문제 때문에 모여든 사람들입니다.

　이 사람들은 밥 때가 되었는데도 떠나지를 않습니다. 자기 밥을 챙겨온 사람도 없습니다. 이런 것을 보면 이 사람들은 먹고 사는 문제는 제쳐두고 예수의 가르침을 듣겠다고 모여든 사람입니다. 6장의 이런 장면은 다른 복음서에도 다 나오는 얘기입니다. 다들 중요하다고 생각해서 나눈 얘기인데 제일 나중에 쓰였다는 『요한복음』에서 그 얘기를 더 자세하게 설명합니다. 『요한복음』은 예수가 떠나신지 60, 70년이 지나고 나서 얘기를 정리하는 것이니까 이런 얘기를 바로 기록하지 않으면 엉뚱한 길로 빠질 수가 있다는 생각에 기다란 설명을 달아놓습니다.

　예수가 재미난 질문을 합니다. 특히 『요한복음』에서는 빌립에게 질문합니다. 6장 5절입니다. 빌립이 누구냐 하면 1장에서 보셨듯이 예수가 만난 첫 제자 중 하나예요. 예수의 말귀를 아주 잘 알아듣는 슬기롭고 마음이 밝은 청년이었습니다. '아! 이렇게 사람들이 많은데 지금 뭘 좀 먹여야 얘기를 듣든지 할 텐데 우리가 어디서 빵을 사다가 이 사람들을 먹일까?' 이게 첫 질문입니다. 굉장히 구체적인 질문입니다. 그 질문 뒤에 설명 부분은 다른 복음서에는 없습니다. '예수께서는 빌립을 시험해 보시려고 질문하신 것이었다.' 빌립이 뭐라고 그러나 보시려고 질문했다는 것입니다. 사람이 그렇게 많은데 베드로도 아니고 빌립을 불러서 물어 본 것은 빌립이 아마 가까이 있었는지도 모르지요. 7절을 보세요.

　　빌립이 예수께 이렇게 대답하였다. "이 사람들에게 모두 조금씩
　　이라도 먹게 하려면, 빵 이백 데나리온어치를 가지고서도 충분

하지 못합니다."(6:7)

여러분! 이 빌립의 대답이 제대로 된 대답 아닙니까? 여기 이백 데나리온이라는 것은 엄청난 돈을 얘기한 셈입니다. 그냥 '이백 데 나리온만 있으면 되겠네요.' 한 것이 아니라 '선생님! 이게 천만 원이 들어갈지 2천만 원이 들어갈지 모르는데 이걸 무슨 수로 다 먹이겠 습니까?' 그랬다는 거죠. 정확한 얘기 아닙니까? 이것은 2천 년 전에 갈릴리에서 이스라엘 사람만 부딪히는 문제가 아닙니다. 현재 한국에서도 당면하고 있는 문제입니다. 먹이려면 돈이 확보되어야 합니다. 이렇게 보면 빌립의 대답이 정확한 것입니다. 그렇다면 여기서 빌립이 예수님 시험에 합격한 것일까요?

빌립이 이렇게 얘기를 하고 있는데 베드로하고 안드레가 끼어듭니다. 9절입니다. '여기에 보리빵 다섯 개와 물고기 두 마리를 가지고 있는 한 아이가 있습니다. 그러나 이렇게 많은 사람에게 그것이 무슨 소용이 있겠습니까?' 모르긴 해도 베드로와 안드레는 빌립이 예수님과 얘기하는 동안에 사람들을 부지런히 조사하고 다닌 모양입니다. 그런데 뜻밖에 예수의 말씀을 듣겠다고 쫓아온 사람들이 음식은 챙겨오지 않은 겁니다. 자기가 굶을지 안 굶을지 신경도 안 쓰는 사람들이 몰려왔습니다.

그런데 보니까 뭘 가지고 있는 애가 눈에 띄었습니다. 그 애가 뭐 자기가 챙겨 왔겠습니까? 엄마가 챙겨준 것이겠지요. 훌륭한 엄마입니다. 자기 아이가 다른 곳에 가는 것보다는 예수 쫓아다니면서 배우는 것이 좋다고 생각한 것이지요. 보리빵 다섯 개에 생선 두 마리라면 아이가 한 끼 먹을 음식이 아닙니다. 엄마가 넉넉히 싸줬습니다. '애, 아가야! 내가 음식을 넉넉하게 싸 줄 테니까 예수 선생님 말씀 놓치지 말고 빠짐없이 듣고 오너라.' 하고 챙겨주었겠지요. 그런데 이 오병이어를 어떻게 얘기하느냐가 중요합니다. 오늘 우리가 그것을 따지는 겁니다.

예수가 사람들을 다 앉혀놓고 '그 떡과 물고기를 나눠 드리십시오.' 그래요. 나눠줬더니 만 명이 넘는 사람들이 다 먹고도 열두 광주리가 남았다고 합니다. 실컷 먹고도 음식이 남아서 광주리에 담으라고 했습니다. 그런데 자기 먹을 것도 안 챙겨간 사람들이 무슨 광주리가 있었겠습니까? 상상입니다. 그럼 상상이라는 게 헛것을 얘기하는 것이냐가 중요한 대목입니다. 예수는 이것을 기적으로 보려는 사람들을 꾸짖습니다. 표징이라는 얘기도 다시 나옵니다. 예수는 이런 일을 표징으로 행하는데 사람들은 그것을 표징으로 보지 않고 기적으로 본다, 그런 얘기를 해요. 보리떡 다섯 개와 물고기 두 마리로 1만 2천 명이 먹고도 열두 광주리가 남았다는 얘기는 표징으로서 『요한복음』이 우리에게 전하고 있는 것입니다.

그런데 이것을 우리가 기적(semeion)이라고 보는 순간 얘기는 옆길로 빠집니다. 여기서 **표징(semeion)이라는 말과 기적이라는 말은 성경이 쓰인 그리스 말로는 똑같은 단어**입니다. 똑같은 단어를 놓고 요렇게 알아들으면 문제가 되고 조렇게 알아들으면 문제가 없다는 말이지요. 그런데 영(靈)의 사람은 이것을 표징으로 알아듣습니다. 영은 사람으로서 절대 놓칠 수 없는 것이라서 바람과 같고 숨과 같다고 앞에서 말씀 드렸습니다. 숨을 쉬고 사는 사람은 다 영을 떠날 수 없습니다. 영을 떠나면 죽습니다. 그럼에도 불구하고 마치 숨을 안 쉬고 사는 사람처럼 이 얘기를 들여다보게 되면 그것은 잘못 읽는 것이다, 하는 대목이 나와요.

상상이라고 하는 것은 사실 무엇을 말하는 것이었느냐 하면 **사람이 영적인 존재이기 때문에 영으로 사는 사람의 행위를 표현할 때 상**

상이라고 말한 것입니다. 그런데 **영으로 사는 사람은 경제 살리기에 문제가 없습니다. 그 증거가 오늘 1만 2천 명이나 모여서 배불리 먹은 것입니다.** 그 사람들이 실컷 먹어서 배가 불렀는지 아니면 예수의 말씀만 듣고도 배가 불렀는지 여러분 상상에 맡겨야지요. 그런데 그 말을 뒤집으면 큰일이지요. '어떤 사람이 영적인 사람이냐 아니냐는 것은 그분이 통장에 돈을 얼마나 가지고 있는지, 얼마나 큰 아파트에 살고 있는지로 결정할 수밖에 없다.' 이러면 얘기는 다 깨지고 맙니다. 이것이 오늘 얘기의 핵심입니다.

이런 환상력이 바로 인간에게 고유한 능력인데 인간에게 이 환상력이 없다면 인간은 지금도 동물하고 똑같이 사는 겁니다. 인간이 동물과 다른 점은 집도 짓고, 글도 쓰고, 기르며 먹고 살지 않습니까? 사람은 꼭 무엇을 죽여서 먹고 살지 않습니다. 서로가 서로를 죽이며 살을 먹어라, 피를 마셔라 그러지 않고도 먹고 살 수 있는 길을 찾을 수 있는 것은 인간의 환상력 때문입니다. 이런 환상력을 어떻게 이해하느냐가 인간이 변질되느냐 아니냐 하는 관건이 됩니다.

먹고 사는 문제의 해결

왜 예수가 사람들을 먹입니까? 아무리 영생을 얘기하는 예수도 배고픈 사람을 보면 안쓰럽습니다. 그 배고픔 때문에 자칫 잘못하면 영생이 문제가 아니라 당장 내 배를 채우는 것이 문제라는 생각을 할 수 있으니까 영생을 가르치는 선생이 일단 배를 채워 주는 것입니다. 일단 살고 보자고 날뛰면 영생이고 뭐고 없습니다. 그런데 여기에서 우선순위의 문제가 중요해집니다. **예수가 빵과 물고기로 사람들을 먹인 일은 먹고 사는 것이 중요해서라기보다는 영생을 챙기는**

사람은 누구나 먹고 사는 문제는 저절로 해결하게 되어 있다는 인생의 진리를 가르쳐 주기 위해서였습니다.

다음에 갑자기 예수가 물 위를 걸어가는데 이것과도 연결되는 얘기입니다. 예수가 염려하는 것은 이것입니다. 사람들이 많이 모여 있습니다. 영생을 얘기해야 되는데 배가 고프면 사람들이 슬금슬금 떠나갈 테니까 영생을 얘기할 기회를 놓치게 됩니다. 그래서 우선 밥을 챙겨주신 거예요. 그러니까 사람들이 떠나지 않고 얘기를 들었습니다. 사람들이 떠나가지 않을 뿐만 아니라 그 많은 사람들이 예수를 임금으로 모시려고 합니다. 그래서 예수가 사람들을 피해서 슬그머니 그곳을 떠납니다.

6장 16절부터 보면 제자들의 쓸쓸한 모습이 나타납니다. 제자들이 예수는 그냥 놔두고 자기들끼리만 배를 타고 디베리아 바다를 건너갑니다. 제자들이 소외를 느낀 것입니다. 예수가 밥도 챙겨 주니까 사람들이 떠나지를 않고 열심히 듣습니다. 이러니까 제자들이 시큰둥해집니다. '우리가 죽으나 사나 선생님을 쫓아 다녔는데 우리는 이게 뭐야?' 이렇게 됐습니다. 그래서 예수를 버려두고 자기들끼리 슬그머니 배를 타고 떠납니다. '선생님! 됐어요! 이제 우리가 필요 없으시지요? 좋은 사람들하고 같이 잘 사세요.' 하고 자기들끼리 배를 타고 갑니다. 제자들이 삐진 거죠. 그런데 예수도 이 군중들을 피해서 떠납니다. 이 사람들이 예수를 임금으로 내세우려고 하니까 예수도 그곳을 떠납니다.

예수 일행이 디베리아 바다를 건너 올 때는 배를 타고 온 것 같아요. 배는 한 척밖에 없었는데 제자들이 그 배를 타고 자기들끼리 먼저 가버렸습니다. 제자들이 예수를 버리고 갔지만 예수는 제자들을 쫓아옵니다. 물 위를 걸어서 옵니다. 재미난 얘기예요. 예수가 분명히 민생고를 해결한 것 같은데 민생고를 해결한 것 때문에 제자들이 떠났습니다. 새로운 제자가 엄청 많이 생기고 사람들이 예수 주변에 들끓으니까 제자들이 '우리는 그런 것 때문에 쫓아다닌 것이 아닌데 그렇다면 우리가 떠나겠습니다.' 하고 예수를 버렸습니다.

제자들의 차이

오늘 얘기의 핵심은 예수를 버리고 떠나는 제자와 열광하는 새로운 예수의 제자의 차이가 무엇인가입니다. 예수가 그 차이를 우리에게 구별해 주는 것이 6장의 영생 얘기입니다. '내 살을 먹어야 됩니다. 내 피를 마셔야 됩니다. 내 살과 내 피를 먹어야만 그 안에 내 영이 살게 되는 겁니다. 왜냐하면 여러분이 먹고 사는 살과 피는 여러분의 육질을 변화시키기 때문에 변질된 인간으로 살고 있습니다. 이제부터 내 살과 내 피를 마시고 변질된 인간에서 벗어나 새롭게 됨으로써 그 안에 나와 같은 영이 살아야 됩니다.'

예수가 수천 명을 먹이는 일로 민생고를 해결하니까 제자들이 먼저 떠나고 예수가 물 위를 걸어 뒤쫓아 갔다는 얘기가 16절에서 22절까지에 있는 얘기입니다. 그런데 **예수가 『요한복음』에서 계속 경고하는 것이 자기가 하는 일이 기이한 사람들, 특별한 사람이나 할 수 있는 일이라고 생각하면 자기 얘기, 자기 행위를 잘못 이해한다는 것입**니다. '누구든지 내가 하는 말을 믿으면 사람이면 누구나 응당 그래야 될 것을 전하기 위해서 이런 일을 하는 것이라는 것을 알 것이다.' 이런 얘기를 해요. 여기서 '사람이면 누구나'가 중요합니다. **물 위를 걸어가는 것을 기적이라고 봐서 '예수니까 역시 물 위도 마음대로 걸어 다녔구나.' 하면 잘못 읽는 게 됩니다.** 『요한복음』은 그것이 기적이 아니라는 얘기를 하기 위해서 굉장히 애를 쓰는 모습이 보입니다. 『요한복음』은 다른 복음서와 달리 예수가 어디서 사람들을 먹이고, 어디로 가고, 그 다음에는 어떤 일이 벌어졌다는 상황 설명을 자세하게 합니다.

제자들이 자기끼리만 갈릴리 바다를 배 타고 건너가는데 예수가 그 열광하는 사람을 버려두고 물 위로 걸어옵니다. 제자들은 바람이 불고 안 그래도 불안한데 보니까 누가 물 위를 걸어옵니다. 겁이 나서 떨고 있는데 예수가 하는 말이 '나다! 두려워하지 말아라.' 합니다. 제자들이 더 깜짝 놀라요. 갑자기 풍랑이 일어 안 그래도 불안한데 예수는 제자들을 버리지 않고 찾아온 거죠. 『요한복음』 얘기는 이것으로 끝납니다. 『요한복음』은 이 대목에서 예수가 '나다, 걱정하지 마!' 그랬더니 제자들은 더 이상 아무 말 없이 예수님을 배에 태워서 같이 갔다는 것으로 끝납니다.

그런데 『마태복음』 같은 데는 다르게 얘기가 진전됩니다. 『마태복음』에는 베드로가 '저도 걸을 수 없습니까?' 묻습니다. 물 위를 걷는 것에 초점이 있습니다. 그러니까 예수가 '그래 걸어라.' 한 거예요. 베드로가 배에서 내려 예수를 향해서 물 위를 막 걸어오는데 한동안 잘 걸어온 모양입니다. 그러다가 갑자기 밑을 보니까 자기가 물 위를 걷고 있거든요. '아! 내가 어쩌자고 물 위를 걷지?' 하는 순간 물에 풍덩 빠졌습니다. 예수의 말씀이 '믿음이 적은 자야! 믿음으로 걸었더라면 물 위를 계속 걸었을 텐데 믿음이 흔들리니까 물에 빠졌잖아.' 그러면서 베드로를 건져냈다는 얘기가 있습니다. 『요한복음』을 쓸 때는 이런 얘기를 쏙 뺍니다. **중요한 것은 물 위를 걷는 것이 아니라 자기를 버리고 가는 제자들이 자기의 얘기를 올바로 들었다는 생각에 예수가 물을 건너서 제자를 찾아왔다는 것입니다.**

예수는 '인간의 생명은 영원한 것이다. 우리의 영원한 생명은 영으로 지킨다. 그렇게 사는 사람은 물도 건널 수 있고, 먹을 것이 필요하면 보리떡 다섯 덩어리 하고 물고기 두 마리만 가지고도 1만 2천 명을 먹일 수 있다.'고 가르친 것입니다. 그 가르침을 듣고서 '예수를 따르면 물 위도 걸을 수 있고 배고픈 일도 있을 수 없다.'는 결론만 챙기며 예수를 따라 다니는 무리가 생기고 '사람이 먼저 챙겨야될 것은 영생이고 그것이 사람의 생명이야.'라며 영원한 생명을 먼저챙기는 사람과 패가 갈라집니다. 영생을 챙긴 제자들은 '이제는 우리가 소용없게 되었구나. 예수는 역시 민생고 챙기는 사람의 임금이되었나 보다.' 하고 예수를 떠났는데 예수는 결론만 챙긴 사람들을버리고 영생을 챙긴 제자들을 쫓아왔다는 얘기입니다.

이것이 무슨 이야기일까요? **영생을 챙기면 우리가 잠깐 사는 인생인 금생의 문제가 다 해결됩니다. 금생의 모든 고뇌와 괴로움이 사라질 수 있습니다. 이것이 사람의 본래 생김새이기 때문입니다.** 여기에선후가 있습니다. 영생을 먼저 챙기는 것이 사람의 본분입니다. 영생을 챙기고 나면 다른 걱정 안 해도 다 저절로 풀린다는 생각이 맞는생각입니다. '금생을 확보하면 영생도 저절로 챙겨지는 것이겠네.' 하면 뜻밖에 일이 엉뚱한 데로 흘러갑니다.

서구의 변질이란 이 영생의 혜택을 본 사람이 변질된 것입니다.서구 사람은 영생을 챙긴 사람에 의해서 세상이 참 살기 좋은 세상이 되는 것을 경험한 사람입니다. 그런데 그 좋은 세상을 경험하다보니까 우리가 챙길 것은 모름지기 결과다, 이렇게 된 것입니다. 결과만 붙드는 순간 이상한 일이 벌어집니다. 영생은 있으나마나 한문제가 되고 금생만이 인생의 전부가 된다는 것입니다. 심지어 예수에게 이런 질문하는 사람이 있습니다. '어떻게 살아야 우리도 예수님같이 살 수가 있겠습니까?' 이것은 '어떻게 하면 경제 살리기 같은 훌륭한 일을 할 수 있겠습니까?' 하고 질문하는 것과 같아요. 6장 40절에 보시면 예수가 '믿는 사람은 누구든지 영생을 얻게 하는 것이 내 아버지의 뜻이다.' 그래요. **내 아버지의 뜻이라는 것은 사람이 다 아버지에게서 나온 거니까 사람의 본성이 그렇다는 것입니다.**

마지막 날에 대한 오해

그리고 '마지막 날에 그들을 살릴 것이다.' 이렇게 이야기합니다. 마지막 날이라는 게 뭘까요? 이것도 잘못 해석하면 큰 혼선이 빚어집니다. 물론 마지막 날이라는 날이 있습니다. 우리 인생의 마지막 날은 숨 넘어가는 순간이 마지막 날입니다. 그런데 우리말에 끝내준다는 말이 있지 않습니까? 끝내는 것도 끝내주는 것이고, 제일 좋은 것도 끝내주는 것입니다. '끝내주네' 그러면 그게 완성입니다. '죽여주네'도 있습니다. 죽여주면서도 좋은 것은 마지막 날에 영생이 챙겨지기 때문에 죽여준다는 것입니다. 그런데 **마지막 날에만 영생이 챙겨지는 것이 아닙니다. 다만 마지막 날이 영생을 챙기기에 가장 좋은 날일 뿐입니다.** 왜냐하면 숨이 넘어간다고 내 숨이 어디로 가는 게 아니에요. 몸만 떠날 뿐입니다. 예수가 '내 살을 먹어라. 내 피를 마셔라.' 하는 얘기가 그것입니다. 몸만 놔두고 가도 쓸모가 많습니다. 제 살과 제 피는 다음에 오는 이들에게 다 쓸모가 있을 것이니까요. 그러나 내 숨은 어디로 가는 것이 아닙니다. 이런 것이 판정되는 순간이 마지막 날이라는 것입니다.

기독교 역사를 보면 마지막 날을 기다리는 사람들이 생깁니다. 우리나라도 한때는 그런 모임이 있었습니다. 예수 오시는 날이 끝장나는 날인 줄 알고 야단들 했습니다. 그런데 그날은 정해진 날이 아닙니다. **마지막 날은 언제나 있는 것입니다.** 그래서 우리나라 사람들이 죽여준다는 말을 입에 달고 사는 것 아닙니까? 좋을 때는 언제나 죽여준다고 그래요. 언제가 죽여주는 날인가 하면 영생 챙기는 날이 죽여주는 날입니다. 영생 챙기는 날이 언제나 끝나는 날입니다. **사람이 영으로 사는 순간이 영생을 챙기는 순간인데 이런 날을 기다리면 곤란해집니다.**

요즘은 목적이 현실보다 중요한 시대입니다. 우리는 목적을 위해서 현실을 희생할 수 있다고 생각합니다. 그런데 문제는 영생을 챙기지 않고서는 목적에 갈래야 갈 수가 없다는 것입니다. 영생이 오늘도 살고, 내일도 살고, 영원히 산다는 것인데 바로 이것이 목적이지 목적이 따로 있는 것이 아닙니다. 그러나 결과만 챙기면 목적은 따로 있는 것이 됩니다. 그런데 예수께 왔던 많은 사람은 금생만 중요합니다. 먹고 사는 것만 중요합니다. 병 고치는 것만 중요합니다. 그 병이 어떻게 고쳐지는지, 우리가 어떻게 해서 굶지 않고 다 같이 먹고 살 수 있는지는 생각을 안 합니다. 영생만 챙기면 금생은 저절로 되는데 금생만 챙기기에 급급합니다.

이와 관련하여 예수가 늘 하는 얘기가 6장 26절, 27절에 나옵니다. '여러분들이 나를 찾는 것은 내가 하고자 하는 표징을 알아들었기 때문이 아니라 빵을 먹고 배가 불렀기 때문입니다. 여러분은 썩어져 없어지는 양식을 얻으려고 일하지 말고, 영원한 생명을 챙기고 또 영원한 생명을 우리들에게 지켜줄 수 있는 그런 양식을 얻으려고 애쓰십시오.' 하고는 33절에 '하나님의 빵'을 이야기합니다. 우리가 먹지 않으면 안 되는 빵을 하나님의 빵이라고 표현한 것입니다. 그것을 먹지 않으면 헛사는 것입니다. 하나님의 빵은 하늘에서 내려와 세상에 생명을 주는 것인데 그때의 생명은 태어나서 죽을 때까지의 생명을 얘기하는 것이 아니라 영생을 의미하는 것입니다.

35절에 보시면 '내가 바로 그 생명의 빵입니다. 내게 오는 자는 결코 주리지 않을 것이요.' 그래요. 주리지 않는다는 것은 두 가지 의미가 있습니다. 하나는 문자 그대로 굶주리지 않는다는 의미입니다. 영생을 챙기는 사람이 왜 굶주리겠느냐는 것이지요. 영생을 챙겨서 사는 사람들은 떡 다섯 덩어리도 나눠 먹습니다. 떡이 나를 살리는 게 아니니까, 떡 먹었다고 살고, 떡 안 먹었다고 죽는 게 아니니까 나눠 먹을 줄 알아요. 그렇게 되면 그 적은 음식을 가지고도 1만 2천 명을 다 배불리 먹일 수 있으니까 다 잘산다는 얘기이지요. 요새 경제론은 배를 채우려면 떡 다섯 덩어리가 중요합니다. 오병이어의 현장에 그 경제원리가 적용이 되었다고 합시다. 그러면 1만 2천 명 중에 가장 훌륭한 사람이 누구겠습니까? 소년이지요. 그 소년이 뭘 몰라서 그랬지 떼돈을 벌 수 있었던 것입니다. 수많은 사람이 주머니에 떡은 없고, 있는 것이라곤 돈밖에 없었다면 소년은 하루아침에 억만장자가 되는 것이지요. 그러나 영생의 원리는 그 원리가 아니지 않습니까?

40절에 보시면 예수가 되풀이해서 말합니다. '믿는 사람은 누구든지 영생을 얻게 한다.' 그랬습니다. **'누구든지'라는 것은 조건이 없다는 말입니다. '얻게 한다'도 영생이 없어서 얻는 게 아닙니다. 믿는 사람은 영생을 되찾는 겁니다. 자기의 본성을 되찾는 것입니다.** 그것이 아버지의 뜻이라는 것입니다. 제가 늘 되풀이해서 강조하는 것이지만 여기서 **'아버지의 뜻'이라는 것에 다른 뜻이 있는 게 아닙니다. 우리가 원래 그렇게 생겼다는 것이지요. 그리고 마지막 날, 끝내 주는 날이라는 것은 어떤 뜻이냐 하면 우리가 다 잘사는 것입니다.** 그러니까 걱정할 게 없어요.

결과 챙기기가 문제

우리가 그러기 위해서 영생을 가르치는 것인데, 사람들은 영생을 엉뚱한 것으로 생각합니다. '아니! 선생님 지금 하루 살기도 힘든데 선생님은 왜 영원히 사는 것을 얘기합니까? 너무 엉뚱한 얘기하시는 거 아니에요? 그러니까 영생 말고 하루 살리기를 해주세요.' 하루 살리기의 해결책이 영생에 있기 때문에 예수가 영생을 얘기하는 것인데 그 말을 못 알아듣습니다. 예수도 늘 궁금해 합니다. 왜 못 알아듣는 걸까? 빛이 어둠에 비치면 어둠이 자연히 없어지는 것인데 어둠이 빛을 못 알아본다, 이상한 것 아닙니까? 못 알아보는 게 이상하죠. 알아보는 게 기특한 게 아닙니다.

결과 챙기기가 문제입니다. 그런데 결과주의자가 되면 이상한 사람 되는 것 아닙니까? 우리가 사람을 사귈 때 결과를 챙기는 사람을 보면 참 마음이 편안한 것 같은데 5분이 지나지 못해 불편해집니다. 왜냐하면 그분은 뭔가 결과를 바라고 있기 때문에 제가 그 기준에 맞지 않으면 불안합니다. 그러나 **영생을 챙기는 사람은 굶어도 영생이고, 잘나도 영생이고, 못나도 영생입니다.** 이런 사람하고 같이 지내면 마음이 편안합니다. 왜냐하면 제가 좀 실수를 했기로서니 그분에게 소중한 것은 영생인데 실수했다고 영생이 어디 갑니까? 제가 좀 못났기로서니 영생이 어디 갑니까? 제가 좀 병이 걸렸다고 영생이 어디 갑니까? 제가 좀 눈이 멀었기로서니 영생이 어디로 갑니까? 그런 사람하고 지내면 마음이 편하잖아요.

이렇게 해서 마음이 편해진 사람이 예수를 따라 다니는 것인데 사람이 많이 모이는 곳에는 엉뚱한 사람이 들끓습니다. 이제 단순히 사람이 많이 모인다는 이유 때문에 사람이 모이기 시작합니다. 사람이 많이 모여 있으면 거기에 좋은 일이 있을 것이라고 생각해서 들여다보지 않습니까? 이것이 결과를 챙기는 사람들이 모여드는 모습입니다. 예수는 그것을 원치 않았습니다. **예수는 그렇게 왕이 되기를 원치 않았습니다. 정말 우리에게 안타깝게 가르쳐주려고 하는 것이 영생이었습니다.**

오늘 얘기 중에 흐뭇한 게 많습니다. 그 소년이 떡을 내놓으라고 하니까 순순히 내놓은 것 같습니다. 영생을 챙기는 대목이지요. 소년은 떡을 놓치면 엄마의 뜻을 어긴다고 생각한 것이 아닙니다. 엄마가 점심을 싸준 이유는 예수께 가서 영생을 배우라고 싸준 것이니까 떡 다섯 덩어리를 내놓아도 자기는 영생을 지킨다는 든든함이 있었던 겁니다. 참 괜찮은 소년이에요. 덕분에 수많은 사람이 다 먹고 산다는 겁니다. 영생은 이렇게 구체적으로 좋은 일입니다. 허망한 얘기가 아닙니다.

사람의 본성대로 살면 하나님의 허락을 받는 것

65절을 읽어 보시면 여기를 어떻게 읽느냐에 따라서 요한복음이 괴로운 얘기가 될 수가 있습니다. "그러므로 내가 여러분에게 말씀드리기를 하나님 아버지께서 허락하여 주신 사람이 아니고는 아무도 나에게로 올 수 없다고 말씀을 드렸던 겁니다." 이렇게 하나님이 허락했다, 안 했다 하는 말이 나오니까 많은 사람이 떠납니다. 66절 보시면 "예수의 제자 가운데 많은 사람이 떠나갔고 더 이상 그분과 함께 다니지 않았다." 이렇게 돼 있습니다. 이때 제자는 열두 제자가 아닙니다. 예수에게 갑자기 많은 제자가 생겼는데 그들이 예수를 떠났다는 것이지요. 왜 떠났을까? 하나님이 허락하지 않으면 나를 믿지 못한다고 그랬는데 왜 떠났을까?

그때 하나님을 임금보다 더 높은 분이라고 생각을 하게 되면, 그다음 생각은 그분의 허락을 맡은 사람만 예수를 따를 수 있고 그렇지 않으면 예수를 못 따른다는 것인데 그게 틀린 말이라고 생각한 것입니다. 왜냐하면 자기들은 예수가 그 수많은 사람을 빵 몇 조각으로 다 먹여 살리니까 왔던 것이지 하나님의 허락을 받고 왔던 것은 아니거든요. 거기에다 하나님의 허락을 받고 어쩌고 하니까 떠나는 것입니다. 그런데 **하나님의 허락을 받는다는 말은 뭡니까? 말을 바꾸면 사람이 본성대로 산다는 얘기입니다.** 본성대로 산다는 것은 본성의 허락을 받았다는 얘기입니다. 본성대로 사는 사람 누구나 본성의 허락을 받는 게 가능한 것이지 저 높은 곳에 앉아 있는 하나님이 특정한 사람에게 면허증을 발급한다는 얘기는 아니거든요.

제자들이 삐진 이유는 예수가 경제 살리는 사람인 줄 알았는데 가서 딱 만나보니까 고리타분한 얘기하고 있거든요. 화가 나서 떠납니다. 그 사람들은 다시는 예수한테 돌아오지 않습니다. 그런데 사실은 예수가 챙길 것 없는 사람이 아닙니다. 예수의 말씀이 '내가 천국이 하늘나라에만 있으면 안 되고 천국이 이 땅에 있어야 되기 때문에 이 땅에 왔다.'는 것 아닙니까? 그 말씀이 인간의 육신으로 왔다는 것이지요. **육신을 입고 왔다는 것은 바로 영생의 복을 누려야 될 장본인이 다름 아닌 바로 이 살과 피를 가지고 있기 때문에 급선무를 수행하기 위해 예수가 왔다는 것입니다.** 예수가 그 비결을 가르쳐 줄 때 사람들은 엉뚱한 얘기를 한다고 생각해서 떠납니다.

오죽했으면 6장 54~58절에 예수가 이런 말씀을 했을까요? '내 살을 먹고, 내 피를 마시는 사람은 영원한 생명을 가지고 있고, 마지막 날에 내가 그를 살릴 것이다. 내 살은 참 양식이요, 내 피는 참 음료이다. 내 살을 먹고, 내 피를 마시는 사람은 나와 같이 있고, 나도 그런 사람들과 항상 같이 있다.' 58절을 보세요. '이 빵을 먹는 사람은 영원히 살 것이다.' 이러고 나니까 59절, 60절에 보면 사람들이 혼란스러운 거예요. '야! 이게 도대체 무슨 얘기를 하는 것일까?' 이렇게 됐습니다. '예수의 제자들 가운데' 했는데 여기서는 예수의 열두 제자를 말하는 것이 아닙니다. 새 제자가 많이 생겼습니다, "여럿이 이 말씀을 듣고 말하기를 이 말씀이 이렇게 어려우니 누가 알아들을 수 있겠는가 하였다. 예수께서 제자들이 자기의 말을 두고 수군거리는 것을 아시고 그들에게 말씀하셨다. 이 말이 너희의 마음에 걸리느냐?"

살과 피 이야기

이제는 사람의 아들이 사람의 아들로서 얘기하는 거예요. 하늘의 아들로서 말하는 것이 아니라 사람의 아들로 말하는 것입니다. "전에 있던 곳으로 올라가는 것을 보면 어떻게 하겠느냐?" 전에 있던 곳이 어디이지요? 하늘에서 왔으니까 하늘이죠. "생명을 주는 것은 영이다. 육은 아무 데도 소용이 없다. 내가 너희에게 한 이 말은 영이요, 생명이다. 그러나 너희 가운데는 믿지 않는 사람들이 있다." 이런 얘기를 했어요. 사람들이 너무 살과 피만 챙기니까 '정 그러시면 내 살을 먹고 내 피를 마시세요. 그렇게 살과 피를 챙기는 사람에게 이 살과 피를 다 내주어도 나는 아까울 게 없습니다. 내 살과 내 피의 의미가 뭔지 아십니까? 내 살과 내 피가 따로 있는 것이 아니라 바로 영생의 살과 피를 의미합니다. 그래서 혹시 여러분이 내 살과 피를 잡숫더라도 여러분 속에 영생이 되살아난다면 잡수세요.' 그런 것입니다. 성찬식에서 빵 한 조각과 포도주 한 모금을 마시면서 예수의 살과 피를 먹는다는 예식을 거행합니다. 그것을 왜 먹을까요? 살과 피를 먹는다는 데 의미가 있는 게 아니라 **예수의 살과 피를 먹으면 나도 예수처럼 영생을 먼저 챙기는 사람, 나도 영의 사람이 된다는 것**입니다. 그렇게 되면 결과는 다 잘사는 세상이 될 테니까요.

『고린도전서』 13장에 바울이 이 예식에 대한 얘기를 하는 대목이 있습니다. 바울의 때는 예수가 세상을 떠난 지 20여 년이 지난 후인데 이것이 중요한 예식이 됐습니다. 예수 믿는 사람이 모이면 집에서 술하고 떡을 가져와서 나눠 먹습니다. 그런데 바울이 한 번은 거기에 모인 사람들을 꾸짖습니다. '여러분, 집에 먹고 마실 게 없어서 여기 와서 술과 떡을 나눠 먹는 겁니까? 그런데 보십시오. 뒤에 앉아 있는 사람은 우리가 나눠 먹는 떡, 술을 한 모금도 못 먹고 구석에 앉아 있지 않습니까? 우리가 이러자고 모이는 것입니까? 이러려면 집에서 마시고 집에서 먹고 오세요. 영생을 깨달은 우리가 우리만 먹고 마셔서야 되겠습니까? 집에서 먹고 마실 것을 챙겨 오는 이유는 집에 마실 것이 없고 먹을 것이 없는 사람이 여기에 들어오면 같이 나눠 먹을 수 있게 하려는 것이고, 우리가 떡과 술을 나누는 것이 아니라 영생을 나누는 증거로서 떡과 술을 나누는 건데 어쩌자고 먼저 와서 자기들끼리 다 먹고 나중에 오는 사람은 먹을 것도 없게 하는 겁니까?'

천주교의 성찬식 문제

16세기에 오면 이 살과 피를 나눠 마신다는 것 때문에 교회가 깨집니다. 소위 어머니교회, 천주교회는 우리가 빵과 포도주를 놓고 신부님이 기도를 하면 그 기도 때문에 이게 빵과 포도주가 아니라 진짜 예수님의 살이 되고, 예수님의 피가 돼서 우리가 진짜 예수님의 살을 먹고 진짜 예수님의 피를 마시는 것이라고 주장합니다. 그러고 나면 본의 아니게 신부의 기도가 엄청 중요해집니다. 그러니까 빵을 먹어서는 영생을 못 찾지만 신부의 기도 덕분에 영생을 챙길 수 있다고 해서 신부의 권위가 엄청나게 높아졌습니다.

레위지파 이야기할 때 말씀 드렸듯이 **원래 신부는 심부름꾼인데 갑자기 신부가 엄청난 권위자가 됩니다.** 신부를 보지 않으면 그냥 빵만 먹는 것이 되는데 신부를 만나게 되면 진짜 예수님의 살을 먹는 것이 돼서 영생이 되살아납니다. 거기에 반발한 것이 종교개혁입니다. 종교개혁자 마틴 루터가 '천만에요. 빵은 빵이고 예수님의 살은 살입니다.' 이렇게 얘기했습니다. '우리가 먹는 것은 빵일 뿐입니다. 그런데 믿는 사람은 빵을 먹지만 그 속에 예수의 살이 담겨 있는 것이지요. 신부의 기도가 중요한 것이 아닙니다. 누구나 믿기만 하면 빵을 드세요. 그게 다 몸속에 들어가서 예수님의 살이 됩니다.' 이렇게 해서 종교개혁을 일으키게 됩니다.

개신교의 성찬식 문제

그런데 결과는 어떻게 돌아가지요? 이제 영생을 챙기는 것을 무엇으로 챙기느냐가 문제가 됩니다. 물론 신부의 기도로 영생을 챙긴다는 말은 어떻게 보면 잘못된 말은 아닙니다. 예수가 기도하라 하지 않았습니까? 쉬지 말고 기도하라 했는데 그 **기도는 우리 영생을 챙기는 하나의 일이니까 잘못된 말은 아니지만 보통 사람의 기도는 안 되고 '신부의 기도만이 기도다.'라는 얘기가 잘못이었습니다.** 그 잘못을 고치기 위해서 종교개혁이 일어나는데 그 개혁에도 문제가 생깁니다. 믿기만 하면 떡을 먹어도 예수의 살과 다름없다고 얘기한 것은 좋은데 문제가 생깁니다.

이번에는 믿음이 문제입니다. 믿음은 보이는 떡을 믿는 것이 아니라 보이지 않는 예수의 살을 믿는 것이라고 해서 뜻밖에 보이는 세계와 보이지 않는 세계를 갈라놓는 현상이 생깁니다. 그것이 독일 철학의 근거가 되기 시작하고, 칸트가 보이는 세상과 보이지 않는 세상을 나누는 작업을 하는데 이로써 믿음의 세상은 보이지 않는 세상이고 보이는 세상은 믿음의 세상이 아니라는 작위에 빠지게 됩니다. 그런데 예수는 믿는 사람은 굶지도 않는다고 가르쳤습니다. 보이는 떡을 나눠 먹어요. 믿는 사람은 보이지 않는 것을 믿는 것이 아닙니다. 보이지 않는 영을 챙기는 사람은 보이는 것이 달라진다는 얘기를 한 것입니다. 물 위를 걸어갈 수도 있습니다. 배 타는 것도 믿음이 있어야 타더라고요. 믿음이 없는 사람은 배도 못 탑니다. 선박 공포증 있는 사람은 배를 타면 어떻게 될까 봐 못 타요.

그런데 **종교개혁이 진전이 되면서 믿는 것은 보이지 않는 세상을 얘기하는 것이고 보이는 세상은 믿음과 상관없다는 생각이 생깁니다.** 이러니까 루터의 종교개혁 결과로 재미난 현상이 벌어집니다. 종교가 정치하는 사람을 비판하지 않습니다. 정치하는 사람은 보이는 세상을 다루기 때문에 믿는 사람이 정치하는 세상에 왈가왈부할 일이 없다고 생각합니다. 그래서 **로마교회 교황은 비판하면서 봉건영주들과는 결탁**을 합니다. 그때 못된 봉건영주가 많았는데 그들과 손을 잡아요. 자기들은 보이지 않는 믿음만 챙기면 되니까 보이는 세상을 다루는 봉건영주들과 결탁해도 상관없다고 생각했습니다. 아니지요! 예수는 그렇게 가르치지 않았습니다. 봉건영주는 어떤 사람이었겠습니까? 영생을 챙기지 않아도 금생을 챙길 수 있다는 착각을 하는 사람들일 텐데 고쳐야 되지 않겠습니까? 개혁자들은 그런 생각은 안 한 겁니다.

가롯 유다와 금생

6장 66절 이하를 보면 여기도 갈라지는 얘기가 나와요. 가롯 유다 얘기입니다. 가롯 유다는 예수가 신임하던 제자거든요. 얼마나 신임했느냐 하면 회계를 맡겼습니다. 돈주머니를 아무에게나 맡기지 않습니다. 그런데 가롯 유다가 돈주머니를 맡다보니까 결과주의자가 됩니다. **금생을 금생으로 돌봐야 금생을 챙기는 것이지 영생과는 무관하다는 착각이 예수를 배반하는 실마리**가 됩니다.

67절, 68절에 예수가 제자들에게 묻습니다. 이들은 기적을 행하기 전, 처음부터 따라다니던 사람들 아닙니까! '너희도 이제는 나를 버릴 거냐, 너희도 마찬가지냐?' 하니까 베드로가 대답합니다. '주님! 우리가 누구에게로 가겠습니까? 선생님께서는 영생의 말씀이 있습니다.' 제대로 대답했습니다. '우리 금생 때문에 쫓아다닌 게 아니라 선생님의 영생 때문에 쫓아다닌 건데 선생님의 영생을 쫓아다녔더니 우리 금생 문제도 저절로 해결이 되네요.' 그렇게 대답하는 사람이지요. 69절, 70절로 갑니다.

> "우리는, 선생님이 하나님의 거룩한 분이심을 믿고, 또 알았습니다." 예수께서 그들에게 대답하셨다. "내가 너희 열둘을 택하지 않았느냐? 그러니까 너희들을 택한 것인데 그러나 너희 가운데서 하나는 악마이다."(7:69-70)

겁나는 얘기입니다. 제자를 예수가 택한 것이지요. 가롯 유다도 예수가 택했습니다. 예수가 제자를 잘못 택한 걸까요? 예수가 자기 실수를 여기에서 후회하는 것이 아닙니다. 예수가 열두 제자를 택한 것이나 뭇 대중을 보고 '믿기만 하면 누구나 제 제자입니다.' 한 말이나 논리의 일관성이 있는 얘기입니다. 그런데 악마가 예수를 처음부터 거들떠보지 않은 데서 나오는 것이 아니에요. 또 예수가 기적을 행하는 것을 보고 감복해서 저 사람을 따르면 제대로 되겠다고 해서 악마가 안 되는 것이 아닙니다. **악마는 예수를 바라보는 사람 중에서 나옵니다.**

예수를 바라본다는 것은 뭐죠? '맞았어! **사람은 영생을 챙겨야 금생도 해결이 돼!'** 하는 것을 제대로 보는 것입니다. 제대로 봤던 사람이 열두 제자였는데 누가 악마가 되는 것이지요? 이 사람들에게 그게 갑자기 불분명해지는 거예요. '영생의 문제를 해결하면 금생의 문제가 해결이 되는 것이니까 금생의 문제가 해결이 돼야 영생의 문제가 해결이 됐다고 할 수도 있잖아! 그런데 **만약 금생에 내가 가난하게 산다면, 병든다면, 금생이 괴로운 것이라면, 나는 결국 영생의 문제를 해결했다고 말할 수 있는 게 아니잖아!'** 하는 순간에 훌륭한 제자가 악마가 됩니다. 우리도 똑같습니다. 영생의 문제를 해결하면 금생의 문제가 해결되는 것이 틀림이 없는데도 금생의 문제가 해결이 안되는 이유는 영생의 문제를 해결 못해서가 아닙니다. 아직도 영생의 문제가 금생의 문제를 해결하는 열쇠라는 것을 모르고 사는 사람이 많아서 여러분의 금생을 괴롭힐 뿐이지 그 사람들만 마음을 새롭게 먹으면 여러분은 금생의 문제가 아무리 괴로워도 금생 문제는 제대로 챙기는 겁니다. 여러분은 영생을 챙기시는 분이니까요.

예수는 자기가 십자가에 매달려 죽는 게 문제가 아닙니다. 예수가 십자가에 매달리는 게 금생이 다 풍비박산이 나는 건데 그렇다고 영생이 깨지는 것이 아닙니다. 왜냐하면 그 순간이 영생이 사는 순간이기 때문에 그래요. 여러분의 **금생이 풍비박산 나는 이유는 금생만이 중요하다고 생각하는 사람들 때문에 풍비박산 나는 것입니다.** 예수가 혼자 죽은 게 아니잖아요. 예수를 십자가에 못 박아 죽게 만든 사람이 있기 때문에 죽은 겁니다. 영생을 챙기고 나서도 금생이 왜 괴로우냐 하면 여러분 스스로가 괴롭게 하는 것이 아닙니다. 영생을 챙긴 사람 중에 자기 금생을 괴롭히는 사람은 아무도 없습니다. 영생을 챙긴 사람은 불치병에 걸려도 기뻐한다고 그러거든요. 영생을 찾았는데 불치병이 무슨 대수냐는 것입니다. 이렇게 영생을 챙기는 여러분을 괴롭게 하는 사람은 그것을 모르는 사람입니다. 그러니까 **악마는 예수의 적이 아니라 여러분의 적입니다.**

악마는 예수가 가장 불쌍하게 생각하는 사람

악마는 예수가 가장 불쌍하게 생각하는 사람입니다. 예수는 가룟 유다를 미리 아심에도 유다를 버리지 않았습니다. 마지막 만찬이 벌어지는데 가룟 유다를 가장 가까이에 앉힙니다. 예수는 가룟 유다가 무언가 잘못되고 있다는 것을 알고 있었기 때문에 자꾸 가룟 유다를 챙깁니다. '너는 가장 가까운 제자이고 내가 돈궤까지 맡겼지만 너야말로 악마의 장본인이 될 수가 있어. 너만큼 영생이 중요하다는 것을 깨달은 사람이 영생이 뭔지를 혼동하게 되면 악마가 되는 거야.' 하며 안타깝게 가룟 유다를 보는 겁니다. 그런데도 가룟 유다가 못 돌아섭니다.

왜 못 돌아서는지 답답한 거죠. 못 풀 이유가 없는 문제인데 못 푸니까 답답합니다. 그런 것을 논어에서는 생각(思)이라고 했습니다.

아무리 많이 배우면 뭐해, 생각을 잘 못하면 답답하잖아, 이런 얘기입니다. 생각이란 무엇을 말하지요? 『요한복음』에 비춰보면 영으로 사는 것이 생각입니다. 사람은 본성적으로 영원한 생명이라는 것을 아는 사람이 생각하는 사람입니다. 그래서 우리가 삶을 살아갈 때 생각의 증거가 무엇인 줄 아십니까? '나는 영생이야, 나만 영생이 아니라 모든 사람이 영생이야. 그런데 어쩌자고 금생의 문제 때문에 영생을 저렇게 그르칠까?' 이것을 들여다볼 줄 아는 분은 생각하는 분입니다. 예수가 그것을 가르쳐주고 있습니다.

악마의 특징은 배운 것이 엄청나게 많다는 것입니다. 배운 게 없으면 악마 노릇도 못합니다. 배운 게 없는 사람이 잘못 알면 악마라고 부르지도 않습니다. '잘 알지도 못하는 게 까불어.' 그러겠지만 악마라는 이름이 붙을 정도면 사정이 다릅니다. 옛날 사람이 악마 그림 그려놓은 것을 한번 보세요. 굉장합니다. '붉은 악마'처럼 뿔도 나있고, 창도 들고, **엄청나게 유능한 게 악마**입니다. 그렇게 **유능해도 생각을 놓치면 악마**가 됩니다. 그런데 여러분! 이 대목을 읽고 나는 가룟 유다가 아니라고 생각돼서 마음이 놓이시나요, 아니면 갑자기 불안해지나요? 다른 게 가룟 유다가 아니라 **금생 챙기다가 영생을 잊어버리면 그게 악마**입니다.

형제간, 부부간에도 그렇습니다. 금생 제쳐놓고 영생을 챙기는 형제나 배필은 언제 봐도 천사 같아요. 영생을 믿으니까 지금이 당장 잘못된 것은 별로 신경을 안 씁니다. 그런데 갑자기 금생을 챙겨야 되지 않습니까? 금생 챙기는 것이 우리 살과 피를 가지고 사는 사람에게는 가장 중요한 것인데 금생을 챙기는 것은 문제가 아닙니다. 예수도 금생을 챙겼잖아요. '배고프지 않냐, 뭐 먹을 거 없냐?' 그랬어요. 그런데 예수가 금생을 챙길 때는 영생을 먼저 챙긴 것인데 갑자기 금생을 챙기려다 보면 영생은 뒤로 가라가 되거든요. 이렇게 영생을 잠깐 포기하고 금생을 챙기면 순식간에 아내도 악마같이 보이고 남편도 악마같이 보입니다. **천생연분이라는 말은 영생을 챙기고 사는 부부간을 말하는 것**입니다. 그런데 갑자기 금생이 앞장서면 순식간에 평생 원수가 됩니다. 오늘 얘기의 핵심입니다.

죽어 마땅한
사람은 없다

Chapter 08 | 죽어 마땅한 사람은 없다

『요한복음』 7장과 8장은 지난 시간에 공부했던 6장의 연속입니다. 『창세기』 7장하고 8장을 같이 보겠습니다. 노아의 홍수 얘기가 나오는 장입니다. 오늘 얘기하고 무관하지 않습니다. 노아 얘기는 하나님이 자기가 만든 세상이 후회스러워서 물로 쓸어버린다는 얘기입니다. 오늘 『요한복음』에도 읽어보면 물 얘기가 나옵니다. 예수가 말합니다. '목마른 분들은 누구든지 저한테 오십시오. 그러면 뱃속에서 샘이 솟아나듯이 영원히 목마르지 않는 생수를 제가 드리겠습니다.' 이렇게 **물에는 두 종류가 있습니다. 노아의 홍수에 나오는 물은 죽이는 역할, 청소하는 역할을 합니다. 그런데 예수의 물은 덕분에 영원히 목마르지 않고, 사람이 사는 얘기로 바뀝니다.** 이제 오늘 7장은 그 첫머리가 '그 뒤에'로 시작합니다.

'그 뒤'라는 것은 이런 사정을 이야기합니다. 6장에 보면 예수가 5천 명을 먹여 살리기도 하고, 물 위를 걷기도 하고, 또 '내 살과 내 피를 여러분들이 드십시오. 그러면 여러분들은 영원한 생명을 되찾

182 몸이 되는 말

으십니다.' 이런 말을 했지요. 그러고 나니까 사람들이 두 파로 갈라집니다. 예수를 통해서 참으로 사람 사는 길을 만났다고 생각해서 예수를 믿는 사람과 예수를 떠나는 사람입니다. 바로 '그 뒤'입니다. '갈릴리'는 예수의 고향인 나사렛이 갈릴리에 있으니까 고향 동네를 말합니다. 예수가 태어나기는 예루살렘 남쪽 베들레헴에서 태어났지만 원래 고향은 나사렛인데 자기 고향 여기저기를 돌아다닙니다.

이때 유대는 우리가 요새 말하는 이스라엘의 남쪽 지역을 말합니다. 중간이 사마리아고 북쪽이 갈릴리입니다. 그 유대 사람들 특히, 이스라엘의 종교전통을 지키는 예루살렘 사람들이 예수를 죽여야겠다는 생각을 하기 때문에 예수는 이를 피해서 자기 고향 갈릴리에 와 있습니다. 그러니까 6장을 읽을 때 예수를 만나고 사람들이 두 파로 갈렸다고 한 것이 그냥 갈라선 게 아닙니다. **예수를 떠난 사람들은 단순히 예수를 떠나는 게 아니라 나중에 보면 예수를 죽이겠다는 데까지 이릅니다.**

2절입니다. 초막절이라는 것은 유대 사람들에게는 굉장히 큰 절기입니다. 우리나라로 말하자면 추석 같은 명절입니다. 가을에 추수하고 나서 하나님과 조상님께 감사를 드리는 명절인데 거의 일주일에 걸쳐 지냅니다. 왜 초막절인가 하면 초막 올린 정자 같은 데 모여 명절을 지내기 때문입니다. 초막에 모여서 '1년 동안 열심히 일해서 수확을 하는데 이는 자연이 우리에게 준 축복이요, 하나님이 우리에게 주신 축복이다, 조상 덕분에 우리가 축복을 받았다.' 하며 축하하는 절기가 초막절입니다.

예수의 형제들이 예수께 말했다. "형님은 여기에서 떠나 유대로 가셔서, 거기에 있는 형님의 제자들도 형님이 하는 일을 보게 하십시오. 알려지기를 바라면서 숨어서 일하는 사람은 없습니다. 형님이 이런 일을 하는 바에는, 자기를 세상에 드러내십시오." (7:3-4)

형제하고 예수의 대화가 『요한복음』에 처음 나오는 대목입니다. 예수가 형님이지요. 마리아의 첫아들이 예수였으니까 그 다음에 낳은 아이들은 다 예수의 동생입니다. '예루살렘 있는 데로 좀 가서' 말하자면 서울로 올라가서 그 말입니다. 그리고 여기 5절에 보면 괄호 안에 부연 설명이 들어가 있는데 어떤 복음서에는 있고 어떤 복음서에는 없습니다. 일종의 편집에 해당하는 것인데 괄호 안이 재미있습니다.

(예수의 형제들까지도 예수를 믿지 않았기 때문이다)

그 다음 절들을 계속해서 읽어 보겠습니다.

예수께서 그들에게 말씀하셨다. "내 때는 아직 오지 않았다. 그러나 너희의 때는 언제나 마련되어 있다. 세상이 너희를 미워할수 없다. 그러나 세상은 나를 미워한다. 그것은 내가 세상을 보고서, 그 하는 일들이 악하다고 증언하기 때문이다. 너희는 명절을 지키러 올라가거라. 나는 아직 내 때가 차지 않았으므로, 이번 명절에는 올라가지 않겠다." 이렇게 그들에게 말씀하시고 예수께서는 갈릴리에 그냥 머물러 계셨다.(7:6-9)

그 다음 10절 읽어보시면 재미난 얘기가 나옵니다.

> 그러나 예수의 형제들이 명절을 지키러 올라간 뒤에, 예수께서
> 도 아무도 모르게 올라가셨다.

형제들이 같이 가자는데 먼저 가라고 합니다. 초막절이 되면 아마 식구들이 모여서 고향에서 절기를 지키는 것이 아니라 '서울'로 올라갔나 봅니다. 그런데 예수가 '너희만 먼저 가라. 나는 안 가겠다.' 그런 다음에 아무도 모르게 자기 혼자 또다시 예루살렘으로 상경했다는 얘기입니다. 7장의 분위기가 재미있습니다. 왜 예수가 형제들하고 같이 동행하지 않을까요? 예수와 형제들 사이가 왜 이렇게 버석버석할까요? 그런데다가 예수는 형제들을 먼저 올려 보내고서 아무도 모르게 뒤따라갔습니다. 왜 이런 행동을 할까요?

또 이런 얘기도 했습니다. '너희들은 세상에 속했지만, 그래서 세상이 너희들을 미워하지 않지만, 세상은 나를 미워하고 죽이려고 해. 그러니까 내가 너희들하고 같이 다닐 수가 없어.' 그 다음에 이런 말을 합니다. '하나님이 내 아버지이시다. 그리고 내가 하는 말, 내가 하는 행동이 참 사람으로서 해야 되는 말, 참 사람으로서 해야 되는 행동이라는 것은 누가 보장해 주고 누가 지켜주느냐 하면 내 아버지께서 지켜 주신다.' 이 말 정도로 얘기가 끝나는 게 아니라 심지어 '나를 죽이려는 사람들은 그 아비가 악마이기 때문이다.' 갑자기 이런 얘기를 합니다. 『요한복음』을 읽을 때 사람들이 어려워하는 대목이 이런 대목입니다. 왜 예수는 두 종류의 사람이 있다고 하는 것일까? 하나님을 아버지로 모시는 사람이 있는 반면에 악마가 그 아비인 사람들이 따로 있다는 것일까? 7장을 읽으면서 더 어려운 대목은 예수가 '너희의 아비는 악마'라고 지칭하는 사람이 나쁜 말을 하고 다니거나 나쁜 행위를 하고 다니는 사람이 아니라는 것입니다.

여러분이 그런 대목을 보려면 7장 45절에서 53절까지를 읽어 보세요. 거기에 예루살렘에 있는 종교 지도자들이 나옵니다. 그 성전에 경비병이 있다고 그랬습니다. 예배당을 지키는 사람이지요. 그 예배당을 지키는 일이 보통 일이 아니라서 군인이 예배당을 지키게끔돼 있는 모양입니다. 그 시대상을 얘기하는 것일 텐데 생각해 보세요. **교회를 군인이 지켜야 된다고 하면 뭔가 사회적으로 문제가 있는 것입니다.** 어쨌든 종교 지도자들이 그 성전 경비병들을 시켜서 예수를 잡아오라고 하는 대목이 있습니다. 그런데 재미난 것은 경비병들이 예수를 잡으러 와서 예수가 하는 말을 열심히 듣고는 예수를 그냥 내버려두고 빈손으로 돌아왔습니다. 그러니까 경비병들을 보낸사람들이 묻습니다. '왜 빈손으로 돌아왔느냐? 왜 예수를 안 잡아왔느냐?' 대답이 걸작이에요. 그 대답이 46절에 있습니다.

그 사람이 말하는 것처럼 말한 사람은 지금까지 아무도 없었습니다.

'우리들이 예수의 말을 들어 봤는데 그런 말 하는 분을 왜 우리가잡아와야 한단 말입니까?' 이렇게 대답을 한 것입니다. 거기에 대해서 꾸짖는 종교 지도자의 말이 뭐냐 하면, 7장 49절을 보세요.

율법을 알지 못하는 이 무지렁이들은 저주받은 자들이다.

예수의 말을 이제까지는 듣지도 보지도 못했던 훌륭한 말씀이라고 생각하는 사람은 율법을 모르는 무지렁이라고 합니다. 그런데 예수의 말만 가지고도 우리는 죽음에서 사는 길로 들어선다는 얘기를 했습니다. 예수가 가르치는 삶의 길은 우리가 죽고 사는 것에 한 정된 생명이 아니라 살아도 영원히 살고 죽어도 그치지 않는 영원한 생명에 대한 가르침이기 때문에 복음이라는 것인데 그 말을 듣는 사람을 무지렁이라고 합니다.

오늘도 계속되는 주제가 하나 있습니다. '사람으로 태어나서 사람의 생명이 영원하다는 것을 모르고 사는 분은 백 년을 살아도 헛사는 겁니다. 그러나 **단 하루를 살아도 영원한 생명으로 사는 분은 영원하게 사시는 분입니다.**'라는 것이 『요한복음』의 가장 핵심의 가르침입니다. 그리고 예수가 7, 8장에서도 '제가 여러분들에게 같이 깨닫자고 하는 것은 우리의 삶이 영원한 삶이라는 것을 말씀 드리는 것인데 이것은 왜 못 알아들으십니까?' 이렇게 얘기를 합니다.

예수를 믿는 사람과 죽이려는 사람의 구분

오늘 예수를 믿는 사람과 예수를 죽이려는 사람의 구분이 나타납니다. **예수를 믿는 사람의 반대가 예수를 안 믿는 사람이 아니에요. 예수를 믿는 사람의 반대는 예수를 죽이려는 사람입니다.** 예수를 죽이려는 사람의 특징은 사람의 생명이 영원하다는 것을 깨달은 사람이 죽여야 할 대상이라고 생각하는 것입니다. 그런 사람은 이 세상 사람의 삶을 챙겨주는 게 자기의 주 임무라고 생각합니다. 세상의 삶을 챙기는 도리를 가르쳐 주는 게 율법인데 그 사람들에게는 사람이 죽으면 끝장입니다. 그들에게 율법은 태어나서 죽을 때까지 필요한 것입니다. 율법을 지키지 못하는 사람은 살아도 헛사는 사람이기 때문에 언제나 죽어도 좋다고 생각합니다. 율법과 복음의 재미난 대조입니다.

사람은 죽어도 좋다, 사람은 죽일 수 있다, 또는 경우에 따라서는 죽여 버려야한다는 생각을 하는 것인데 오늘 7장과 8장이 이를 잘 보여 줍니다. **예수 가르침의 핵심은 믿는 사람은 영생을 믿는 사람이라는 것입니다.** 그런데 영생을 믿는 사람이 아니게 되면 도리 없이 사람을 죽이는 사람이 됩니다. 9장, 10장, 11장에 가면 사랑과 미움에 대한 얘기가 나오는데 예수가 가르치는 사랑과 미움에 대한 얘기도 다른 것이 아닙니다. **사람의 생명은 영원한 생명이라는 것을 깨달은 사람은 원수도 사랑하지 않고는 못 배긴다는 것이지요. 원수도 그 생명이 영원한 것이기 때문에 우리가 지켜줘야 합니다.** 반면에 우리의 생명이 영원하다는 것을 깨닫지 못하면 율법을 지킨다고는 하지만 가까운 사람도, 형제도 죽여도 괜찮은 사람으로 생각된다는 것입니다. 7장, 8장이 길기는 하지만 이렇게 보면 예수의 가르침이 어떤 면에서는 복잡한 것 없이 간단명료하고 곧고 바른 가르침인 것을 보여 주는 셈입니다.

그런데 이제 힘들어지는 대목이 나타납니다. 율법이 과연 그런 것이냐는 것이지요. 여기 경비병을 보내고 나서 니고데모가 등장합니다. 니고데모는 기억하시겠지만 3장에서 예수를 찾아왔던 분이잖아요. 니고데모가 '가만있어 봐, 우리가 사람이 뭘 잘못했다고 할 때는 재판에 부쳐서 재판 과정을 거친 다음에 그 사람을 살리든가 죽인다고 결정하는 게 우리 유대 사람들의 법인데, 예수를 재판에 붙이기도 전에 벌써부터 죽이려고 쫓아다니느냐'고 그래요. 니고데모는 유대 사람이 소중하다고 여기는 그 율법을 들어서 예수를 무조건 죽이겠다고 덤벼드는데 문제가 있지 않느냐는 이의를 제기하고 있습니다.

율법에 해당하는 이름이 모세 그리고 모세의 조상인 아브라함입니다. 모세는 율법을 하나님에게서 받아 이스라엘 사람에게 전달한 사람입니다. 예수는 '당신들은 모세의 법을 지키겠다고 그러면서 안식일 날 할례를 행하지 않습니까? 그것은 안식일에 하면서 내가 38년 동안 병으로 앓던 이 사람을 고쳐주었는데, 내가 안식일에 했다고 율법을 어겼으니 죽어 마땅하다고 합니까. 그것이 율법을 바로 이해하는 겁니까?' 이렇게 야단을 칩니다. 예수가 그 아브라함을 또 거론합니다. '아브라함의 자손이라고 하면서 어째서 저를 죽이겠다고 그렇게 쫓아다니십니까? 제가 여러분에게 말씀 드리고, 행해 보이는 제 모든 언행은 사실 아브라함이 말하던 신앙, 아브라함의 행위와 조금도 다를 게 없는데 아브라함의 이름으로 나를 죽이려고 그러니 문제가 있는 것 아닙니까?' 여기서 율법과 복음이 갑자기 대치되는 형국이 벌어집니다.

그런데 그 대치가 재미있습니다. 예수 자신도 '나는 율법의 한 점, 한 획도 버리지 않기 위해서 왔다.' 이런 얘기를 하거든요. '나는 율법을 폐하러 온 사람이 아니라 율법을 완성시키러 왔다.'고도 했습니다. '율법의 완성이 바로 복음에 있는 것이다.' 이렇게 얘기하는 것이지요. 그럼에도 율법이 하나님이 사람에게 내려준 제도요, 도리요, 규례이기 때문에 지키지 않으면 안 된다고 믿는 사람은 복음을 보지 못하는 자리에 빠졌다는 것입니다. 왜 그럴까? 무엇을 가지고 그렇게 얘기하는 걸까?

예수는 율법을 철두철미 지킨다면서 율법의 이름으로 예수를 죽이겠다고 하는 사람에게 '너희들은 다 죄의 종이다.' 이렇게 얘기합니다. 8장 34절 보시면 '죄를 짓는 사람은 다 죄의 종'인데 그 죄가 뭐냐 하면 예수 죽이겠다고 쫓아다니는 게 죄입니다. 문제는 율법을 믿는 사람에게는 율법을 지켜야 죄를 짓지 않는 것이기 때문에 율법을 지키기 위해 율법을 안 지키는 사람들을 죽이겠다고 하는 것이거든요.

죄에서 벗어나는 길

8장에는 갑자기 간음죄 여인을 돌로 쳐 죽이려는 이야기가 나옵니다. 유대 사람은 율법을 어기면 더 이상 살 이유가 없는 사람이니까 죽이겠다고 하는데 예수가 '죄 없는 사람은 그럼 돌로 치십시오.' 합니다. 그랬더니 사람이 다 도망갑니다. 그 여인을 돌로 치겠다고 한 사람들은 자기는 죄가 없다고 생각한 사람입니다. 죄는 그 여인이 저지른 것이지 자기는 죄가 없다는 생각에 율법을 지킨다는 의미에서 돌로 치러 왔는데 예수의 질문에 사람들이 하나 둘씩 없어졌습니다. 그러고 나서 이제 예수가 그 여인에게 묻습니다. '당신을 돌로 쳐서 죽이겠다던 사람들이 다 어디 갔습니까?' 이렇게 물으니까 여인이 '아! 다 없어졌네요.' 합니다. 예수가 여인에게 '나도 당신을 죄가 있다고 그러지 않겠습니다. 이제는 다시는 죄를 짓지 마십시오.' 이렇게 얘기합니다.

이 죄에 대한 얘기가 중요합니다. 죄가 죄인 줄 아는 순간 죄에서 벗어나기 때문에 더 이상 죄인이라고 부를 이유가 없다는 것이 『요한복음』에 되풀이되는 원칙입니다. 뿐만 아니라 죄를 깨달았다는 것은 다시는 죄지을 필요조차 없는 사람이 되었다는 뜻입니다. 죄를 계속 지을 수밖에 없는 사람은 '죄의 종'이 된 사람입니다. 죄에 끌려 다니는 종이기 때문에 죄를 계속 짓는 겁니다. 죄인은 스스로 사는 게 아니라 죄에 목이 매어가지고 끌려 다닙니다. 그런데 자기가 스스로 죄인이라는 것을 아는 순간 재미난 현상이 벌어집니다. 그 죄의 굴레가 벗겨집니다. 그게 자유입니다. 죄의 굴레가 벗겨지면 죄에 끌려 다닐 필요가 없습니다.

무엇이 죄이고, 무엇이 자유일까요? 예수께서 여인에게 '이제는 알았지요? 죄짓지 마십시오.' 그랬는데 누가 죄인이고, 뭐가 자유일까요? 너무 짐작을 하려 말고 예수께서 하신 말씀 안에서 우리가 챙겨보는 수밖에 없는데 간단해요. 예수가 '죄인이 아니래도요.' 그런 것뿐이에요. '나는 당신을 죄인이라고 부르지 않겠습니다.' 정죄(淨罪)가 그런 뜻이거든요. '당신은 죄인이 아니래도요. 당신은 원래 죄인이 아닙니다.' 그런데 이렇게 말하면 '이 간음한 건 어쩌고요?' 이럴 수가 있지 않습니까? 그건 죄인이 아닌 사람이 자기가 종인 줄 알고 죄에 끌려 다니다 간음하는 일이 벌어졌다는 겁니다. '당신이 원래 죄인이기 때문에 그런 짓을 한 것이 아니라 죄인이 아니면서도 죄에 목을 매고 다니다가 그런 일을 한 거니까'라고 얘기하는 겁니다.

간음한 여인이 죄인이 아니라면 율법에 의하면 아무도 죄인이 될 수가 없습니다. 유대의 법에는 간음 이상 끔찍한 죄가 없으니까요. 그러니까 돌로 쳐 죽입니다. 『레위기』 등의 구약성경에 보면 좋은 이유가 있으면 사람을 죽여도 용서를 받습니다. 유대 사람이 그래서 예수를 죽이려고 하는 것입니다. 율법을 어긴 사람은 죽여도 잘했다 그럴 수 있는데 간음을 하게 되면 이것은 일체 변명의 여지가 없습니다. 예수는 여기서 '아니' 그럽니다. 율법에 의해서 죽을 죄인이라고 판명 난 죄인도 자기가 죄인이라고 생각하는 데 문제가 있다는 것입니다. 죄의 종이 된 것이지요. 그런데 그런 **끔찍한 죄인도 자기가 죄인이 아니라 영원한 생명을 몸에 담고 사는 사람인 것을 아는 순간, 죄에서 자유로워집니다.** 예수가 이런 말을 하기 때문에 사람들이 예수를 죽이려고 하는 것이지요.

하나님 아버지와 악마인 아비

44절을 보시면 이보다 더한 말을 합니다. 예수가 자꾸 무슨 얘기를 하느냐 하면 '나는 내 아버지가 시키는 대로 하고 아버지가 시키지 않는 일은 하지 않는 사람'이라는 얘기를 하니까 '당신 아버지가 누구요?' 하는데 '하나님이 내 아버지다.' 그래요. 8장 41절을 보시면 자기들도 하나님을 아버지라고 부릅니다. 거기에 대해서 예수가 42절에 '하나님이 당신들의 아버지라면 당신들이 나를 사랑할 것이 분명한데' 그럽니다. 자신이 하나님께로부터 와서 여기에 있기 때문이라는 것입니다. 이제 여기 44절을 보세요. '여러분은 여러분의 아비인 악마에게서 났으며 또 그 아비의 욕망대로 하려고 합니다. 그 악마는 처음부터 살인자였습니다. 그는 진리 편에 있지 않습니다.' 이렇게 얘기를 합니다. 여기에 보면 하나님은 사람을 살리는 아버지입니다. 사람을 살린다는 것은 우리를 죽지 않게 한다는 얘기가 아닙니다. **죽더라도 영원한 생명을 챙겨주시는 분을 하나님 아버지라고 부르는 것입니다. 그런데 악마인 아비는 영생은커녕 금생에 잠깐 사는 생명마저도 지워버리려는 아비입니다.** 그래서 악마인 아비가 살인자인데 사람이 영생의 진리를 모르게 되면 사람을 죽이는 살인자가 될 수밖에 없다는 것을 하나님 아버지와 악마인 아버지의 구분을 통해서 예수가 밝히고 있는 것입니다.

그런데 **율법주의자들은 문자 그대로 경제 살리기가 삶의 목적인 사람입니다.** 그 사람들에게 경제 살리기란 태어나서 죽는 순간까지 내가 목숨을 부지하는 동안만 필요한 것이 경제라고 생각하는 사람들입니다. 사는 동안 내 삶이 겉보기에 남답지 못하면 자기 삶은 헛것이라고 생각합니다. 특히 38년 지병을 앓던 사람을 고치는 대목을 보면 다른 사람 눈에는 그 사람은 살아 있어도 생명 같아 보이지 않습니다. 38년을 지병으로 고생하니까 오히려 죽으면 더 편할 사람으로 보입니다.

예수의 눈에는 그렇게 보이지 않습니다. 예수의 눈에는 그도 소중한 생명이기 때문에 병을 없애 줘야 합니다. 복음은 심지어 간음한 여인도 영생의 담지자라는 것, 그 여인의 몸속에는 영원한 생명이 담겨있다는 것입니다. 38년 동안 병을 앓는 그 병자에게도 영원한 생명이 담겨있으니까 예수에게는 소중한 사람입니다. 영원한 생명이 소중한 것을 아는 사람은 율법을 완성시킵니다.

말이 소중한 이유

우리가 언행일치(言行一致)라는 얘기를 하지 않습니까? 언행일치가 참 좋은 말이지만 문제가 될 수도 있습니다. '말이 그렇게 중요한 게 아니지. 말을 실천에 옮길 수 있어야지, 말과 행실이 같아야 되지.' 이렇게 말하면 말의 가치는 마치 행동이 증명해 줄 것처럼 우리가 착각할 수 있습니다. 그런데 예수는 그렇게 말하지 않습니다. 특히 『요한복음』 1장 시작을 보시면 말이 바로 몸을 입는다고 했습니다. 말은 몸을 가지고 있습니다. 말이 몸과 따로 노는 것이 아닙니다. 그래서 '말씀이 육신이 되었다.' 그랬습니다. 누가 예수냐 하면 바로 예수의 말이 예수의 육신입니다. 말이 예수의 몸이지요. 그러니까 말을 바로 한다는 것이 가장 중요한 것입니다. 말을 바로 하는 사람치고 말과 행동은 별개라고 생각하는 사람은 없습니다.

율법학자는 달리 봅니다. 여인의 행동이 간음이지 않습니까? 행동이 간음인데 자기들이 지켜야 될 말은 간음하면 안 된다는 말이라고 생각합니다. 이게 율법이니까요. 언행이 일치되지 않았다는 것이 이 여인의 죄목입니다. 간음하면 안 된다는 말이 율법에 있고, 간음이라는 행동이 여인에게 있습니다. 그렇게 문제 삼는 것이 죄가 드러나는 모습이에요. 예수에게는 말을 한다는 것은 인간의 생명이 영원하다는 것의 표시라는 생각이 있습니다. 동물이나 식물은 말하지 않고도 삽니다. 인간 이외의 다른 생명은 사는 것 자체가 영원한 생명이고, 잠시 사는 생명이라도 거기에는 영생과 괴리가 없기에 태어난 생명만 열심히 살아도 영생에 참여하는 것입니다.

인간은 무엇으로 영생을 지키느냐 하면 말로 지킵니다. 여러분이 읽고 있는 이 말이 2000년이 넘은 말인데 우리가 지금 읽고 있지 않습니까? 우리가 이 말을 같이 공부하면서 새기고 있다는 것은 말이 얼마나 영원하게 우리를 지켜주고 있냐를 보여 주고 있는 것입니다. 우리가 2백 년 사는 것을 꿈도 꾸지 않습니다. 그런데 말이 이렇게 2000여 년 동안을 지켜지고 있습니다. 이렇듯 말의 행위가 중요합니다. 더군다나 이것이 글이 되면 더할 나위 없이 인간의 영원함을 지켜주는 것입니다.

우리는 왜 말만 가지고는 안 된다는 생각을 하기 시작했을까요? 말은 그냥 말일 뿐이지 다른 뜻이 없다고 생각하게 되면 문제가 됩니다. 간음한 여인의 경우를 보세요. '당신은 죄가 없대도요. 그러기 때문에 죄를 짓지 마십시오.' 예수가 이렇게 말하는 것뿐입니다. 이 말이 유대인이 옆에서 듣고 화를 내는 이유입니다. '당신이 뭔데 말을 그렇게 함부로 해.' 그러는 거죠. 그런데 예수가 간음한 여인을 무엇으로 지켜줬습니까? 말로 지켜줬습니다.

'우리가 말을 바로 한다는 것이 뭘까? 말을 지킨다는 것이 뭘까? 말만이라도 바로 한다는 것이 뭘까?' 이런 생각이 늘 우리를 떠나지 않고 있습니다. 예수가 7장, 8장에도 계속 되풀이하고 있는데 예수는 이렇게 말합니다. '말은 사람의 생명이 영원하다는 것을 표현하는 것이다. 우리가 말을 하고, 말을 소중하게 여기는 이유는 그 말을 통해서 사람이 영원하다는 것을 우리가 재확인하고 또 지켜 가면서 사는 것이기 때문이다.' 저는 『요한복음』을 읽으며 말씀이 육신이 되었다는 것을 수도 없이 공부하고, 이렇게도 생각해 보고 저렇게도 생각해 보고, 학생들하고 토론도 해 봤습니다. 우리는 말이 안 통할 때 답답하다고 합니다. 어떻게 말귀를 못 알아듣느냐고 답답해 합니다. 이만큼 말이 중요한 것입니다.

복음(福音)이라는 말도 복된 말이라는 뜻입니다. 이 또한 말을 바로 하는 게 얼마나 중요한가를 얘기하는 것입니다. 7장 16절을 보면 예수가 볼 때 자기를 죽이려는 유대 사람이 정말 답답하고 안타까운 사람입니다. 예수가 '제가 여러분께 말씀 드리는 것은 제 말이 아닙니다. 나를 보내신 분의 것입니다. 이것은 하나님의 말씀입니다.' 또 말하기를 '하나님의 뜻을 따르려는 사람은 누구든지 이 가르침이 하나님에게서 난 것인지 내가 내 마음대로 말하는 것인지를 알 것입니다.'라고 합니다.

여기서 중요한 단어가 나오는데 '누구든지'입니다. 생명을 가진 사람은 어느 누구를 막론하고 이것을 모를 리가 없는데 왜 모르냐는 것입니다. 예수는 답답합니다. 빛이 있는데 어둠이 빛을 못 알아본다는 것은 정말 너무 답답합니다. 있을 수 없는 일이 벌어지고 있습니다. 여기서 하나님의 뜻을 따르려는 사람이 누구겠습니까? 하나님의 뜻이 따로 있는 게 아닙니다. 생명이 하나님의 뜻이거든요. 이 생명이 영원한 것인 줄 알고 사는 사람은 하늘의 뜻을 따르는 사람입니다.

『요한복음』 뒤로 가면 예수가 이렇게 말합니다. '여러분 제가 무슨 이상한 일을 하니까 제가 아니면 그런 일을 못하는 줄 알고 자꾸 저를 쫓아다니고' 그러면서 사람들로부터 숨습니다. 오늘도 예수가 숨는다는 말이 여러 군데 나오지 않았습니까? 예수가 숨었다, 아무도 모르게 형제를 먼저 보내고 떠났다는 대목에 두 가지 이유가 있습니다. 가만 보면 자기를 죽이려는 사람을 피하려는 것도 있지만, 예수를 죽이려는 사람은 예수가 자꾸 유명해져서 죽이려고 합니다. 예수를 따르는 사람이 많아졌기 때문입니다. 물로 술을 만들고, 빵 다섯 덩어리 물고기 두 마리로 오천 명이나 먹였다는 건데 굉장한 일 아닙니까? 그런데 예수는 그게 사람들을 오도하는 일이라고 생각했습니다. 왜냐하면 예수가 온 것은 그것 때문이 아니기 때문입니다.

한편 그것 때문에 자기를 죽이겠다는 사람도 안타깝습니다. 왜냐하면 어린애도 아는 게 생명이 영원하다는 것 아닙니까? 빵 내준 어린애 있잖습니까? '이거 우리 엄마가 나 먹으라고 싸준 점심을 왜 뺏어가려고 그래요?' 이렇게 야단법석을 할 수가 있지요. 충분히 상상할 수 있는 일입니다. 어른이 '야! 내 놔.' 그러면 안 내놓겠다고 발버둥 칠 수 있는데 순순히 내 놨습니다. 그 어린아이는 누가 가르쳐주지 않아도 생명을 타고 난 사람이기 때문에 그렇게 한 것입니다. 생명을 타고 난 사람은 누구든지 그 생명의 의미를 챙겨보면 생명이 영원하다는 것을 알게 돼 있습니다.

하나님은 아버지

이제 예수가 하나님을 아버지라고 하는 대목을 볼 차례입니다. 예수가 한 말 중에 가장 중요한 선언입니다. 아버지 잘 챙기는 사람을 우리가 효자라고 합니다. 그런 의미에서 아버지께 효도하는 것이 예수인데 예수의 효도는 하나님 아버지를 챙기는 것이니까 단지 자기 아버지로 끝나는 효도가 아닙니다. 모든 사람의 아버지를 챙기는 것입니다. 그러니 우애가 절로 되고 모든 사람이 다 형제지간이 됩니다.

아비가 악마가 되는 경우는 어떤 경우일까요? 악마는 자식이 없는 게 악마입니다. 그러니까 너의 아비는 악마라고 하는 얘기는 말이 되는 말이 아닙니다. 악마는 아비가 될 수가 없습니다. 그런데도 꼭 악마가 자기 아비인양 행동하는 사람이 있다는 말입니다. 그건 뭐죠? 무기로 지킬 수 있는 자기의 생명, 경제로 지킬 수 있는 자기의 생명만 챙기려고 그러지 그렇지 않은 생명은 있더라도 단칼에 없앨 수 있다고 생각하는 사람은 생명의 의미를 잘못 안 것입니다. 이렇게 생각하도록 자식 키우는 악마 아비는 가짜 아비입니다. 이런 아비는 있을 수가 없습니다.

하지만 사람은 가짜 형태가 가능합니다. 사람이 사람을 죽이려고 한다는 것은 사실 사람도 아닙니다. 가짜 사람이 잘못 알고 하는 짓입니다. 왜냐하면 사람을 죽인다고 생명이 없어지는 것이 아니거든요. 인간의 생명이 영원한 것이기 때문에 죽어도 사는 것입니다. 예수를 보세요. 예수는 사람들이 죽여 버리지 않았습니까? 『요한복음』의 마지막이 그렇게 끝나거든요. 사람들이 예수를 죽이고는 예수가 없어진 줄 알았단 말입니다. 예수를 죽인 사람은 우리가 다 잊어버렸습니다. 하지만 죽은 예수는 영원하게 살아있어서 우리가 이렇게 예수 얘기를 하고 있지 않습니까?

율법이 참 좋은 것인데 율법에만 목을 매고 살다 보면 가짜가 됩니다. 우리가 몇 개의 짝이 되는 말을 계속 접해 왔는데 '복음과 율법, 하나님 아버지와 악마인 아비, 자유와 죄, 예수를 믿는 사람과 예수를 죽이려는 사람'이 그것입니다. 그런데 율법, 악마인 아비, 죄, '예수를 죽이려는 사람'에는 공통된 잘못이 있습니다. 인간의 생명이 영원하다는 것을 깜빡 잊어버리는 것입니다. 반면에 **복음, 하나님 아버지, 자유, '예수를 믿는 사람'**에게도 공통점이 있는데 그것은 인간의 **생명이 영원하다는 것을 바로 아는 것입니다.** 예수가 가르쳐 주려고 하는 것의 핵심입니다.

예수의 죽음

여기 예수가 '때'라는 얘기를 자꾸 합니다. 형제들더러 '얘들아, 내 때는 아직 안 왔어. 그러나 지금은 너희들의 때가 아니냐?' 이렇게 얘기합니다. 때라는 것이 성경에 여러 가지로 표현되는데 어떤 때는 마지막 때라고 그러기도 합니다. 죽을 때가 마지막 때입니다. 그런데 예수가 동생들한테 '너희 때는 언제나 죽는 때지.' 이렇게 말하는 셈입니다. 너희의 때는 언제나 있는 것이니까 언제 죽어도 상관없지, 그렇게 말하는 것입니다. 왜 그렇죠? **생명이 영원하지 못하다고 생각하는 사람은 어느 때나 죽을 수 있는 생명을 살고 있는 것입니다.** 매 순간이 죽을 때이니까 살고 있는 순간만이 가장 소중한 순간입니다. 살고 있는 순간을 좀 늘려보고 싶은 그런 순간에 살고 있습니다. 그런데 진시황이 자기 생명을 늘려봐야 얼마나 더 살았습니까?

그런 생명은 언제 죽어도 상관없는 생명을 살고 있는 것이니까 '너희들의 때는 언제나 있는 것이지만 내 때는 아직 안 왔어.' 이렇게 예수가 말합니다. 이것은 무슨 얘기일까요? **예수는 생명이 영원하다는 것을 무엇으로 세상에 증명하느냐 하면 영원한 생명을 지키기 위해서는 죽어도 상관없다는 것을 보여줄 때가 있다는 것입니다.** 이것은 예수를 죽이려는 사람에 대한 가장 큰 경고입니다. '나를 죽인다고 내 생명이 없어지는 게 아니야.'라는 경고입니다. 그런데 그것을 죽는 때로 증명합니다. 죽는 때 자기의 생명이 끝났다고 발버둥을 치면 영생이 증명 안 되는 것이지요.

예수가 죽는 대목에서 기도를 합니다. '아버지, 제가 꼭 지금 죽어 야겠습니까? 안 죽을 수 있으면 제가 안 죽었으면 좋겠습니다.' 왜냐 하면 살아있는 동안은 사람으로서 영생을 서로 즐기는 시간이기 때 문입니다. 우리에게 살아 있는 시간이 소중한 시간 아닙니까? **우리 가 영생을 챙긴다고 해서 금생이 소중하지 않은 것이 아닙니다.** 불교 는 윤회, 환생을 얘기하는데 혹시 제가 죽더라고 다음 세상에서는 파리가 되어 여러분을 다시 만날 수 있을는지 모르지요. 그러나 파 리와 사람이 즐기는 것보다 사람과 사람이 즐기는 것이 사람한테는 가장 즐거운 일입니다.

그러니까 예수가 이렇게 말합니다. '우리가 사는 게 즐거운 것이니 좀 살려주시면 좋겠지만 그러나 제 뜻대로 마시고 하나님 뜻대로 하 세요.' 이때의 제 뜻이라는 것은 뭘까요? 예수의 뜻은 원래 하나님 의 뜻이었습니다. 그러나 '만약에 하나님의 뜻과 내 뜻이 갈라질 경 우에는 하나님의 뜻을 챙기시고 제 뜻을 챙기지 마십시오.' 그러는 겁니다. 그때 '제 뜻'이라는 것이 무엇을 말할까요? '우리가 부지하는 이 목숨, 이 생명밖에는 생명이 따로 없다는 착각 때문에 제가 한시 라도 더 살게 해 달라는 것이라면 그것 말고 영원한 생명을 챙겨주 십시오.' 하고 예수는 죽습니다.

예수의 죽음이 중요한 것은 만약 우리가 지켜야 될 생명 둘 중에 하나를 챙기라고 한다면 영생을 챙겨야지 금생을 챙기면 안 된다는 것을 보여준 것이기 때문입니다. 그런데 영생을 챙기면 결국 복은 어 디로 옵니까? 복 받고 화 받고 하는 문제가 아닌 게 영생입니다. 영 원한 생명인데 화복이 무슨 문제가 되겠습니까? 영생은 항상 복된 겁니다. 죽을 때까지 복되게 살기 위해서 금생을 챙기는 것인데 금생을 챙기는 길은 영생을 챙기는 수밖에 없습니다. 예수의 말은 영생을 못 챙기면 금생을 챙길 길이 없다는 것입니다. 이렇게 금생을 소중하게 생각하는 분이 예수입니다.

하나님을 아버지라고 부르는 이유도 따져보면 마찬가지입니다. 우리가 살아있는 동안에 하나님을 아버지라고 부르는 것이 중요한 것이지 영생하는 사람은 구태여 하나님을 아버지라고 부를 필요가 없습니다. 왜냐하면 아버지가 있고 어머니가 있는 것은 금생의 얘기입니다. 자유도 마찬가지입니다. 자유라는 것도 살아있는 동안에 금생에서 소중한 것입니다. 즉 죄의 종이 되지 않는 것은 금생에서 소중한 것입니다. 왜냐하면 영생은 항상 자유로운 것이기 때문에 굳이 그걸 챙기지 않아도 영생은 당연히 자유이니까 그렇습니다. 이런 얘기가 7장, 8장의 핵심입니다.

눈 뜬 네가
더 고생이다

09 눈 뜬 네가 더 고생이다

이제 『요한복음』 9장을 공부합니다. 처음부터 끝까지 눈 먼 사람의 눈을 뜨게 하는 얘기입니다. 그래서 칠판에 '눈 먼 사람' 이렇게 쓰고 그 옆에 '눈 뜨기' 이렇게 써 놓고 시작합니다. 물론 눈 먼 사람은 눈이 보이지 않습니다. 눈 뜬 사람에게는 보는 게 중요합니다. '눈 먼 사람' 아래에는 '하나님' 그리고 그 밑에 '믿음'을 놓았습니다. '눈 뜨기' 아래에는 '모세' 그 밑에 '심판'을 놓아 두 축을 만들었습니다. 이 두 축이 우리를 잘 인도해 주기를 바라는 마음에서 정리를 해 놓고 시작합니다.

여기 눈 먼 사람이 태어날 때부터 소경이라는 것은 동네가 다 아는 사실입니다. 예수가 이 사람의 눈을 뜨게 하자 일이 벌어집니다. 6장에서 38년 된 병자를 안식일에 고쳐줬다가 바리새인이 '너는 죽어 마땅하다'라며 들고 일어났는데 이런 일이 또 벌어집니다. 이번엔 38년이 아니라 평생을 고생한 사람입니다. 날 때부터 눈이 먼 채로 살아온 사람의 눈을 뜨게 하면 누구나 칭송할 일인데 문제가 됩니다.

모세의 후손인 유대인, 특히 바리새인은 모세가 가르쳐준 대로 살아야만 하늘의 뜻대로 사는 것이고 사람이 사람답게 사는 것이라고 생각하는데 그중 하나가 일주일 중에 하루는 일하지 말고 쉬라는 것입니다. 그런데 공교롭게도 예수가 그 안식일에 일을 하시게 되는 것 같습니다. **안식일에 일을 했다는 얘기가 성경에 기록된 것을 보면 안식일이 아닌 날에도 일을 많이 했을 것입니다.** 여러분도 쉬는 날까지 일하시게 될 때에는 일주일 내내 열심히 일하고도 모자라서 쉬는 날까지 일하게 되지 않습니까? 예수도 그랬나 봅니다. 평일에 눈을 뜨게 했으면 문제가 되지 않았겠지만 안식일에 일했기 때문에 문제가 됐습니다. 이것이 왜 문제가 되며 이것이 문제가 된 배후에는 어떤 생각이 담겨있는지 『요한복음』 9장이 관심이 있습니다.

눈 먼 사람의 눈을 뜨게 하는 것의 의미도 잘 새겨 봐야 합니다. 종교 전통 속에 있는 사람들일수록, 소위 믿음이 좋은 사람일수록 눈이 먼 사람은 사람마다 다 곡절이 있어서 눈이 먼 것이니까 어쩔 수 없고 사람에게 그보다 중요한 것은 마음이지 않느냐, 그러니 비록 눈은 보이지 않더라도 자기 마음을 잘 다스리면 되지 않겠나, 이렇게 생각하기 쉽습니다. 바리새파 사람들이야말로 독실한 종교인들이거든요. 예수의 행동이 이해가 안 되는 것이 보이는 것보다 보이지 않는 것이 이렇게 중요한 줄 알면 구태여 안식일에 이런 모험을 할 리가 만무하지 않습니까? 그런데 예수가 눈 먼 사람을 고쳐줬습니다. 왜 그랬을까요?

눈 먼 사람은 누구의 죄인가?

제자에게도 궁금한 것이 있습니다. 예수와 같이 길 가던 제자들
이 질문합니다. '선생님, 이 사람이 눈 먼 사람으로 태어난 것이 누
구의 죄 때문입니까, 이 사람의 죄입니까, 부모의 죄입니까?' 엉뚱한
말 같지만 이것도 우리가 늘 하는 생각입니다. 우리에게 타고난 결
함, 타고난 역경, 타고난 열악한 조건이 주어질 때 혹시 천벌을 받
아서 그런 것은 아닐까, 내 죄가 아니라면 부모의 죄, 그것도 아니라
면 누군가의 죄 때문에 이런 어려움을 겪는 것은 아닐까 생각합니
다. 살다가 곤경에 빠지면 우리 마음속에 제일 먼저 떠오르는 질문
이 '도대체 누가 무슨 잘못을 했기에'입니다.

그런데 예수의 대답이 의외입니다. 3절에 '이 사람이 죄를 지은 것
도 아니요, 그의 부모가 죄를 지은 것도 아니다. 하나님께서 하시는
일을 그에게서 드러내시려는 것이다.' 이렇게 대답합니다. 유대의 종
교가 이것을 잘못 보고 눈이 멀어서 태어난 것만 해도 말할 수 없는
천벌이 내린 것이라고 하는데, **예수는 누구의 죄 때문도 아니고 눈
먼 것마저도 하나님이 하시는 일의 하나라고 말합니다.** 하나님은 죄를
지어내는 분이 아니라는 것을 드러내기 위해서 하나님이 하신 일이
라는 것입니다.

예수가 그 말을 하고는 곧 낮과 밤의 비유로 들어갑니다. 그리고
자기가 세상의 빛이라고 합니다. 이것은 『요한복음』의 핵심 주제로서
처음부터 '빛이 어두움에 비치되'라고 문제를 제기하고 시작한 것을
기억하시지요? 이 빛의 비유에 의하면 눈 먼 사람은 보지 못하니까
어두움에 있을 뿐입니다. 마치 사람이 밤에 사는 것과 같습니다. 그
러나 사람이 밤에만 살 수는 없는 일이니까 멀었던 눈을 뜨게 해줍
니다. **눈을 뜨게 해주는 일이 하나님이 하시는 일입니다.** 하나님의 일

은 사람으로 하여금 어둠에 머물게 하는 것이 아니라 빛 가운데 살도록 하는 것이라는 겁니다.

그렇다면 하나님이 왜 이 분을 눈을 멀게 해서 고생을 시켰을까하는 질문을 하지 않을 수 없습니다. 이 질문에 대한 대답은 9장을 마무리하는 대목에서 확실해 집니다. 눈 뜬 너희들이 더 고생이라고 말씀합니다. 눈을 뜬 바리새인이 보지 못하는 것을 오히려 이 눈 먼 사람이 잘 본다고 하면서 바리새인더러 차라리 당신의 눈이 멀었더라면 더 나을 뻔했다고 말합니다. 그뿐 아니라 심판에 대해서도 이야기합니다. 그동안에는 '내가 심판하러 온 것이 아니다.' 또 '하나님은 심판하는 분이 아니시다.'라고 했었는데 오늘은 심판을 얘기 합니다.

심판은 무엇인가

그 심판은 이것입니다. **눈 뜬 사람이 눈을 뜨고도 보지 못하는 것은 스스로 심판을 받은 것이나 다를 바가 없습니다.** 반면에 눈이 멀었던 사람은 눈이 멀었지만 오히려 볼 것은 보는 사람이었기에 믿음의 사람이라는 것입니다. 그래서 37, 38절에서 눈 뜬 사람에게 예수가 질문을 하는데 그 사람이 이렇게 대답합니다. '아, 나는 믿습니다.' 여기서 빛에 살고 어둠에 산다는 것이 구분됩니다. 믿음으로 사는 것은 빛에 사는 것이고 믿지 못하고 사는 것은 어둠에 사는 것으로 구분이 됩니다.

소경의 눈을 뜨게 하자 바리새인, 특히 종교 지도자들이 몇 가지를 확인하려고 애를 씁니다. 예수가 하는 일이 종교 전통을 어긴 것인지를 판단하고 싶은데 그 전에 소경이 눈을 떴다는 것 자체가 믿어지지 않습니다. 18, 19절을 보시면 눈 먼 사람이 보게 된 사실을 믿을 수 없어서 그 부모를 찾아가 묻습니다. '정말로 당신네 아들이 태어날 때부터 눈이 멀었었습니까? 그가 소경이었다가 눈을 떴다는 것이 사실입니까?' 부모가 대답을 이렇게 합니다. '다 큰 사람인데 우리에게 묻지 말고 직접 물어 보시오.' 종교 논쟁에 말려 들어가기를 원치 않는 것 같습니다.

22절을 보면 그 부모가 유대 사람이 무서워서 그렇게 말한 것이라고 합니다. 왜 모세를 열심히 따르고 하나님을 열심히 믿겠다는 유대인들, 특히 바리새인이 갑자기 사람들에게 두려운 존재가 되었을까요? 소경이 눈을 떴다면 그것은 개인의 경사일 뿐만 아니라 동네의 경사이지 않습니까? 그런 엄청난 일을 하는 분이 우리와 같이 한다면, 우리 주변에 같이 머물고 있다면 해결 못할 문제가 뭐가 있겠습니까? 그러나 그런 경사가 경사로서 선뜻 받아들여지지 않고 있습니다. **왜 평생 눈이 멀었던 사람이 눈을 뜬 것보다 안식일을 어긴 것이냐가 더 중요한 문제가 될까요?**

사람은 언제나 이런 문제를 안고 살아왔던 것 같습니다. 일을 잘 못하는 몇몇 사람이 아니라 우리의 살 길을 이끌어 나간다고 하는 지도자에 의해서 세태가 이렇게 되는 것입니다. 이런 세태에도 지구가 꺼지지 않고 2천 년을 버텨온 것은 뜻밖에도 믿음을 가지고 사는 분 덕분입니다. 이것이 9장 얘기의 핵심입니다. 이 눈먼 사람은 태어나면서부터 평생을 눈이 멀어 있었지만 그러고도 살아온 것은 자기의 믿음 때문이었습니다. 그 믿음이 눈을 뜨면서 확인되는 것입니다. 눈을 뜨고서 비로소 믿음이 생긴 것이 아닙니다. 믿음을 확인한 것입니다.

그렇다면 또 질문이 생깁니다. 믿음으로 사는 사람의 덕분이 크다는 얘기는 알겠는데 눈이 멀고서 믿음으로 사는 삶과 눈을 뜨고서 믿음으로 사는 삶은 뭐가 달라지는 것일까? 다시 말해 눈은 뜨나 마나한 것일까? 믿음만 있으면 눈이 멀어 있는 그대로 살아도 괜찮다는 말인가? 이 문제는 비단 개인 생활에 국한된 문제가 아닙니다. 학문하는 사람들이 요즘도 늘 다루고 있는 문제입니다. 예를 들어서 사람에게 환경의 개선, 말하자면 눈 뜨게 해 주는 것이 중요한 것일까, 아니면 사람을 지켜주는 것은 우리 마음속 깊은 곳에 있는 것일까, 하는 토론이 늘 있습니다. 그런데 오늘날의 세태는 말할 필요도 없이 생활환경의 개선이 중요한 시대입니다. 이런 일을 잘 못하면 부모도 자식에게 지탄을 받을 수 있습니다. '이런 생활조건, 생활환경 속에서 나를 키우는 부모는 부모도 아니지.' 이런 힐난을 들을 수 있습니다.

눈 먼 사람의 눈을 뜨게 하는 것은 엄청난 환경의 개선입니다. 눈이 멀었었는데 갑자기 눈 뜬 사람이 됐다, 이게 여기서 중요한 것입니다. 과연 우리에게 무엇을 이야기하려는 것일까? 눈을 뜨게 했다는 조건의 향상이 우리가 기대하는 혁신이고, 이스라엘 사람이 기다리는 구세주의 상일까 아니면 다른 것을 우리에게 확인해 주려는 것일까 궁금합니다. 그런데 바리새인이 끼어들어 문제가 더 복잡해집니다. 바리새인들은 한편으로 예수가 정말 눈 먼 사람의 눈을 뜨게 하는 실질적인 능력이 있는 사람일까 확인하려고 애를 쓰는데 만약에라도 예수에게서 그런 능력이 확인되면 예수를 없애버리려고 합니다. 이상한 복선이 깔려 있습니다.

그때의 종교 지도자도 무슨 생각이 있어서 그럴 텐데, 무엇이 그렇게 소중해서 죽기 살기로 덤비는지 착잡한 마음이 들지 않을 수 없습니다. 모세의 규칙, 안식일을 지키지 않으면 안 된다는 요지부동의 신념 속에 담겨진 생각은 무엇일까요? 오늘날 어느 자리에 가더라도 이 두 가지 주장이 늘 서로 엇갈리는 것을 볼 수 있습니다. 한편에서는 조건의 개선을 위해서 여러 가지 일을 합니다. 경제 살리기가 다 그런 것입니다. 이런 게 참 좋은 일인데 개발과정 속에서 사람들이 다치는 경우가 많습니다. 어떤 사람은 개발의 혜택을 입지만 어떤 사람은 불이익을 당하니까 이 문제에 신경을 쓰는 사람이 다른 한편에 있습니다. 개선되는 것 자체를 싫다고 할 사람은 없지만 그 개선되는 과정에서 우리가 사람으로서 못할 짓을 저지르는 것은 아닐까 염려가 되는 것입니다.

이런 문제가 눈 먼 사람의 눈을 뜨게 하는 데에도 깔려 있습니다. 눈 먼 사람의 눈을 뜨게 했다면 거기에는 이론(異論)의 여지가 없어야 될 것 아니겠습니까? 거기에 무슨 갑론을박이 있을 수 있습니까? 누구나 보면 찬성할 일인 것 같은데 그 일 때문에 예수는 피신을 하게 됩니다. 여기에 무슨 문제가 밑바탕에 깔려 있는지 살펴보아야 합니다. 모세의 율법을 지키겠다는 사람들이 염려하는 것은 무엇일까요?

9장 24절에서 34절까지에 보면 눈 뜬 사람에게 바리새파 사람들이 묻는 장면이 나옵니다. '당신의 눈을 뜨게 해준 사람을 어떻게 생각합니까?' 그러니까 그 사람이 '내 눈을 뜨게 해준 분이 훌륭한 분 아닙니까?' 대답합니다. 바리새파 사람들이 그 사람을 이렇게 훈계합니다. '당신이 그런 소리를 하는 이유는 모세의 사람이 아니기 때문에 그런 것이 아니냐?' 30절에 눈 뜬 사람의 대응이 재미있습니다. '그분이 내 눈을 뜨게 해주셨는데도 여러분은 그분이 어디에서 왔는지 모른다니 참 이상한 일입니다. 하나님께서는 죄인들의 말은 듣지 않으시지만 하나님을 공경하고 그의 뜻을 행하는 사람의 말은 들어주시는 줄을 우리는 압니다.' 이렇게 얘기합니다.

안다고 하는 말

　안다고 하는 말은 아주 중요한 말입니다. 우리가 안다고 할 때는 확실하게 해야 합니다. 안다는 말은 나 혼자 아는 것을 말하는 게 아닙니다. 누구나 '맞았어. 맞았어. 그것이 바로 아는 것이야.'라고 확인할 수 있어야 안다고 할 수 있습니다. 이렇게 보면 눈 먼 사람의 눈을 뜨게 하는 것은 당연한 것 아니겠습니까? 그 일이 하나님이 하신 일이라고 말할 때는 어떤 생각이겠습니까? **하나님이 일하실 때는 잘못된 일이 잘못된 일로 남아 있을 수가 없다는 겁니다. 잘못된 일은 고쳐지고 옳은 일은 바로 섭니다. 좋은 일은 지속되고 나쁜 일은 뿌리째 뽑힙니다. 이게 하나님 세상입니다.** 그러니까 '눈 먼 나를 눈 뜨게 한 것은 하나님의 일인 줄 안다.'는 것입니다.

　그런데 어떻게 그 하나님의 일을 죄 짓는 일이라고 하는지 모르겠다는 것이지요. 여기서 죄는 하나님을 어기고 사는 것, 하나님과 나는 상관이 없다고 생각하는 것이 죄인데 그런 사람의 말을 하나님이 들을 리가 없다는 것이지요. 눈을 뜨게 된 사람이 하는 얘기는 이 얘기입니다. '하나님이 들으셨습니다. 내가 눈을 떴습니다. 내가 눈을 뜬 것을 보고도 여러분들은 문제를 삼으십니까?'

　34절에 보면 종교 지도자의 생각은 다릅니다. 종교 지도자는 하나님이 어떤 분인지 분명하지 않을 때 사람들에게 자문해 주는 사람 아닙니까? 그 지도자들이 눈 뜬 사람에게 '네가 완전히 죄 가운데서 태어났는데도 우리를 가르치려고 하느냐?' 하고는 그를 내쫓았습니다. 이때 이들이 내리는 죄의 정의는 무엇일까요? 바리새인이 들이대는 죄의 기준은 제자들이 소경의 죄를 물었을 때와 통하는데 사람이 삶을 살아가는 조건이나 환경이 좋지 않아서 남다른 곤경에 빠지면 죄의 값을 치르는 것입니다. '너는 눈이 멀어 태어났으니 죄

가운데 태어난 것이고, 나는 눈을 뜨고 태어났으니까 죄 가운데 태어난 것이 아닌데 어떻게 눈이 멀었던 네가 눈 뜬 나를 감히 가르치려고 그러느냐.' 이렇게 이야기하는 겁니다. 여러분! 혼선이 분명히 보이지요.

사람이 하늘의 뜻을 지키고 사는가 아니면 하늘의 뜻을 어기고 사는가를 판단하는 기준에 대한 혼선입니다. 이런 잘못된 기준에 의하면 잘나가는 분은 하나님의 뜻을 지키고 사는 사람입니다. 그래서 우리가 '아, 저 분은 보기만 해도 복 받은 사람인 것 같아요.' 이런 말을 합니다. 어느 모로 보나 불평할 것이 없고, 모든 조건이 너무 좋아서 복 받은 것이 틀림없어 보이는 분은 죄인이 아닙니다. 그런데 누가 어려움을 겪는다든가 처해 있는 환경이나 조건이 나쁘면 뭐가 잘못된 것입니다. 사람이 지켜야 할 도리를 어디선가 어겼기 때문에 그런 것이지 그렇지 않으면 어려움에 빠질 리가 없습니다. 바리새파 사람들의 원칙이나 이 원칙이나 같은 원칙입니다.

경쟁에 대한 오해

이 원칙이 서고 나면 우리는 무엇을 확보하려고 하지요? 다들 복 받은 사람이 되려고 경쟁을 합니다. 내가 죄인이 아니라 복 받은 사람이라는 것을 증명하기 위해서 내 환경을 개선하고 조건을 개선하려 애를 씁니다. 오늘날 같이 그런 생각을 가진 사람이 많은 세상에서 살려면 경쟁을 하지 않을 수 없습니다. 좋은 환경은 누구에게나 주어지고 아무 데나 있는 것이 아니라 특별히 따로 있는 것입니다. 그 특별히 따로 있는 것을 챙기지 못하면 뒤처지게 되어 후진 환경 속에 살 수밖에 없다고 생각하면 남을 제치고라도 앞서 가려고 열심히 일을 해야 될 것 아니겠습니까? 우리가 지금 그런 자리에 있습니다.

모세를 믿는 사람도 마찬가지입니다. 당대가 모세의 세상입니다. 모세를 내세우며 경쟁하는 데 출중한 사람들이 바리새인입니다. 모세가 하라는 대로 해야 경쟁력이 생깁니다. 안식일에 일하지 말라고 하면 안 합니다. 안식일에 일하는 것 자체가 나빠서 경쟁력을 잃는 것이 아닙니다. 경쟁이라는 것이 가만 보면 묘한 구석이 있습니다. 경쟁은 혼자 뛰는 것 같은데 사실 혼자 하는 것이 아니거든요. 같이 거들어 줘야 경쟁을 합니다. 경쟁에서 앞서게 하려고 온 집안 식구, 친구들이 다 들러붙어 지지해 줍니다. 경쟁이라면 남을 제치고 혼자 앞으로 뛰어나가는 것을 연상하는데 경쟁은 그런 게 아닙니다.

여기서 재미난 것은 **우리가 경쟁 시대를 비판할 때 너무 개인주의가 아니냐고 비판하는 것입니다. 그러나 경쟁 시대는 개인주의 시대가 아닙니다.** 저마다 '개인주의자인 것처럼' 행동하는 것이 분명한데 거기에 진정한 개인은 아무도 없습니다. 경쟁에서 '개인'을 잘 지키는 사람은 달리는 소떼에서 떨어져 나가지 않기 위해서 그 선두를 지키며 죽어라고 뛰는 사람이나 다름없습니다. 그러다 보니까 그런 사람은 평생을 눈이 먼 채로 살던 사람이 눈을 떴는데도 그것이 기쁨인 줄 모릅니다. 소떼 속에 파묻혀 돌아가는 사람은 그런 것을 살필 겨를이 없습니다.

모세가 이런 세태를 보면 아마 이렇게 말할 겁니다. '내가 안식일이라든가 여러 가지 규칙을 세운 것이 소떼가 몰려가듯 정신없이 돌아가는 세상을 만들기 위해서 그런 것은 아닙니다.' 제가 말씀 드렸지만 안식일을 지키라는 계명 속에는 일주일에 꼭 하루를 쉬지 않으면 안 되는 사람이 있다는 겁니다. 웬만한 사람은 안식일에 쉴 수 있습니다. 더군다나 팔자 좋은 사람은 일주일 내내 편안하게 쉴 수 있습니다. 그런데 팔자 좋은 사람을 섬기는 사람은 쉴 새가 없습니다. 죽어라고 일해야 합니다.

그래서 십계명에 '일주일에 하루는 다 쉬게 하십시오.' 했습니다. '남종이나 여종, 심지어는 소나 말도 쉬게 하십시오.' 그렇게 되어 있습니다. 얼마나 좋습니까! 이 뜻을 잘 이해한 사람이라면 평생을 눈 먼 채로 살다가 안식일에 눈을 떴으면 비로소 그 눈 뜬 사람에게 쉴 날이 왔다는 것을 알지 않겠습니까? 눈 뜨고도 살기가 힘든데 눈을 감고 살자니 얼마나 바쁘게 살았겠습니까? 어떻게 보면 그분에게는 평생 처음으로 안식일이 온 셈입니다. 그런데 이것이 문제가 됩니다.

왜 문제의 바리새인이 될까?

이제 10장에 들어가는데 10장과 9장은 연결돼 있습니다. 모세를 열심히 믿는 바리새인이 왜 문제의 바리새인이 되는가 하는 문제를 다룹니다. 바리새인은 종교적 열정이 누구보다 강한 사람입니다. '인간답게 사람답게 바로 살겠다.'는 열정이 하늘을 찌르는 사람이니만큼 부지런하고 그런 일을 열심히 챙기는 사람입니다. 그런 사람이 뜻밖에 왜 이렇게 될까가 궁금한데 이것이 비뚤어진 바리새파 사람들만의 이야기가 아닙니다. 사실은 우리의 이야기일 수 있습니다. 우리가 사람답게 살겠다고 무진 애를 쓰는데 어쩌다 바리새파 사람처럼 비뚤어졌는가 묻는 것이기도 합니다.

예수가 눈 먼 사람의 눈을 뜨게 하는 것은 바리새인의 눈에는 모범생이 할 일이 아닙니다. 눈 먼 사람의 눈을 꼭 뜨게 하고 싶으면 하루만 참으면 되지 않습니까? 하루만 넘기면 안식일이 지나갑니다. 그 다음날 찾아가서 눈 뜨게 하면 될 일이지 하필 그 날 고쳐서 이렇게 일을 만드는지 원망스럽습니다. 바리새인이 왜 자꾸 예수가 미워지겠습니까? 이런 대목이 미운 겁니다. 지키라는 것을 지켜가면서 좋은 일을 하면 얼마나 좋겠습니까? 그런데 예수는 지키라는 것을 번번이 깨고 있습니다. 그러면서도 이런 말까지 하니까 더 밉습니다. '나도 모세의 자손이고 아브라함의 자손이다.' 아브라함의 자손이면 아브라함의 것을 지켜야지 왜 어기냐 말입니다.

여기서 제기되는 문제가 무엇이지요? **지켜야 될 것을 지킬까 아니면 사람을 살릴까, 이것이 문제입니다. 이런 문제가 제기될 때 예수는 지켜야 될 것을 깨더라도 사람을 살리는 것이 율법을 바로 지키는 것이라는 쪽을 택합니다.** 어려운 문제입니다. 우리는 우리가 소중하게 여기는 것을 지키고 싶어 합니다. 예를 들어서 우리가 효도를 한다고 그럽니다. 이것이 우리에게 소중한 것입니다. 예의를 지킨다는 것도 굉장히 소중한 것입니다. 이런 것들이 그냥 생겨난 게 아닙니다. 모세의 십계명이 그냥 생겨난 것이 아닌 것과 똑같습니다. 이 모든 것들이 사람을 살리기 위해서 태어난 것입니다. 그런데 어떻게 하다가 효도를 하고 예의를 지키는 것이 사람을 살리는 데 걸림돌이 된 것일까요?

다음에 10장 읽으면서도 효도의 문제가 나오겠지만 **사람이 자기 자신만 들여다보면 문제가 많이 생깁니다.** 우리 자신만 들여다보면 우리는 남자거나 여자입니다. 그리고 남자인 저는 아버지가 될 수도 있고, 아버지가 안 될 수도 있고 못 될 수도 있습니다. 또 여자일 경우에 엄마이기도 하고 엄마가 아닐 수도 있어요. 자기 자신만 보면 그렇습니다. 그러나 우리가 한 단계만 위를 보면 우리 중에 아버지, 어머니 없는 사람이 아무도 없습니다. 온 천지가 아버지와 어머니에게서 태어났다는 사실을 보여 주는 것입니다. 온 천지는 물론이고 우리가 사람의 이런 대목을 본다는 것은 눈 먼 사람을 볼 때 그게 남의 일로 보이지 않는 것입니다.

우리 마음도 그런데 진짜 부모 마음은 어떻겠습니까? 바리새인이 소경이었던 자의 부모를 찾아가서 묻는데 그 부모가 두려워서 제대로 대답을 못한 것뿐이지 부모는 너무나 기쁩니다. 부모에게는 모세의 법을 지켰다 안 지켰다가 문제가 아닙니다. 평생을 눈 먼 채로 살던 자식이 눈을 떴는데 그것은 모세의 법을 어겼어도 너무나 기쁜 일입니다. 그런 부모의 마음이 하나님의 마음입니다. 그 하나님의 마음을 이해한 사람은 눈 먼 사람을 가만 내버려두지 않고 그의 눈을 뜨게 해주고 싶습니다. 하나님의 마음을 우리가 어떻게 알지요? 하나님의 마음은 사실 내 마음속에 있는 것인데 자기 자신만을 들여다보는 한에는 하나님의 마음을 보기 힘들 수가 있습니다. 그럴 때 한 단계 위를 쳐다보면 이 세상에 부모 없는 사람이 없다는 것을 알게 됩니다. 그것이 하나님의 뜻입니다. **우리는 다 부모에게서 왔다, 우리는 다 하나님에게서 왔다는 것을 알게 되면 비로소 사람이 다 하나라는 것을 깨닫게 됩니다.** 그래서 소경을 보면 눈을 뜨게 해줘야 합니다. 가만 내버려 둘 수가 없습니다.

그래서 9장이 10장으로 연결될 때 예수가 자꾸 이런 얘기를 강조합니다. '여러분! 저는 하나님이 내 아버지인 것을 압니다, 하나님이 내 부모인 것을 압니다.' 그러니까 바리새인이 '사람이 하나님을 자기 부모라' 하며 예수를 죽이려고 하는 겁니다. **사람이 언제 사람 구실을 하느냐 하면 자기가 하나님의 사람이라는 것을 아는 순간 사람 구실을 합니다.** 눈이 멀었다가 눈을 뜬 사람도 눈 뜨는 순간이 자기가 하나님의 사람이라는 것을 깨닫는 순간입니다. 그래서 이렇게 이야기합니다. '아니, 죄인의 말을 하나님이 듣겠습니까?' 이 말은 다른 말이 아닙니다. '제가 죄인이라고 하나님이 버리셨더라면 제가 눈을 떴겠습니까? 하나님이 내 눈을 뜨게 하시는 것을 보면 나도 하나님의 사람입니다.' 소경이 눈 뜨고 이것을 확인하는 것입니다.

그가 예수를 옹호하는 것도 같은 맥락입니다. '예수가 무슨 요술쟁이도 아니고 법을 어기려는 사람도 아니고 분명히 하나님의 사람 아닙니까? 그런데 왜 하나님의 사람을 놓고 시비를 하십니까?' 눈이 멀었던 사람이 눈을 뜨자 그 자리에서 두 하나님의 사람이 만나게 됩니다. 이것이 어두움에서 빛으로 나온다는 말의 뜻입니다. 어둠에 산다는 것은 눈에 보이는 사람의 모습만을 챙기는 것입니다. 그것만이 사람을 챙기는 것이라고 알면 소뗴에 파묻혀 삶을 살게 되니까 아무리 모세의 법을 지킨다고 해도 이상한 일이 됩니다.

제 강의를 듣는 분이 '열심히 공부하고 있는데 누가 뭘 배웠느냐고 물으면 구체적으로 얘기할 건더기가 없어서 사람 사는 얘기 들었다고 하자니 싱겁다.'고 하셨습니다. 예수는 누구고 기독교는 어떻고 『요한복음』은 이렇고 하는 식으로 꼭 집어 얘기할 수 있어야 하는데 그렇지 못하다는 말씀입니다. 저도 기독교는 이런저런 특징이 있고 하면서 좀 구체적으로 얘기를 해야 하는데 『요한복음』을 읽으면서도 사람 사는 얘기라고 하다 보니까 좀 싱거운 느낌이 듭니다.

그런데 교회나 신학교에 가서 성경 공부를 하시면 이와는 딴판입니다. '이것은 유학에는 없는 것, 불교에는 없는 것, 회교에는 없는 것인데 기독교만이 가지는 특성이다.'라는 식으로 줄줄이 꿰는데 그러다 보니까 모세파가 됩니다. 잘하려다가 모세파가 되는 것인데 나쁠 게 없지요. 문제는 빛에 살아야 될 사람이 보이는 것에 눈이 가려져서 물정에 어두운 사람이 되고 마는 것입니다. 그러다 보면 오히려 눈 먼 사람이 하나님도 잘 알아보고 믿음도 깊은 역설이 생깁니다. 예수의 행적도 보면 모세 못지않습니다. 그러나 예수는 자기의 그런 행적에 사람들이 얽매이기를 원치 않습니다. 우리가 챙길 것은 하나님이고 믿음이라는 얘기를 합니다.

참으로 눈 먼 사람

35절에 내려오면 '참으로 눈 먼 사람'이라고 새번역에 제목을 달았습니다. 바로 눈 뜬 사람이 참으로 눈 먼 사람이라는 겁니다. 왜냐하면 길이 반듯해서 잘 가는 줄 알고 자기 마음은 내버리고 사니까 그렇게 된다는 것입니다. 눈 먼 사람 얘기도 보면 예수가 눈 먼 사람을 안식일에 고쳐준 것은 짓궂게도 일부러 그런 것 같아요. 안식일에 할 일이 그것밖에 없다는 생각이 있는 겁니다. 안식일이 뭡니까. 쉬면서 하나님 생각하는 날이거든요. 예수에게는 일하면서 하나님 생각은 못한다는 생각이 있는 것입니다. 쉬면서, 자면서, 그때가 하나님을 생각하는 시간입니다.

우리가 바쁘게 일할 때는 눈 뜨고 다니고, 모세의 율법 지키느라 바쁘거든요. 그러나 눈 감고 있을 때, 쉴 때는 하나님 챙기고 믿음 챙기기가 좋습니다. 그러니까 그 날 눈 먼 사람을 눈뜨게 해주는 것입니다. 그게 하나님 챙기는 것이고, 안식일에 하는 하나님 일입니다. 그런데 자칫 잘못하면 이거 혼동하기 쉽지 않습니까? 바로 그 안식일 날에 눈 부릅뜨고 모세의 율법 챙기고 심판 챙기라는 것 같아서 말입니다. 하나님이 쉬라는 날, 왜 쉬지 않았냐는 것인데 예수는 그 사람들이 무엇을 못 보고 있는 것이냐 하면 **안식일에 중요한 것은 모세와 심판이 아니라 하나님과 믿음이라는 것**을 못 보고 있다는 것입니다. 그래서 참으로 눈 먼 사람이라고 했습니다.

율법주의자들은 그 챙길 것이 율법이라고 생각했습니다. 그리고 예수가 그 율법을 깨고 있다고 봤습니다. 예수는 일관된 대답을 합니다. '나는 율법의 일 점 일 획도 어기지 않습니다. 나에게 율법을 안 지켰다고 하는데 내가 한 모든 일은 율법을 완전히 지킨 것입니다. 내가 보기에 당신들이야말로 율법을 안 지키는 사람입니다.' 이렇게 이야기합니다. 그러면 율법을 지킨다는 게 무엇이냐는 것이 문제입니다.

하나님을 챙기면 자연히 거기에는 틈새가 없습니다. 왜냐하면 하나님을 챙기는 것이 곧 사람을 챙기는 것이니까 그 사이에 틈새가 없습니다. 그런데 사람에게만 시선을 고정하면 눈 뜨고 볼 수 있는 것이 사람밖에 없으니까 그것만 챙기다 갑자기 눈 먼 사람이 됩니다. 그 다음에 간격을 메운다고 호들갑을 떨지만 하늘과 사람 사이에 메울 수 없는 간격이 벌어졌습니다. 제가 예수가 안식일에 사람 고치는 것을 짓궂다고 했는데 사실은 정겨운 표현이지요. 나쁘다는 이야기가 아니라 어떤 일이 일어날 줄 알면서도 사람을 가르치려니 그렇게밖에 할 수 없었다는 뜻입니다.

이렇게 보면 율법에 문제가 있는 것이 아닙니다. 저는 참 재미있다고 생각하는 게 무슨 '주의(主義)'라는 말입니다. 한자 뜻을 풀이하면 참 좋은 말입니다. 그런데 좋은 말을 가져다 꼭 나쁜 말로 만들어 놓습니다. 모세의 율법도 마찬가지입니다. 모세가 얼마나 좋은 사람입니까? 그런데 모세가 문제가 됩니다. 율법에 좋은 것은 다 모아놓았습니다. 주의라는 말도 얼마나 좋은 말입니까? 그런데 율법주의도 이상한 말이 됩니다. 왜 그럴까? 예수는 여기에 대해 속이 비게 되면 그렇게 된다는 말을 자꾸 하는 것 같습니다. 그러면 이때 속이 무엇입니까? 사실 하나님이 사람의 속이라는 것입니다. 사람의 속에 하늘이 들어있습니다. 그것을 못 보면 사람 노릇도 못한다는 것입니다.

오늘날 학교도 종교도 모두 이 틀 속에 있습니다. 기독교계도 이와 다르지 않습니다. 기독교 신학이 학문이 되려면 현대적인 학문으로서 버틸 수 있어야 합니다. 그런데 신학의 현대적 학문됨은 신학자 스스로 검증하는 것이 아닙니다. 다른 분야에서 학문하는 분이 검증을 해줘야 합니다. 그러니까 신학의 구조가 완전히 '보이는 것', '모세', '심판'의 구조 속에 있게 됩니다. 이 '보이는 것'의 구조에서 신학자로 성장을 하게 되면 아무리 좋은 얘기를 해도 속이 빈 얘기를 하게 돼 있습니다.

교인들은 이런 신학자를 별로 좋아하지 않습니다. 신학자 얘기 들어봐야 감동이 없어요. 겉은 번드르르 한데 알맹이가 없습니다. 감동이 안 됩니다. 자기 말에 감동을 안 해 주니까 이번에는 신학자가 답답합니다. 자기야말로 애써서 이 '보이는 것', '모세', '심판'의 구조를 익혀가지고 거기에 맞춰서 신에 대한 얘기를 하는데 감동이 없다니 말이 됩니까? 그러니까 감동은 중요한 게 아니라고 말하게 됩니다. 이래서 또 한국 교회에 파가 갈립니다. 보이는 구조를 열심히 닦는 사람은 이렇게 쉽게 감동하는 교인이 마음에 안 듭니다. 교인들이 너무 감동한 나머지 울고불고 야단법석 하는 것이 부담스럽습니다. '왜들 저러는지, 그래 가지고 한국 교회가 어느 세월에 발전하겠어?' 이런 생각이 듭니다. 반면에 그런 분들이 신학자를 보면 '왜들 저 모양이야, 사람이 저렇게 냉랭해 가지고서야 원' 하며 거들떠보지도 않습니다.

보이지 않는 뿌리 챙기기

사람이란 존재가 재미난 것이 사람을 챙긴다고 할 때 하늘을 챙겨야 사람이 챙겨지지 사람만 챙겨서는 사람이 챙겨지지 않습니다. 나무를 챙길 때 뿌리를 챙기지 않고 나무만 챙기는 사람은 얼빠진 사람입니다. 뿌리를 챙기자는 얘기가 나무가 중요하지 않다는 것이 아니라 나무를 챙기기 위해서 뿌리를 챙기자는 얘기입니다. 그게 믿음의 세계입니다. 요즘은 학문도 변하기는 합니다. 과학은 사실을 있는 그대로 연구한다는 것인데 그 과학이 이야기를 끌고 나가다가 끝에 가면 인간 역시 보이지 않는 것, 하나님, 믿음 이런 것이 없으면 안 된다는 것입니다. 철학이 그런 말을 하면 거짓말한다고 안 믿을 수도 있는데 객관성을 인정받는 과학이 이를 증명하니까 믿을 수 있습니다.

우리가 '하늘' 그러면 황당한 것 같이 들립니다. 보이지 않는 뿌리 얘기는 왜 자꾸 하냐고 그럴 수가 있습니다. 그러나 겉에 나와 있는 나무를 보면서 그 뿌리를 생각하는 것이 인간입니다. 그래야 인간 역할을 하는 것입니다. 예수가 이것을 가르쳐주러 오셨기 때문에 '선생님'이라고 부르는 겁니다. 그런 선생이 나타나면 고맙다고 춤이라도 춰야 되는 것 아닙니까? 물론 고마워 한 사람이 많습니다. 그 덕분에 우리가 예수 이야기를 들을 수 있는 것입니다. 그런데 또 많은 사람이 예수를 '아니'라고 배척합니다. 그 사람이 비뚤어진 사람이라서 그랬을까요? 아닙니다. 나무가 소중하니까 그런 겁니다. 그런데 나무만 챙겨서 나무가 사는 게 아닌 것이 문제입니다. 그 사람들도 사람이 소중하니까 예수를 죽여야 된다고 생각했는데 사람만 챙겨서 사람이 챙겨지지 않습니다. 부처님도 그것을 가르쳤습니다. **부처님을 챙기면 우리에게 남는 것이 무엇이지요? 사람이 남습니다. 예**

수 믿고 나면 사람이 삽니다.

　예수 얘기를 읽어보면 죽을 뻔한 사람이 다 살아납니다. 살맛이 없어 죽고 싶던 사람이 삶의 정열을 되찾습니다. 얼마나 사는 정열이 강해지느냐면 누가 죽이겠다고 해도 겁을 안냅니다. 보이지 않는 것, 하나님, 믿음으로 살려고 하는 사람은 목숨을 걸고 '보이는 것, 모세, 심판'에 매달려 살기를 거부하는 사람이 된 것입니다. '보이지 않는 것, 하나님, 믿음'으로 사는 것에 삶의 기쁨이 있기 때문에 그렇게 된 것입니다. 그것을 영생이라고 부릅니다. 영생이 좋다니까 사람이 몰려옵니다. 그런데 사람이 몰려와서는 겉에 드러난 나무만 챙깁니다. 누가 나무를 잘 키워놓으니까 그 나무가 왜 잘 컸는지 생각도 하지 않고 나무만 싹둑 잘라갑니다. 뿌리가 소중한 줄 알아야 나무를 가꿀 것 아닙니까? 그래야 가지를 잘라가도 새 가지가 또 나는 것인데 세상을 그렇게 살면 안 되지요.

　문제의 핵심은 눈을 뜨고서도 진짜 눈이 멀어 있는 사람과 눈이 멀었더라도 눈이 떠 있는 사람 사이의 전쟁입니다. 어떻게 해야 되겠습니까? 우리가 눈 뜨고도 눈이 먼 것이나 마찬가지인 사람을 불쌍하게 생각해야지요? 붙잡고 자꾸 이야기해야 합니다. 눈 먼 사람 눈 뜨게 해주는 것, 어둠에 빛을 비추는 것입니다. 요즘 이런 식으로 얘기하면 '너 종교 하냐?' 그럽니다. 맞습니다. 이것이 종교입니다. **'마루 종', '가르칠 교', 종교(宗教) 얼마나 좋습니까! 가장 좋은 가르침이라는 뜻입니다. 인간에게는 그 이상의 가르침이 없습니다.** 그런데 오늘날은 이것을 무슨 특별한 작업을 하는 것으로 치부하려고 합니다. 아닙니다. 엄밀하게 말하면 사람이 태어나서 배울 것은 이것밖에 없습니다. 눈 뜨게 하는 얘기가 엉뚱한 얘기 같지만 예수가 2천 년 전에 우리가 지금 당면한 과제를 얘기하고 있는 겁니다.

Chapter 10

양과 목자는
하나

양과 목자는 하나

이제 『요한복음』 10장에 들어갑니다. 양 치는 목자 이야기인데 눈 먼 사람 눈뜨게 하는 이야기의 연장입니다. 10장에서도 '예수가 과연 우리들에게 사람 사는 바른 길을 가르쳐 주고 있는 사람이냐 아니면 우리에게 잘못된 길을 제시하기 때문에 예수야말로 죽어 마땅한 사람이냐?' 하는 논쟁이 이어집니다. 21절에 보면 '우리에게 참다운 삶의 길을 가르쳐주는 분이 아니라면 어떻게 사람의 눈을 뜨게 하겠느냐.'는 말로 자기들의 분쟁을 마무리하는 것을 볼 수 있습니다. 눈 먼 사람을 두고 아직도 논쟁을 벌이고 있는 셈인데 갑자기 예수가 양 치는 목자 얘기를 합니다. 단순한 양 얘기가 아니라 사람들이 양으로 등장하고 예수가 목자로 나옵니다.

예수가 이렇게 비유로 말하는 것은 마태, 마가, 누가의 복음에는 자주 나옵니다. **비유는 말귀를 알아듣는 사람만 알아들을 수 있는 얘기를 말합니다. 말귀를 알아듣지 못하는 사람은 아무리 설명을 해 줘도 알아들을 수 없는 것이 비유입니다.** 복음서가 비유로써 말할 때는

'과연 누가 말귀를 잘 알아듣는 사람일까요?' 하는 질문을 던지고 있는 것이라 볼 수 있습니다. 이 비유라는 단어가 『요한복음』에 나오기는 10장이 처음입니다. 그 외에 비유가 별로 나오지 않습니다.

예수는 그 동안 '사람'으로서 그 말씀 속에 하나의 주제를 계속 지켜왔습니다. '저는 하나님에게서 온 사람입니다. 그런데 저는 여러분하고 똑같은 사람이기 때문에 제가 하나님에게서 온 사람이라면 여러분도 하나님에게서 온 사람입니다.'라는 말씀을 해 왔습니다. 너도 사람 나도 사람 다 사람입니다. 그런데 여기에 이르러 예수는 목자가 되고 사람들은 양이 됩니다. 이 비유 속에서는 예수가 일반 사람과 달리 특별히 구분되는 것처럼 보이는데 과연 『요한복음』이 지금까지 해 왔던 얘기와 다른 얘기를 하려는 것일까, 그 동안 하지 않던 비유 속에서 왜 예수는 목자가 되고 우리 사람은 양이 되었을까 하는 것이 궁금합니다.

열린 종교, 기독교

역사적으로 보면 10장의 **양과 목자 얘기를 어떻게 읽느냐에 따라 기독교의 향방이 또 갈라집니다.** 읽기에 따라서 기독교가 아주 배타적이고 절대적이고 독선적인 종교가 되기도 하고 개방적이고 포용하는 기독교가 되기도 합니다. 특히 예수가 세상을 떠난 후 초기의 예수교는 『요한복음』 10장의 가르침에 따라 엄청나게 개방적인 모습을 보였습니다. 예수를 따른다는 얘기를 하면 박해를 받고 목숨까지 잃는 시대였는데도 세상에 장벽이 어디 있고 못 넘어갈 장애물이 어디 있냐는 듯이 온 지중해 연안을 돌아다니며 기독교 세상으로 뒤바꾸어 놓았습니다. 그때로부터 300년이 채 지나지 않아 로마가 기독교 천지가 됩니다. 마침내 로마 황제가 로마는 기독교의 천지라고 공식적으로 선포합니다. 이렇게 기독교 천지를 선포했을 때의 가장 큰 특징이 무엇이었느냐 하면 언어나 종족에 구애됨이 없이, 또 그 선조가 섬기던 종교적인 대상이 어떤 것인지를 묻지 않고 누구나 다 같이 어울려 사는 그런 열린 천지가 된 것입니다. 로마가 예수의 천지라고 선포하고 황제가 제일 먼저 한 일이 자기들이 가장 변방이라고 생각하던 곳으로 수도를 옮긴 것입니다.

오늘도 양의 우리 얘기가 나오는데 보통은 울타리 넘어가면 바깥 세상으로 넘어간다고 생각하게 돼 있지 않습니까? 그런데 그 울타리의 가장 변방인 오늘날 터키의 이스탄불에 콘스탄티노플이라는 수도를 정했습니다. 중심과 변방의 구분이 없어졌습니다. 기독교가 이렇게 개방적인 종교가 됐습니다. 『요한복음』 10장을 어떻게 이해하느냐에 따라서 기독교는 벽이 없는 종교, 누구나 다 어울려 살 수 있는 열린 종교가 될 수도 있는데 오늘날 신학교와 교회가 『요한복음』 10장을 어떻게 이해하느냐를 보면 사정이 좀 다릅니다. 오늘날의 기독교를 알아보는 지름길이 이 『요한복음』 10장을 어떻게 이해하고 있는지 알아보는 겁니다.

우리가 살면서 여러 갈등을 겪고 그 갈등 중에 종교 간의 갈등이 가장 첨예한 것을 보아왔습니다. 그런데 종교를 이야기할 때 이 갈등이라는 말이 우리나라 사람 몸에 그렇게 와 닿는 것 같지 않습니다. 불교가 들어오고 유학이 성하고 기독교가 전파되지만 다 잘 어울려 살고 있습니다. 한 집안 식구 중에도 절에 가는 어른 계시고, 교회 나가는 며느리도 있고, 사서삼경 열심히 읽으시는 아버님이 계십니다. 종교 간의 갈등이 생기게 되면 그것은 어떤 특정 종교의 탓이라고 생각하는 것이 아니라 어디 가서 무엇을 잘못 배워 왔기 때문이라고 생각합니다. **부처님을 모신다면서 예수를 믿는다면서 혹은 공자, 맹자를 공부한다면서 어떻게 사람 간에 불화하고 집안의 화목이 깨질 수 있는가, 이렇게 생각을 합니다.** 우리나라는 이 점에 있어서 독특한 나라입니다. 많은 종교학자들이 한국이 참 재미있는 나라라고 합니다.

요즘 와서 우리도 종교 간의 갈등 운운합니다만 이렇게 되면 오히려 이제는 바깥세상 돌아가는 것과는 좀 거꾸로 가는 것이라 말할 수 있습니다. 갈등을 먹고 사는 서양에서도 종교 간의 갈등을 문제 삼기 시작했습니다. 요즘 서양 신학이 뉘우치는 얘기를 합니다. '기독교가 잘못을 뉘우치고 기독교다운 종교로 다시 태어나려면 종교 간의 갈등에 대한 이해를 바로 하지 않으면 안 되겠다.'라고 합니다. 그래서 타 종교를 이해하려고 애를 많이 씁니다. 그런 노력을 '종교 다원주의'라고 부릅니다.

종교다원주의 이야기

다원주의라는 말은 원래 종교 용어가 아니고 철학하는 사람들이 쓰는 말입니다. 특히 미국철학계의 이야기인데 윌리엄 제임스(William James)라든가 혹은 존 듀이(John Dewey)라든가 하는 사람들을 떠올리게 하는 말입니다. 윌리엄 제임스는 심리학하시는 분에게는 많이 알려져 있습니다. 존 듀이라는 이름을 모르는 분은 아마 없을 것이라고 생각하는데 우리나라 교육이 듀이의 교육 정신에 의존하고 있기 때문입니다. 우리나라 교육 정책을 세우는 분이 대개 듀이의 교육 정책을 배워온 사람들인데 그것이 선진 교육 방법이라고 생각해서 대거 미국으로 유학을 갔습니다. 제임스와 듀이, 두 사람다 다원주의를 이야기한 사람입니다. '세상에 절대라는 것은 없다, 진리는 여러 가지로 드러난다. 그렇기 때문에 기독교, 이슬람, 유대교가 나만이 진리라고 주장하면 안 된다.' 이런 얘기가 이들로부터 시작됐습니다. 왜 이런 얘기를 할 수밖에 없느냐 하면 서양에서 기독교와 유대교와 이슬람 사이의 갈등이 엄청난 갈등이기 때문입니다. 전쟁을 불러오고 사람이 죽어 나가는 갈등입니다.

우리도 볼썽사나운 소식을 접할 때가 있기는 합니다. 사찰에 가서 낙서를 한다든지 하는 행위 말입니다. 우리에게는 없던 버릇입니다. 그러나 갈등이라고 해 봐야 우리는 그 정도입니다. '종교가 달라서 사람을 죽였다, 종교가 달라서 전쟁을 했다.'는 데까지는 안 갔습니다. 절대로 우리가 그리로 가면 안 됩니다. 그러나 서구에서는 종교 때문에 전쟁이 터지고 대량 살육이 자행됐고, 무차별적 테러도 일어났습니다. 종교가 처한 사정이 이렇다 보니 종교다원주의를 얘기할 만합니다. '이슬람도 진리이고 사람 살리자는 것이고, 유대교도 진리이고 사람 살리자는 것이고, 기독교도 진리이고 사람 살리자는 것이니까 사람 죽이는 일만은 서로 피합시다.' 하는 것이 다원주의의 밑바닥에 깔려있던 호소입니다.

제가 한 번은 미국 신학교에서 한국인 목사님들께 종교다원주의에 대해 강의하다가 혼이 난 적이 있습니다. 미국 신학교의 교수라면서 멋대로 가르치느냐고, 어쩌자고 한국 목사들에게 종교다원주의랍시고 불교 얘기를 하고 공자 얘기를 하느냐고 저를 혼냈습니다. 제가 그때 『마태복음』의 '변화산' 얘기를 했습니다. 예수가 제자들과 산에 올라 수도회를 가진 이야기입니다. 수도회에서 제자들이 꿈을 꿨는데 꿈속에서 예수하고 모세하고 엘리야가 같이 의논을 합니다. 그 광경이 너무 좋아 제자들이 예수더러 '선생님! 우리 내려가지 말고 여기서 삽시다.' 했습니다. 제자들이 지금 예수를 쫓아 다니고 있는데 모세의 제자, 엘리야의 제자들이 죽일 놈 살릴 놈 하면서 못살게 굴고 있지 않습니까? 그런데 꿈속에서는 예수하고 모세하고 엘리아가 친구 사이니까 너무 좋은 거예요.

제가 모세의 제자들, 엘리야의 제자들이 예수를 죽이겠다고 그랬지만 예수를 바로 이해하고 나면 예수는 모세와 엘리야와 더불어 친구로 같이 계시는 분이 예수라고 말했습니다. 그러면서 제가 미국 학생들한테 강의할 때 하던 얘기를 보탰습니다. '나는 이 대목을 읽을 때마다 어떤 꿈을 꾸느냐 하면 예수님이 부처님하고 공자님하고 같이 서 있는 꿈을 꾼다.'고 했습니다. 그래서 문제가 된 것입니다. 연수생 목사님들하고 오후에 다시 만났는데 제가 야단맞는 광경을 봤는지 분위기가 좀 누그러졌더라고요. 그래서 뭔가 잘못된 것이 있으면 얘기를 하라고 했더니 젊은 목사님 한 분이 『요한복음』 10장을 저한테 읽어 주며 말했습니다. '성경에도 있지 않습니까? 예수님은 여기서 울타리를 기독교인의 우리라고 부르셨고, 그 우리로 통하는 문은 예수밖에 없다고 했습니다. 이 문을 통하지 않고 넘어가는 사람은 담을 타고 넘어가는 도둑놈이라고 그랬는데 종교다원주의는 도둑놈도 다 좋다는 얘기가 아닙니까!' 제가 그 말을 듣고 깜짝 놀랐습니다. '『요한복음』 10장을 그렇게 읽으시는군요?' 했더니 '물론이지요.' 했습니다. 저는 10장을 그렇게 읽는 걸 처음 봤습니다.

그런데 문제는 오늘날도 『요한복음』 10장을 주제로 목사님이 설교할 때 저를 혼내주던 식으로 설교를 하는 것입니다. '양의 우리에는 문이 있고, 이 문을 통하지 않는 자는 다 도둑놈이다. 우리 인간이 다 이 울타리 안에 있는 것인데 이 문은 예수뿐이기 때문에 예수 이외의 다른 문으로 들어오는 것은 다 도둑놈이다.' 이렇게 얘기를 합니다. 그래서 예수를 믿지 않으면 안 된다고 설교를 합니다. 우리는 왜 이렇게 해석을 하고 있는 걸까요?

기독교가 한국에 들어올 때는 그렇지 않았다

애초에 기독교가 한국에 들어 올 때의 상황하고 너무 달라 어디서부터 이렇게 됐는지 궁금합니다. 원래는 제가 가르치던 그 신학교에서 선교사를 파송해 한국에 전도를 시작했습니다. 그 전도사들이 본국의 고향으로 보내온 편지가 신학교에 보관돼 있습니다. 내용은 선교지에서 깜짝 놀라는 체험담을 담고 있습니다. 선교를 한다고 한국에 오긴 했는데 한 번도 본 적이 없는 사람들이 찾아와서 '당신이 하는 얘기를 우리가 벌써 쪽 복음으로 다 읽었는데, 아 그 좋은 것을 우리가 왜 안 받아들이겠습니까?' 하는 겁니다. 선교하기도 전에 이미 성경을 읽고서는 너무 좋은 것이니까 얼마든지 받아들인다고 했답니다.

그 선교사들과 기독교 전파에 힘쓴 우리나라 교회의 초기 지도자들이 있습니다. 길선주라는 분이 계신데 유명한 한학자이십니다. 평안도 지방에서 지도적인 역할을 하던 유학자인데 혼자서 성경을 읽고 예수를 믿기로 작정한 분입니다. 예수를 믿는 게 공자, 맹자를 떠난다고 생각해 본 적이 없으신 분입니다. 오산학교 세운 이승훈 선생님도 혼자 책 읽고 예수를 믿은 분입니다. 예수를 믿는 것이 불공드리는 일이나 공맹을 읽는 일과 다른 일이 아니라고 생각했기 때문에 예수를 받아들였다고 했습니다. 또 이상재 선생님 같은 분도 마찬가지입니다. 일본 사람에게 잡혀가서 옥살이를 하는 동안 사식과 같이 넣은 성경을 혼자서 읽고 '이런 예수를 내가 왜 안 믿겠느냐?' 하고 믿었다는 겁니다. 우리가 받아들였던 기독교의 이런 모습은 선교 역사상 처음 있는 일이었습니다.

한국 땅에는 기독교가 발을 딛자마자 몇 년 안 돼서 들불 번지듯이 막 퍼져 나갔습니다. 요즘도 선교 역사를 연구하는 학자들을 만나면 늘 이렇게 말합니다. '한국은 말이 선교라고 그러지 사실은 선교의 역사가 아닙니다. 한국에서 무슨 일이 벌어졌는지는 아직도 모릅니다.' 왜 그렇게 얘기를 하느냐 하면 한국에 기독교가 막 도착을 했다고 생각을 했는데 산불 나듯이 불이 확 붙었기 때문입니다. 제 조부님이 저희 가정의 첫 기독교인이신데 저는 사실 공자, 맹자 얘기를 조부님께 들었습니다. 공자, 맹자 얘기하시는 것이나 절에 가서 부처님 얘기하시는 것이나 차이를 두지 않으셨습니다. 우리에게 성경을 가르치실 때 잘 못 알아듣는 것 같으면 공자, 맹자로 풀어주시고 부처님 얘기로 풀어주시곤 하셨습니다.

배타적인 기독교

요즘 우리의 기독교는 완전히 달라졌습니다. 저 같이 얘기하면 철저하지 못한 기독교인이 돼 버립니다. 왜 이런 현상이 벌어졌을까요? 제가 10장 강의를 준비하면서 곰곰이 생각해 봤습니다. 애당초 양의 '우리'는 왜 치는 것일까요? 양의 우리에 담을 친다고 할 때 양을 보호하기 위해서 치는 것 아니겠습니까? 고고학자의 연구에 의하면 이스라엘 사람은 돌로 우리를 쳤다고 합니다. 돌이 많은 동네니까 돌로 담을 쌓고 문을 내서 그 문으로 양들이 들락날락하도록 했습니다. 이렇게 양을 보호하려고 담을 쌓고 문을 낸 것인데 그 문을 통하지 않고 담을 뛰어 넘어서 우리에 들어간 자들이 과연 누구일까요? 누가 도둑이냐가 문제입니다. 우리나라도 이에 대한 대답이 완전히 달라졌는데 어디서부터 그렇게 됐을까 따져볼 필요가 있습니다.

이제 여기에 어떤 경향이 나타나는지 보세요. 오늘도 양의 우리, 양의 문, 선한 목자 얘기하면서 하나님과 사람의 얘기가 나옵니다. 이 문제가 『요한복음』 처음부터 문제가 돼서 예수가 곤경에 처합니다. '네가 사람이면서 하나님이라고 그러니 너를 죽여야겠다.' 사람들이 그러니까 예수가 '아니, 그 말은 내 말이 아니잖아요. 성경이 그러지 않았습니까? 성경에 사람들이 다 하나님이라고 그러지 않았어요?' 하며 『시편』 82장 6절을 댔습니다. 하지만 이로 인해 예수는 죽어 마땅한 사람이 됩니다. '감히 사람이 어떻게 하나님이라고' 이렇게 됐습니다.

그런데 예수는 왜 죽는 예수가 되고, 왜 양의 우리를 얘기하고, 왜 선한 목자라고 얘기했을까에 대한 대답을 헤겔이 해 줍니다. 헤겔은 서양에서 훌륭한 선생님입니다. 철학자 대회가 열리면 좌파 우파가 나와서 토론하고 서로 합의하려고 하는 노력을 할 텐데 그 좌파 우파가 헤겔에서 나온 것입니다. 헤겔의 왼팔이 좌파이고 헤겔의 오른팔이 우파입니다. 헤겔을 이야기하면 우파와 좌파가 합칠 수 있다는 생각을 해서 서양의 현대철학에서는 헤겔이 아직도 부처님 손바닥 같은 역할을 합니다. 그런데 헤겔에게 선한 목자가 나폴레옹입니다. 물론 오늘날 이렇게 이야기하면 우습지요. 우리가 나폴레옹이 어떻게 끝났는지를 다 아니까요. 그러나 헤겔은 그럴 줄 모르고 이런 얘기를 했습니다. 한 치 앞을 못 내다 본 것입니다. 그렇다면 한 치 앞을 못 내다 본 헤겔의 사상이 왜 아직도 영향력이 있을까요? 오늘날의 철학자들도 군함을 포기하지 못하기 때문입니다.

오늘 나오는 예수의 말씀도 이 대목을 놓치고 나면 변질됩니다.

앞에서 우리나라 목사님이 해석해 준 것처럼 이것이 배타적 종교 교리의 핵심이 됩니다. 그런데 **'양의 우리'라고 할 때 그 울타리는 원래 없는 것입니다.** 구약에 바벨탑 얘기가 나옵니다. 바벨탑 얘기는 옛날 사람들은 담장이 없이 살았다는 것입니다. 황야에 아무데나 살고 싶은 데를 왔다 갔다 하면서 살았습니다. '우리'가 없었습니다. 그런데 갑자기 불안한 생각이 듭니다. 그때는 말도 하나이고 사람도 다 같이 모여서 잘 살았는데 혹시 이러다가 우리가 다 흩어지지나 않을까, 서로 나눠져서 싸움이나 하지 않을까, 그러면 안 되지 하며 나눠지지 않으려고 스스로 우리를 쌓았다는 것입니다.

우리를 쌓기 시작하는데 우리가 낮으면 도둑놈이 넘어옵니다. 우리를 쌓는다는 것이 탑이 됩니다. 높이 쌓을수록 도둑이 못 넘어오니까요. 그래서 엄청나게 높이 탑을 쌓는데 하늘에 닿을 정도로 쌓았다는 겁니다. 하나님이 그것을 하늘에서 내려다보는데 이거 큰일 났거든요. '아, 내가 온 천지를 주고 온 우주를 다 줬는데 왜 거기다 우리를 쌓지? 그냥 놔두면 꼭대기에 갇혀 버리겠네.' 하며 하나님이 탑을 무너뜨렸습니다. 그뿐 아니라 사람이 왜 이 짓들을 하나 봤더니 다 같은 말, 같은 언어를 사용하는 겁니다. '아, 그래서 그렇구나.' 하며 말도 다 흩어버렸습니다. 이때부터 언어가 갈라졌다는 것입니다. 성경에 의하면 하나님이 사람을 살리기 위해서 울타리 즉, 탑도 부수고 말도 갈라놓았습니다.

여기에 왜 갑자기 '우리' 얘기가 나오는 것이지요? **'우리' 얘기가 나오는 이유는 간단합니다. 늑대 때문입니다. 늑대가 없는 동네에는 우리가 필요 없습니다.** 그러나 늑대가 생기면 양을 보호하기 위해서 우리도 생겨야 합니다. 그런데 사람 중에 누가 늑대가 됐을까요? 예수는 사람이 다 양이라고 했는데 어디서 갑자기 늑대가 나타난 것일까요?

바벨탑을 무너뜨리고 나니까 바벨탑 프로젝트를 되살리려는 사람이 늑대 노릇을 하려고 하겠지요. 흩어진 사람을 잡아다 일을 시키려고 들판을 쏘다닙니다. 역사적으로 보면 그 이후에 이집트 문명, 바빌로니아 문명이 다 그런 겁니다.

그런 사람들로부터 무고한 백성을 보호하려면 '우리'가 필요합니다. 이 무고한 백성들을 여기서 양이라고 불렀습니다. 이 양은 주인이 뭐라고 하면 주인의 목소리도 알아듣고 주인의 말도 알아듣습니다. **양에게는 목자의 이야기가 비유가 아닙니다.** 이 양들은 우리 안에서만 사는 양이 아니에요. 양의 우리에 왜 문이 달려 있느냐 하면 양이 들락날락 하느라고 달려 있습니다. 우리는 밤에 자기 위해서나 필요한 것이지 낮에는 우리 밖으로 나가야 합니다. 먹을 양식, 꼴, 풀이 밖에 있으니까 낮에는 목자를 따라 나갑니다. 이렇게 보면 '우리'는 사람을 보호하고 사람을 살리기 위해서 생긴 것뿐이지 '우리'가 없으면 안 되기 때문에 있는 것이 아닙니다. 원래 우리는 없었던 것입니다. 이 우리는 가두기 위한 우리가 아니라 우리들을 보호하기 위한 우리입니다. 잠잘 곳이 우리입니다.

그 쉬는 자리, 어두운 자리가 뭔지를 알아야 비로소 잘 살 수 있는 것인데 그것이 '양의 우리' 할 때 '우리'입니다. 이것은 가둬두기 위해서 있는 게 아닙니다. 수신(修身)의 몸이 뭔지를 아는 사람은 예수가 눈을 뜨게 해준, 나면서 눈이 멀었던 사람이라고 할 수 있습니다. 이 사람이 눈을 뜨면 금세 집안, 국가, 천하와 직통하게 되어 있습니다. 바로 천하를 보라고 나를 보호해 주는 자리가 '우리'입니다. 햇빛이 안 보이는 방, 밤이 내려앉은 곳에서도 볼 것은 보라는 방이 '우리'였습니다.

이렇게 되니까 이제 양의 우리에 붙어 있는 문이 중요해집니다. 여기서 예수의 문에 대한 정의가 재미있습니다. 예수가 '양들이 문으로만 다녀.' 하고는 금세 '그런데 내가 문이야. 나도 문으로만 다니는데 문으로 안 다니는 자들이 있어.' 이런 얘기를 합니다. **문의 정의가 따로 있는 게 아니라 양이 드나드는 것을 문이라고 합니다.** 그런데 예수도 양들이 드나드는 곳으로 드나든다는 것입니다. 양이 드나들지 않는 다른 곳으로 드나들겠다고 하면 그것은 도둑이요 강도가 되고 양을 죽이는 자리에 빠진다는 것입니다. 여기에서 양이 갑자기 사람이 됩니다. 사람들이 울타리를 치는 이유는 우리 안에서 살아야 되기 때문이 아니라 천하로 나가기 위해서 필요한 곳이니까 우리에 문이 없으면 감옥이나 마찬가지입니다. 들락날락 할 수 있어야 하고 누가 언제 어떻게 들락날락할 것인가는 양이 결정하면 됩니다. 예수가 말하기를 자기는 그 이상의 문도 그 이하의 문도 아니라는 것입니다.

유대인은 왜 예수를 죽일까

여기 10장 22절부터 30절까지가 아주 재미있는 대목입니다. 유대인이 예수를 왜 죽이려고 하는지가 확실히 드러납니다. 눈 먼 사람 눈 뜨게 하던 때가 초막절 근처였습니다. 그 이후에 석 달이 지나서 '봉헌절'이라는 절기를 지키는데 요즘도 미국에서는 '하누카'라고 해서 유대인이 그 명절을 지킵니다. 그러니까 오늘 양의 문 얘기는 예수가 병자를 낫게 하고 소경을 보게 하는 일을 하고 석 달을 지낸 후에 벌어진 상황입니다. 유대 사람들이 여전히 '당신이 정말 우리를 바른 길로 되돌릴 수 있는 사람이라면 분명하게 얘기 좀 해 달라.'고 합니다. 눈을 뜨게 하고 병든 사람을 고치고 또 혼인 잔치에서 물로 술을 만드는 일 같은 기적적인 일로는 예수가 자기들을 살릴 사람인지 아닌지 확신 못하겠다는 것이 종교 지도자였습니다. 대중은 살 길이 열렸다고 쇄도하는데 종교 지도자는 예수가 혹세무민하는 사람이 아닌가 하는 의문이 남아 있습니다. 그에 대한 예수의 대답이 '당신이 내 양이었다면 내 말을 알아들었을 텐데 내 양이 아니니까 내 말을 못 알아듣는다.'입니다.

여기서 끝나는 게 아니고 '나와 하나님은 하나다.'라고 하니까 사람들이 깜짝 놀랍니다. 사람이 자기가 하나님이라고 하니까 놀랄 수밖에 없습니다. 그런데 목자와 양의 비유가 이 말과 직결됩니다. **양이 목자의 얘기를 알아듣는다는 대목은 목자가 양의 말로 말하니까 알아듣는다는 얘기가 되고, 거기로부터 예수가 '자기 자신이 하나님이니까 하나님 말씀을 알아듣는다.'라는 얘기가 나온 것입니다.** 양이 사람으로, 목자가 하나님으로 갑자기 변했습니다. 양이 목자의 말을 알아듣는다고 할 때 우리는 양과 목자는 질적으로 다르다고 여기지 않습니까? 예수가 여기서 '내가 하나님 말씀을 할 뿐인데 못 알아들으면 어떻게 합니까?' 그래도 못 알아듣고 '그게 도대체 무슨 말' 하니까 '하나님이 사람을 하나님이라고 그러지 않았습니까?' 하고 직접적으로 말합니다. 갑작스럽게 얘기가 급진전합니다.

그러고는 29절 아래에 "만유보다도 더 크신 게 하나님이시고 아무도 아버지의 손에서 사람들을 빼앗아가지 못하는데 나와 아버지는 하나다."라고 합니다. **예수와 하나님이 하나일 뿐만 아니라 목자와 양도 하나니까 예수와 하나님이 하나인 것처럼 예수의 말을 알아듣는 사람과 하나님도 하나라는 얘기입니다.** 이런 얘기를 하니까 33절에 "유대 사람들이 대답하였다. 우리가 당신을 돌로 치려고 하는 것은 당신이 좋은 일 많이 한 것을 트집 잡는 것은 아니고 훌륭한 일을 하기는 했는데 당신이 하나님을 모독했기 때문이요. 당신은 사람이면서 자기 자신을 하나님이라고 하였소." 합니다. 예수가 '그것은 내 말이 아니고 율법에 그런 것이다. 모세의 율법도 너희를 신이라고 하였다고 하는 말이 기록되어 있지 않느냐?' 이렇게 못을 박습니다.

여기 오늘 나온 양과 목자의 얘기는 이스라엘 사람에게 낯선 얘기가 아닙니다. 『에스겔서』 34장을 훑어보시면 좋은데 거기에 하나님이 목자이고 사람이 양이라는 얘기가 나옵니다. 하나님의 말씀을 잘 알아듣고 하나님 말씀대로 사는 사람은 마치 목자를 잘 따라다니는 양처럼 무사하다는 것입니다. 문제는 어떤 양은 목자를 떠난다는 것이지요. 이상하다는 겁니다. 목자를 따라다녀서 나쁜 일이 하나도 없는데, 어떤 양은 꼭 자기가 따로 길을 떠나야만 더 좋은 살길이 열릴 것 같아서 떠나가니까 길 잃은 양이 생긴다는 얘기를 합니다.

이렇게 보면 모세의 율법을 지키겠다는 사람들이 재미난 사람이 되어 버립니다. 하나님을 잘 믿기 위해 율법을 열심히 섬기는데 그러다 보니까 율법에서 무슨 말을 했는지도 잊어버렸습니다. 오히려 예수가 율법에 그렇게 쓰여 있다고 가르쳐줘야 할 정도가 됐습니다. 왜 그 말을 잊어버렸을까요? 그 말의 핵심은 하나님과 사람이 하나라는 얘기였는데 왜 율법을 믿는 사람은 하나님과 사람이 하나가 아니라는 생각을 했을까요? 이해가 안 되는 것은 아니에요. **사실 하나님과 사람이 하나가 아니라는 생각이 어떤 때는 솔직한 생각이 아니겠습니까?** 우리가 어찌 감히 자신을 하나님이라고 그러겠습니까? 자식 노릇도 변변히 못하고, 부모 노릇도 변변히 못하고 있다는 것이 늘 마음속에 가지고 있는 자책감인데 스스로를 감히 하나님이라고 그러겠습니까? 유대인도 마찬가지 생각이었겠지요.

예수의 가르침과 하나님

그러나 이에 대한 예수의 가르침이 무엇입니까? 목자가 따로 있고 양이 따로 있는 것이 아닙니다. 양을 위해 사는 것이 목자입니다. 여기서 선한 목자라는 개념이 나오는데 읽어보시면 다른 뜻이 없습니다. **양밖에 모르는 목자가 선한 목자입니다. 이 목자는 양에게 죽을 일이 생기면 자기도 죽기를 감수하고 양을 챙깁니다.** 이렇듯 양과 자기를 구분하지 않는 목자가 선한 목자입니다. 따라서 문도 양이 다니는 문이 있고 목자가 다니는 특별한 문이 따로 있는 것이 아닙니다. 그러면 양의 문이라는 것은 무엇일까요? 어떤 때는 닫히기도 해서 벽 같기도 하지만 모든 사람이 이 문이 아니고서는 드나들지 않는 문입니다. 이 문이 아니면 우리는 쉬러 가지도 않고 먹으러 가지도 않습니다. 이 문만이 우리에게 유일한 문인데 예수는 그 문으로만 드나드시는 분이지 더 좋은 방법이 있다고 해서 절대로 울타리를 넘어 다니는 분이 아니라는 뜻입니다. **예수가 사람의 도리를 어기지 않는 분이라는 뜻으로 양의 문을 이야기한 겁니다.**

이 울타리는 사람이 소중하기 때문에 사람을 지키기 위한 우리입니다. 끼리끼리 하자는 우리가 아닙니다. 이 '우리' 속에 있는 사람은 어떤 사람들일까요? 이 '우리'는 심지어 해가 비치지 않는 방일지라도 어두운 방이 아닙니다. 빛이 있는 방입니다. 왜냐하면 사람의 도리가 어긋나지 않는 방이니까 그렇습니다. 그리고 선한 목자는 왜 선한 목자냐 하면 그런 사람과 끝까지 같이 가는 목자이기 때문입니다. 그래서 하나님과 사람이 같아지는 것입니다. 하나님은 따로 있는 분이 아니라 사람을 지키기 위해서는 스스로 죽기까지도 하는 하나님이기 때문에 절대 사람을 버리지 않는 하나님이라는 겁니다. 하나님은 여러분이 드나드는 그 문으로, 여러분이 다니시는 그 길을 마냥 드나들고 계시는 분입니다. 여러분 고민 있으시죠? 슬프기도 하시죠? 외롭기도 하고 기쁘기도 하시죠? **여러분의 그 감정의 문을 여러분과 똑같이 드나드는 바로 그분이 하나님이십니다.** 그런데 어떨 때 우리가 슬픕니까? 우리가 저지르지 말아야 될 일을 저지르면 우리가 슬퍼지는 것이지요. 그걸 밝히는 분이 하나님입니다. 우리가 해야 될 일은 자꾸 짚어 주시는 분입니다.

이런 분이 하나님인데 그 하나님과 사람이 같다는 얘기를 하면 죽일 놈으로 지목 받아 죽게 됩니다. 우리가 잘못을 가릴 수 없는 것이라고 하면 그건 위험하다고 생각을 하게 되지요. 특히 율법을 지키는 사람들이 왜 율법을 지키느냐 하면 그것만이 옳은 길이라는 생각을 하기 때문에 놓치면 큰일이라서 꼭 지키려고 하는 것입니다. 하나님은 특히 완전히 옳으신 분, 절대적으로 옳으신 분, 무불선(無不善)이고 순선(純善)입니다. 그러나 사람이라는 것은 얼마든지 잘못할 수 있는 것인데 하나님과 같다고 하면 큰일이라는 생각에 예수가 죽어야 됩니다.

그때 예수가 재미난 얘기를 합니다. '나는 그럴 때 죽어도 좋다.' 그럽니다. 사람과 하나님이 다른 것이 아니라는 것을 지키기 위해서 나는 죽어도 좋다는 것인데 이때 죽이는 사람과 죽는 사람의 차이가 무엇일까 잘 챙겨보셔야 합니다. 예수는 죽어도 '하나님=사람'을 지키겠다고 합니다. 하나님이 사람이라고 얘기하는 분은 죽어도 이걸 지키려고 합니다. 생명을 버리고도 이것을 지키려고 하는데, '하나님≠사람'이라고 하는 사람은 사람을 죽이면서까지 하나님이 사람이 아니라는 것을 지키려고 합니다. 누가 옳은지는 잠깐 판단을 보류하세요. 당장 결정하기가 곤란합니다.

여기서 예수가 가르쳐주려는 한 가지가 뚜렷하게 드러납니다. **하**

나님과 사람이 같다는 사람은 자기가 죽더라도 그 얘기를 하려니까 죽이는 사람은 되지 않습니다. 죽는 사람은 될 수 있어도 절대 죽이는 사람이 되지는 않습니다. 그런데 죽는 사람이라는 것이 뭐죠? 죽지 않는 사람은 없으니까 다 죽는 사람입니다. 이게 사람의 도리입니다. 사람의 도리를 지키는 것은 죽는 것입니다. 죽는 사람이라는 것이 뭐냐 하면 양의 문을 드드는 사람이 죽는 사람입니다. 사람이 하나님과 같다는 것을 지키기 위해서 죽는 사람은 사람의 도리를 어기지 않는 사람이라는 것입니다.

그러면 사람을 죽이는 사람은 누구일까요? 사람이 사람을 죽이면 안 되지요! 왜 사람이 하나님이라는 얘기를 하느냐 하면 그렇지 않다고 하면 사람을 죽이는 사람이 될까봐 그러는 거예요. 죽이면 안 되잖아요. 사람을 살려야지요. 그런데 사람이 하나님이 아니라는 말을 자꾸 하다가 보면 사람을 죽여도 괜찮다는 생각을 하게 됩니다. 누구를 죽여도 될까요? 사람이 하나님과 같다고 생각하는 사람을 죽여도 된다는 생각을 하게 됩니다. 그러니까 저는 여기서 예수가 우리에게 영생을 가르쳐 준 것이라고 봅니다. 영생은 죽어도 살고 살아도 사는 것, 그래서 죽으나 사나 지키는 생명이 영생이라는 것입니다. 영생을 아는 사람은 자기는 하나님이 아니면 안 된다는 것, 하나님처럼 살지 않으면 사람답게 사는 것이 아니라는 생각으로 사는 사람입니다.

'내가 하늘이냐!' 이 말이 솔직한 말입니다. 저도 그런 생각이 들 때가 있더라고요. 제가 결혼을 하고 나서 좋은 남편이라는 게 뭘까 생각하다가 갑자기 '내가 어떻게 좋은 남편이 돼? 내가 하늘이 아닌데.' 이런 생각이 들더라고요. '정말 하늘이나 돼야 좋은 남편 노릇을 할 수 있지, 저 여편네를 어떻게 데리고 살아.' 저절로 이렇게 생각이 돌아갑니다. 그런데 집사람하고 얘기해 보니까 집사람도 똑같아요. '저놈의 남편을 어떻게 데리고 사나, 내가 하늘이나 돼야 데리고 살지.' 이런 생각이 든다는 것입니다. 그러니까 남편 노릇 똑똑히 하려고 해도 하늘이 돼야 되겠더라고요.

부모님들도 마찬가지예요. 부모가 하는 일이 별다른 게 뭐가 있습니까? 죽으나 사나 애들 걱정밖에 더합니까? 그런데 애들이 하는 꼴을 보면 이런 생각이 갑자기 고개를 쳐듭니다. '내가 하늘이냐! 하늘이나 돼야 부모 노릇 해먹지 저런 놈을 어떻게 가만 내버려둘 수가 있어.' 그러니까 자식과 의절할 생각도 합니다. '너는 이제부터 내 새끼 아니다.' 이런 얘기를 실제로 우리가 하지 않습니까? 그런데 자식들도 똑같은 얘기합니다. '내가 하나님입니까? 어떻게 이런 부모를 섬기라고 합니까?'

하나님 되기가 이렇듯 힘든 것 같은데 예수는 그렇지 않다고 가르칩니다. '여러분! 하나님이 되실 필요가 없습니다. 사람이 하나님이래도요.' 하늘 되기 이렇게 간단합니다. 예수가 간단한 진리를 얘기한 것입니다. 양의 문을 드나드는 사람, 사람의 '우리' 안에 사는 사람은 햇빛이 안 드는 방에 살더라도 사람의 도리와 어긋나지 않고, 사람의 도리를 떠나지도 않습니다. 사람의 도리는 죽는 것입니다. 사람을 죽이는 것은 사람의 도리가 아닙니다. 이 원칙을 철두철미하게 지킨다니까 율법을 믿는 사람들이 예수에게 '너 죽을래? 그래도 네 얘기 할래?' 합니다. 여기서 예수는 '아니, 왜 사람을 죽이겠다고 합니까? 저는 죽는 한이 있어도 죽이지는 않을 겁니다.' 하고 자기를 지킨 것입니다. 예수가 그것을 양의 문이라고 한 것입니다.

예수를 잘못 읽으면 선진을 앞장세우면서 인간개조론을 얘기할 수 있고 탈바꿈해서 새로운 사람으로 태어나라는 얘기를 하는 것이 가능해집니다. 그런데 예수가 거듭나라는 얘기를 할 때는 탈바꿈하라는 얘기가 아닙니다. **사람이 하나님이라는 것을 아는 사람이 거듭난 사람입니다. 거듭난 사람은 앉은 그 자리에서 거듭납니다. 여러분도 여기 앉아 계신 그대로 하나도 바꾸실 것이 없습니다. 다만 자기가 바로 하늘이라는 것을 아는 그 순간 거듭난 사람이 됩니다.** 그런데 사람이 하늘이 아니라고 하는 사람은 무엇인가 특별한 짓을 해야 거듭나는 줄 압니다. 그게 아닙니다. 그럼 이제 양의 얘기가 어떻게 끝나는지 40절 이후를 보세요.

예수께서 다시 요단강 건너 쪽, 요한이 처음 세례를 주던 곳으로 가서 거기에 머무르셨다. 많은 사람이 그에게로 왔다. 그들은 이렇게 말하였다. "요한은 표징을 하나도 행하지 않았으나 요한이 이 사람을 두고 한 말은 모두 참되다." 그곳에서 많은 사람들이 예수를 믿었다.

요한과 예수가 다르지 않다는 얘기를 하기 위해서 예수도 세례를 주었다는 얘기를 기록하고 있습니다. 『요한복음』에만 나옵니다. 그러나 이스라엘 사람에게 예수하고 요한은 엄청나게 차이가 나는 사람입니다. 요한은 혼자 들판에서 메뚜기 잡아먹고 벌꿀을 먹고 짐승가죽으로 옷을 만들어 입고 사는 사람이니까 그렇게 볼 수 있는데 **『요한복음』은 요한과 예수가 다르지 않다고 얘기합니다.** 저더러 이 이야기를 다시 풀어서 이야기 해보라고 하면 이렇게 말할 수 있을 것 같습니다. 예수님이 우리나라에 오셔서 부처, 공자, 맹자 얘기하면서 사는 한국 사람을 만났는데 이 분들이 어떻게 보면 요한 같은 사람들입니다. 그런데 예수님이 '그 요한들'과 자기가 다름이 없는 사람이라는 것을 자꾸 보여 주시는 것입니다.

그래서 여기 보면 예수는 유대 사람을 피해서 요한이 세례를 주던 그곳에 가서 머물렀습니다. 그것을 보면서 유대 사람이 하는 얘기가 재미있습니다. '그래도 예수는 한 일이 많은데 요한은 별로 한 일이 없잖아, 그러니 예수를 믿어야겠어.' 이렇게 해서 많은 사람들이 예수를 믿는데 이 사람들이 마지막에 가면 '예수를 못 박아라, 못 박아라.' 합니다. 표징을 믿고 예수를 믿는 사람은 예수를 바로 믿지 못한 사람이 됩니다. 왜 이렇게 될까요? 예수가 표징을 통해 '사람이 하늘인 것을 아는 사람은 누구든지 내 가족입니다. 하나님의 가족이 내 가족입니다. 또 내 몸이 따로 없어요. 하나님의 몸이 내 몸입니다. 여러분의 몸이 내 몸이에요. 내 나라가 따로 없습니다. 하나님의 나라가 내 나라입니다. 사람이 하늘이라는 것을 알면 온 천하가 내 천하입니다.'라는 것을 가르칩니다.

그런데 그렇게 아는 사람이 실제로 사는 것을 보면 초라합니다. 양 같습니다. 목자가 오라 하면 가고, 저녁이 되면 우리 안에 들어가서 자고, 아침이면 또 문을 나옵니다. 너무 일상적이라 뭐 대수로운 게 하나도 없습니다. 이렇게 일상적이지만 사람이 하늘이라는 것을 깨달은 사람은 선한 목자를 아는 사람입니다. 왜 선한 목자냐 하면 사람이 하늘이라는 것을 가르쳐준 목자이기 때문에 선한 목자입니다. 이 목자는 죽더라도 사람이 하늘이라는 대목을 놓치지를 않습니다.

예수는 죽이는 목자가 아니라 죽는 목자

예수는 선한 목자가 되기 위해서 절대 죽이는 목자가 되지는 않았습니다. 죽는 목자가 됐습니다. 이 차이가 아무것도 아닌 거 같죠? 우리는 죽기도 하고 죽이기도 하니까 그런 것 같지만 아니에요. 사람이 죽는 한은 사람의 본분을 지키는 것입니다. 그런데 죽이는 사람이 되면 사람의 본분에서 어긋나게 되는데 이때 뭐가 빡 하고 깨지느냐 하면 '사람=하나님'이 깨집니다. '사람≠하나님'이라고 얘기하는 사람은 누구일까요? 사람을 죽이면서 사는 사람들입니다. 이 사람들은 사람 죽이는 일을 아무것도 아닌 것처럼 여깁니다.

오늘날 어느 기독교 국가를 가도 사형을 지지합니다. 사형제도 반대하는 기독교 국가는 거의 없습니다. 사형제도를 폐지하자고 하면 기독교인이 더 들고 일어납니다. 예수가 사형을 얘기한 대목이 있나 『요한복음』 뒤져보세요. 없습니다. '저 심판하러 오지 않았어요, 저 사람 살리러 왔어요. 심판은 누가 합니까? 자기가 심판한대도요.' 예수가 이렇게 얘기를 합니다. 심판은 자기가 하는 겁니다. **사람이 하늘이 아니라고 하는 사람은 자기가 심판 받은 것입니다.**

'우리'와 '문'은 특정한 문, 특정한 우리가 아니라 사람들이 사는 우리이고 우리 사람들이 드나드는 문이니까 이것은 어디에나 있는 문입니다. 이것은 공자에게도 있는 문이고 맹자에게도 있는 문이고 부처에게도 있는 문이고 예수에게도 있는 문입니다. 언제 어디서나 열려 있는 문, 그 문을 들락날락하면서 오늘날까지 살아온 게 인류입니다. 오늘날 세상이 이렇게 편안한 것은 아직도 이 '우리' 안에서 쉬고 이 '문'을 드나드는 사람이 많기 때문에 세상이 유지된다고 저는 생각합니다.

이런 모습이 예술 작품에, 학문에 드러나고 일상생활에서 늘 보이는 모습입니다. 집안에서 아이들 타이를 때, 부부끼리 뉘우칠 때 드러나는 모습이 다 이 모습입니다. 우리가 왜 뉘우칩니까? 제가 뉘우치는 대목을 보니까 '맞았어! 나도 하늘이야.' 그래야 뉘우치지 '내가 뭐 하늘이야!' 이러면 절대 뉘우치지 않습니다. 뉘우치지 않을 이유가 너무나 많습니다. **여러분! '맞았어! 내가 하늘이야.' 한번 해보세요. 어저께까지는 내가 한 일이 잘 한 일인 줄 알았는데 '맞았어! 내가 하늘이야.' 했더니 갑자기 미안해집니다.** '내가 이럴 수가' 자식한테 미안해지고, '내가 이럴 수가' 선생님한테 미안합니다. 이렇게 '내가 어찌 이럴 수가' 하는 대목이 뉘우치는 대목입니다.

예수는 '하늘 = 사람' 이것 지키려고 왔다가 이것 때문에 죽거든요. 그런데 이제 얘기가 재미있는 것은 이 무리들이 표징을 보고 예수를 많이 믿었는데 또 그 무리들 중에 선한 목자를 알고 양의 역할을 해서 기독교를 전승시킨 사람들이 있는 것입니다. 차이가 뭘까요? 그 사람들은 죽는 사람들이었습니다. 이 사람들은 네로한테도 맞아 죽고 나중에는 대학살을 당하는데도 절대로 죽이는 사람으로 변모되지 않았습니다. 베드로가 칼을 빼들 때 '제발 그것만은 거둬줘. 죽이는 사람이 되는 것은 사람의 도리를 어기는 거야.' 하고 예수가 말렸거든요.

죽이는 사람의 기독교

그런데 오늘날 보면 죽이는 사람들이 기독교를 타고 앉아 있습니다. 제가 이런 얘기하면 이게 위험한 얘기지만 어쩔 수 없습니다. 지금 기독교의 공식적 지위를 맡아 역할을 하는 사람들이 인품도 좋은 사람 같은데 급한 일이 터지면 죽일 놈 살릴 놈 하는 사람들입니다. 언제든지 사람 죽일 준비가 되어 있는 사람들입니다. 기독교 통일학자대회에 가보면 죽일 놈들만 모여 있는 데가 북한이라고 자꾸 얘기를 하니까 저는 아주 불편합니다. 가서 우리가 해방시켜야 된다고 하는데 기독교인이 가서 죽일 놈을 다 죽이고 해방시키면 점령이지 어떻게 해방입니까?

예수가 왜 선한 목자일까요? 예수는 목자이면서도 목자와 양은 똑같다는 것을 가르쳐 주신 분입니다. 목자가 양이 아니면 목자 노릇도 못합니다. 또 **양은 목자를 아는데 안다는 얘기는 하나라는 뜻입니다. 특히 히브리말로 안다는 것은 하나가 되는 것입니다.** 그래서 부부가 일체가 되었을 때 서로 안다는 얘기를 합니다. 그래서 하나님과 사람은 서로 안다는 얘기를 꼭 합니다. 절대로 불가지론이 아닙니다. 이렇듯 목자와 양은 서로 아는데 목자를 모르는 양은 양 노릇도 못합니다. 그걸 가르쳐 주는 게 『요한복음』 10장이라고 저는 생각합니다.

요즘 우리가 성경을 어떻게 읽어야 되느냐를 놓고 의견이 분분합니다. 성경을 읽는다는 것이 사람에 따라서 마음대로 읽는 것이 아닙니다. 우리가 글을 읽는 것이나 사람의 말귀를 알아듣는 것, 또 글을 쓰는 것이나 말을 하는 것이 모두 다 준엄한 일입니다. 우리가 말을 바로하지 않으면 우리를 사람답지 못한 사람이 되게 합니다. 바로 말하는 것만이 우리를 지켜줍니다. 바로 말하는 게 무엇이지요? 10장에서는 결국 우리가 챙길 것이 이 말밖에 없습니다. 목자와 양이 하나이고, 하나님과 사람이 하나이고, 사람은 모름지기 하늘같이 살아야 된다, 이것입니다.

이렇게 살려고 우리가 애를 쓰다가도 모르는 사이에 튀어나오는 말이 있습니다. **'왜 나는 이 모양일까, 왜 나는 하늘같이 못 살까, 내가 어쩌자고 이렇게밖에 못 살까?'** 여러분! 그것은 아주 훌륭한 말씀입니다. 그것을 뉘우침이라고 합니다. 키에르 케고르라는 신학자가 말하기를 '왜 내가 하늘같이 못살까?' 하며 절망하는 사람이 있는데 그분은 아주 훌륭한 사람이라고 그랬습니다. 그 사람은 자기가 하늘이라는 믿음을 놓지 않는 사람이기 때문에 그 절망이 그 사람을 죽이지 않고 살린다고 했습니다. 그런 절망은 훌륭한 절망입니다. 그런 절망을 하는 사람은 절대 죽지 않습니다. 자기가 하나님이기 때문에 절망하는데 하나님이 왜 절망을 합니까? 그러니까 절망으로 인해 비로소 희망을 되찾는다고 키에르케고르가 얘기를 했습니다.

다음에는 11장과 12장을 한꺼번에 읽겠습니다. 여기가 『요한복음』에서는 고비입니다. 왜 고비냐 하면 마지막 표징이 일어나기 때문입니다. 예수가 나사로라고 하는 죽은 사람을 살립니다. 엄청난 일인데 그 표징의 의미를 따지는 가운데 예수가 갑자기 스스로 죽는 사람이 되는 준비를 합니다.

평화롭게
(표징이 보여 주는 이야기)

11

평화롭게
(표징이 보여 주는 이야기)

『요한복음』 11장, 12장은 『요한복음』 전체를 조망해 볼 때 분수령에 해당되는 부분입니다. 2장에서부터 시작된 표징 얘기가 여기에서 마무리되고 다음 주제로 넘어갑니다. 『요한복음』 전체를 크게 나누어 '서시', '표징', '영광' 세 부분으로 분석한다는 말씀을 강의 초반에 소개해 드린 적이 있는데 우리가 지금 공부하려고 하는 장들을 마지막으로 '표징' 부분이 끝나고 13장에서부터는 영광 부분이 시작됩니다. 그런데 오늘 11, 12장에도 영광이라는 말이 여러 번 등장하는 것을 보면 표징과 영광이라는 말이 따로 떨어져 있는 말이 아니라는 것을 알 수 있습니다.

표징이 보여 주는 것

지금까지 여러 가지 표징을 보셨습니다. 2장에서는 가나의 혼인 잔치에서 물로 술을 만들었습니다. **예수의 첫 번째 표징인데 가정생활**

이 얼마나 중요한지, 남녀가 만나서 가정을 이루고 자손을 낳는다는 것이 얼마나 소중한 것인가를 보여 주는 표징입니다. 4장에서는 사마리아 여인 얘기를 보셨습니다. 모든 사람이 가망 없다고 제쳐놓은 여인인데 **예수를 만나서 자기 스스로의 삶을 되찾았습니다.** 4장 말미에서부터 5장에는 병 고치는 얘기들이 나옵니다. 왕의 신하의 어린 아이를 고쳐줍니다. 아이들이 병에 걸리면 부모에게는 더 이상의 고통이 없는 것인데 아이의 병을 고칩니다. 그 다음에 38년 동안을 앓고 있던 사람을 고칩니다. **몹쓸 병에 걸린 것은 하늘이 천벌을 내린 것이라는 생각에 아무도 돌보지 않는데 예수가 그를 고쳐줍니다.**

6장에서 오천 명을 먹여 살립니다. 그 대목은 **배가 고픈 사람에게 밥을 먹인다는 기적의 의미보다는 특히 배우려고 하는 사람의 배고픔에 대한 이야기입니다.** 배우려고 하다 보면 배고프기가 쉬운 모양입니다. 그것이 먹고 사는 일하고는 동떨어진 일이 돼서 그런가 봅니다. 오천 명을 먹여 살리는 대목을 보면 아무나 그 표징의 대상이 되었던 것이 아닌 것을 알 수 있습니다. 예수에게 무엇인가 좀 배우겠다고 따라 나선 사람이 그 표징의 대상입니다. 어떻게 보면 먹고 사는 일도 잊어버리고 예수를 따라왔던 사람에게 예수가 먹을 것을 마련해 주었습니다. 바로 그 뒤를 따라 물 위를 걷는 표징이 있었고 9장에 이르러 눈 먼 사람의 눈을 뜨게 했습니다.

11장에 이르면 이로 인해 유대인의 지도자, 특히 바리새인의 분위기가 흉흉해집니다. 오늘 나오는 가야바는 그 당시 유대 사람을 대표하는 대제사장입니다. '그 해에 대제사장인 가야바'라고 했는데 이런 표현이 나오는 이유는 원래 대제사장이 한 번 되면 평생 하는 것이지만 이때는 유대인이 로마 사람들의 통치 아래에 놓여 있었기 때문에 매년 로마 총독이 허락을 해야만 대제사장 노릇을 할 수 있었던 것 같습니다. 그래서 가야바가 대제사장 노릇을 하고 있는 '그 해'라고 한 겁니다. 이들이 모여 공론을 하는데 이 표징이 마음에 걸립니다. 사람을 살리고, 병을 고치고, 눈을 뜨게 하면 다 기뻐할 일 같은데 그게 이유가 돼서 예수를 죽이려 합니다.

왜 죽은 이를 살릴까?

11장의 표징은 『요한복음』에 나타나는 마지막 표징입니다. 지난번에 눈 먼 사람의 눈을 뜨게 해주었는데 이번에는 죽은 나사로를 되살렸다고 했습니다. 사람이 죽었다가 다시 살아나면 그 이상 놀랄 만한 일이 어디에 있겠습니까? 그 이상의 표징은 없습니다. 가정을 이루는 일을 축복하는 표징으로부터 시작해서 죽은 사람을 되살리는 표징까지 일관되게 흐르는 표징의 의미를 이제 통틀어 생각해 볼 수 있게 됐습니다. 그것은 다른 것이 아닙니다. 12장을 마무리하는 예수의 말씀으로 명백해지는 것이지만 사람은 영원한 것이기에 소중하다는 것입니다.

혼인 잔치에서 술을 빚어서 손님을 대접하는 이유는 영원한 생명인 사람의 생명이 싹트는 계기가 혼인이니까 축복하는 것이지 단지 태어났다가 세상을 떠날 때 사라져버리는 금생만의 소중함 때문에 잔치를 하는 것은 아니라는 것입니다. 죽었던 사람을 되살리는 것도 마찬가지입니다. 우리가 어떤 때는 죽으면 좋은 곳으로 간다는 생각을 하기도 합니다. 그러나 **죽었던 사람을 되살리는 표징마저도 사람이 산다는 것은 사나 죽으나 영생이라는 걸 확실히 알려주기 위해서 한 것이라는 의미가 있습니다.**

그런데 나사로를 살리는 대목을 자세히 보면 석연치 않게 얘기가 전개됩니다. 나사로는 원래 예수가 알고 지내던 마리아와 마르다라는 자매의 오빠라고 되어 있습니다. '나사로가 중병에 걸려서 죽게 생겼으니 오셔서 나사로를 좀 도와주십시오.' 하는 얘기를 전해 듣고도 예수는 '그래, 알았다.' 하고는 곧장 달려가지는 않았습니다. 특히 11장 6절을 보세요.

> 그런데 예수께서는 나사로가 앓는다는 말을 들으시고도 계시던 그곳에 이틀이나 더 머무르셨다.(11:6)

이렇게 이틀을 더 지체하는 바람에 나사로는 이미 죽었던 것 같습니다. 사흘째 되는 날 나사로가 사는 마을로 예수가 갔더니 장례식이 이미 끝났습니다. 이스라엘 사람의 장례 관습대로 시신을 염해서 굴에 안치하고 문을 돌로 막아두었습니다. 굴 안은 햇볕이 안 들고 건조한 곳이니까 시신이 말라 버리도록 하는 장례 방식입니다. 예수가 나사로를 찾아 갔을 때 사람들이 돌문을 여는데 시신에서 썩은 냄새가 날 정도입니다. 죽기 전에 찾아가서 고쳐 주는 게 아니라 시신에서 냄새가 날 때까지 기다렸다가 갔다는 얘기인데 석연치 않습니다. 왜 냄새가 날 정도가 될 때까지 기다렸다는 것일까요? 제자들과 예수 사이의 대화를 보세요. '예수님, 나사로가 병에 걸렸다고 하는데 빨리 가서 도와주셔야 되는 거 아닙니까?' 하니까 11절에서 예수가 이렇게 대답합니다.

> 이 말씀을 하신 뒤에, 그들에게 말씀하셨다. "우리 친구 나사로는 잠들었다. 내가 가서 그를 깨우겠다."(11:11)

'나사로는 잠들었다.' 그러세요. 제자들이 안심하고서 '아, 그럼 잘

됐네요.' 했습니다. 병 앓는 사람이 보통은 한잠 푹 자면 낫는 것 아닙니까? 그러니까 제자들이 반응을 이렇게 합니다. '아, 그렇습니까? 그럼 잘 됐네요. 나사로가 한잠 자고 나면 낫겠네요.' 그런데 이번에는 예수가 14절에 '아니, 나사로가 죽었다.'고 합니다.

제자들이 헷갈립니다. 죽은 것을 알면서 왜 나사로가 잠들었다고 그러는지 혼동됩니다. 죽었다는 얘기일까, 잠이 들었다는 얘기일까요? 제가 이런 말씀을 드리는 이유는 나사로를 되살렸다는 얘기를 전하는 요한이 그 얘기를 처음 시작할 때 석연치 않게 진행을 시키고 있음을 보여드리기 위해서입니다. 왜 그럴까요? 예수는 사람은 살아도 영원히 사는 것이고 죽어도 영원히 산다는 것을 믿게 하려고 혼인 잔치에서 포도주를 만들어줬고 죽었던 나사로도 되살립니다. 그런데 혹시라도 우리가 그것을 보고 나서 '그러니까 사람은 금생에서 죽지 않는 것이 소중한 것이지 금생에서 죽어버리면 끝장이로구나.' 하는 착각에 빠지면 안 되니까 나사로를 살리는 일에 대해서 석연치 않은 대화를 주고받았다는 대목이 여기에 있습니다.

여기서 끝으로 12장이 보여 주려는 얘기는 우리에게 마지막 표징이 남아 있다는 것입니다. 예수의 마지막 표징은 스스로가 죽는 것입니다. 예수가 십자가에 달려서 죽는 것은 죽는 것이 소중해서가 아니고, 남을 위해 희생하는 것이 소중해서도 아니고, 사람은 죽더라도 영생이 어디로 가지 않는다는 것을 보여 주는 표징으로서 죽는 것입니다. 오늘 11장, 12장은 죽는다는 것이 어떻게 하늘의 뜻을 지키는 것일까, 사람이 사는 것이 하늘의 뜻을 지키는 것이지 어떻게 죽는 것이 하늘의 뜻을 지키는 것이라고 할 수 있을까, 이런 생각을 하게 합니다.

부활과 생명은 무엇인가?

이제 11장 25절로 들어갑니다. 『요한복음』에서 가장 유명한 구절로 손꼽히는 구절입니다. "나는 부활이요, 생명이니" 예수가 이렇게 말합니다. 그 부활이란 죽었다가 다시 사는 것이 부활입니다. 죽지 않으면 부활이 없습니다. **죽어도 다시 사는 것을 부활이라고 하는데 그 말은 나는 죽어도 사는 사람이라는 뜻입니다. 죽어도 산다는 말은 영생한다는 말입니다. 이것이 '부활이요 생명이니' 할 때 생명의 의미입니다.** '나를 믿는 사람은' 하며 이제 믿는다는 얘기가 나오는데 믿는다는 것이 과연 무엇일까가 오늘 우리가 생각해 봐야 되는 대목입니다. 믿는다는 말이 반복해서 나옵니다. 25절, 26절을 읽어 보겠습니다.

> 예수께서 마르다에게 말씀하셨다. "나는 부활이요 생명이니, 나를 믿는 사람은 죽어도 살고, 살아서 나를 믿는 사람은 영원히 죽지 아니할 것이다. 네가 이것을 믿느냐?"

『요한복음』에서 예수를 믿는다는 것은 다른 것을 믿는 게 아니라 부활을 믿고, 생명을 믿고, 죽어도 살고 살아서도 사람은 영원히 죽지 아니한다는 것을 믿는 것입니다. 그러니까 예수가 믿느냐 물을 때 그냥 '믿습니다!' 하면 끝나는 게 아닙니다. 유대인과 예수 사이의 문제가 여기서 생깁니다. 유대인이나 가야바나 다 믿는 사람인데 왜 예수를 죽이려고 합니까? 예수가 자기들이 아는 것과 다른 얘기를 하니까 죽이려는 겁니다. 자기들이 아는 건 율법을 안다는 것이거든요. 그런 유대인에게 예수가 반박합니다. '율법에서도 그렇게 말하지 않고 있는데 율법을 안다면서 어떻게 이럴 수가 있느냐, 율법을 잘못 알고 있는 것 아니냐?' 하는 대화가 오고 갑니다. 11장과 12장이 길지만 같이 읽으라고 했습니다. 범위가 넓고 다루는 내용이 장황하다고 생각하실 수 있지만 그 핵심은 간단합니다. 무엇을 믿고 무엇을 아느냐는 것입니다. 12장 34절에 사람들이 예수에게 묻습니다.

> 그때에 무리가 예수께 말하였다. "우리는 율법에서 그리스도는 영원히 살아 계시다는 것을 배웠습니다. 그런데 어떻게 당신은 인자가 들려야 한다고 말씀하십니까? 인자가 누구입니까?"

사람들이 아는 율법대로는 "그리스도만 영원히 살아계시는 분인데 당신은 인자, 즉 '사람의 아들'이 들려야 된다고 하니 그 사람의 아들이라는 것이 영원히 사는 사람의 아들입니까, 아니면 그리스도라는 말입니까, 당신 말을 들으면 헷갈립니다." 하고 '무리들'이 말합니다. '무리들'은 이렇게 묻기라도 하지만 대제사장은 이미 결정을 내렸습니다. 율법에 의하면 사람은 영생이 아닙니다. 그들은 하나님만이 영생이라고 알고 있습니다. 반면에 오늘 예수가 여기서 '네가 나를 믿느냐' 할 때 믿는다는 것은 우리가 하나님만이 영생이 아니라, 그리스도만이 영생이 아니라, 사람이라면 누구나 다 영생이라는 것을 알게 된다는 것입니다.

신앙과 학문의 관계

이렇게 아는 것이 믿는 것이고 믿는다고 할 때는 이렇게 아는 것입니다. 말하자면 오늘 이 대목은 신앙과 학문의 관계를 다루고 있는 것입니다. 서구 사상계에서는 18세기에 이 문제가 화두로 등장해서 일단락되는데 이때 신앙과 학문은 전혀 별개의 인간사로 구분됩니다. 즉, 신앙을 한다는 것이 학문이라는 착각을 해도 안 되고 학문을 한다고 하면서 그것이 신앙이라는 착각을 해도 안 됩니다. 신앙은 신앙이고 학문은 학문입니다. 그 구분이 엄중합니다. **예수가 이 문제에 대하여 단도직입적으로 신앙이 없는 사람은 학문을 아무리 열심히 해도 엉뚱한 데로 빠진다고 말합니다. 반면에 신앙을 가진 분은 그가 하는 학문이 비로소 제 역할을 하게 됩니다.**

예수가 물로 포도주를 만들었다, 물 위를 걸었다, 눈 먼 자의 눈을 뜨게 했다 하는 것은 그 믿음 때문입니다. 남녀가 합해서 사는 것이 소중하고 눈을 뜨고 사는 게 소중하다는 믿음 때문에 그 믿음에 투철하면 의학도 발전하고 양조법도 발전합니다. 그렇게 해서 우리도 물로 술을 만드는 것 아닙니까? 물 없으면 술을 못 만들지요. 요즘은 개안수술도 하고 웬만한 병은 다 고칩니다. 믿는 사람이 못 고칠 병이 없도록 학문을 발전시키는 것입니다. 그런데 소인은 거꾸로 갑니다. 그러니까 결국은 믿음이 중요한 게 아니라 학문이 중요한 것이다, 일단 고치는 것이 중요한 것 아닌가 생각이 변질되는 순간 군자도 하루아침에 소인이 됩니다. 예수가 죽은 자를 살리시는 것도 궁극적으로 사람이 군자로서 사는 길과 소인으로서 사는 길로 갈라지는 대목을 밝혀 주시는 것이 아닐까 생각합니다.

우리가 일상생활 속에서 늘 저지르는 실수가 하나 있습니다. 매순간 저지르는 실수를 실수인 줄 알고 돌이키면 그 자리가 영생의 자리가 되는데 그 실수가 무엇일까요? 그 대목을 오늘 『요한복음』이 다루고 있습니다. 도마 얘기가 그 얘기입니다. 다른 복음서에 디두모라는 말이 쌍둥이라는 말이라고 주석을 단 것과는 달리 『요한복음』은 11장 16절에 도마를 '디두모라고도 하는 도마'로 유별나게 소개하고 있습니다. 이 도마가 다른 복음서에서는 의심 많은 제자로 나옵니다. 예수가 살아났다니까 못 자국, 창 자국을 만져봐야 믿지, 만져보지 않고는 못 믿겠다고 합니다. 학문이 앞서는 사람입니다. 학문이 확인한 것만 믿지 먼저 믿을 수 없다고 생각하는 도마가 『요한복음』에서는 갑자기 엉뚱한 얘기를 하는 도마로 나옵니다.

> 그러자 디두모라고도 하는 도마가 동료 제자들에게 우리도 그와
> 함께 죽으러 가자 하고 말하였다.(11:16)

예수가 그 전에 죽은 나사로를 놓고 나사로가 사실은 잠자고 있는 것이다 그랬습니다. 제자들이 '아, 그러면 푹 자고 일어나면 되겠네요.' 대답하자 '아니! 나사로가 죽었어. 우리 나사로에게 가자.'고 예수가 서둘렀습니다. 이때 도마가 갑자기 이런 엉뚱한 얘기를 합니다. 나사로에게 가자는데 '우리도 죽으러 가자'고 합니다. 엉뚱한 도마예요. 그렇죠? 도마는 문자 그대로 학문하는 사람의 대표자로 모든 복음서에 소개됩니다. 백문불여일견(百聞不如一見)인 사람입니다. 학문이라는 것은 예수 때나 지금이나 마찬가지입니다. 오늘날이 특별히 경험의 시대이기 때문에 경험을 중요시하는 것이 아닙니다. 우리가 보고 듣고 두들겨 봐서 확인이 돼야 학문이라고 그러는 겁니다. 이렇게 학문하는 사람이 도마인데 여기 11장에 나타나는 도마는 좀 독특합니다. 다시 말해 예수가 죽은 나사로 보러 가자고 했더니 우리 죽으러 가자고 하는데 왜 그런 말을 했는지가 문제입니다. 11장, 12장이 우리에게 확증해 주려는 것은 죽으러 가자는 사람은 영생을 알기 때문에 죽으러 가자고 그런다는 것입니다. 죽어도 영생인 것을 알기 때문에 그런 말을 한 것입니다.

11장에서 죽으러 가자는 도마는 이렇게 영생을 아는 도마였는데 20장 24절에서 25절까지의 도마는 의심 많은 도마입니다. 그러니까 예수의 손바닥과 옆구리를 만져봐야 되겠다는 도마에게 예수가 부활한 지 여드레 후에 다시 나타납니다. 이때는 제자들과 도마가 같이 있었습니다. 20장 26절에 보면 예수가 '너희들에게 평화가 있으라.' 이렇게 얘기합니다. 이 말이 기독교에서 또 아주 중요한 구절이 됩니다. 어떤 목사님은 예배가 끝나고 '평화가 여러분과 같이 있습니다.'라고 서로 인사하자고 권합니다. 이 말이 바로 도마를 겨냥해서 예수가 한 말입니다. 우리는 평화 속에 사는 사람들이라는 말입니다. 왜 이 인사를 하고 헤어지느냐 하면 예수 믿는 사람이 예배가 끝나고 세상으로 나갈 때 자기들이 평화를 지키는 사람이라는 것을 잊지 말자는 것입니다. 이것을 잊어버리면 예수 믿는 사람이 아닙니다. 예수 믿는 것이 무엇인지 모르는 사람이에요. 이 인사는 사실 율법을 믿는 사람들이 예수가 오기 전에도 옛날부터 해오던 인사였습니다.

죽어도 평화를 지키려는 사람이 영생을 체험하고 삽니다. 11장, 12장이 이것을 확인하고 있습니다. 표징과 영광, 신앙과 학문, 영생과 평화라는 대목을 차례로 확인하고 있습니다. **표징과 영광은 우리에게 영생을 가르쳐 주는 것인데 그 영생을 알려면 영생을 먼저 믿지 않으면 안 됩니다. 영생은 믿게 되면 학문적으로도 확실하게 증명할 수 있고 알 수 있습니다.** 그러면 이제 조금 더 구체적으로 살펴보겠습니다. 11장 4절을 보시면 나사로가 죽게 됐다는 소문을 들었을 때 예수의 대답이 재미있습니다.

이 병은, 죽을 병이 아니라 오히려 하나님의 영광을 드러낼 병

이다. 이것으로 말미암아 하나님의 아들이 영광을 받게 될 것이다.(11:4)

이 구절을 서양 사상사에서 유명하게 만든 사람이 덴마크의 19세기 사상가 키에르 케고르(1813~1855)입니다. 이 구절에서 키에르 케고르가 자신의 책 이름 『죽음에 이르는 병』을 따왔습니다. 우리가 앓는 병 가운데 죽음에 이르는 병이 있고 죽음에 이르지 않는 병이 있는데 나사로의 병은 죽음에 이르지 않는 병이라는 얘기를 예수가 한 것입니다. 여기 보면 나사로는 분명 죽었습니다. 나사로가 병 때문에 죽었는데 왜 죽음에 이르는 병이 아니라고 그랬을까, 그렇다면 우리에게 병이 있다면 그것은 죽음에 이르는 병일 텐데 그것은 어떤 병일까, 이런 의문이 생깁니다.

이런 맥락 속에서 쓴 것이 『죽음에 이르는 병』인데 키에르 케고르는 여기서 신앙과 학문의 문제를 다룹니다. 19세기의 서양은 신앙과 학문을 엄밀히 분리합니다. 칸트도, 헤겔도 그렇습니다. 학문하는 사람이 신앙을 가지고 학문을 하면 큰일 납니다. 신앙을 가지고 사는 사람이 신앙이 학문이겠거니 하면 더 큰일입니다. '과연 그래도 될까' 질문하는 책이 『죽음에 이르는 병』입니다. 믿는다는 말과 안다는 말을 어떻게 연관시킬까 하는 문제가 살아가는 데 중요한 문제임에 틀림이 없습니다.

사춘기 때 부모하고 아이들 사이에 충돌이 많아지기 시작합니다. 아이들이 '엄마, 왜 나 못 믿어? 아빠, 왜 나 못 믿어?' 그러면 엄마와 아빠의 대답이 '야! 너 같은 놈을 어떻게 내가 믿어. 너 어제 뭐 했는지 좀 알아야겠어!' 합니다. 이렇게 안다는 것과 믿는다는 것이 늘 갈등 속에 있습니다. 부부간에도 마찬가지입니다. 부부간에도 급

하면 질러대는 얘기가 '당신, 나 못 믿어?'입니다. 거기에 대한 대답은 물론 '아니, 좀 알아야겠어. 당신 같은 사람을 내가 어떻게 믿어?' 입니다. 그래서 전화 목록도 뒤져보고 일기장도 뒤집니다. 알지 않으면 믿을 수가 없다는 생각입니다. 이게 바로 신앙과 학문의 관계입니다. 사람 사는 곳에서는 어디서나 걸리는 문제인데 그 해결점을 예수는 영생에서 찾았습니다. **사람의 삶이 영생이라는 것을 아는 사람은 신앙과 학문의 관계가 흔들리지 않습니다. 인간이 영생이라는 것을 모르는 사람은 아무리 이 관계를 지키려 해도 깨지게 돼 있다고 예수가 얘기를 하는 것입니다.**

키에르 케고르는 『죽음에 이르는 병』에서 절망을 이야기합니다. 사람이 왜 절망하는지를 살펴서 그 절망의 논리를 밝혀내는 사람, 아는 사람은 믿음으로 삽니다. 반면에 이 절망의 논리가 무엇인지를 모르는 사람은 절망 때문에 죽어버립니다. 그래서 절망이 죽음에 이르는 병이 되기도 하고 죽음에 이르지 않는 병이 되기도 합니다. 키에르 케고르가 보기에 사람이 왜 절망을 하느냐 하면 죽으니까 절망을 한다는 것입니다. 사람이 죽지 않고 마냥 살았으면 좋겠는데 죽는 바람에 절망합니다. '죽지 않았으면 좋겠는데 나는 왜 죽을까?' 하고 절망하는 것인데 이것이 영생 때문에 절망하는 것이 아니고 무엇이겠습니까? 자기가 왜 절망하는지를 아는 사람은 영생을 해야된다는 것을 아는 사람입니다. 그런데 그 사람이 사람은 영생이라는 것을 믿게 되면 그 절망 때문에 믿음을 확인하게 되고 그 믿음 때문에 절망이 죽음에 이르는 병이 아니라 살리는 병이 된다는 게 키에르 케고르의 이야기입니다.

그러면 절망한 나머지 죽는 논리는 무엇이지요? '나는 영생을 해야 되는데 어차피 죽으니까 절망이구나. 그러니까 절망 속에서 죽어버리자.'는 논리인데 이런 사람은 자기가 왜 절망을 했는지도 모르는 사람입니다. 죽으니까 절망인데 그러니까 죽어버리자, 이게 말이 됩니까? 애초의 절망은 자기가 영생하고 싶어서 절망한 것인데, 죽으니까 영생이 아니니까 죽어버리자고 하면 자기가 왜 절망을 했는지도 모른다는 것입니다. 키에르 케고르가 그것을 '말이 안 되는 것이 말이 되는 것처럼 여기는 논리의 착각'이라고 얘기합니다. 키에르 케고르는 영생을 지켜야 말이 된다는 생각을 했습니다. 영생을 지켰더니 죽는다는 것은 염려할 게 없습니다. 죽어도 영생이라는 것을 알게 되니까 사람이 태어나고 죽는 것은 자연 현상일 뿐입니다. 진리예요. 진리를 거스르는 것은 영생이 아닙니다. 죽어도 살고 살아서도 영원히 산다는 것을 확인하는 것이 논리입니다. 11장 8절에 이런 얘기가 나옵니다.

> 제자들이 예수께 말하였다. "선생님, 방금도 유대 사람들이 선생님을 돌로 치려고 하였는데, 다시 그리로 가려 하십니까?"(11:8)

'그리로'는 마리아와 마르다의 동네 베다니입니다. 성경에 보면 베다니가 두 군데인데 하나는 북쪽 갈릴리 부근에 있는 베다니가 있고 여기에 나오는 베다니는 예루살렘에서 가까운 베다니입니다. 예루살렘에 가까운 데로 가면 유대인이 예수를 죽이려고 기다리고 있으니까 가지 말라는 겁니다. 여기서 유대인은 사람을 돌로 쳐서 죽이려는 사람들, 사람을 죽임으로써 문제를 풀 수 있다고 생각하는 사람입니다. 그 사람들은 영생이라는 것을 믿지 않으니까, 사람은 죽으면 사는 것과 완전히 구분되니까 죽이면 문제를 풀 수 있다고 생각하는 사람들입니다.

사형과 기독교의 변질

요즘은 교회에 가서 물어봐도 죽일 사람은 죽여야 인간의 문제가 해결이 된다고 믿습니다. 사실 사형제도는 기독교에서는 한 동안 없어졌었습니다. 4세기에 콘스탄티누스가 황제 되고 나서 제일 먼저한 일이 사형 제도를 없앤 것입니다. 예수가 사형제도 때문에 십자가에 처형당했으니까 사형법은 예수를 죽인 법이라고 해서 폐지했습니다. 이것이 200년이 못 가서 되살아납니다. 이때부터 예수교가 변질되기 시작합니다. 사형제도가 되살아나자마자 금세 이슬람이 생깁니다. **기독교가 변질되지만 않았더라면 이슬람이 따로 생길 필요가 없었습니다. 왜냐하면 기독교 세상은 아랍 사람도 같이 잘 사는 세상이었으니까요.** 평화의 세상, 영생의 세상, 인간이 이 땅에서 사는 것이 영광스러운 세상이었기 때문에 다른 종교가 생겨날 필요가 없습니다. 역사적으로 보면 이슬람이 생기는 시기와 기독교 세계에서 사형제도가 되살아나는 시기가 맞물립니다.

신약 성경에 보면 기독교를 전파한 가장 큰 사도가 바울입니다. 바울은 예수를 보지도 못했지만 예수교를 전파하기 위해서 동쪽으로 가려고 했는데 그쪽 말을 할 줄 모르니까 성령이 허락하지 않아서 서쪽으로 갔다는 것입니다. 바울 덕분에 로마와 지중해 지역이 기독교 천지가 되었습니다. 바울은 동쪽으로는 가지 못했지만 예수를 직접 섬기던 제자인 도마는 인도까지 갔습니다. 도마는 동쪽으로 간 제자인데 인도 남쪽까지 기독교를 전파했습니다. 이 도마가 무엇을 전파하러 갔느냐 하면 영생을 전파하러 갔다는 것이고, 지중해 연안으로 간 바울은 부활의 복음을 전파했다는 것입니다. 그런데 여기 11장 25절에 부활이나 영생이나 같은 말씀이라는 것이 나옵니다. "부활이요 생명이니"는 부활이 곧 생명이다 이런 말입니다. 오늘 이 대목, 표징과 영광, 부활과 영생 얘기에서 예수님이 이런 것을 가르쳐 주고 계시는 것이라고 생각합니다. 이제 죽는 얘기입니다. 예수가 왜 죽게 됐나 하는 문제입니다. 12장 24절, 25절을 보시면 여러분들이 잘 아시는 유명한 밀알의 비유가 나옵니다.

> 밀알 하나가 땅에 떨어져서 죽지 아니하면 한 알 그대로 있고, 죽으면 열매를 많이 맺는다. 자기의 목숨을 사랑하는 사람은 잃을 것이요, 이 세상에서 자기의 목숨을 미워하는 사람은, 영생에 이르도록 그 목숨을 보존할 것이다.(12:24-25)

밀알 한 톨이 땅에 떨어져 죽음으로 거기에서부터 장대한 밀밭이 형성이 된다는 것입니다. 사정이 이런데 어떻게 밀알이 죽지 않겠느냐는 것이지요. 여기서 죽을 수 있는 밀알이란 누구를 말하지요? 예수를 따르는 사람들입니다.

> 나를 섬기려고 하는 사람은, 누구든지 나를 따라오너라. 내가 있는 곳에는, 나를 섬기는 사람도 나와 함께 있을 것이다. 누구든지 나를 섬기면, 내 아버지께서 그를 높여주실 것이다.(12:26)

'내 아버지께서 높여주시는 사람'이 누구냐 하면 인자가 되는 사람이에요. 그리스도가 되는 사람 모두를 말합니다. 그 사람들이야말로 영생을 누리는 사람입니다. 예수를 따라오는 사람은 양(羊)의 우리, 양의 문 얘기할 때 그 안에 살고 그 문으로 드나드는 사람입니다. '양의 문,' '양의 우리'라고 할 때 양이 드나드는 문, 양이 사는 우리를 얘기하지 하늘이 사는 문, 하늘이 드나드는 문을 이야기하는 게 아니에요. 일상적인 생활 속에서 영생을 지키는 사람이 바로 그리스도요, 바로 하나님이 높여주는 사람입니다. 그 다음을 읽어보면 예수가 자기가 얼마 안 가서 죽을 것을 아는데 12장 마지막 50절에서 예수가 이렇게 말합니다.

> 나는 그의 명령이 영생인 줄 안다. 그러므로 나는 무엇이든지 아버지께서 나에게 말씀하여 주신 대로 말할 뿐이다.(12:50)

하나님의 명령이 영생인 줄을 안다, 예수가 이것을 밝히러 왔다는 것입니다. '그러므로 나는 무엇이든지 아버지께서 나에게 말씀하여 주신 대로 말할 뿐이다.' 그래요. **예수가 하는 말은 바로 하늘의 말씀인데 하늘이 들려주시는 말씀은 다름이 아니라 인간의 생명은 영원하다는 것입니다.** 그런데 생명이 영원하다고 하면 이상한 것일까요? 아닙니다. 누구나 평상적인 삶 속에 영생이 계속 묻어나오는 것을 봅니다. 우리 삶이 이미 일시적인 것이 아니라 영원하다는 것을 증거합니다. 사람들이 서로 마주 앉아서 얘기를 하다 보면 세상 떠나신 부모님, 아직 태어나지 않은 후세를 얘기하고 멀리 떠나 이제는 볼 수 없게 된 친구 얘기를 합니다. 이런 것을 보면 사람은 시간에 구애를 받고 사는 것이 아닌 것을 알 수 있습니다. 그게 영생입니다.

이제 13~14장을 공부하겠습니다. 예수가 죽게 됩니다. 맞서 싸우자고 나서면 안 죽을 수 있는데 싸우지 않아서 죽습니다. 예수를 위해서 대신 싸워 주겠다는 제자들이 있었습니다. 그러나 싸우면 영생을 잊어버리는 것이니 예수가 제자를 말립니다. 예수는 '영생을 믿는 사람은 그렇지 않다.'는 가장 단순한 진리를 3년 동안 애써서 제자에게 확인시켜 주려고 했던 것입니다.

그렇게 살려면 신앙과 학문이 연계되지 않으면 안 됩니다. 요새도 동서 사상계가 씨름하고 있는 제일 중요한 명제입니다. 기독교계도 마찬가지입니다. 기독교에서 가장 큰 학자를 꼽으라고 하면 5세기 어거스틴(Augustine)을 꼽을 수 있습니다. 그가 왜 큰 학자가 됐냐 하면 로마가 기독교를 받아들인 후에 로마가 이해한 기독교를 학문적 체계로 완성한 학자이기 때문입니다. 어거스틴이 한 말 중에 가장 유명한 말이 'credo ut intelligam'이라는 말입니다. 'intelligam'은 '안다'는 말입니다. 'ut'는 '위해서' 또는 '그러려면'입니다. 다 합쳐서 '나는 믿는다. 왜냐하면 그래야 알 수 있기 때문에'가 됩니다. 어거스틴의 사상체계 속에서 가장 중요한 명제입니다.

이 전통이 11세기로 이어집니다. 11세기는 문제의 세기이기도 하지만 기독교가 자기를 되찾으려는 시기이기도 합니다. 이슬람과 전쟁이 막 벌어지기 시작했는데 다른 쪽에서는 정신 차려야겠다, 기독교를 재정비하지 않으면 안 되겠다는 생각을 합니다. 그때 중요한 학자가 안셀무스인데 이 분이 기독교를 되살리기 위해 재발굴한 가장 중요한 명제가 어거스틴의 '나는 믿는다, 그러지 않으면 알 수 없기 때문에'입니다. 우리는 알아야 삽니다. 사람은 아는 게 힘입니다. 그런데 믿지 않으면 알 수가 없다는 얘기로 기독교를 재정비해야겠다는 것이 안셀무스의 생각이었습니다.

이것이 11세기 이야기인데 18세기에 들어와서 이 명제를 뒤집어 엎는 게 근대혁명입니다. 근대혁명이 어떻게 뒤집어엎느냐 하면 '믿는 것하고 아는 것은 상관이 없어, 믿는 것과 아는 것이 섞이면 안 돼' 이렇게 됩니다. 그러면 credo는 교회에서 돌보고, intelligam은 학교에서 돌보면 됩니다. 이렇게 되면서 학교와 교회가 갈라집니다. 그런데 유럽에서 제일 먼저 생긴 대학교들은 모두가 믿는 사람이 믿어야 배울 수 있다고 생각했기에 세운 대학교입니다. 교회가 세운 대학교죠. 미국의 프린스턴대학교, 하버드대학교, 예일대학교도 다 교회가 세운 대학교입니다. 그런데 **근대정신이 대학교와 교회를 갈라놓으니 교회도 망하고 학교도 망하게 됩니다.**

이런 생각이 지금 한국에까지 들어오려고 합니다. 이 문제가 심각하게 부각되는 대목이 『요한복음』 11장, 12장이 아닌가 합니다. 종교 얘기하면서 갑자기 왜 학문 이야기를 하는지 의아하실 수 있습니다. 그러나 학교를 떠난 종교는 번번이 실수하게 됩니다. 맹신이 됩니다. 또 아무리 공부를 해도 신앙심 없는 학교는 사람 살린다는 핑계로 사람을 잡습니다.

Chapter 12

제자의 발을
씻어주는 예수

12 | 제자의 발을 씻어주는 예수

오늘은 지금까지 분위기와 전혀 다른 국면으로 들어갑니다. 13장부터 21장까지에서 예수의 일생이 마무리됩니다. 예수가 '죽는 일'로 들어갑니다. **예수가 '죽는 일'을 『요한복음』이 늘 '예수의 영광'이라고 부릅니다. 영광이란 사람의 진면목이 널리 드러나는 것을 말합니다.** 『요한복음』은 예수의 죽음을 통해서 예수의 영광이 드러난다고 하는 것인데 그게 무슨 말일까, 이제 이것이 문제입니다. 지난 시간에 죽은 나사로를 살리는 예수의 마지막 표징을 접했는데 나사로를 살린 일이 사람이 죽어서는 안 된다는 것을 보여준 것이었을까 아니면 사람의 생명에 대한 어떤 다른 진리를 나누는 표징이었을까 하는 문제를 다뤘습니다. 물론 예수가 살린 나사로가 잠깐 더 살았던 것은 사실이지만 오늘날까지 살아 있는 것은 아닙니다. 그 밖에 '나사로가 잠들었다'는 표현을 두고 일어났던 여러 가지 오해들을 살펴보았고, 사람이 산다는 것과 죽는다는 것의 연관성에 대해서도 얘기했습니다.

결론적으로 『요한복음』 전체를 통해서, 그리고 여러 가지 표징을 통해서 일관성 있게 예수가 우리와 나누고자 하는 진리는 사람의 생명은 생일이 있고 망일이 있지만 그럼에도 불구하고 생명의 본질이 영원하다는 것이라고 정리했습니다. 이 영생을 모르고 사는 사람은 비록 평화를 소중하게 여기고 아낀다고 하더라도 평화의 삶을 누릴 수 없는데 그들은 평화를 위해서 싸워야 되는 사람일 테니까 그럴 수밖에 없다고 봤습니다. 반면에 영생을 알고 사는 사람은 잠시 살아도 지상의 삶을 즐기며 살고, 죽어도 평화를 누린다고 마무리 지었습니다.

13장과 14장이 길기도 하고 내용도 전혀 다른 것 같지만 사실 한 가지 얘기입니다. 옛날에는 성경에 장과 절이 없었습니다. 그럼에도 불구하고 장절을 나눌 때 특별히 13장, 14장을 나눈 데에는 이유가 있었을 것입니다. 13장에는 다른 복음서에 소개되지 않는 사건이 나옵니다. 다른 복음서에는 예수가 죽기 전에 제자들의 발을 씻어줬다는 얘기가 없습니다. 이 사건은 최후의 만찬 장소에서 일어난 사건입니다. 최후의 만찬이라고 부르는 것은 예수가 죽기 전에 제자들과 저녁상을 같이 한 일을 말합니다. 다빈치의 〈최후의 만찬〉이라는 작품이 있습니다. 이 작품이 유명한 것은 기독교인에게는 '최후의 만찬'이 예수의 진리를 이해하는 데 핵심이라는 생각이 있기 때문입니다.

이 '최후의 만찬'에 대한 얘기가 13장의 얘기인데 마태나 마가나 누가의 복음이 얘기하는 '최후의 만찬' 모습하고 요한이 전하는 '최후의 만찬' 모습이 전혀 다릅니다. 마태나 마가나 누가의 '최후의 만찬'에서는 예수가 떡을 떼어서 제자들과 나눠 잡숫고 포도주를 따라서 나눠 마셨습니다. 제가 전에도 말씀드렸지만 기독교 전통에서 중요한 신앙 예식 중의 하나가 성찬식입니다. 예수의 살과 예수의 피를 나눠 먹고 마신다, 그래서 이제는 더 이상 내 살과 내 피로 내가 사는 것이 아니라 예수의 살과 예수의 피로 이 땅에서 산다, 이런 것을 확인하는 성찬식이 기독교에서 가장 중요한 예식인데 그 예식이 이 '최후의 만찬'에서 비롯된 것입니다.

그런데 『요한복음』 6장에 어떤 소년이 가져온 빵 다섯 덩어리하고 물고기 두 마리로 사람들의 배를 부르게 한 다음에 예수가 제자들에게 말합니다. '나는 사실 이런 떡과 빵으로 살지 않는다. 그리고 또 너희들도 떡과 빵을 먹고 살 것이 아니라 내 살을 먹고 살면 영원히 배고프지 않을 것이다. 내가 영원한 빵이다.' 마지막 만찬에서 하는 얘기가 아니라 평소에 가르칠 때 예수께서 이런 말씀을 했다는 것입니다. 제자들이 이 얘기를 놓고 논란을 벌였는데 더군다나 제자가 아닌 사람은 어떠했겠습니까? '도대체 저 사람이 무슨 얘기를 하는 거야' 이렇게 분위기가 돌아가는 것을 봤습니다. 『요한복음』에서는 그런 대목이 표징 부분인 6장에 일찌감치 나왔는데 오늘 '최후의 만찬'에서는 예수가 뜻밖에 제자의 발을 씻깁니다.

반전의 진리

제자 발을 씻겨주는 얘기에는 몇 가지 재미난 면이 있습니다. 사막에서 샌들을 신고 다니거나 맨발로 다니는 이스라엘 사람이 종일 돌아다니다가 집안에 들어와 제일 먼저 하는 일이 발을 씻는 일입니다. 세상을 나돌아 다니다가 그 일이 끝나고 자기의 삶을 챙길 때 제일 먼저 해야 될 일입니다. 이스라엘 사람의 경우 대부분 자기 발은 자기가 씻는데 여기 보면 어떤 사람의 발은 남이 씻어준다는 것을 알 수 있습니다. 신세가 편한 사람들입니다. 오늘도 높은 사람의 얘기가 나옵니다. 종이 주인보다 높지 않다, 사람이 하나님보다 높지 않다, 이런 구절이 있습니다. 사람이 높고 낮다고 할 때 그것을 구별하는 방법 중 하나가 자기가 자기 발을 씻는 사람은 낮은 사람, 남들이 발을 씻어주는 사람은 높은 사람이 되겠지요.

이런 구분은 사람 사는 사회면 알고 싶어 하는 구분입니다. 누가 훌륭한 사람이고 누가 못난 사람일까, 알고 싶어 하지요. 오늘 발 씻기는 것도 보면 그 동안 예수는 스승의 역할을 했고 제자는 학생 역할을 했는데, 배움을 주는 사람과 배우는 사람의 구분이 뭘까요? 13장의 도입 부분을 읽어보면 응당 제자가 스승의 발을 씻겨야 되는 것 아니겠습니까? 스승은 발 씻김을 받을 수 있는 분이니까요. 그런데 반전이 일어납니다. 『요한복음』 13, 14장도 사실은 마무리 부분입니다. 특히 14장에서 예수가 '일어나자, 여기를 떠나자.' 그럽니다. 반전을 기대할 만한 대목입니다.

많은 성경학자가 15, 16, 17장은 14장에서 18장으로 가는 일을 설명하기 위해서 쓰인 것이라고 합니다. 『요한복음』은 복음서 중에 제일 늦게 쓰였는데 기존 복음서에 오해 소지가 있는 부분을 분명하게 밝히려고 정리한 측면이 있습니다. 특히 15, 16, 17장에 『요한복음』을 쓴 분의 생각이 모아진 것이라고 할 수 있습니다. 14장에서 여기를 떠나자고 한 예수가 18장에서 곧바로 십자가를 지러 갑니다. '왜 곧바로 예수가 죽게 되는가.' 하는 대목을 밝히기 위해 15, 16, 17장에 길게 예수 자신의 말씀을 전합니다. 예수가 이렇게 길게 얘기하는 대목이 성경 어디에도 없습니다. 다른 얘기는 없고 예수의 말씀만으로 채워져 있습니다.

다른 복음서에 없는 15, 16, 17장의 예수 말씀을 알아듣기 위해서 13장, 14장의 사건을 잘 이해하는 것이 중요합니다. 그런데 사건이 반전으로 시작됩니다. 제자들이 다 모였는데 분위기가 심상치 않습니다. 예수님이 우리와 오래 계실 것 같지가 않다는 예감이 있습니다. 아니나 다를까 제자들이 다 모이니까 예수가 다짜고짜 '내가 너희들의 발을 씻기겠다.' 그럽니다. 제자들 반응을 보면, 특히 베드로는 펄펄 뜁니다. '선생님, 절대로 안 됩니다. 만약 오늘 발을 씻기는 행사를 하시려면 우리가 예수님의 발을 씻겨야지 어쩌자고 저희의 발을 씻기겠다고 그러십니까?' 그러자 예수가 '내가 너를 씻기지 아니하면 너는 나와 상관이 없다.' 이렇게 얘기합니다. '그러면 발만 씻기지 마시고 나를 몽땅 다 씻겨 주십시오.' 하고 베드로가 들이대는데 베드로의 성격이지요. 그러니까 예수가 '아니, 발 씻는 것만으로 충분해.' 합니다. 그러고 나서 하는 말씀입니다.

> 주이며 선생인 내가 너희의 발을 씻겨 주었으니, 너희도 서로 남의 발을 씻겨 주어야 한다. 내가 너희에게 한 것과 같이, 너희도 이렇게 하라고, 내가 본을 보여 준 것이다. 내가 진정으로 진정으로 너희에게 말한다. 종이 주인보다 높지 않으며, 보냄을 받은 사람이 보낸 사람보다 높지 않다.(13:14-16)

예수가 '나는 하나님이 보낸 사람이다. 그 하나님은 나를 보낸 분이다.' 그랬으니까 '하나님보다 사람이 높지 않은 게 분명하다.' 이런 얘기도 되겠지요. '나는 하나님의 아들이라고 그러지만 하나님의 아들은 아버지보다 높지 않다.' 이런 얘기가 분명합니다. 우리가 다 쉽게 알아들을 수 있는 얘기를 하고는 말을 마무리합니다.

너희가 이것을 알고 그대로 하면, 복이 있다.(13:17)

그러니까 예수가 제자들의 발을 씻어주는 것은 높은 사람이 낮은 사람의 발을 씻어 주는 것입니다. 큰 사람이 작은 사람의 발을 씻는 것입니다. 발을 씻어주되 이것은 알아야 된다는 얘기입니다. 이것을 알고 하면 어떤 일이 벌어지는 것이냐 하면 20절을 보세요.

내가 진정으로 진정으로 너희에게 말한다. 내가 보내는 사람을 영접하는 사람은 나를 영접하는 사람이요, 나를 영접하는 사람은 나를 보내신 분을 영접하는 사람이다.(13:20)

여기서 나를 보낸 이는 하나님이잖아요. 예수를 영접한다는 것은 무엇일까요? **예수가 본을 보여준 대로 하는 것이 예수를 받아들이는 것입니다. 높은 사람이 낮은 사람의 발을 씻기는 일을 하는 것입니다. 그 일을 하면 그 사람은 예수를 받아들일 뿐만 아니라 하나님을 받아들이는 것이라는 얘기입니다.** 이 얘기가 14장으로도 넘어가는데 하나님을 받아들인다는 말이 왜 중요해지느냐 하면 하나님을 받아들인 사람은 다름 아니라 하나님과 하나 되는 사람이기 때문입니다. 하나님과 다름없이 사는 사람입니다. 그렇게 사는 사람은 잠깐 삶을 살다가 하나님에게로 돌아가는 사람이고 잠깐 이 땅의 삶을 살더라도 하나님처럼 영생을 살아가는 사람입니다.

14장에 빌립이 다시 등장해서 질문합니다. 1장에서 나다나엘과 나왔던 빌립이 그때도 비슷한 질문을 했는데 또 그 질문을 합니다. '하나님 좀 보여 주세요.' 이 질문을 받는 예수는 지금 어떤 처지에 있습니까? 예수는 지난 3년 동안을 제자들과 같이 방방곡곡을 다니면서 여러 가지 가르치는 말씀도 했고 일도 했습니다. 그런데 그 말과 일이 오해를 사서 예수를 죽이겠다고 덤벼들고 있습니다. 그 이유의 핵심은 다른 게 아닙니다. '어떻게 사람이면서 하나님이라 하고, 하나님만이 하실 수 있는 일을 감히 하고 다니느냐, 병든 자를 고치는 것은 하나님이 하시는 일인데 그것도 하나님께서 아무 일도 하지 말라고 모세를 통하여 명하신 안식일에 병자를 고쳤으니 그것은 하나님의 권위에 도전하는 것과 마찬가지이다, 그러니 죽어 마땅하다.' 이런 지경에 있는 예수에게 빌립이 '하나님을 보여 주세요.' 하는 것입니다.

빌립은 아직 의문이 안 풀렸습니다. 빌립은 예수를 부지런히 쫓아 다녔습니다. 1장에서 예수를 처음 만나는데 예수의 공적인 삶이 시작되는 때입니다. 14장은 공적인 삶이 마무리되는 단계이니까 3년을 열심히 쫓아 다녔는데도 똑같은 질문을 합니다. '아, 좀 시원하게 하나님을 좀 보여 주십시오.' 예수의 대답은 간단합니다. '나를 봤으면 하나님을 본 것이지 뭘 또 보여 달라고 그러느냐.' 빌립이 왜 그런 질문을 할 수밖에 없느냐 하면 반전의 진리, 주인이 종의 발을 씻기는 진리가 미덥지 않은 것입니다. 빌립도 예수의 발 씻김을 당했습니다. 빌립이 자기 발을 씻어주는 예수를 쳐다보는데 하나님이 과연 내 발을 씻길까 하는 미덥지 않은 생각이 드는 것이죠.

주인이 종의 발을 씻긴다, 하나님이 사람의 발을 씻겨 준다는 것을 못 믿는 것인데 한번 생각해 보세요. 우리가 집에 들어가면 발을 씻습니다. 마지못해 씻는데 그때 누가 씻겨 주면 얼마나 좋겠습니까? 예수가 바로 이런 이야기를 하는 겁니다. **하기는 싫지만 하지 않으면 안 되는 일을 대신 해 주는 분이 바로 하나님의 모습이다, 우리가 그런 하나님처럼 살면 그게 바로 사람 사는 모습이다**, 이런 얘기입니다.

제가 다시 『요한복음』 13장을 보니까 여기 반전의 진리가 눈에 들어왔습니다. 주인이 종이 되는 반전입니다. 제자들이 깜짝 놀랐습니다. 지금 우리가 읽어봐도 깜짝 놀라지 않습니까? 『요한복음』을 정리하는 분들에게도 이 반전 사건이 중요했던 것 같습니다. 떡을 나누고 포도주를 나누는 '최후의 만찬'보다 주인이 종의 발을 씻어주었던 엄청난 반전 사건이 진리의 핵심이라고 생각을 했던 것 같습니다. 이것을 단단히 챙겨서 변하지 않는 진리를 후세에 전해 줘야겠다고 『요한복음』에 적어 놓았기에 2000년이 지난 오늘도 우리가 이렇게 읽고 있는 것 아니겠습니까?

두 종류의 제자, 그리고 배반

오늘 나오는 제자 중에 두 종류의 제자가 있습니다. 하나는 열성파 베드로입니다. 보통 열성이 아닙니다. 반면에 냉정한 제자도 있습니다. 이지적이고 냉철한 가룟 유다입니다. 예수 제자 중에 가장 대조적인 제자를 뽑는다면 유다와 베드로입니다. 베드로는 행동파이고 뜨겁습니다. 그래서 오늘도 그의 반응이 재미있습니다. 그러나 유다는 아무 말도 하지 않습니다. 예수님이 빵을 주면서 '자, 네 빵 여기 있다. 가서 할 일 해라.' 하니까 유다는 그 빵을 받아 들고는 말없이 자기 일 하러 떠납니다.

그런데 베드로를 보세요. '내가 가는 곳에 너희들은 따라오지는 못해.' 하니까 '아니, 선생님 그게 무슨 말씀이십니까? 죽으러 간단 말씀이십니까? 그럼 저도 주님을 위해서 죽겠습니다.' 이런 스타일입니다. 예수가 '알았다.' 그럽니다. 말이라도 고맙지 않습니까? 베드로가 하는 말을 예수가 의심하시는 것은 아닙니다. 베드로의 충정을 받아들이신 것 같아요. 그렇지만 '그래 너는 그럴 사람이야. 너는 내가 죽는다면 나를 위해 죽겠다는 열성을 가지고 사는 사람이야. 그런데 말이야, 내가 한 마디 하지. 닭이 울기 전에 세 번씩이나 네가 나를 모른다고 그럴 거야.' 이렇게 이야기합니다. 베드로는 무슨 말씀을 하는지 못 알아듣습니다.

여기서 냉철한 유다와 열렬한 행동주의자 베드로는 예수와는 전혀 다릅니다. 그러나 한 가지 사실은 분명합니다. 둘 다 딱합니다. 예수가 모르는 사람에게 배반을 당하는 것이 아닙니다. 예수를 잡아 죽이겠다고 불철주야 노심초사하던 대제사장의 무리 혹은 가이샤에게 배반을 당하는 것이 아니라 자기를 3년 동안 쫓아다니던, 예수가 가장 아끼던 제자 중에 배반자가 생깁니다. 일이 다 끝난 것이지요.

하지만 과연 누가 반역자이고 누가 예수 같이 우리에게 진리를 전파한 사람일까 하는 문제가 여전히 있는데 13장의 마지막 얘기를 읽을 때마다 이것이 2000년 전에 예수와 같이 다니던 제자들이 부딪혔던 문제가 아니라 우리가 오늘날도 부딪히고 있는 문제가 아닐까 하는 생각이 듭니다. 왜냐하면 가룟 유다는 냉철한 지식의 경제학자인 셈인데 이제 예수로는 살 수 없다는 판단을 합니다. 예수가 죽고 없어지는 새로운 시대에 예수를 의지해서는 살 수 없다는 결정을 내립니다. 그러나 가룟 유다가 예수를 전적으로 버린 것은 아닐 거예요. 가룟 유다에게 이런 생각이 있습니다. '나는 예수에게 배운 것을 챙겨야 돼, 챙길 게 많지만 배운 것을 새로운 시대에도 유지하려면 예수의 얘기를 그대로 지켜서는 안 돼, 바뀔 수밖에 없어.'

예를 들어 예수의 좋은 얘기가 많지 않습니까? 또 예수가 하신 일 중에도 좋은 일이 너무 많습니다. 배고픈 사람 밥 먹여주고, 병든 사람 병 고쳐주고, 눈 먼 사람 눈 뜨게 해주고 얼마나 좋습니까? 가룻 유다가 결심합니다. '나도 예수같이 그렇게 하겠다. 그러나 한 가지 못할 일이 있다. 그것은 시대를 따라 변하는데 변하지 않고서는 생존할 수 없다.' 그게 뭘까요? 가룻 유다가 예수를 잘 쫓아다닐 때는 탈이 없었는데 세태가 변하더니 예수가 곧 죽을 사람이 됐습니다. 자, 예수가 죽게 되었습니다. 우리는 역사를 지키기 위해서 살아남아야 되지 않겠습니까? 죽은 사람이 역사를 지킬 수 없습니다. 생존자가 지키는 것이 역사입니다. 그런데 예수를 계속 따라가서는 생존할 수가 없습니다. 가룻 유다도, 베드로도 마찬가지입니다. 똑같은 이유로 베드로와 가룻 유다가 예수를 배반합니다. '살아남아야 예수를 지키지'입니다.

사실 가룻 유다와 베드로는 복음서가 없었더라면 많은 사람들에게 칭찬을 받을 사람이었을지도 모릅니다. '잘했어, 잘했어. 그래도 살아남았기에 예수를 전할 수 있는 것 아니야.' 그런데 유다의 말로가 처참합니다. 『사도행전』에 보면 '피의 바다'라는 지명이 나옵니다. 왜 피바다가 됐느냐 하면 가룻 유다가 목을 매고 죽었을 때 유다의 몸이 땅에 내려 꽂혀 창자가 터지는 바람에 피바다가 됐습니다. 가룻 유다는 더 이상 살 가치가 없다는 생각을 했던 것입니다. 그 다음에 베드로도 닭이 세 번 우는 소리를 듣고서는 '아차, 예수님이 나더러 배반한다고 그랬지. 내가 예수 위해서 죽겠다고 큰 소리를 친 녀석이 살아 있어야 예수의 과업을 이루지 죽어서 어떻게 예수의 과업을 완수하겠냐는 그 충정에 내가 예수를 배반했구나, 내가 이제는 살아 있더라도 예수를 가르칠 지경에 들어가지 못하겠구나.' 하는 것을 닭이 세 번 우니까 깨달았다는 얘기가 나옵니다. 베드로는 여기서 가룻 유다처럼 자살을 하는 게 아니라 회개를 합니다. 회개를 하고 예수를 전파합니다.

제가 배반의 종류가 두 가지라고 했지만 배반의 내용은 똑같습니다. 예수는 영생을 가르친 분인데 영생은 죽어도 영생이고 살아도 영생이거든요. 그러니까 영생을 지키신 분은 살겠다고 죽는 일을 피하지 않습니다. 영생을 지키기 위해서 죽어야 된다면 죽기를 마다하지 않는 것이 예수의 길입니다. 그런데 '아니, 그렇게 소중한 것을 내가 배웠는데 그 배운 것을 전파하려면 살아있어야 전파를 하지.' 하는 게 깜박하는 자리입니다. 하지만 예수가 보여 줍니다. 영생을 가르쳐주기 위해서 꼭 살아야만 되는 것이 아닙니다. 살아야만 영생이 아니고 죽어도 산다는 것이 영생이니까 죽어도 괜찮습니다. 그런 사람이 바로 평화를 지킵니다.

바로 여기가 평화와 싸움이 갈라지는 대목입니다. **영생을 아는 사람은 평화를 지킬 줄 압니다. 영생을 모르는 사람은 평화를 지키겠다면서 평화를 깹니다.** 베드로를 보세요. 베드로가 예수를 세 번 부인하기 전에 어떤 베드로였습니까? 사람들이 예수를 잡으러 오니까 잡으러 온 사람이 차고 온 칼을 빼앗아서 앞장섰던 '말고'라는 종의 귀를 잘라버립니다. 귀를 자르려고 내려쳤겠습니까? 목을 자르려고 쳤겠지요. 무사가 아니니까 목을 자른다고 칼을 내려친 게 그만 귀를 잘랐습니다. 예수가 베드로에게 '칼은 칼집에 집어넣어라. 칼을 쓰는 자는 칼로 망한다.' 이렇게 말립니다. 살아야만 평화를 지킨다, 살아야만 영원한 진리를 지킨다는 사람은 이렇게 영생도 저버리고 평화도 깨버리고 맙니다. 그런데 영생을 지킨다면서 그냥 죽으면 우리 마음속에 의심이 생깁니다. 영생은 영영 죽지 않는 것인 줄 알았는데 죽으니 죽는 것하고 영생이 무슨 관련이 있는 것일까 의문이 생깁니다. 그러나 영생은 살기도 죽기도 하고 그렇게 굴러가는 것입니다.

두 가지 배반

　이렇게 배반의 이유는 똑같은데 배반에는 두 가지 배반이 있습니다. 한 가지는 배반한 사실을 두고 이제는 끝장이다 이렇게 생각합니다. 하지만 우리가 배반을 해도 영생이 어디로 가는 게 아니잖아요. 내가 배반했다고, 진리를 어겼다고 해서 내가 실수를 한 것뿐이지 진리가 흔들리는 것은 아니지 않습니까? 그런데 그것이 끝인 줄 알고 자살한 것이 가룟 유다입니다. 왜 배반이 두 종류인가 하면 유다가 자살한 게 배반한 것을 뉘우쳐서 자살한 것 같지만 아닙니다. 어떻게 보면 유다의 자살에는 이런 원망이 있습니다. '나를 왜 배반하는 사람으로 이렇게 내버려뒀어!' **가룟 유다의 죽음은 억울함을 호소하면서 하나님에게 죄를 물리는 죽음입니다.** '이것도 생명이라고 주셨습니까? 나 이까짓 생명 버리겠습니다.' 하며 죽었습니다.

　베드로는 이 순간에 뉘우칩니다. 뉘우치고 나니까 배반했다 하는 것이 크게 문제되지 않습니다. 이게 영생의 특징인 것 같아요. 영생은 언제나 있는 생명이니까 놓치고 우리가 헤매는 것일 뿐입니다. 사실 놓치는 것도 아닙니다. 영생은 어디 가는 것이 아니니까요. 그냥 깜빡하는 것입니다. 우리가 붙잡고 있으면서도 없는 줄 아는 것이 영생입니다. 애들이 엄마 손을 잡고 가면서도 엄마 손을 붙잡고 있다는 사실을 깜빡 잊어버리고 엄마 찾아 우는 것이나 마찬가지예요. '아, 엄마 여기 있네.' 하고 돌아보며 뉘우치면 그만인데 가룟 유다는 뉘우치는 대신 엄청난 항변을 했습니다. 우리 사람의 생명은 모두 마찬가지예요. 사람의 입장에서 볼 때 항거로 스스로의 생명을 끊는 것처럼 우리에게 아픈 일은 없는 것이지요.

　왜 하나님이, 왜 높은 사람이, 왜 스승이 사람의 발을, 종의 발을, 제자의 발을 씻길까요? 그것은 우리가 높다 낮다, 종이다 주인이

다, 스승이다 제자다 하지만 영생인 점에서 조금도 다름이 없기 때문입니다. 하나님도 영생이시고 지극히 작은 자도 영생입니다. 눈 먼 자도 영생이고, 어린 아이도 영생이고, 어리석은 자도 영생이고, 앉은뱅이도 영생입니다. 똑같이 소중한 영생이니까 똑같이 영생인 하나님이 사람의 발을 못 씻길 것이 없는 것입니다. 그런데 '섬김'이라는 말이 왜 빗나가는 것일까요? 13~14장에도 나오는데 예수가 또 가르쳐줍니다. '여러분! 인간의 생명이 아무리 하찮아 보여도 그것이 영원하고 무한하다는 것을 보지 못하면 우리가 금세 높고 낮은 데 휘둘리고, 돈 많은 것이 돈 적은 것보다 낫다는 생각에 말려들어 갑니다.' **인간의 생명은 영원한 것이기 때문에 잠시 병이 들고, 실수를 했더라도 건강하고 실수 전혀 안 하는 분에 비해 모자람이 없다는 것을 보지 않는 사람은 진리가 영원하다는 것을 챙길 수가 없습니다. 왜냐하면 그런 사람은 그때그때 좋은 것을 따라가기 마련이기 때문입니다.**

이제 예수가 배반으로 인하여 죽게 됐습니다. 예수가 그것을 알고 제자들에게 고별합니다. '나는 간다.' 그러니까 제자들이 '어딜 가십니까? 우리도 좀 같이 가게 하세요.' 하는데 예수의 대답이 걸작입니다. '걱정하지 마라. 내가 가는 곳에는 유할 곳이 많다. 그렇게 좁은 집으로 내가 가는 것이 아니다.' 그러고서는 이렇게 안심을 시킵니다.

> 너희는 마음에 근심하지 말아라. 하나님을 믿고 또 나를 믿어라.(14:1)

이런 것이 선생님이 하시는 말씀입니다. 엄마가 하는 소리하고도 비슷합니다. 하늘에서 번개 치고 천둥 치고 야단법석인데 자기 아이가 걱정할까봐 '걱정 마! 엄마가 꼭 안아줄게.' 합니다. '근심하지 마라. 하나님을 믿고 또 나를 믿어라.'와 똑같습니다. **하나님은 우리를 안심시키는 하나님**입니다.

> 내 아버지의 집에는 있을 곳이 많다. 그렇지 않다면, 내가 너희가
> 있을 곳을 마련하러 간다고 너희에게 말했겠느냐? 나는 너희가
> 있을 곳을 마련하러 간다.(14:2)

'내 아버지의 집에는 있을 곳이 많다.'가 재밌는 표현입니다. 하나님의 집에는 있을 곳이 많으니까 염려하지 말라는 것입니다. '그렇지 않다면, 내가 너희가 있을 곳을 마련하러 간다고 너희에게 말했겠느냐?'도 재미있는 표현입니다. '나 지금 죽으러 가는데 내가 죽으면 어떤 일이 벌어지냐 하면 너희가 있을 곳이 마련이 돼. 누구나 다 들어갈 수 있는 넉넉한 집이야. 그래서 내가 간다는데 뭘 그렇게 걱정하느냐.' 이 말입니다.

> 내가 가서 너희가 있을 곳을 마련하면, 다시 와서 너희를 나에게
> 로 데려다가, 내가 있는 곳에 너희도 함께 있게 하겠다.(14:3)

예수가 가면서 하시는 말씀인데 이것 때문에 아직도 말세를 기다리는 교인들이 많습니다. 예수가 돌아오시면 누구나 다 넉넉한 집으로 데려가겠다고 했으니까 기다립니다. 그러니까 그 유명한 쌍둥이 도마가 묻습니다. '주님, 우리는 주님께서 어디로 가시는지도 모르는데, 어떻게 그 길을 알겠습니까?' 쫓아가겠다는 얘기입니다. 그런데 길을 알아야지요. 길을 알아야 그 넉넉한 집에 갈 것 아니겠습

니까? 예수가 돌아오지 않더라도, 혹은 예수가 돌아오기 전에라도 스스로 갈 것 아니겠습니까? 그래서 묻는 것이 도마입니다. 도마는 굉장히 좋은 학자입니다. 사실은 의심하는 사람이 학문하는 사람입니다. 질문 없는 학생들 데리고 공부하기가 힘듭니다. 그런데 도마의 질문에 대한 예수의 대답이 걸작이에요.

> 예수께서 그에게 말씀하셨다. "나는 길이요, 진리요, 생명이다. 나를 거치지 않고서는 아무도 아버지께로 갈 사람이 없다. 너희가 나를 알았더라면 내 아버지도 알았을 것이다. 이제 너희는 내 아버지를 알고 있으며, 그분을 이미 보았다."(14:6-7)

'나는 길이고, 진리고, 생명인데 이미 봤잖아. 뭘 물어!' 도마한테 이러시는 겁니다. '도마야, 아직도 묻고 있니. 내가 돌아온다니까 기다리려고 해. 뭘 기다려. 봤잖아.' 그러니까 옆에서 빌립이 튀어나옵니다.

> 빌립이 예수께 말하였다. "주님, 우리에게 아버지를 보여 주십시오, 그러면 좋겠습니다." 예수께서 대답하셨다. "빌립아, 내가 이렇게 오랫동안 너희와 함께 지냈는데도, 너는 나를 알지 못하느냐? 나를 본 사람은 아버지를 보았다. 그런데 네가 어찌하여 '우리에게 아버지를 보여 주십시오.' 하고 말하느냐? 내가 아버지 안에 있고, 아버지께서 내 안에 계시다는 것을, 네가 믿지 않느냐? 내가 너희에게 말하는 말은 내 마음대로 하는 것이 아니다. 아버지께서 내 안에 계시면서 자기의 일을 하신다. 내가 아버지 안에 있고, 아버지께서 내 안에 계시다는 것을 믿어라. 믿지 못하겠거든 내가 하는 그 일들을 보아서라도 믿어라. 내가 진정으로

진정으로 너희에게 말한다. 나를 믿는 사람은 내가 하는 일을 그
도 할 것이요, 그보다 더 큰 일도 할 것이다. 그것은 내가 아버지
께로 가기 때문이다.(14:8-12)

'믿는 것'과 '하는 것'은 똑같습니다. 믿는 것은 예수의 말을 믿는다
는 것인데 예수의 말귀를 알아듣는 사람은 말만 알아듣는 것이 아닙
니다. 저절로 하게 돼 있습니다. '믿는 사람은 내가 하는 일을 그도
할 것이다.'로 끝나지 않았습니다. '그보다 더 큰 일도 할 것이다.'입니
다. **믿는 사람은 예수가 하는 일보다 더 큰 일을 하는데 시대가 변하
니까 그렇습니다.** 그러고서는 하시는 말씀이 재미있습니다. '내가 아
버지께로 가기 때문이다.' 내가 가는 게 좋다는 말입니다. '내가 가지
않으면 너희는 내가 주님인 줄 알지만, 내가 없어져야 비로소 너희가
더 큰 일을 하게 돼. 내가 없어져야 너희가 내 자리를 채울 테니까.'
이러시는 겁니다.

너희가 내 이름으로 구하는 것은, 내가 무엇이든지 다 이루어 주
겠다. 이것은 아들로 말미암아 아버지께서 영광을 받으시게 하
려는 것이다. 너희가 무엇이든지 내 이름으로 구하면, 내가 다 이
루어 주겠다.(14:13-14)

영광이 무엇일까가 여기서 핵심인데 이 말씀을 하시고 새 계명
을 줍니다. 사랑하라는 얘기, 여러분이 다 아시는 겁니다. **사랑하는
사람은 사람이 영생이라는 것을 아는 사람입니다.** 그런데 예수가 재
미난 얘기를 합니다. 사람의 생명이 영원하다는 것을 모르는 사람
은 깜짝 사랑은 할지 모르지만 죽을 때까지 밤낮으로 점검하는 그
런 사랑은 견디지 못한다는 겁니다. 사랑도 하루 이틀이지 밤낮으

로 '당신! 오늘도 나 사랑하우?' 이러면 '그거는 왜 또 물어. 하루 이틀도 아니고 지겨워 죽겠네.' 이렇게 됩니다. 그런데 예수가 무슨 얘기를 하냐 하면 **사랑이 뭔지 아는 사람은 하나님이 뭔지 아는 사람이고, 하나님을 본 사람이고, 그 사랑을 지키는 사람은 내 계명을 지키는 사람이므로 나를 믿는 사람이고, 영생이 뭔지 아는 사람인데 영생을 모르게 되면 사랑은 하루도 못한다는 것입니다.** 그런데 재미난 것은 사람의 생명이 영원하다는 것을 아는 사람은 실수를 많이 해도 사랑을 잃지 않는다는 것입니다.

『요한복음』에서 말하는 인간의 인간다움이 뭘까요? 영생을 아는 사람이 인간다운 사람입니다. 영생을 모르는 사람은 아무리 인간답게 살려고 해도 인간답게 살 수 없다는 얘기를 예수가 되풀이 합니다. 듣기 거북스러운 얘기인데도 불구하고 『요한복음』 전체를 통해서 예수가 그 점을 증명했다는 것입니다. 어떻게 보면 부부지간의 사랑도 그렇고, 나라를 위한 사랑도 그렇고, 모녀지간, 부자지간의 사랑도 그렇고 친구의 사랑도 그렇습니다. 영원한 생명을 챙기지 않으면 늘 배반적인 요소가 들어갑니다. 죽더라도 부모님께 효도하겠다고 할 때에도 그렇습니다. 자기의 생명이 영원하다는 것, 부모님의 생명이 영원하다는 것을 챙기지 못하는 마음을 가지고는 억울해서 효도 못합니다. 그런데 영생이 챙겨지면 효도가 가능합니다.

하나님을 바로 본 사람

예수 말씀으로 돌아가서 하나님을 바로 본 사람이 누구일까요? '하나님을 바로 본 사람은 사람이 영원한 생명이라는 것을 본 사람이기 때문에 이랬다저랬다 하지 않고 사랑을 지킬 줄 아는 사람이다. 그러니 이제 내가 가도 되겠는데 내가 가면 성령이 올 테니까' 예수가 이렇게 말합니다. 그러면 성령은 누구일까요? 성령은 보이는 예수 속에 있는 게 아니라 보이지 않는 내 마음속에 있기 때문에 예수가 있는 한 사람이 성령을 챙기지 않는다는 얘깁니다. 다음에 성령의 별명이 나옵니다.

> 너희가 나를 사랑하면 내 계명을 지킬 것이다. 내가 아버지께 구하겠다. 그리하면 아버지께서 다른 보혜사를 너희에게 보내셔서, 영원히 너희와 함께 하게 하실 것이다.(14:15-16)

보혜사 성령이 우리와 함께 하기 때문에 우리는 하나님과 같이 사는 사람이에요. 죽어도 하나님과 같이 살고, 살아도 하나님과 같이 살아요. 하나님이 우리를 떠나지 않습니다. 성령으로 인하여 예수같이 산다는 것입니다.

> 그 날에 너희는, 내가 내 아버지 안에 있고, 너희가 내 안에 있으며, 또 내가 너희 안에 있음을 알게 될 것이다. 내 계명을 받아서 지키는 사람은 나를 사랑하는 사람이요, 나를 사랑하는 사람은 내 아버지의 사랑을 받을 것이다. 그리고 나도 그 사람을 사랑하여, 그에게 나를 드러낼 것이다.(14:20-21)

왜 보혜사(保惠師)라고 번역을 했느냐 하면 보호하고 은혜를 내린다는 뜻입니다. 은혜라는 것은 나를 보호하고, 또 내가 못하는 일을 하게 하는 선생님이시다 해서 번역을 보혜사라 했다고 합니다. 영어로는 의역을 해서 paraclete 그러는데 희랍어의 parakleo에서 나온 말입니다. '위로하다, 보호하다, 힘을 북돋아 주다' 이렇게 뜻을 새깁니다. 이 어원의 핵심을 말하자면 para라는 말은 '곁에 있다'는 말입니다. '같이 있다'는 뜻입니다. 그리고 kleo는 말을 하면 같이 말해 주고, 들어 주고, 아프면 같이 아파하고, 기쁘면 같이 기뻐하며 옆에 나란히 있는 사람을 parakleo라고 합니다. 보혜사라는 말은 이런 것을 어렵게 의역을 한 것입니다. **성령이 우리와 같이 하신다는 것은 하나님이 우리와 같이 계시다는 것인데 성령이 우리와 같이 계시면 우리가 사는 세상이 어떤 세상이든 살 만한 세상이 됩니다.**

세상만 그런 것이 아니라 우리 사람도 그렇습니다. 내가 영리하면 얼마나 좋겠습니까? 그나마도 나이가 들면 아둔해집니다. 나이가 드니까 기억력도 흐릿해집니다. 모차르트 같은 사람은 소리만 듣고서도 다 외워서 피아노로 쳤다는 것 아닙니까? 그러니까 그 옆에서 '나는 왜 저런 천재가 아닐까?' 하며 자신을 일생 동안 저주하며 산 사람이 있다는 것이고요. 그런데 성령이 우리와 함께 하면 내가 못나도, 앉은뱅이일지라도, 장님일지라도, 가진 게 없더라도, 좀 아둔하더라도 세상을 사는 것이 살 만합니다. **왜 살맛이 나냐 하면 하나님이 나와 함께 하시니까 그렇습니다.**

그런데 하나님이 나와 어떻게 함께 하시는 줄 아세요? 하나님으로서 함께 하시는 것이 아닙니다. 사람으로서 나와 함께 하신다고요. 그러니까 성령을 아시는 분은, 15장, 16장, 17장에 가면 그런 대목이 나오는데, 사람이 소중한 줄 압니다. **왜냐하면 하나님은 내 안에도 같이 계시지만 그 사람 속에도 있습니다.** 하나님이 소중하니까 지나가다가 앉은뱅이를 봐도 하나님이 눈에 들어오는 것입니다. 예수가 왜 그렇게 쉬지 않고 돌아다니셨을까 생각해 봅니다. 그리고 왜 하필이면 손도 까딱 하지 말라는 안식일에 병자를 고칠까 생각해 봅니다. 예수가 돌아다니는 이유가 있습니다. 집안에 가만 앉아 있으면 훌륭한 사람 챙기기는 쉽습니다. 그런데 못난 사람, 그냥 못 난 것도 아니고 지지리 못난 사람, '저 사람은 왜 살아?' 할 정도로 사는 게 미안한 사람, 계속 사과하면서 살아야 될 사람은 숨어서 살지 않습니까? 그런 사람은 돌아다녀야 만납니다. 예수는 그런 사람만 찾아다닌 것입니다. 그럴 때에도 도와주려고 찾아다닌 것은 아닌 것 같습니다. 예수는 앉은뱅이건, 눈먼 사람이건 만나면 반가운 것입니다. 사람을 만나면 그 사람 속에도 영생이 담겨 있으니까요.

그런데 사람을 만나고 기뻐하는 예수를 보니까 주변 사람들이 감동합니다. 왜냐하면 동인(同人)을 만나는 것이니까요. 비슷한 사람들끼리 모여야 동인인 줄 알았는데 예수같이 훌륭한 사람이 눈 먼 사람, 38년 동안 병이 들어서 시름시름 앓은 사람을 만나고도 손을 맞잡고 친구가 되니까 그게 동인(同人)이거든요. 왜 그럴까? 예수가 그것을 나중에 성령이라고 이름을 붙이는 것입니다. 그게 하나님이 우리와 같이 계시는 증거라는 것입니다.

그런데 예수의 마지막 말씀이 '저는 가겠습니다. 그런데도 여러분들이 만약에 저를 믿는다고 생각하면 여러분도 그렇게 사시는 거예요. 여러분이 저보다 더 큰 일을 하시는 거예요' 합니다. 이제부터는 여러분을 보고 사람들이 '나도 예수 믿자.' 그럴 것이라는 겁니다. '나도 동인(同人)이 되자.' 그런다는 것이지요. **동인이 되는 사람은 저 높은 산에서 하나님하고만 팔짱 끼고 사는 사람이 아니라 이 아래 사람들과 어울려 사는 사람**이에요. 자기가 높다고 거드름을 피우는 사람이 아니라 자기보다 못한 사람일수록 '내가 당신 발 좀 씻어줄게.' 그런다는 것입니다. 왜냐하면 그 자리가 사람이 영원한 생명을 확인할 수 있는 가장 좋은 자리이기 때문에 그렇습니다. 그렇게 하는 사람은 사람을 사랑하는 사람이에요. 그런 사람 사이에 무슨 문제가 있겠습니까? 친구 사이에도 잘잘못 따지다가 갈라지는데 **동인은 잘**

못하는 친구일수록 더 소중하게 여깁니다. 잘못한다고 영생이 어디로 가는 게 아니니까 친구를 챙겨주고 싶어서 동인(同人) 역할을 하는 것입니다.

이렇게 오늘 '최후의 만찬'을 다 챙기고 나면 하나님을 본 바와 다름없는 사람의 모습이 드러납니다. 하나님 같은 사람인데 그 사람은 **가장 못난 사람하고도 서슴지 않고 팔짱끼고 다니는 사람이 바로 하나님 같은 사람**입니다. 그게 동인(同人)이고 성령의 사람입니다. 성령에 대하여 이렇게 말하면 깜짝 놀라실 분이 있겠지요. 요즘 성령교회가 많거든요. 그런데 그 성령교회에 가보면 제가 볼 때 실수하는 대목이 보입니다. 그래서 더욱 성령으로 사는 사람을 동인(同人)이라고 번역했으면 좋겠다는 생각을 합니다. 이 좋은 말이 있는데 왜 보혜사라고 번역을 해서 이상한 일이 벌어지게 했을까 하는 아쉬움이 있습니다. parakleo 글자 그대로 동인(同人)이라 번역했으면 세상이 달라지지 않았을까요?

동인이라는 말이 주역에서부터 있던 말이니까 우리 전통 속에 있는 말이라고 할 수 있는 것 아닙니까? 조상이 만들어낸 글 속에 좋은 동인(同人)이라는 말이 있지 않습니까? 그러니까 성령을 동인(同人)이라고 했다면 주역하고도 통하고 다 통해서 요즘 같이 배타적인 기독교가 안 생겼을 것입니다. 요즘 교회에 가 보면 성령을 받은 사람은 이상한 사람인 줄 압니다. 말도 이상한 말을 하고 병도 고치고 말입니다. 지진이 나도 전혀 휩쓸리지 않는 이상한 사람인 줄 아는데 성령의 사람이 그런 사람이 아닙니다. **별별 궂은일을 다 겪으면서도 세상에서 가장 찌들어 보이는 사람을 만나도 사람 만났다고 반가워할 줄 아는 사람이 성령의 사람**입니다. 그 사람 속에 하나님이 계시고 그 사람 속에도 영생이 있다는 것을 아는 사람이 성령의 사람입니다. 오늘 공부한 13장, 14장이 이것을 가르쳐주는 것이라고 저는 생각합니다.

Chapter 13

참을 가르쳐 주는
선생

이제 『요한복음』 마지막 대목으로 들어갑니다. 15장과 16장을 먼저 보고나서 17장을 보도록 하겠습니다. 17장은 전체가 예수의 마지막 기도입니다. 15, 16장은 13, 14장에서 제자들의 발을 씻어주며 나누는 이야기에 이어서 예수가 하는 말씀입니다. 그런데 14장 마지막에 예수가 제자들에게 '자, 이제 일어나서 가자.' 하고 떠나는데 그게 18장으로 연결됩니다. 18장부터는 예수가 곧 십자가에 못 박혀 죽게 되는 사건으로 일이 진전되는데 왜 중간에 15, 16, 17장이 끼어있는 것일까 궁금합니다. 『요한복음』을 전문적으로 연구하는 학자에 의하면 특별한 의지가 담겨 있다고 합니다. 다른 복음서가 '예수를 믿는다는 것', '예수를 따른다는 것'이 어떻게 사는 것인지에 대해 이미 30, 40년을 가르쳐 왔는데 『요한복음』을 쓸 때는 **생활 체험, 시대적 체험을 통해 더 생각할 부분이 생겼다는 걸 말해주는 것**입니다.

15장에 들어가자 '나는 참 포도나무요, 내 아버지는 포도나무를 15장에 들어가자 '나는 참 포도나무요, 내 아버지는 포도나무를 가꾸는 농부이시다.' 하는 포도나무에 대한 이야기가 나옵니다. 이스라엘 사람에게는 포도나무 얘기가 전혀 낯선 이야기가 아닙니다. 이스라엘 사람은 예전부터 하나님의 진리를 전해주는 이들을 선지자라 불렀습니다. 하나님의 입술이라고 하는 선지자의 글, 『이사야서』, 『예레미야서』, 『에스겔서』에 포도나무가 나옵니다. 『시편』에도 나옵니다. 『시편』 80편 8절에서 16절까지에 이런 얘기가 있습니다. 이스라엘은 하나님이 이집트에 가서 뿌리박혀 자라고 있는 포도나무를 뿌리째 번쩍 들어다가 유대 땅에 심어서 가꾸시는 포도나무와 같다는 것입니다. 하나님이 그렇게 정성껏 포도나무를 가꾸는데도 이스라엘은 제대로 포도나무 노릇을 못했다는 얘기가 있습니다.

이사야 선지자도 『이사야서』 5장 1절에서 7절에 농부 하나님이 좋은 땅에다 좋은 포도나무를 심어 가꾸면서 좋은 열매 맺기를 바라는데도 불구하고 이스라엘은 들포도나무만도 못하게 되었다고 합니다. **왜냐하면 평화 속에 서로를 사랑하며 살아가는 것이 좋은 포도나무의 증거인데 이스라엘은 어디를 봐도 싸움판입니다.** 7절에서 이사야가 이렇게 말합니다. '이스라엘은 사방을 둘러봐도 어떻게 해서 보이는 것이 온통 살육뿐이냐, 서로 죽이고 야단법석을 하느냐.' 이런 대목이 나옵니다.

『예레미야서』에도 '하나님이 아주 좋은 종자를 심었는데 어떻게 해서 엉뚱하게 들포도나무로 바뀌었느냐.'는 이야기가 2장 21절에 나옵니다. 『에스겔서』에 들어가면 더 재미난 얘기가 있습니다. 포도나무의 나무 자체는 삐뚤빼뚤 쓸모가 없습니다. 그러니까 포도가 안 열리면 무용지물입니다. 『에스겔서』가 그 이야기를 합니다. 포도나무는 가구 재료로도 쓸 수 없고, 나무가 너무 물러가지고 나무못도 못 만든다는 것입니다. 아무 짝에도 쓸모없는 것이 포도나무이지만 그래도 열매를 맺는 덕분에 귀하게 여겨지는 것인데 이스라엘은 열매를 못 맺으니 어디에다가 쓰겠냐는 것이지요. **싸우고 다투기만 하는 이스라엘 사람이 불에 탄 포도나무와 같다는 것입니다.** 그래서 포도나무가 쓸모가 없어졌다는 얘기입니다.

참이라는 말

그런데 예수는 『요한복음』 15장 1절에서 '나는 참 포도나무다.' 그럽니다. 예수가 이제는 자기를 농부라고 얘기하지 않습니다. '내가 참 포도나무다.'라고 제자들에게 말하는데 참 포도나무에 가지로 붙어만 있어도 포도나무 역할을 할 테니까 나하고 같이 살면 그것이 참 포도나무가 된다는 것입니다. 포도나무가 참 포도나무 역할을 할 수 있다는 것이 무엇일까? **'참'이라는 말을 『요한복음』이 참 좋아합니다.** 사마리아 여인하고 하던 얘기 기억나세요? 사마리아 여인이 물었습니다. '어디서 예배할까요? 당신들은 꼭 예루살렘으로 가야한다고 하는데 우리 같은 사마리아 사람은 예루살렘에 못가잖아요.' 그러니까 예수가 대답합니다. '참 예배를 가르쳐 드리지요. 그것은 예루살렘도 아니고 이 산도 아니고 언제 어디서나 자기가 있는 곳에서 진리와 영으로 예배하면 그것이 참 예배입니다.'

6장에서도 '참' 얘기가 있었습니다. 소년이 가져온 빵 다섯 덩어리와 물고기 두 마리로 사람들을 다 먹였습니다. 예수가 그런 기적을 일으켜서 과연 예수가 우리들의 배를 채워주는 분이라는 생각에 많은 사람들이 흥분했는데 그때 예수가 참 빵 이야기를 합니다. '여러분! 이 빵은 먹으면 또 배고픈 빵이고 이 물도 마시면 곧 목마르게 되는 그런 물입니다. 그런데 저는 사실 참 빵입니다. 참 빵은 한 번

먹으면 영영 배고프지 않아요. 저는 참 생수입니다. 저를 한 번 마시면 여러분이 절대로 다시는 목마르지 않습니다.'

마찬가지로 참 포도나무라고 할 경우에 그 '참'이 무엇인지를 알면 그 포도나무는 열매를 맺지 않을 수 없고 바싹 말라비틀어질 수도 없다는 얘기입니다. **예수가 말하기를 자기는 이렇게 '참'을 전하는, '참'을 가르쳐주는 선생이라는 것입니다. 그런데 이 참 포도나무의 가지로만 붙어 있어도 된다는 것입니다. 이것이 내 안에 있으라는 말하고 연결됩니다.** 여러분이 내 안에 있고 나도 여러분 안에 있고 하나님도 여러분 안에 계시다는 얘기를 예수가 또 하고 또 합니다. 13장 14절에서도 그랬는데 15장에서도 되풀이합니다. 부둥켜안고 얼싸안으라는 얘기가 아니라 그렇게 되기 위해서는 '참'으로, 진리로 엮어지지 않으면 안 된다는 얘기를 하시는 셈입니다.

이렇게 보면 인생을 포도나무라고 할 수도 있고 또 인생은 예배하는 인생이라고 할 수도 있습니다. 우리 인생이 길이 기려야 할 대목을 기리면서 사람 사는 길을 챙겨나가는 것을 예배라고 부를 수 있습니다. 그래서 우리가 빵도 먹고 물도 마시며 사는 것인데 어느 때에 우리가 하는 일이 참 예배가 아니게 될까요? 어느 때 우리가 참 빵, 참 물을 먹고 마시는 것이 아니라 거짓 빵, 거짓 물을 먹는 것일까요? **참이 아니면 거짓입니다. 도리가 없습니다. 참과 거짓 사이에 중간은 없습니다.**

요즘은 이런 것을 흑백논리라고 해서 대학생들과 얘기할 때 이렇게 얘기하면 별로 좋아하지 않습니다. '어떻게 세상에 참과 거짓만이 있습니까? 그 중간이 없습니까? 왜 흑백입니까? 회색은 어떻습니까?' 이런 얘기를 합니다. 물론 이런 얘기를 하게 되는 정황은 이해가 됩니다. 우리가 태어나서 죽는 사이에 무상한 인생, 부질없는 인생을 살면서 진리를 흑백 논리로 풀면 위험할 때가 많습니다. 우리가 살며 경험하는 것은 이런 것입니다. 어제는 옳은 것 같았지만 오늘은 좀 부족하고 또 오늘은 확실하게 알았다고 생각을 하는데 지나보니까 아닌 것도 있고 늘 그렇습니다. 아마 요즘 흑백논리를 싫어하고 중간 논리라도 챙겨야 하지 않겠느냐는 식으로 생각하는 것은 젊은 대학생들도 실패의 경험을 많이 했기 때문이겠지요. 확실한 진리라고 떠들어대는데 지나보니까 아니거든요. 인간의 확신에 대한 의심 때문에 흑백논리를 싫어하는 겁니다.

16장에서도 그런 일이 벌어집니다. 제자들이 예수에게 불평합니다. '선생님은 어떻게 우리가 못 알아들을 얘기만 하십니까? 비유가 더 어려워요. 우리가 좀 알아듣도록 확실하게 얘기해 주시면 좋겠습니다.' 그러니까 예수가 '아니, 내가 지금까지 그렇게 얘기를 했는데도 그런 말 하냐? 내가 하는 말은 하나님한테서 아주 직통으로 온 거야. 내가 하나님 품에 있는 사람이고 내가 하나님의 아들이고 내가 하나님과 더불어 같이 살았기 때문에 내가 전해 주는 얘기 이것은 직수입품이야.' 이런 식으로 표현을 합니다. 이렇게 가르쳐 주자 제자들이 16장 30절 같은 데서 아주 자신만만해 집니다. '알았습니다. 선생님께서 모든 것을 알고 계시다는 것, 다시 선생님께 물어볼 필요가 없을 정도로 환히 알려주신다는 것을 이제 우리가 알았습니다.'

16장 30절에 제자들이 이런 말하는 것을 기록한 것은 여러분이 금세 17장을 지나 18장을 읽어 보게 될 것이라는 것을 알고 쓴 것입니다. 18장에 가면 알았다고 큰소리친 제자들이 금세 '알기는 뭘 알아.' 이렇게 됩니다. 그런데 그 순간에는 알았다는 확신이 있는 것입니다. 13장에서도 예수가 '너희들 중에 나를 모른다고 할 사람이 있을 거야.' 그랬더니 베드로가 펄쩍 뛰었습니다. '선생님 그게 무슨 말씀이세요? 선생님이 죽으실 자리에 들어가면 전 목숨을 바치고라도 선생님 따라갈 거예요.' 그러자 예수가 베드로더러 '닭이 세 번 울기 전에 날 모른다고 할 것을 가지고 뭘 그렇게 확실하게 얘기를 해.' 했습니다. 아마 요즘 흑백논리를 싫어하고 중간 논리라도 챙겨야 하지 않겠느냐는 식으로 생각하는 것은 젊은 대학생들도 베드로 같이 실패의 경험을 많이 했기 때문이겠지요. 확실한 진리라고 떠들어대는데 지나보니까 아니거든요. 인간의 확신에 대한 의심 때문에 흑백논리를 싫어하는 겁니다.

그럼에도 불구하고 진리가 그렇게 '이것도 아니고 저것도 아니고'라고 말할 수 있는 것일까요? 예수는 참 포도나무 이야기, 참 빵 이야기만 하는 것이 아닙니다. 친구도 참 친구가 있습니다. 참 친구 아니면 거짓 친구가 있을 뿐이지 중간 친구는 없습니다. 도대체 예수는 왜 참과 거짓의 구별을 분명하게 하려고 하는 것일까? 더군다나 그렇게 미움을 받아가면서까지 말입니다. 아닌 게 아니라 오늘 '세상이 미워한다.'는 얘기가 나옵니다. 세상이 왜 그런 예수를 미워할까? 예수만 미워하는 것이 아니라 예수가 참다운 선생이라고 생각해서 예수를 열심히 따르겠다는 제자들까지 세상이 미워한다고 얘기합니다.

특히 어떤 점을 미워하느냐 하면 '나는 참 아니면 거짓입니다.' 이렇게 말하면 반드시 미워합니다. 세상에 흑과 백처럼 명백한 논리가 있다고 말하는 사람이 밉습니다. 그런 것은 하나님이나 그럴 수 있는 것이지 어떻게 사람이 그럴 수 있느냐는 것이지요., 하나님은 절대 사람의 자리에 내려와 있는 게 아니라서 하나님과 사람은 섞을 수 없는 것인데 사람이 하나님처럼 그런 식의 흑백논리를 구사하게 되면 미운 사람이 된다는 그런 대목이 있습니다. 그럼에도 불구하고 예수는 참과 거짓을 가릴 줄 모르면 하나님이 이스라엘을 아무리 정성껏 돌보시더라도 결국은 열매를 맺지 못하는 포도나무가 돼 가지고 아무 쓸모없게 된다고 얘기합니다.

그러고 예수가 갑자기 '내가 가는 것이 너희들에게 좋다.'라고 선언합니다. '내가 가지 않으면 여러분은 내가 없으면 큰일 날 것처럼 생각해서 나만 쫄쫄 따라다니는 사람이 될 거예요.'라고 말하는 셈입니다. 특히 16장 30절에 제자들의 고백을 보면 '아, 예수님, 당신이야말로 틀림없는 진리의 선생이십니다. 우리 그거 알았어요.' 그러거든요. 예수가 떠나면 큰일 날 것처럼 얘기한단 말이에요. 그런데 예수는 제자들에게 '내가 떠날 때가 됐다.' 그래요. '내가 떠나는 게 좋다. 지금이 때인데, 올 때가 있는데, 그 올 때가 지금 왔다.'라는 말은 '내가 떠날 때가 됐다.'는 얘기입니다. 떠나면 무엇이 좋냐 하면 성령이 옵니다. 성령은 진리의 영인데 진리의 영이 오게 되면 예수가 아니더라도, 하나님의 아들이라고 말하던 그분이 떠나더라도 우리가 다 성령 덕분에 예수처럼 참과 거짓을 구분할 줄 아는 사람이 되는 것입니다. 성령이라고 할 때 다른 성령을 말하는 것이 아니라 바로 이렇게 **참과 거짓을 밝혀서 진리를 챙겨주는 영이 성령**이라는 것입니다.

성령은 소통하는 영

그래서 소통이 필요하다는 말을 합니다. 이제 **이 진리의 영을 왜 성령이라고 하는가 하면 이 성령은 소통하는 영(靈)**이기 때문입니다. 『사도행전』 1장에 성령이 오셨다고 하는데 성령이 오신 증거가 이렇게 드러납니다. 쓰는 언어가 달라 서로 안 통하는 사람들이 방에 한가득 앉아 있습니다. 누구는 영어밖에 모릅니다. 누구는 중국말밖에 또 누구는 한국말밖에, 일본말밖에 남의 말을 전혀 모르는 사람이 한 방 가득 앉아 있는데 성령이 그 가운데 오셨습니다. 그러니까 사람들이 다 성령의 사람이 됩니다. 그러고 나니까 각각 제 말을 하는데 서로 알아듣는 것입니다. 성령이 가득한 분이 중국말을 하니까 다 알아 듣습니다. 이게 소통하는 영입니다. 오늘 예수가 말하는 소통은 통신 능력이 훌륭해서 소통 기술이 훌륭해서 소통이 잘 되는 그런 소통이 아닙니다. 언제 소통이 되느냐 하면 '참' 말을 하면 중국 사람에게 한국말로 떠들어도 다 알아듣습니다. 그러니까 우리가 영어를 배워야만 소통하는 것이 아니라 **우리가 한마음으로 소통해야 소통할 수 있는 것**입니다.

예수가 포도나무 얘기를 하고 나서 금세 계명을 얘기합니다. 그런데 계명은 여러분이 13, 14장에서도 들었습니다. '내가 계명을 주는데 내가 여러분을 사랑한 것과 같이 여러분도 서로 사랑하십시오. 그게 제 계명입니다. 여러분이 그렇게만 사랑하시면 세상 사람들이 여러분들을 보기만 해도 저게 예수 믿는 것이구나, 저게 예수의 제자구나 할 것입니다. 그 복잡한 명동거리에서, 피곤한 하루를 보내고 다들 집으로 돌아가는 전철 속에서 스피커 틀어놓고 북 치며 예수 믿으십시오, 떠들지 않아도 됩니다.' 이런 얘기를 이미 했습니다. '내가 여러분을 사랑하는 것처럼 여러분도 사랑을 하시면' 그런 얘기인데 그 얘기가 또 나옵니다.

그런데 15장 9절을 보시면 좀 변합니다. 여기서는 '아버지께서 나를 사랑하신 것과 같이'입니다. **아버지는 하나님인데 이때 아버지는 예수의 아버지일 뿐만 아니라 우리의 아버지**입니다. 우리가 태어난 곳, 본디 모습을 말하는 것입니다. 아버지가 소중한 것은 아버지라서 소중한 것이 아니라 바로 제 모습이라서 소중한 것입니다. 어머니라고 해도 마찬가지죠. '나도 너희를 사랑하였다.' 그랬는데 예수로서 너희를 사랑한 것이 아니라 '사람의 본래 모습으로 너희를 사랑했다.'는 뜻입니다.

그 다음의 '너희는 내 사랑 안에 머물러 있어라.' 이 말은 예수가 하는 사랑은 금생에서 시작했다가 금생에서 끝나는 사랑이 아니라는 것입니다. **예수의 사랑은 영생의 사랑입니다. 예수는 잠깐 만난 사람을 사랑할 때에도 영생으로 사랑했습니다.** 우리가 보면 사랑은 이 사람 저 사람 다 사랑하지만, 어떤 사랑이든 영원한 생명이 또 다른 영원한 생명을 사랑하는 것처럼 사랑하지 않고 잠깐잠깐 눈가림으로 사랑하면 대번에 사랑이 변했다고 생각하게 됩니다. 예수가 하는 말은 '하나님이 우리를 사랑한다는 것은 영원한 생명이 우리를 영원한 생명으로 사랑하는 것이니까 나도 그렇게 사랑을 했고 여러분도 그렇게 사랑하십시오.' 이런 얘기를 하는 것입니다.

이제 사랑이 뭐냐는 얘기를 해야 하지 않겠습니까? 사랑이 뭘까요? 사랑은 우리가 모든 사람을 다 사랑해야 사랑입니다. 제가 성령이 동인(同人)이라고 그랬는데 동인이란 서로 사랑하면서 사는 사람입니다. 그러니까 우리가 모든 사람을 다 사랑해야 합니다. 남녀노소 가리지 않고, 국적 가리지 않고 다 사랑해야 해요. 그런데 사랑의 행위라는 것은 독특한 것입니다. 우리가 부부유별 그러는데 부부라는 말은 결혼식을 올린 부부만을 이야기하는 것이 아닙니다. 사랑의 결합을 맺은 남녀를 부부라 하는 겁니다. 결혼 제도가 있고 없고의 문제가 아닙니다. 사랑의 결합을 맺는 행위는 별스런 행위입니다. 밥 먹고 싶으면 밥을 먹고, 몸이 피곤하면 잠자야 되잖아요. 그런 일은 누구나 다하는 일이지만 이 성욕은 별스러운 행위이기 때문에 밥 먹는 일, 잠자는 일과 다릅니다.

어떤 의미에서 특별하냐 하면 사랑의 결합을 하면 거기에서 생명이 나오기 때문입니다. 생명이 안 나오는 경우도 있지만요. 그리고 여러분 중에 그 사랑의 결합을 통하지 않고 세상에 나온 분은 없습니다. 물론 인공수정이 있다고 하지만 인공수정도 일종의 결합 행위입니다. 이 결합은 우리 생명의 원천입니다. 이 결합이 왜 '별'이냐 하면 참사랑의 의미를 가지고 있는 것이기 때문에 별입니다. 임시 사랑이거나 스쳐 지나가는 사랑이 돼서는 안 되는 사랑이고, 참사랑이 드러나는 사랑의 결합이 돼야 합니다. 참사랑이 어떻게 드러나지요? 한번 사랑의 결합이 있으면 그 결합은 영원한 것이 되어야 합니다.

부부유별의 별은 특별

오늘의 포도나무 얘기, 계명 얘기, 진리 얘기, 사랑 얘기, 성령 이야기가 어떻게 연결이 되는 것일까요? 여러분, 요즘 우리 자유 시대 아닙니까? 성적인 결합이라는 거 뭐 누구나 할 수 있고, 아무 때나 할 수 있고, 그랬다가도 헤어지고, 짝 바꾸고 이런 것 우리가 다 할 수 있는 세상 아닙니까? 이런 질문에 답은 '아닙니다.'이겠죠. 함부로 할 일이 아니라는 '별'의 의미가 분명히 거기에 들어가 있습니다. 이렇듯 **별이라는 것은 구별해야 한다는 것, 특별한 것, 비슷해 보이지만 다른 것을 '별'이라고 그러는 것입니다. 별은 사랑의 행위가 단순한 행위 같지만 그 안에 있는 영원의 의미를 구별해 내야 하기 때문에 '별'**입니다.

그런데 만약에 이때 '별'을 지키지 않으면 그때 그때 임시방편적인 것, 시간적인 문제는 흔들리지 않습니다. 이 사람하고도 자도 되고, 저 사람하고도 자도 됩니다. 즐겁습니다. 그러나 영원한 문제에 가서 걸립니다. 왜냐하면 서로 영원한 약속을 했는데 그 영원한 약속에 금이 갔다는 증거가 뭐냐 하면 바로 이 '별'을 못 지키는 것이 그 증거가 됩니다. 그러면 '별'은 못 지켰지만 용서를 하는 경우는 어떤 경우일까요? 영원한 것을 서로가 챙기면 뉘우침이 있고 용서할 수 있습니다. 그때에는 행위 자체를 용서하는 것이 아닙니다. **영원을 챙길 때에만, '참'을 챙길 때에만 용서도 가능하고 뉘우침도 가능한 것입니다.** 안 그러면 이때 용서나 뉘우침은 미봉책에 지나지 않는 것이고 언젠가는 또 다시 불거질 문제입니다. 이것이 영원한 사랑 이야기인데 예수가 사랑 이야기하고서는 13절을 보면 친구를 이야기합니다.

> 사람이 자기 친구를 위하여 자기 목숨을 내놓는 것보다 더 큰 사
> 랑은 없다. 내가 너희에게 명한 것을 너희가 행하면, 너희는 나의
> 친구이다.(15:13-14)

예수가 '내가 여러분 친구입니다. 여러분도 이제 제 친구입니다. 우리가 친구입니다.'라고 하는데 사랑하라는 말, 친구라는 말 때문에 제가 부부유별이 생각난 것입니다. 사랑하면 다 사랑하는 것인데도 왜 '별'자가 들어가는 것일까? 그 사랑의 행위 중에 우리가 가장 구체적이고 열매까지 맺는 사랑의 행위를 사랑의 결합이라고 그러는데 우리가 별스럽게 지키지 않으면 다른 의미들이 다 깨지게 됩니다. 그것을 지키는 유일한 길이 있는데 그것은 영원한 것으로 지키는 것입니다.

예수가 우리에게 '서로 사랑하라. 내가 너희를 사랑했듯이 서로 사랑하라.' 이렇게 얘기했습니다. 이 표현이 재미있습니다. 재현입니

다. 우리 사랑 다 알잖아요. 사랑 모르는 사람이 어디 있습니까? 그러니까 그냥 '사랑하세요.' 그러면 될 텐데 왜 하필이면 '내가 너희를 사랑한 것 같이 사랑하라.' 혹은 '아버지께서 나를 사랑하신 것처럼 나도 여러분을 사랑합니다.'라고 예수가 말씀하셨을까요? 그 얘기는 **영생을 알지 못하는 사랑은 진실한 사랑이 못 된다는 것입니다.** 눈에 보이는 것이 중요하고, 인생은 태어나는 날부터 죽는 날까지 잠시 지나가는 것뿐이라고 생각하면 그 사랑이 진실하고 목숨을 바칠 정도로 열렬하더라도 참사랑일 수가 없다는 것입니다. 참사랑이라는 것은 사랑하는 나도 영생이지만 이 세상 살다가 생명이 곧 없어질 내 사랑의 상대도 영생이기 때문에 영생과 영생이 서로 챙겨주고 아껴주는 그 대목이 사랑이다, 이렇게 얘기를 하는 것입니다.

그런 사랑을 우리가 몸으로 드러낸다고 할 때 여러 가지 사랑이 있습니다. 자식 사랑도 있고, 제자 사랑도 있고, 친구끼리의 사랑도 있고, 성행위로 드러나는 사랑도 있습니다. 저는 인간의 성행위는 사랑의 행위인데 우리가 별(別)로 지켜줘야 되는 사랑의 행위라고 봅니다. 이 별을 안 지키면 어느 때 어느 사회나 문제가 됩니다. 이것을 아무리 달리 포장하고 의미를 따진다고 야단법석을 떨어도 인간의 사랑에서, 인간의 성행위에서 별(別)이 지켜지지 않으면 문제를 피할 길이 없습니다. 부부유별이 삼강오륜 중의 하나인데 이것을 맘대로 어긴 사람이 선비입니다. 유학을 가르친다는 선생이 별(別)을 어기니까 사회가 문란해집니다. 그것도 그 별을 여자에게만 강조하지 않았습니까? 여자는 어기면 큰일 날 것 같이 굴면서 남자들은 여기에 얽매이지 않고 아주 자유롭게 행동했습니다. 별이면 다 같이 지켜야 되는 것이지 왜 한쪽만 지키라고 합니까!

그런데 이 이야기를 예수는 어떻게 챙기실까요? 사랑이 영원하다는 것을 알고 사랑하시는 분은 자기가 살아남기 위해서 사랑하는 것이 아니라고 얘기를 하세요. 자기는 죽더라도 사랑을 지킨다는 각오로 사랑한다는 겁니다. 죽더라도 사랑을 지키겠다는 사람은 남을 죽이는 일, 살육은 엄두도 내지 않습니다. 그래서 오늘 평화에 관한 이야기가 되풀이가 되고 있습니다. **평화를 아는 사람, 평화를 지키는 사람은 사랑을 아는 사람**입니다.

가정이 언제 지켜지느냐 하면 별별 일이 다 일어나도 싸우지 않고 해결점을 찾는 가정은 지켜집니다. 거기에는 용서도 있고 뉘우침도 있습니다. 그런 가정이 어떻게 가능할까요? 예수의 가르침은 이것입니다. 사실 누가 내 목에다 칼을 가져다 대면 싸우지 않을 수가 없습니다. 그때 안 싸우는 방법은 죽어도 안 싸우는 것입니다. 그러면 가정이 지켜집니다. 예수가 이 말을 하는 것입니다. '때가 오는데, 그때가 지금이다. 내가 가지만 너희는 나 못 쫓아와. 내가 가지만 금세 돌아올 거야. 돌아오는 날은 우리가 다 같이 살아.' 이런 이야기를 하는데 제자들이 못 알아듣겠다고 하거든요. 예수가 죽으러 가는 것입니다. 또 '내가 이렇게 세상을 사랑하는데 세상 사람들은 그런 사랑을 싫어해.' 합니다. 왜냐하면 세상 사람들은 당장 사랑이 좋습니다. 지금 당장 좋아야 사랑이지 죽으면서 무슨 영생이냐 그러는 거죠. 부모가 아이를 열심히 키우는데도 아이들이 불평할 때가 있습니다. '엄마, 아빠! 당장 좋아야지 왜 두고두고 좋은 이야기만 자꾸 하세요!' 그게 세상입니다.

세상이란 무엇인가?

여기서 세상이란 뭘까요? 세상을 우리가 여러 가지로 정의할 수 있는데 『요한복음』이 말하는 세상은 간단합니다. 시간적인 세상입니다. 끝과 나중이 있는 세상, 무슨 시대라고 말할 수 있는 걸 세상이라고 합니다. 그래서 세상 사람이 제일 좋아하는 말이 '요즘은 안 그래.'입니다. '요즘'이 세상이지 만고불변하는 것을 세상이라고 하지 않습니다. 그런 세상은 영생 챙기는 사람을 미워합니다. 영생을 챙기는 사람이 어떻게 보이느냐 하면 '지금 당장'을 안 챙기는 사람 같아서 밉습니다. 베드로가 배반하는 거 보세요. 예수가 죽으러 가는데 안 죽어야 '당장'을 챙기는 선생 아닙니까? 그런데 죽겠다니까 베드로의 마음이 뒤틀립니다. '이 양반은 영생을 얘기하는데 당장도 못 챙기면서 무슨 … 나 그런 선생 필요 없어.' 이렇게 되는 겁니다.

베드로가 예수를 잠깐 미워했습니다. 그러고 나서 뉘우치지요. 뭘 뉘우칩니까? 예수가 죽은 게 아니라 자기의 영원한 친구라는 것을 확인합니다. 전설에 의하면 자기도 나중에 거꾸로 매달려서 죽었다고 합니다. 자기가 죽더라도 예수를 친구로 챙긴 겁니다. 예수만 친구로 챙겼겠습니까? 예수가 뭐라고 그러느냐 하면 '내가 친구인 줄 아는 사람은 모든 사람하고 친구가 된다. 나를 사랑하는 사람은 모든 사람을 다 내가 사랑하듯 사랑한다.'고 하니까 베드로도 그렇게 사랑을 했습니다.

오늘도 진리 이야기가 나오는데 예수가 말하는 진리가 다른 것이 아닙니다. 임시로 보이는 것만 챙겨가지고는 암만 챙겨도 진리를 챙길 수가 없습니다. 현대가 왜 진리를 챙길 수 없을까요? 현대는 경험을 좋아합니다. 물론 체험은 좋은 것입니다. 우리가 사랑하다 보면 사랑을 체험하고 싶어서 성적(性的) 결합도 하고 그러지 않습니까?

그런데 체험은 우리에게 영원한 것을 확인해 주는 역할을 하지만 영원한 것을 가르쳐주지는 못합니다. 확인한다는 것은 먼저 무엇이 있어야 확인하는 것입니다. 있는 것을 확인하는 것이지, 확인이 없는 것을 있게 해주지는 못 합니다.

> 그러나 그분 곧 진리의 영이 오시면, 그분이 너희를 모든 진리 가운데로 인도하실 것이다.(16:13)

공부하는 사람에게 이것만큼 기쁜 일이 없습니다. 그분이 오시면 우리를 진리로 인도할 테니까 우리는 틀림없이 알게 됩니다. 그 다음에 "그는 자기 마음대로 말씀하시지 않으시고" 했는데 이것이 재미있는 표현입니다. 마음대로 이야기한다고 할 때는 자기 마음과는 다른 마음이 또 있다는 것이지요. 우리가 이야기하는 한마음 말입니다. 한마음과 자기 마음은 어떻게 다른 것일까요? 한마음을 우리가 뿌리라고 말하는 이유는 그것은 보이지 않을 수가 있기 때문입니다. 반면에 자기가 챙겨서 아는 마음이 자기 마음인데 그것은 금세적인 시간 속, 역사 속의 마음을 자기 마음이라고 할 수 있는 것입니다. 그 자기 마음이 참마음일 때는 영원한 마음입니다.

또 "듣는 것만 일러주시고"라고 했는데 이것도 재미난 표현입니다. 시간 속의 유한한 진리를 말씀하시는 분은 자기 마음대로 가르칠는지 모르지만 영원한 진리를 가르쳐주시는 분은 듣는 대로만 일러주신다고 했습니다. 왜 본다는 말을 안 하고 듣는다는 말을 했을까요? 이 듣는다는 말이 여기서만 나오는 게 아니고 성경에 늘 반복되고 있는 말입니다. 듣는다는 말이 아주 재미있는 말입니다.

그 다음은 "앞으로 올 일들은 너희에게 알려주실 것이다." 했습니다. 앞으로 올 일을 알려주면 우리의 앞길이 다 트이는 것입니다. 특히 재테크하시는 분은 앞으로 일을 알면 돈을 엄청 버는 것이겠지요. 또 "그는 나를 영광되게 하실 것이다."라고 했는데 예수의 영광은 다음 장을 읽으면 아시게 되겠지만 죽는 것이 영광입니다. 예수는 사는 게 영광이 아니라 죽는 것이 영광입니다. 그러고 나서 이제 16장 마지막에 "내가 이겼다." 그럽니다. 여기서 **세상을 이겼다는 예수의 승리는 상대방을 쳐 죽여서 자신이 살아남는 것이 아니라 자신이 죽으면서도 영원한 진리를 지키는 것이 예수의 승리입니다. 그래서 이겼다고 한 것입니다.**

"그가 나의 것을 받아서 너희들에게 알려주실 것이기 때문이다." 했는데 물론 이것은 '예수의 것을 받아서' 하는 말이고 이게 성령입니다. 니고데모가 3장에서 질문하지 않습니까? '진리를 보여 주세요, 하나님을 보여 주세요.' 하니까 니고데모에게 예수가 뭐라고 하느냐 하면 '다시 태어나지 않으면 하나님 나라를 볼 수가 없어.' 했습니다. 그러고서는 '성령으로 태어난 사람이 바로 다시 난 사람이다.' 그랬습니다. 성령이 뭐냐고 했더니 '소리같이 바람같이 들리기는 들리지만 어디서 오는지도 어디로 가는지도 모르고 또 보이지는 않지만 부는 것이 확실하잖아.' 했습니다. 들리지만 보이지 않는 것이 바람이고 성령입니다.

성령의 가르침과 훈민정음

성령의 가르치심이 무엇일까를 생각해 보는데 갑자기 제 눈에 훈민정음이라는 글자가 들어왔습니다. 이것이 아주 신기한 말입니다.

글자를 만들면서 왜 하필이면 훈민정음이라고 그랬을까요? 훈민하면 예수 아닙니까? 예수가 사람 가르치러 왔습니다. 그리고 또 성령이 오면 우리를 가르친다고 했거든요. 그 성령이 바른 소리로 가르친다고 했어요. 성령이 바른 소리로 가르친다는데 우리나라 말이 정음(正音) 아닙니까! 소리글이고 게다가 정음입니다. 저는 잘 모르지만 연구하시는 분들 얘기를 들어보니까 진정한 소리글은 우리글밖에 없다고 합니다. 알파벳은 사실 상형문자에서 파생됐기 때문에 진정한 소리글이 아닙니다. 상형문자에서 나중에 소리를 챙긴 것이니까요. 훈민정음이니까 우리는 백성을 가르칠 때 바른 소리를 가르쳐 주는 게 중요합니다. 소리가 왜 중요한가 하면 눈을 감아도 들리는 게 소리이기 때문입니다. 눈을 감는다는 말에 가장 끝내주는 상황은 돌아가신 분을 보고 '눈을 감으셨다'고 그러는 것입니다. 돌아가셔도 들리는 소리, 그게 바른 소리라는 의미가 여기에 있습니다. 돌아가시면 볼 수 없지만 돌아가셔도 소리는 들을 수 있다는 생각을 하는 것입니다. 그게 훈민정음이지요.

우리가 왜 이런 얘기들을 할까요? 그것은 우리가 구체적으로 보는 것은 다 한정돼 있고 유한한 것이지만 그 보는 것을 진정 바르게 만드는 것, 포도나무를 참 포도나무가 되게 하고, 친구가 참 친구가 되게 하고, 나를 미워하는 이 세상을 사람 사랑하는 세상으로 바꿀 수 있는 것은 진리인데 그 진리는 영원한 것이라는 것입니다. 영원한 것을 챙기는 사람은 들을 줄 아는 사람이라는 겁니다. 눈을 감고도 들을 줄 아는 사람이 영원한 것을 챙긴다는 것입니다.

『창세기』를 보면 원래 '하나님이 소리를 내시되,'라고 되어 있습니다. 그것을 번역해서 '하나님이 말씀하시되'가 된 것입니다. '태초에 소리가 있었나니' 이렇게 돼야 합니다. 이것을 지금은 '태초에 말씀이 있었나니'라고 번역합니다. 『요한복음』은 그 말씀이 육신이 되었다고 했습니다. 육신이라는 것은 현상적인 것, 구체적인 것, 시한적인 것을 말합니다. 그런데 이 육신은 그냥 육신이 아니라는 것입니다. 육신은 때가 되면 가야 됩니다. 그러나 그 육신이 참 육신이 될 수 있습니다. 포도나무도 마냥 포도나무가 아닙니다. 포도나무가 역할을 잘하려면 낡은 포도나무는 없애고 새 포도나무를 심어야 합니다. 그러나 그 포도나무가 영원한 포도나무 역할을 할 수 있는데 육신 속에 소리가 담겨 있으면 소리는 영원한 것이기 때문에 참 포도나무가 됩니다. 그러니까 **성령이 진리의 성령일 뿐만 아니라 진리의 성령을 챙기는 사람은 영원을 챙기는 사람이니까 진리의 사람이라는 것**이지요.

그러면 여기에 이제 진리의 기준이 나왔느냐 우리가 물어야 됩니다. 진리를 챙기는 방법은 여러 가지입니다. 예를 들어 사전이 있어야 진리를 챙깁니다. 찻잔이 무엇인지를 알려면 사전에서 찻잔을 찾아봅니다. '이러 저런 모양으로 차를 담을 수 있는 것이 찻잔이다.' 이러면 사전적 진리를 말한 것이 됩니다. 그러나 영적 진리는 그런 것이 아닙니다. 제가 찻잔이라고 그러고 차를 마실 때 **거기에 어떤 영원한 요소, 제가 죽더라도 싸우지 않고 지킬 만한 어떤 것을 얘기하고 있는 것인가 아닌가를 챙기는 것이 영원한 진리를 챙기는 훈련입니다.** 이렇게 얘기하는 것이 막연한 얘기일까? 허황된 얘기일까? 아니에요.

붕우유신과 믿음

제가 부부유별의 별을 얘기했지만 뜻밖에 붕우유신(朋友有信)이 또 새롭게 읽혀지더라고요. 이게 믿음 얘기 아닙니까? 예수도 무슨 얘기를 하느냐 하면 '나를 믿으라.'고 그럽니다. 믿지 않는 사람에게는 성령도 없습니다. 여기서 믿는다는 것이 다른 게 아닙니다. 믿는다는 것은 우리가 영원하다는 것을 믿는 것입니다. 그런데 그 믿는다는 것이 안다는 것과 다른 것일까요? 아니에요. 진리의 영이 와서 우리를 가르쳐준다고 했지요. 여기서 알려준다는 말이 굉장히 중요한 단어입니다. 알려준다, 가르쳐준다, 배운다는 것은 말하자면 학문적으로 확실하게 된다는 것입니다. 우리가 왜 알려고 하냐가 문제인데 알려고 그러는 것은 알아서 마음이 시원하려고 하는 것이 아닙니다. 사실은 믿음을 지키기 위해 우리가 알려고 하는 것입니다.

붕우유신에서 친구는 믿음이 있는 것을 친구라고 하는 것인데 예수도 마찬가지라고 저는 생각합니다. 예수가 왜 우리더러 친구라고 했느냐 하면 우리에게 믿음이 있으니까 친구입니다. 그런데 알고 보니까 예수의 믿음은 '내가 가더라도 너희들이 내 재현이 되어줄 테니까 걱정 안 한다.'는 겁니다. **예수가 가면 성령 때문에 예수가 더 이상 이 세상에 없어도 여러분이 다 예수라는 것입니다.** 예수 부활의 의미는 다른 게 아니고 사실은 이것이 예수 부활입니다. 제가 교회 가서도 늘 이런 얘기를 합니다. 예수가 다시 살아났느냐, 안 살아났느냐, 살아난 예수가 어디 갔느냐, 이거 엉뚱한 질문하는 것입니다. **자기가 예수같이 살면 그게 예수 부활의 확증입니다.** 그 이상 더 확실한 증명이 없습니다. 자기는 예수같이 안 살면서 별의별 과학적 증거를 다 대가며 예수가 부활했다는 얘기를 백날 해봐야 아무도 예수 부활을 믿지 않습니다. 예수 부활이 굉장히 중요한 거거든요. 『요한복음』에서도 부활이 중요한데 그런 예수가 어떻게 가능하지요? 예수도 영생을 믿고 산 사람인데 우리도 영생을 믿고 살게 되면 우리가 예수 믿는 사람이고, 영생을 믿는 사람끼리는 믿을 수 있는 것이지요. 당장 실수를 해도 믿을 수 있고, 당장 좀 잘못을 해도 믿을 수가 있습니다. 왜냐하면 저 사람이 눈앞에 것만 챙기며 사는 사람이 아니잖아요. 그가 실수를 해도 눈앞의 것 챙기다가 한 실수가 아니라 몰라서 한 실수니까 믿을 수 있습니다.

예수도 지금 그 말을 하고 있습니다. 오늘 15, 16장을 보면 '내가 세상을 이겼다. 너희들도 세상을 이겼다.' 그럽니다. 제자들에게 얘기하는 가장 중요한 대목은 '내가 이제 죽지만 낙심하지 마. 용기를 내.' 하는 것입니다. 16장 33절을 보시면 '용기를 내어라. 내가 세상을 이겼다.' 이것이 예수가 마지막 남기는 유언입니다. 왜 그런 줄 아세요? 예수가 제자들을 보면 한심합니다. 왜냐하면 제자들이 선생님 말씀을 다 알아들었다고 하는데 예수 눈에는 보이는 거예요. 이틀이 못 가서 자기를 배반할 것이 훤하게 보이지만 예수는 그 제자를 믿을 수가 있습니다. 예수가 죽는 것을 보면 죽어도 지키는 영생이 있다는 것을 그들이 볼 것이라는 것입니다. 그러면 예수가 죽은 뒤에도 '나는 예수의 제자다.' 그러면서 죽기를 마다않고 지키는 진리가 무엇인지를 알게 되고 그게 세상을 이긴 것이니 용기를 내, 염려할 거 없어, 이런 얘기로 끝내는 것입니다. **성령이 주는 평화, 죽어서 지키는 평화, 이것이 성령의 진리인데 그 진리를 챙긴 사람을 세상에 놔두고 가니 걱정할 게 없다는 것입니다.**

또 하나 흥미 있는 대목이 있습니다. 예수가 제자들에게 무슨 얘기를 하느냐 하면 '세상이 미워하기 때문에 우리가 다 흩어질 것이다.' 이런 얘기를 합니다. 그런데 흩어지는 게 좋다고 합니다. 흩어지는 게 좋다는 대목이 성경에 또 있지요. 바벨탑 얘기에 보면 마을 사람이 모여 사는 것이 좋다는 생각에 평지에다가 높은 탑을 세워서 똘똘 뭉쳐 살려고 했습니다. 그런데 하나님이 딱 내려다보시고는 '얘들 이거 안 되겠네.' 하셨다는 것입니다. 그래서 쌓고 있던 바벨탑을 하나님이 무너뜨려 마을 사람을 다 흩어버리실 뿐만 아니라 말도 다 다르게 만들었습니다.

이런 대목을 예수는 "혼자 버려두고"라고 합니다. 16장 32절에 "보아라, 너희가 나를 혼자 버려두고" 했습니다. 베드로도 가룟 유다도 다 배반하니까요. "제각기 자기 집으로 흩어져 갈 때가 올 것이다. 그때가 벌써 왔다" 했는데 '오는 때'는 앞으로 올 것을 기다리는 게 아니라 올 때는 벌써 와 있다는 말입니다. 그런데 '아버지께서 나와 함께 계시니, 나는 혼자 있는 것이 아니다.' 하는데 아버지가 영원한 것과 같이 영원한 진리, 영생을 사는 사람은 절대 혼자 있는 사람이 아닙니다. 그러니까 그런 사람은 흩어지는 게 오히려 좋을 수가 있습니다. 그렇게 흩어진 사람은 자기가 똘똘 뭉친 덕분에 산다는 착각에서 헤어날 수가 있기 때문입니다.

영생을 지키는 사람은 보이는 것이 다가 아니라 보이지 않는 믿음을 지키는 사람이기 때문에 친구가 되는 겁니다. 그러니까 붕우(朋友)라는 말처럼 좋은 게 어디 있습니까? 사람은 어울려 사는 것이라는 것을 가르쳐주고 있는 것인데, 예수가 우리의 친구라는 것이 그 말이고 사람이 영생을 이렇게 챙긴다는 말입니다. 그런데 혼자 있더라도 흩어지는 것이 더 좋다는 얘기는 왜 하는 것일까? 모여 사는 것보다 흩어져 사는 게 좋아서 그러는 것일까? 말이 하나인 것보다 갈라지는 게 좋다는 것일까? 절대 아니지요. 말을 하나로 하고 모여 살면서도 영생을 놓치면 흩어지고, 말을 여러 갈래로 하더라도 소리로밖에 안 들리는 거예요. 그런데 오늘 15장, 16장을 보니까 예수님이 하신 말씀이랑 똑같은 것 같습니다. 흩어져 사는 것이, 햇빛이 없는 방에 있는 것이 좋을 때가 있습니다. 왜냐하면 보이지 않아야 소리를 챙긴다 이런 뜻입니다. 예수가 가시게 되면 깜깜한 시간이 오지 않습니까? 성경에 예수가 숨을 거두는 시간에 천지가 깜깜해졌다고 합니다. 해가 들어가고 천지가 보이지 않게 되었는데 예수에게는 그 깜깜한 시간이 영광의 시간입니다. 죽으면서도 지키는 진리는 영원한 진리이니까 그렇습니다.

기독교는 가시적 충격이 큰 종교

얘기를 마무리하겠습니다. 예수는 33살에 죽습니다. 예수 가르침의 즉각적인 충격이 왜 부처의 가르침이나 공자의 가르침보다 강했을까요? 왜 소크라테스의 가르침이 충격을 주었을까요? 소크라테스가 독배를 마실지언정 영원을 지키겠다는 대목, 예수가 33살의 젊은 나이로 십자가에 참형을 당하면서도 죽는 게 문제가 아니라 영원을 지키려고 죽는다는 것이 확 드러나니까 가시적인 효과가 있었습니다. 그런데 소크라테스의 전통과 예수의 전통이 서양의 고질병이 됩니다. 어떤 혼동이 있느냐하면 **가시적인 충격이 강한 영원한 진리이다 보니까 가시적인 것만 챙기다보면 금세 부패**해 버리고 맙니다. 기독교가 가시적인 충격 속에 담겨진 영원한 진리였기 때문에 충격 효과가 있어서 비교적 단기간에 온 유럽을 뒤바꿉니다. 야만의 유럽을 불과 300년 동안에 문명 유럽으로 바꿉니다. 그런데 정작 바뀌고 나서 가시적인 것만 챙기다 보니까 기독교는 금세, 300여 년이 지나서부터 부패의 역사가 축적되기 시작합니다. 사실 오늘날의 기독교

부패라는 것도 여기에서 기인합니다. 가시적인 효과 때문에 보이지 않는 영원한 진리를 놓치면 썩는 냄새가 푹푹 납니다.

부처님은 좋아하시는 음식 챙겨 잡숫다가 체해서 돌아가셨다고 그러니까 가시적인 효과는 없습니다. '아니, 어떻게 부처님이 체해서 돌아가셨어?' 부처의 가르침은 가시적인 효과를 떠나서 영원한 것을 가르쳤습니다. 우리가 다 부처가 되라고 가르쳤으니까요. '내가 비록 음식 먹다 체해서 죽을망정 영원한 진리가 다른 데 간 게 아니다.'라고 가르쳐줬으니까 은은하게 오래가는 대목이 있습니다. 공자도 마찬가지입니다. 큰소리를 치기는 하셨습니다. 내가 아침에 도를 들으면 저녁에 죽어도 좋다, 이렇게 말입니다. 그리고 그 저녁에 돌아가셨더라면 가시적인 효과가 컸을는지 모르죠. 그런데 장수하시고 돌아가셨습니다. 가시적인 효과는 없습니다. 그 대신에 은은한 효과는 있습니다. 공자 말씀 읽어보면 역시 가시적인 것을 얘기하는 게 아니거든요. 영원한 것이 무엇인가 챙겨주는데 반짝하는 것은 없습니다.

기독교는 가시적인 충격이 큰 종교입니다. 그러나 진리는 똑같습니다. 영원한 것 가르치는 것은 같은데 반짝 효과에 취해가지고 영원한 것 놓치면 기독교가 잘못됩니다. 오늘날 우리나라 기독교 역사는 아주 짧습니다. 천주교 200여 년, 신교 100여 년이거든요. 그런데 신교 100년은 정말 반짝 효과를 올린 종교입니다. 그 짧은 시간에 엄청난 종교의 실효성을 보여준 유례가 없습니다. 기독교가 한국 사회를 변화시키는 데 엄청난 일을 했습니다. 반짝 효과가 있었습니다. 그런데 반짝 효과를 냈던 한국 기독교가 생명이 영원한 걸 잊어버리면, 눈에 보이는 가시적인 효과가 기독교의 효과라고 생각하면 당장 썩은 냄새가 나고 부패하기 시작합니다. 『요한복음』을 보면서 제가 느낀 것이 이런 것입니다. 15장, 16장은 우리에게 무엇을 가르쳐주

고 있는 것일까요? 내 계명을 지키는 사람, 사랑할 줄 아는 사람, 친
구를 위해서 목숨을 바치는 사람은 내 제자다, 그 사람은 성령의 사
람이다, 그 사람은 진리의 사람이다, 그러면 진리는 무엇인가 이렇게
이야기가 돌아가는데 그 사람은 『요한복음』 3장 16절에서 이야기하
는 영생을 아는 사람입니다. 그 사람만이 멸망하지 않는다, 이런 얘
기였습니다.

예수의
마지막 말씀

예수의 마지막 말씀

이제 예수의 마지막 말씀을 공부합니다. 17장이 왜 마지막 말씀이냐 하면 18장에 들어가면 예수가 곧 잡혀가서 십자가에 못 박히는 사건 기록과 연결되기 때문입니다. **17장의 독특한 점은 장 전체가 예수의 기도문이라는 것**입니다. 그간에 기도에 대한 얘기가 없었던 것은 아니지만 이렇게 한 장 전체에 걸쳐서 예수의 긴 기도가 따로 나오는 곳은 여기밖에 없습니다. 마태, 마가, 누가의 복음에도 예수가 기도하는 장면이 몇 번 나옵니다. 대표적으로 예수가 '주의 기도'를 가르쳐 줍니다. 또 예수의 유명한 기도 중에 '하나님의 진리를 어린아이에게는 다 드러내시되 현자들, 지자들, 학자들에게는 숨겨주셨던 것을 감사합니다.' 하는 짤막한 기도가 있고, 잡혀가시기 직전에도 겟세마네라는 산에 제자를 데리고 올라가서 마지막 기도를 합니다. 이 마지막 기도에서 자기의 죽음을 하나님께서 주시는 잔이라고 표현합니다.

이렇듯 잔을 든다고 하면 죽음을 대한다는 뜻인데 예수가 그 잔이 피할 수 있는 잔이라면 피하고 싶지만 그것이 하늘의 뜻이면 그 잔을 받도록 해 주십시오 하는 기도를 합니다. 그러고서는 십자가에 달리셔서 하는 기도가 있습니다. 예수를 십자가에 매단 사람들을 보고 '자기들이 하는 짓이 무엇인 줄 모르고 하는 짓이니 그들을 용서해 주십시오.' 하고 기도합니다. 이런 짤막한 기도와는 달리 『요한복음』 17장은 전부가 다 예수의 기도입니다.

기도는 기독교에만 있는 것은 아닙니다. 사람 사는 곳에는 어디나 기도가 있습니다. 기도는 말로 합니다. 특히 『요한복음』에서 말이 중요합니다. 『요한복음』 1장 1절 시작부터 이 말로 세상이 지어졌다고 했습니다. '이 말이 사람의 몸을 입고 태어났는데 사람의 몸을 입고 태어난 그 말이 예수다.'라고 하고 있습니다. 이렇게 보면 17장은 사람의 몸을 입고 태어난 말씀인 예수의 마지막 말에 해당합니다. 그러고 보면 말씀이 여러 가지입니다. 하늘이 사람에게 들려주시는 말씀이 있습니다. 또 사람끼리 나누는 말이 있어요. 사람의 마음을 나눈다고 할 때 말로 한다고 했습니다. 그것만이 아니라 사람이 하나님에게 하는 말이 있습니다. 그게 기도입니다.

17장에 보이는 '사람이 하나님에게 하는 말'은 독특한 면이 있습니다. 1절을 보면 '예수께서 이 말씀을 마치시고 눈을 들어 하늘을 우러러 보시며 말씀하셨다.'라고 했습니다. 예수가 하늘에다 말씀하시는 겁니다. '아버지! 때가 왔습니다. 아버지의 아들을 영광되게 하셔서 아들이 아버지께 영광을 돌리게 하여 주십시오.' 이것이 기도의 첫마디입니다. **아들이 영광되다는 것은 아버지의 이름을 거스르거나 부끄럽게 하지 않고 아버지의 이름을 바로 살리는 겁니다.** '이제 아들로서 세상을 떠나게 되는데 아버지를 부끄럽게 하지 않은 삶이 되면 제 영광입니다. 또한 동시에 아들을 낳은 아버지의 영광이겠습니다.' 하고 예수가 아버지에게 말문을 트셨습니다.

기독교의 변질

저는 이 17장 1절 첫 대목을 읽으면서 기독교의 변질을 생각했습니다. 18, 19세기에 기독교가 우리나라에 들어왔는데 18, 19세기의 기독교는 오늘날 우리가 말하는 현대화된 기독교라고 부를 수 있습니다. 현대화된 사상 속의 기독교는 변질된 부분이 많이 있다고 저는 생각합니다. 그렇게 변질된 기독교가 우리나라에 18세기, 19세기에 도착하는데 그 변질된 기독교가 그대로 뿌리를 내리는 것이 아니라 우리 식대로 뿌리를 내립니다. 선교사들이 우리나라에 들어와 씨를 뿌리는데 그 씨는 우리들의 전통적인 심성 속에 뿌려졌습니다. 불교, 도교, 유학 등에 의해서 오랫동안 가꾸어진 토양 속에 씨가 떨어짐으로 기독교가 받아들여졌습니다. 그런 기독교가 한국에 정착이 되고 뿌리를 내린 것인데 제가 보기에 지난 한 50년 동안은 '우리 기독교도 이제 현대화되어야 되지 않겠나.' 하는 열의에 휩싸이게 되고 실제로도 현대화 과정을 거쳤다고 생각합니다. 그 현대화 과정을 거치면서 우리나라의 기독교도 처음에 전해진 기독교와 달리 많이 변질되고 있지 않나 하는 생각이 듭니다.

제가 기독교의 현대화를 변질된 기독교라고 생각하는 이유가 있습니다. 현대화된 기독교에 두 가지 두드러지는 현상이 있다고 저는 봅니다. 하나는 불효이고 다른 하나는 불화입니다. 우선 불효입니다. 그러지 않아야 될 것 같은데 효도를 해야 한다는 의무가 자기들에게서 거둬졌다고 생각하는 경향이 기독교가 현대화 될수록 두드러집니다. 하나님께 충성하고 하나님께 잘하면 되지 부모는 중요하지 않다, 이런 생각입니다. 지난 시간에도 공부가 끝난 다음에 이런 질문을 받았습니다. 한 분이 성경 구절을 들이댔습니다. '내가 너희들에 평화를 주러 온 것이 아니라 칼을 주러 왔다. 너희가 부모와 대적하고 형제와 대적해야만 나를 따르는 것이다.' 성경에 이런 구절이 있습니다. 잘못 읽으면 효도하지 말라는 얘기로 들립니다.

앞에서 저희 집안 얘기를 드렸지만 예수를 믿으면서 상투를 자르고 나니까 집안에서는 효도가 무너졌다고 직감적으로 생각하게 됩니다. 그런데 제가 볼 때 상투를 자르신 제 조부님이 효도를 버리신 것은 아닙니다. 저희 증조부님이 장수를 하셨기 때문에 저도 증조부님을 뵙곤 했는데 저희들이 효도하는 것은 조부님께 배웠습니다. 조부님이 증조부, 증조모님께 하시는 것을 보고 '자식들이 부모님에게 저렇게 하는 것이로구나.' 하는 것을 배웠습니다. 기독교가 효도를 버리지 않았는데 현대화 되면서 효도라는 것은 기독교 의식과는 거리가 있다는 생각이 들어온 것 같습니다.

효도가 깨지니까 불화가 초래됩니다. 초기 한국 기독교 역사에는 교파 때문에 싸움하는 일이 거의 없었습니다. 그런데 사람들이 미국에 유학을 다녀오기 시작하고, 이 분을 교회 지도자로 삼기 시작하면서 금세 두드러지는 현상이 싸움입니다. 저도 어렸을 때 교회 생활 중 기억에 남는 것이 제가 다니던 교회가 깨진 것입니다. 한쪽에서는 찬송을 부르고 다른 한쪽에서는 앞에서 설교를 합니다. 한 교회당에서 설교 듣지 못하게 하느라 찬송하고 찬송하지 못하게 하느라 설교합니다. 그러더니 얼마 있다가 깨졌습니다. 우리가 자랄 때 이런 불화를 경험했는데 저는 그게 조상과 부모 알기를 소 닭 보듯 했기 때문이라고 생각합니다. **효도를 모르면 서로 싸우고 다투는 것을 다반사**

로 알게 됩니다. 저는 이것은 기독교의 변질이라고 생각합니다.

교회와 거리를 두려야 둘 수 없는 것이 우리 한국 사회의 현실입니다. 사방 천지, 동네마다 교회가 있으니까 교회와 멀리하고 살 수가 없습니다. 교회가 그렇게 가까이 있음에도 마음속에서 멀게 생각되는 분들 말씀을 들어보면 대개 두 가지로 수렴됩니다. 왜 예수 믿는 사람은 효도를 모르고 다투고 싸우는 것을 예사로 생각하느냐는 것입니다. 믿기는 믿어야 할 것 같은데 그런 예수를 참말로 믿어야 될지 마음이 안 내킨다고 합니다. 또 하나는 그렇게 예수를 믿는 사람 가까이 있으면 편안하던 마음도 불안해진다고 합니다. 제가 볼 때 부정할 수 없는 현실인 것 같습니다.

예수의 마지막 기도는 아버지께 드리는 말씀입니다. 예수가 떠날 때가 되니까 아버지께 자기의 일생에 대해 보고하는 겁니다. '제가 이제 떠날 때가 되었습니다. 그런데 저는 다른 곳으로 가는 게 아니라 아버지께로 돌아갑니다.' 일종의 인생의 마지막 보고서입니다. '저와 아버지는 하나가 아닙니까?' 효도하는 사람의 아버지에 대한 가장 극진한 공경의 표현이겠지요. 자기의 몸과 아버지의 몸을 따로 알지 않는 것입니다. '사람들이 제가 아버지와 한 몸인 것을 알고 또 자기도 아버지와 한 몸인 것을 알게 되면 결국 자기 자신도 한 몸이라는 것을 알게 될 테니까요.' 이렇게 예수가 말씀하는 겁니다. 오늘 17장에서 이것을 사랑이라고 표현합니다. '사랑은 억지로 하는 것이 아닙니다. 우리가 모두 하나이니까 각자가 따로따로 놀 수 없다는 것을 알고, 그 아는 바대로 사는 것이 사랑인데 그러니 우리가 하나인 것을 알게 해 주십시오.' 하고 기도합니다.

또 다른 한 편으로 17장에는 예수가 '아버지! 제가 아들 노릇은 한 번 잘한 것 같습니다' 하는 대목까지 있습니다. '저를 따르는 사람, 제 말을 듣는 사람들에게 우리가 다 하나라는 것을 알게 했습니다. 그런데 제가 떠나더라도 제 말을 듣는 제자들은 세상에 두고가는데 그 사람들이 아버지와 하나이고 자기들도 하나인 것을 잊지않게 해 주십시오. 그러면 서로 사랑하고 살 테니까요.' 이런 얘기를하는 대목이 예수가 아버지께 드리는 기도입니다. 이렇게 보면 17장은 효도장입니다.

내가 영광스럽게 살고, 아버지께 영광을 돌린다고 할 때 그 영광은 사랑 가운데 드러나는 것 즉, 사랑하는 세상이 되면 영광인데 예수가 왜 죽게 되느냐 하면 그 사랑으로 사는 사람의 모습을 지키기 위해서 죽습니다. '내 때가 왔습니다.'라는 말은 '내가 죽을 때가 왔다.'는 말입니다. 죽는 것이 훌륭한 것이 아니라 죽더라도 지키는 사랑이 훌륭한 것인데 세상에서 우리끼리 하는 사랑도 하나님과 내가 하나인지 모르면 지키기가 힘들다는 것이 오늘의 얘기입니다.

17장에서 또 다시 『요한복음』의 주제가 드러나는데 계속해서 영생 이야기입니다. 17장 3절에 '영생은 오직 한 분이신 참 하나님을 알고 또 아버지께서 보내신 예수 그리스도를 아는 것입니다.'라고 했는데 이것이 예수가 하는 기도 같지가 않습니다. 그렇지요? 예수가 기도를 하면서 어떻게 자기를 '예수 그리스도'라고 그러겠습니까? 이 것은 예수가 떠나신 다음에 사람들이 예수를 안다는 것과 하나님을 안다는 것은 똑같다고 말하는 것입니다. 예수를 안다, 하나님을 안다고 할 때는 그것은 영생을 아는 것이라는 것입니다. 사람의 삶이라는 것은 생일과 망일이 있지만 그것으로 끝나는 게 인생이 아니라 그 인생이 생명을 담고 있을 때 그 생명은 영원한 것이고, 그 영원한 생명을 지켜주는 게 사랑이라는 것입니다. 사랑은 일시로 보이는 것을 지켜주는 것이 사랑이 아니라 영원한 생명을 아끼는 것이 사랑인데 그렇게 되면 **영원한 생명이 담겨있는 몸을 소중하게 지켜주는 것이 사랑**입니다. 그래서 몸이 비록 장님의 몸일지라도, 비록 사지를 쓰지 못하는 몸일지라도, 심지어는 문둥병자의 몸일지라도 소중한 것입니다. 왜냐하면 그 몸속에는 영생이 담겨져 있는 것이므로 몸 사랑이 가능합니다.

서구의 영웅과 불효

그런데 왜 갑자기 현대에 와서 기독교가 불효와 불화의 종교처럼 변질될까요? 이 현대를 우리가 르네상스라고 부릅니다. 새로 태어난 시대라는 것인데 『요한복음』만큼 새로 태어나는 게 중요한 복음이 없습니다. 그런데 17, 18세기에 다시 태어나는 일은 재미난 역할을 합니다. **르네상스 즉, 문예부흥이라고 하면서 다시 태어나는데 이렇게 다시 때어날 때는 그때까지 자기들을 지켜줬던 기독교를 버립니다.** 하나님을 버리고 다시 태어납니다. 하나님을 더 이상 아버지라고 부르지를 않습니다. '하나님 아버지'라는 말을 작심하고 날려 버리고 기독교가 유럽을 하나의 유럽으로 만들기 이전의 시대, 옛날 도시국가 시대로 돌아갑니다. 이집트로 돌아가고, 그리스로 돌아가고, 아테네로 돌아가고, 페르시아로 돌아가고, 앗시리아로 돌아가고, 근동으로 돌아가는데 이것을 르네상스 즉, 옛날 것을 되찾는다고 그러는 것입니다.

그 옛날 것이라는 그리스, 로마, 근동의 글을 읽어보시면 온통 싸움판입니다. 제일 유명한 얘기가 호메로스의 이야기이지요. 두 개의 서사시, 『오디세우스』와 『일리아드』가 그 대표작입니다. 호메로스의 글은 오래 잡는 사람들은 지금부터 대개 3200년 전의 글이라고 봅니다. 제일 오래된 글 중에 하나라는 것입니다. 호메로스의 글에는 영웅이 주요 등장인물입니다. 진정한 영웅은 제일 잘난 사람인데 애비를 죽이는 것이 영웅입니다. 『논어』에 나오는 군자라는 말이 서구의 영웅 개념일 텐데 이와는 너무 다릅니다. 아비 죽이는 것이 영웅, 말하자면 서양 군자입니다. 모르고 죽이든 알고 죽이든 아비에 의존하지 않고 아비가 물려준 것에 연연하지 않고 아비의 굴레에 묶이지 않고 자기 스스로 서는 사람을 영웅이라고 합니다. 호메로스에 나오는 모든 영웅은 예외가 없습니다. 다 아비를 죽이는 영웅입니다. 그런 영웅 상을 배우는 사람들은 자연히 효도와 멀어집니다. 효도는 사람이 영웅이 되지 못하게 하는 멍에가 됩니다. 그런 천지는 싸움 천지입니다. 야만 천지이지요.

그런 야만 천지를 예수가 와서 바꿨다는 것이거든요. 그 핵심이 '아니, 사람을 죽이는 게 영웅이 아니라 죽더라도 사람을 아끼는 것이 영웅이야. 사람은 죽는다고 없어지는 존재가 아니니까. 사람은 영생의 담지자인데 사람을 어떻게 죽일 수 있어.' 이것입니다. 그러니까 죽더라도 살릴 수 있습니다. 왜냐하면 영생은 죽음으로써 꺼지게 할 수가 없는 것이니까요. **결국 영생이란 말은 엄격한 의미에서 사람을 살리기 위한 얘기였습니다.** 저는 이 얘기가 나이가 들면서 자꾸 확인이 됩니다. 아이들을 사랑하는 것도 그렇고 부부가 사랑하는 것도, 친구 사랑하는 것도 언제 변질의 위기를 겪느냐 하면 그냥 그때, 그때를 챙기는 것이 사랑이라고 생각하니까 금세 변질됩니다. 제가 변질하면 저를 사랑하는 사람도 변질합니다. 그런데 사람이라는 게 죽는다고 없어지는 걸까 하는 생각이 들면 이상하게도 사람을 함부로 대하지 못합니다. 영생을 알면 눈 가리고 아웅 하는 짓을 못합니다, '사람을 정말 아껴야 되는 건데' 하는 마음이 생깁니다. 영생이라는 것이 사람 챙기는 것입니다.

예수와 효도정신

예수는 그런 유럽의 혁명을 효도 정신으로 가능하게 했습니다. 하나님을 아버지라고 부른 것은 엄청난 혁명이었습니다. 유대인이 왜 예수를 죽입니까? '하나님이 아버지'라는 말에 놀라서 예수를 죽이는 것입니다. '어떻게 감히 하나님을 아버지라 그래!' 이렇게 된 것이지요. 그런데 **예수의 핵심이 하나님을 아버지라고 부르는 데 있습니다. 그 아버지는 내가 죽어서 영웅이 되어야 하는 아버지가 아닙니다. 나와 하나가 되는 아버지입니다.** 나와 하나님이 하나라는 것을 챙기지 않으면 나 하나도 바로 챙길 수 없다는 것입니다. 저는 이런 대목을 보며 느끼는 것이 '기독교는 사실 효도 사상이 아닙니다.' 하는 말은 변질된 기독교라는 겁니다. 효도를 **빼면** 기독교는 없습니다. 그렇게 되면 예수는 하나님을 아버지라고 부를 수 없을 테니까요. 여기서 '예수에게 아버지가 있지 않습니까?' 그럴 수 있어요. 아버지 요셉 말입니다. 왜 요셉을 아버지라 부르지 않고 하나님을 아버지라고 불렀느냐고 할 수 있습니다. 특히 성경 구절이 예수는 인간 아버지는 별로라고 생각하고 하나님만을 아버지로 대접하는 것 같아서 효도 사상이 중요하지 않은 것 아닌가 생각하기 쉽습니다.

아니지요. 사실을 말하자면 예수가 요셉의 아들이 아닌 것은 맞습니다. 성경에 그렇게 나와 있습니다. 요셉이 결혼을 하고 나서 자기의 아내가 된 마리아가 이미 잉태한 것을 알았습니다. 요셉이 왜 선한 사람이냐 하면 그것을 알고도 모른 척하고 예수를 자기 아들로 키웠기 때문입니다. 그렇다고 예수가 요셉을 아버지 취급하지 않앉을까요? 성경에는 예수의 처음 30년에 대한 소식이 없습니다. 요즘은 예수의 30년을 연구한 학자들이 많습니다. 최신 연구에 보면 공통된 의견이 있습니다. 예수를 목수라고 하는데 요셉이 목수였거든요. 예수가 아버지를 열심히 쫓아다니면서 건축업자 노릇을 했다고 합니다. 제가 지난번에도 잠깐 말씀드렸지만 예수가 가버나움을 열심히 드나듭니다. 가버나움이라는 지역이 요즘으로 말하면 강남 같은 곳입니다. 신도시 격인데 왜 자꾸 거기에 가느냐 하면 아버지가 건설업자였기 때문에 아버지와 같이 돌아다니며 지은 집이 많았기 때문입니다.

요즘에는 또 예수가 중산층이 아니었다고 하는 신학자들이 있습니다. 중산층 사람과 예수와는 거리가 멀다, 예수는 걸인, 집 없는 사람의 지도자였다고 하는데 온 세상 사람이 다 자기 형제라고 할 때 예수의 품 안에는 중산층, 걸인, 유산층 이런 것이 나눠져 있는 것이 아닙니다. 그건 예수가 한 얘기는 아닙니다. 보세요. 니고데모가 예수를 따르는 사람인데 니고데모는 유명한 중산층 출신이지 않습니까? 예수가 돌아가신 다음에 장사지낼 무덤이 없을 때 무덤을 마련해 준 사람이 아리마대의 요셉이라는 사람입니다. 그 사람은 당대의 부호입니다. **사실 성경을 읽어보면 거기에는 계급투쟁 의식이라든가, 가진 자와 못 가진 자 사이의 갈등구조는 일체 없습니다.** 효도하는 사람은 모든 사람과 다 한마음이라는 것을 배우는 사람이고 그게 효도의 길인데 계급의식이니 뭐니 하며 사회를 갈라놓지 않습니다. 우리가 뭘 배운다고 할 때는 부패 요소를 가려내서 부패를 막고, 생명의 요소를 챙겨서 키우는 것이 배운다는 말의 의미인 것입니다. 기독교도 마찬가지라고 생각합니다. **기독교의 참 모습은 효도하는 종교인데 그 부패상을 가리는 데 제일 좋은 기준은 불효와 불**

화의 모습이 아닌가 저는 생각합니다.

아는 것과 거룩해지는 것

이제 세상, 세상 하면서 세상 얘기가 자꾸 나옵니다. 6절에도 나오고 9절, 11절, 13절, 14절, 15절, 16절, 18절, 19절, 25절 마냥 세상 얘기가 나옵니다. 사실 이것은 『요한복음』에 내내 이어지는 주제입니다. 그 세상 얘기의 주제가 뭐냐를 보려면 14절을 읽어 보시면 됩니다.

> 나는 그들에게 아버지의 말씀을 주었는데, 세상은 그들을 미워하였습니다. 그것은, 내가 세상에 속하여 있지 않은 것과 같이, 그들도 세상에 속하여 있지 않기 때문입니다. 내가 아버지께 비는 것은 그들을 세상에서 데려가시는 것이 아니라 악한 자에게서 그들을 지켜주시는 것입니다. 내가 세상에 속하지 않은 것과 같이, 그들도 세상에 속하지 않았습니다. 진리로 그들을 거룩하게 하여 주십시오. 아버지의 말씀은 진리입니다.(17:14-17)

여기서 그들이란 예수의 말을 들어주는 사람, 예수의 말을 알아듣는 사람들입니다. 빈다는 말은 기도한다는 말이고요. '그들을 세상에서 데려가지 마시고 내버려 두시되 악한 자로부터 보호해 달라.'고 기도하는 것입니다. '그들이 세상에는 있지만 세상에 속하지 않았다.'고 하면서 보호를 부탁하는 것입니다. 여기서 악한 자가 누구인지 궁금해집니다. 그 다음에 예수의 기도가 이제 『요한복음』의 핵심 주제로 이어지는데 '진리로 그들을 거룩하게 하여 주십시오.'라고 기도합니다. 왜 제가 이것을 『요한복음』의 핵심 주제라고 말씀드리느냐 하면 14장에서 예수가 길이요, 진리요, 생명이라고 말씀하신 것 기억하시지요? **우리가 거룩해지는 길은 진리밖에는 다른 것으로 거룩해질 수가 없다는 것입니다. 알지 못하면 거룩해질 수 없다는 게 『요한복음』의 핵심입니다.** 오늘도 안다는 얘기가 계속 나옵니다. 나도 하나님을 알았고, 저들도 하나님을 알았다는 얘기를 합니다. 모르고서 거룩해질 도리가 없다는 것인데 예수께서 왜 이런 얘기를 하실까요?

> 아버지의 말씀은 진리입니다. 아버지께서 나를 세상에 보내신 것과 같이, 나도 그들을 세상에 보냈습니다. 그리고 내가 그들을 위하여 나를 거룩하게 하는 것은, 그들도 진리로 거룩하게 하려는 것입니다.(17:17-19)

퇴계 선생님의 『성학십도』에서 성학이라는 말이 참 좋습니다. 거룩한 배움이라는 말입니다. 그런데 요즘 학문을 이런 식으로 말하면 큰일 납니다. 성(聖)자에다가 학(學)자를 붙이면 큰일 나지요. 지금은 거룩한 것은 배우는 것이 아닙니다. 거룩한 것은 체험한다고 할 수는 있는데 배우는 것은 아닙니다. 신비스러운 체험, 신접하는 것은 배움이 아니라고 생각합니다. 그런 것은 배우는 것하고 아무 상관이 없습니다. 성철 스님이 『선문정로』를 쓰시는 것도 알 것은 알아야 된다는 것을 얘기하느라고 쓰신 것이거든요. 알 것을 챙기지 못하면 큰일이라고요. 그래서 '증지(證知)' 그러셨습니다. 증지라는 것이 그냥 아는 것이 아니라, 말하자면 알음알이가 아니라, **자기가 사는 것으로 확증되는 진리 그것을 알아야 된다는 것입니다.** 알지 못하면 확증이 안 되는 것입니다.

　요즘은 거룩하게 된다는 것이 신비스러운 것이 되고 더군다나 기도는 아는 것과 상관없는 것처럼 얘기들을 합니다. 기도를 열심히 하는 사람은 아는 것과는 상관없이 하나님과 신접하는 것입니다. 그런데 오늘 **예수의 기도를 들어보면 기도 때문에 알게 되고 기도는 또 아는 것을 확인하는 길입니다.** 그래서 하나님께 우리가 이따금씩 얘기를 해야 됩니다. 얘기를 안 하면 우리가 뭘 아는지 하나님께 검증받을 기회가 없다는 그런 뜻이 여기에 있습니다.

욥의 기도와 안다는 것

　이런 기도 중에 제일 유명한 기도가 『욥기』에 나옵니다. 『욥기』는 모세의 글보다도 오래된 글이라는 것이 학자 간의 공통된 견해입니다. **욥의 이야기는 사실 욥이 기도하는 이야기입니다. 여기서 욥의 기도는 하나님한테 항의하는 것입니다.** 욥은 착하고 어질게 자기 몸 돌보듯이 주변 사람을 돌봤는데 갑자기 몹쓸 병에 걸렸습니다. 그러니까 하나님께 왜 나한테 이런 일이 생기는지 알고 싶다고 발버둥을 칩니다. 그런데 욥의 기도에 재미난 대목이 있습니다. '내가 옛날에 팔자가 좋을 때는 몰랐는데 이 일을 당하고 나서 세상을 훑어보니까 세상에 나보다 억울한 사람이 엄청 많네요. 나는 그동안 세상이 그저 이런 것인가 보다, 하나님이 선하게 살라는 대로 착하게 살아서 탈 없이 살고, 여러 곤경에 처해 있는 사람은 뭔가 죄를 지어서 저렇겠거니 했었는데 내가 일을 당하고 나니까 세상이 그런 게 아니네요. 과부, 고아, 집 떠나서 사는 사람들을 가만 보니까 잘못한 게 없는데 다들 억울하게 사네요.' 이렇게 말하는 것입니다.

그러면서도 욥이 하나님께 아주 지독한 소리를 합니다. '이것도 세상이라고 만들어 놨습니까? 그러고서 우리더러 여기서 살라고 그러십니까?' 욥이 말도 안 되는 더 끔찍한 얘기를 해요. '저는 저를 낳게 한 제 어머니의 자궁을 저주하고 싶습니다.' 왜 이런 얘기를 하느냐 하면 '제발 숨어있지만 말고 나타나셔서 나에게 대답 좀 하세요.' 이렇게 야단발광을 하는 겁니다. 이러니까 친구들이 옆에서 있다가 난리가 났습니다. '이런 망할 놈이 있나. 못 하는 말이 없네. 어떻게 감히 하나님한테 그런 얘기를 해. 빨리 잘못했다고 하고 네 병이나 고쳐달라고 기도해라.'

　　그런데 나중에 하나님이 나타나셔서 재미난 얘기를 합니다. 그 친구들더러 '이 아무것도 모르는 놈들'이라고 합니다. 아무것도 모르는 놈들이라는 말은 무식하다는 얘기가 아니었습니다. '모르면 알려고 그래야 될 거 아니야. 모르고도 알려 하지 않고 무조건 병만 나으면 장땡이냐. 그런 것도 기도라고 드리느냐.' 오히려 친구들을 꾸짖었습니다. '어서 가서 욥한테 사과해라. 욥은 모르는 게 있으면 알려고 하고 억울한 것이 있으면 소장을 올리는 게 욥이었다.' 그러면서 욥을 칭찬합니다. 그게 욥의 참다운 기도였다는 것입니다.

　　『욥기』가 모세의 글도 아닌데 모세의 백성이라는 유대인의 성서에 왜 끼어들어가 있느냐 하면 욥의 기도 때문에 그렇습니다. **사람은 억울할 때 가만있는 게 아니라 하나님께 묻는 것이 사람입니다. 세상이 왜 억울한 세상이 됐는지, 이렇게 사는 게 인간의 도리인지, 아니라면 아니라는 것을 알고 싶다고 하나님께 묻는 것입니다.** 거기에 대한 하나님의 대답이 재밌습니다. 질문에 대해 직접적으로 대답은 하지 않았습니다. 하나님이 '너는 내가 없는 줄 알고 야단법석인데 나는 있다.' 이것만 확인했습니다. 하늘이 있는 것만을 확인해 줍니다. 하나님이 '너 저 물속에 뛰어노는 물고기 봤어?' 다 죽어가는 사람한테 하나님이 수필을 쓰고 계십니다. 시를 읊고 계세요. '너 저 산에서 뛰어노는 사슴 봤나? 너 하늘에 별 봤어? 봄에 피는 꽃 봤나?' 욥에게 계속 확인 들어가는데 황당한 거죠. 그러면서 '이렇게 꽃 피고 사슴 뛰어놀고 물고기 노니는 세상을 만들 때 너 거기 있었어? 네가 뭘 안다고 야단법석이야.' 하나님이 대답을 이렇게밖에 안 합니다.

거기에 대한 욥의 대답이 걸작입니다. 그러고 보면 욥은 자기의 질문에 하나님이 자초지종을 설명해 주기 바라는 게 아니에요. 하나님도 사실 직답하기가 곤란합니다. 직답은 하나님이 마귀하고 내기를 거신 것이거든요. '내가 사실은 내기를 걸었기 때문에 너를 괴롭혔다.' 하고 말씀하시기가 곤란하잖아요. 마귀하고 내기하느라고 사람을 죽을 병 걸리게 하는 것은 말이 안 되지요. 내기는 다른 게 아니었습니다. 하나님의 마귀가 늘 세상을 돌아다니고 있습니다. **마귀는 왜 세상을 돌아다니느냐 하면 사람 같지 않은 것들이 사람행세를 하면 하나님에게 고발하는 것입니다.** '이놈이 사람이라고 그러는데 이놈이야말로 고얀 놈입니다. 억울한 사람 많이 만들면서 저 혼자 잘 사는 놈인데 그냥 두시겠습니까?' 하고 하나님에게 고소장을 내는 하나님의 검사가 마귀입니다. 『욥기』에 나옵니다.

검사가 세상을 한 바퀴 돌고 오니까 하나님이 검사에게 묻습니다. '너 세상 구경 잘 하고 왔냐?' 물으니까 '네, 잘 하고 왔습니다.' 그래요. '그런데 말이야 너 욥 봤니? 욥이야말로 제대로 된 사람 아니냐? 내가 사람하나 잘 만들었지?' 하나님이 이러시는 거예요. 마귀가 이렇게 대답합니다. '그거 그렇게 생각하실 일이 아니지요. 욥을 그렇게 애지중지 하시니까 욥이 하나님 말씀 잘 듣고 착하게 사는 것이지 한 번 때려보세요. 병도 좀 주시고, 가난하게 만들고, 처

자식 다 **뺏어가고** 한번 그래 보세요. 그래도 욥이 그렇게 어질게 사나. 아마 당장 하나님을 저주할 겁니다.' 그러니까 하나님이 할 수 없이 마귀와 내기를 겁니다. '그래? 그럼 한번 그래 보지. 욥이 정말 그런지 한번 보자.' 해서 욥이 몹쓸 병에 걸린 것입니다. 그러니까 욥이 '내가 왜 이렇게 어려운 일 당합니까?' 할 때 하나님이 '사실은 미안하게 됐는데 내가 내기를 걸었다.' 그럴 수 없는 것이지요. 성경을 읽어보면 하나님이 일체 그런 얘기를 하지 않습니다. 굉장히 인간적인 하나님이에요. 차마 그 말을 못합니다.

하나님이 엉뚱한 얘기만 하는데 그래도 욥이 참 신통합니다. 욥이 그 말을 듣고서 하는 대답이 '알았습니다. 하나님이 계시군요.'입니다. 하나님이 계시다는 것을 확인하는 것만으로도 자기는 충분하다고 말합니다. '하늘에는 별이 있고, 물에는 물고기가 있고, 봄에는 꽃이 피듯이 하나님의 도리가 있다는 것만으로 충분합니다. 그렇다면 제가 억울한 일을 당하는 것도 분명히 곡절이 있겠지요. 그러나 그 곡절 이제는 알지 않아도 됩니다.' 그러는 것입니다. 왜? 하나님이 있는 세상은 곡절이 있는 세상이니까요. '곡절이 있는 세상은 우리가 곡절을 밝히면 믿을 수 있는 세상 아닙니까? 믿을 수 있는 세상이니까 저는 충분합니다.' 하고는 『욥기』가 끝납니다. 그게 끝입니다. 그런 욥을 하나님이 칭찬합니다.

욥이 충분하다는 세상이라는 것은 뭘까요? 세상이라는 것이 재미난 것이 세상입니다. **세상이라는 말의 그리스 어원은 시간이라는 뜻입니다. 시간이라는 것이 하나님 안에 있을 때는 좋은 시간입니다.** 그러니까 예수가 저들을 세상에서 데려가지 마시고 이 시간 속에서 살게 해 주십시오 하고 부탁을 하는 것입니다. 그게 인생이니까요. 시간이 인생이지요. 그런데 **그 시간이 하나님을 떠나버리면 잘못됩니**

다. 하나님이 떠난 세상이 영생을 미워합니다. 생명이 영원한 것인 줄 아는 사람들을 미워하는데 예수도 미워서 죽여 버리려 하고, 예수 때문에 영생을 배워가지고 잠깐 살아도 영생이고 그래서 사랑이 소중한 줄 아는 사람을 미워합니다. 그런 사람들을 세상이 없애려고 하는데 왜냐하면 시간의 의미를 잘못 알기 때문에 그런다는 것입니다.

요한복음은 영지주의가 아니다

『요한복음』을 당대에 널리 퍼져있던 이원론적 철학사조의 하나인 영지주의로 보려는 사람들이 있습니다. 영지주의는 노스티시즘(gnosticism)을 번역한 말입니다. **영지주의의 첫 번째 특징은 '비밀'입니다. 하늘의 진리는 비밀이에요. 오늘날 우리가 말하는 신비주의입니다.** 하늘의 이야기는 우리 사람들이 알게끔 되어 있는 것이 아닙니다. 하늘은 알 수 없다는 현대 인식론과 딱 들어맞는 얘기입니다. 그렇기 때문에 하늘의 진리는 누군가가 아는 사람이 하늘에서 내려와서 가르쳐 줘야 합니다. 아는 사람이 우선 하늘에서 내려와야 합니다. **두 번째 특징은 행운입니다. 그 비밀은 아무나 알아보는 것이 아닙니다. 알아보는 사람이 따로 있게 되어 있습니다.** 운 좋은 사람만이 하늘에서 온 사람을 알아보게 되는데 그 사람을 따라서 나머지도 다 천당 간다는 그런 얘기입니다.

『요한복음』을 읽어보면 그런 식의 문구가 너무 많이 나와요. 그러니까 '영지주의 틀림없네.' 그럴 수 있는데 그게 아니라는 문구가 더 많이 나옵니다. 특히 예수가 죽게 되는 이유는 말투는 그런 것 같지만 자기는 영지주의가 아니라고 얘기하기 때문에 죽어요. 오늘 17

장에도 '제가 아버지와 하나인 것처럼 저들은 나와 하나일 뿐만 아니라 아버지와 하나입니다. 뿐만 아니라 저들을 세상에 남겨 두셔야 할 이유가 있습니다. 저들이 세상에 나아가서 저들과 세상이 하나라는 것을 가르쳐주도록 해주십시오.' 하고 예수가 기도합니다. 그러고서는 계속해서 진리라는 말이 나오는데 **예수의 진리는 누구나 알아들어야 하는 진리입니다.** 사람들이 예수의 말을 알아듣지 못하면 꾸짖습니다. '너희들은 귀가 없냐? 왜 내 말을 못 알아 듣냐?' 예수가 가르쳐 주는 진리는 평범한 진리, 귀 있는 사람은 다 알아들을 수 있는 이야기를 하는데 왜 못 알아듣느냐는 것이지요, '귀 있는 자는 들을 지어다.' 그럴 때 여러분들 그냥 귀를 만져보면 됩니다. '여기 귀 없는 분 한번 손들어 보세요. 귀 없는 사람 없는데 왜 내 말을 못 알아듣습니까?' 예수가 이렇게 말하는 것입니다.

그런데 이것을 영지주의로 해석하면 '어떤 사람은 귀가 있고 어떤 사람은 귀가 없나보다.' 이렇게 되는데 말도 안 되는 얘기이지요. 얼마든지 **영지주의로 읽을 수 있는 흔적이 있는 것은 사실이지만『요한복음』이 영지주의 시대에 쓰인 것이기 때문에 자연히 표현법이 그렇게 된 것입니다.** 그런 말투, 특히 하늘나라와 세상을 나누어서 이야기하는 것 같은 영지주의 표현법이 있지만 그 말투와 표현법을 통해서 『요한복음』이 영지주의를 전하려는 것은 아니지요.

그게 아니라는 것이 17장에서 드러나는 것 아닙니까? 예수가 왜 죽습니까? 영지주의의 구세주는 죽지를 않습니다. 여러분이 앞으로 남은 『요한복음』에서 보시겠지만 예수의 영광은 십자가에서 죽는 것이 영광입니다. 예수가 죽지 않았다면 예수의 영광은 없습니다. 그리고 또 예수의 영광은 십자가에서 죽은 예수가 다시 살아나는 데 있습니다. 부활은 진리라는 것입니다. 부활은 현실적 사실이라는 주장이 『요한복음』에 있습니다. 그 현실적 사실을 어떻게 이해하는가가 핵심입니다. 이것을 영지주의로 해석하면 죽었던 사람이 살아나서 어디로 갔지 물어볼 때 하늘로 올라갔어 이렇게 됩니다. 부활은 이렇게 신화적 이야기가 되고 맙니다. 그런데 『요한복음』을 보시면 부활이 신화가 아닙니다. 많은 학자들이 주장하기를 『요한복음』은 원래 20장으로 끝나는 것인데 21장은 나중에 붙였다고 그럽니다. 21장을 왜 붙였냐 하면 부활 때문이라고 합니다. 21장은 부활한 예수의 이야기입니다.

예수가 떠났으니까 예수가 죽었다고 생각하고 제자들이 갈릴리 호숫가에서 고기를 잡는데 고기가 안 잡힙니다. 그런데 예수가 그 물가에서 물고기를 숯불에 구워놓고 제자들을 기다립니다. 고기는 못 잡고 지친 몸으로 돌아오는 제자들에게 예수가 구워놓은 고기를 먹이는 장면이 나옵니다. '배고프지. 먹어라.' 그러는데 처음에는 누군지 못 알아봐요. 그런데 가만 보니까 하는 행색이 예수 같거든요. 보기에는 예수가 아니에요. 하는 행세가 예수 같으니까 '아! 예수님!' 합니다. 그러니까 '먹어라' 그러고 베드로더러 내 양을 치라고 얘기하는데 이 모든 것이 예수 부활을 함축하는 것이지요. 왜냐하면 예수교는 부활이 빠지면 무너져버리고 맙니다.

그런데 그때 부활이 무엇이냐는 것을 잘 이해해야 됩니다. 요즘에 영지주의가 기독교였다고 얘기하는 사람이 인정 안 하는 것이 있습니다. 예수는 죽었지, 예수를 하나님이라고 말하는 것은 잘못된 말이라고 합니다. 예수가 하나님이라는 것을 인정 안 합니다.

『요한복음』이 왜 영지주의가 아니냐 하면 이렇습니다. 앞에서도 '세상'의 어원이 '시간'이라고 얘기했는데 이 시간이 사실 왜 소중하냐 하면 이것이 하늘의 시간이거든요. 우리는 그냥 지나가는 시간이라고 생각하지만 다 영원한 순간들입니다. 성철 스님이 스님이시지만 어느 기독교 학자보다도 성경이 가르쳐주고자 하는 진리를 잘 보셨습니다. 그 이유는 성철 스님이 지나가는 순간도 영원의 순간이라는 것을 보신 분이기 때문입니다. 그래서 돈오돈수(頓悟頓修) 얘기를 합니다. 순간도 제대로 붙잡고 진리를 깨달으면 사람은 그것으로 끝입니다. 그것을 두고두고 붙잡고 있는 것이 아닙니다. 왜냐하면 그렇게 깨달은 진리는 놓칠 수가 없는 것이니까요. 제대로 봤지 않습니까! 그런 시간은 영원한 순간이에요. 그런 시간을 하나님이 사랑하시되 얼마나 사랑하셨느냐 하면 자기 독생자를 죽여서라도 구하려 할 만큼 세상을 사랑했다는 것입니다. 하나님이 세상을 사랑하셨다는 얘기가 그런 얘기입니다.

　세상이라는 것이 이런 것이고 세상을 사랑한다는 것이 이렇게 사랑하는 것인데 무슨 영지주의적 이원론이 어디에 있을 수 있습니까? 그런데 그것도 모르고 **한시적 세상은 하나님을 미워합니다. 하나님이 세상을 사랑하는데 세상은 하나님을 미워합니다. 왜 미워하느냐? 이 한시적 세상은 자기가 혼자 있는 줄 압니다. 영원한 것과는 상관이 없는 줄 알고 하나님이 따로 있는 줄 압니다. 하나님은 하늘에 계시고 우리 땅에 사는 사람은 하나님과 상관없이 사는 줄 압니다. 하늘에서 누가 내려와서 우리를 구해줘야 된다고 생각하는 영지주의가 문제이지요.** 『요한복음』에서 예수가 문제 삼는 사람은 유대인이 아니라 영지주의자가 된 유대인을 문제 삼는 것입니다. 그게 바리새인들입니다. 그러니까 『요한복음』은 영지주의를 가르치는 것이 아니라 영지주의가 잘못되었다는 것을 가르치는 복음서입니다. 『요한복음』의 진리는 하늘에서 내려온 진리이지만 이 진리는 누구나 다 알아야 하는 진리입니다.

하나님을 안다는 것

그런데 오늘 『요한복음』 17장에 보면 예수가 계속해서 저를 따르는 사람도 이제는 다 하나님을 아는 사람이라는 얘기를 자꾸 합니다. 하나님을 안다는 것이 무엇일까? 안다고 할 때 우리가 물어보아야 할 게 있습니다. 안다는 것이 무엇일까, 또 알아서 뭐 하나 이런 것이 챙겨져야 안다는 게 중요한 것을 알게 됩니다. 현대 인식론은 거기에 대해 두 가지로 대답을 합니다. 안다는 것이 뭐냐 하면 눈에 보이는 것, 만질 수 있는 것, 말하자면 물건을 아는 것이 아는 것입니다. 보이지도 않는 것, 이성, 하늘을 안다고 하면 손에 잡히지 않는 것이니까 곤란합니다. 그리고 나서 '알아서 뭘 해?' 하면 손에 잡히는 것을 챙겨 넣는 것이 알아야 되는 이유입니다. 요즘은 안다고 하려면 주머니에 돈도 많이 챙겨야 하고 땅도 많이 챙겨야 합니다. 알면 생기는 것이 많아야 합니다. 그뿐 아니라 대포도 있어야 합니다. 그게 아는 것이고, 왜 알아야 하느냐 하면 물건을 챙기기 위해서 알아야 합니다.

안다는 말의 제일 오래된 의미는 의심을 풀어주는 것이었습니다. 욥도 가만히 있다가 왜 갑자기 하나님더러 나타나라고 그러고 왜 내가 이 모양이 됐는지 알아야겠다고 야단법석을 떨었느냐 하면 마음에 갑자기 의심이 생긴 거예요. 갓난애가 태어날 때는 믿고 태어납니다. 그래서 엄마젖을 무는 거 아니겠습니까? 그렇지 않으면 엄마 젖 함부로 물 게 아니잖아요. 혹시 내가 엄마 젖을 물었다가 죽으면 큰일이잖아요. 정보를 확인하고 나서 자기 입에다 넣어야지요. 그러나 애들은 절대 안 그러지요. 눈도 안 뜬 애들이 엄마 젖을 물어요. 믿고 젖을 무는 겁니다. 그리고 엄마 품에 그냥 안겨서 삽니다. 믿고 사는 것이지요.

이렇게 엄마를 믿고 살다가 애들이 언제부터 엄마에게 질문을 하기 시작하느냐 하면 의심이 생기기 때문이에요. 엄마가 이따금씩 야단도 치고, 배고파서 우는데 젖도 안 물리거든요. 그 다음에는 알고 싶은 마음이 생겨요. 이상하다, 엄마를 믿어야 될까 말아야 될까? 이 의심을 푸는 게 아는 거예요. 이렇듯 원래가 의심을 푸는 것을 안다고 했습니다. 의심 없는 사람은 절대 알려고 하지 않습니다. 그럼 의심이 없으면 큰일일까요? 아니지요. 의심이 안 생기는 사람의 특징이 뭡니까? 믿고 사는 거잖아요. 믿고 사는 것의 특징은 또 뭐죠? 마음이 안심이 됩니다. 기분이 좋습니다. 낯선 사람들을 봐도 믿으니까 사랑하고 싶습니다.

엄마가 아들에 대해 알기를 원치 않아요. 믿으니까요. 그런데 이상한 짓을 하면 묻습니다. '야, 너 왜 그래?' 알고 보자는 것이지요. 그때 안 것의 결과는 나쁘다 좋다의 문제가 아니에요. 어쩌다가 나쁜 짓을 하게 됐는지 알기만 하면 그것으로 아들을 계속 믿을 수 있습니다. '이놈, 다음부터 그러지 마.' 하고 끝입니다. 그래서 여기 보면 '악에 빠지지 않도록' 이런 얘기를 예수가 하세요. 왜? 알고 나면 믿는 세상이 되는 것인데 믿는 세상에서는 나쁜 짓을 안 합니다. 왜 나쁜 짓을 하냐 하면 믿지 못하기 때문입니다. 엄마를 믿지 못하면 엄마한테 진짜 얘기를 다 할 수가 없습니다. 얘기를 다 했다가는 난리가 나지 않을까 염려가 됩니다. 그러니까 애들한테 거짓말하지 말라고 팰수록 애들은 거짓말을 더합니다. 그러나 '너 거짓말 했지? 그거 안 해도 되는데 왜 그랬어.' 하고 믿어주면, 애들이 엄마를 믿기 시작하고 믿으면 거짓말 안 합니다. **믿는 세상에서는 거짓말을 안 하고, 할 필요도 없습니다.**

안다는 것의 원래 의미가 의심을 푸는 것이라고 정리했는데 이제 문제는 '알면 뭘 해'가 문제입니다. 알면 믿고 사는 세상 되는 것이지요. 인식론이 이렇게 되면, 의심을 푸는 것이 아는 것이라면 알수록 믿는 세상이 더 잘 유지됩니다. 그런데 서구의 인식론을 보세요. 알수록 불신사회가 됩니다. 불신사회가 될수록 알고 싶은 게 더 많아집니다. 요즈음은 생년월일은 언제인지, DNA가 어떻게 구성되었는지, 혈액형은 무엇인지 모든 것을 다 알려고 합니다. 앞으로는 신분증 없이 건물 들어가실 때 손가락 지문만 딱 대시면 됩니다. 손가락만 붙이면 여러분들이 언제 어디서 태어나고 그동안 뭐를 했는지 다 압니다. 그게 다 기록에 들어가 있습니다. 손가락을 대기만 하면 됩니다. 불신사회에서는 그 모든 것을 알아야 해요. 편리한 사회가 더 알려고 하는데 그렇게 알고 나면 믿느냐? 아니지요. 왜 그렇게들 알려고 그러느냐 하면 물건 챙기려고 알려는 것뿐입니다. 돈 더 벌려고 알려는 것뿐이고 밥 더 먹으려고 알려는 것뿐입니다.

『요한복음』이 세상을 적으로 보는 게 아닙니다. 하늘을 모른다고 생각하는 사람, 하늘을 알 수 없다고 생각하는 사람이 복음을 얘기하는 사람들을 적으로 삼는 것입니다. 하늘을 알 수 없다고 생각하는 사람은 하나님을 챙기는 것이 아는 것이 아니라 물건을 챙기는 것이 아는 것이라고 생각합니다. 그래서 하나님을 알려고 하고 믿으며 살려고 하는 세상 사람이 자기의 적인 줄 압니다. 믿는 사람을 예뻐해야 하는데 그런 사람을 미워한다고 그랬습니다. 죽이려고 합니다. 그래서 예수가 세상의 적이 되는데 그것은 영지주의적인 이원론이 아니지요. 영지주의는 하나님을 알 수 없다는 것에 근거하고 있거든요. 『요한복음』이 하나님을 알 수 있다고 하는데 『요한복음』이 하나님을 모른다고 하는 것이라고 하면 큰일이에요.

그런데 **하나님을 안 사람은 무엇을 아는 것이지요? 다른 것을 아는**

게 아닙니다. 우리는 이렇게 순간을 살아도 영원한 생명이에요. 이것을 안다고 하는 것입니다. 의심이 들기 전에는 여러분이 다 알고 계시기 때문에 의심이 안 드는 것입니다. 그래서 우리는 그것을 믿는다고 그러잖아요. 제가 볼 때 믿는다는 말은 안다는 말보다 더 좋은 말이거든요. 믿으면 몰라도 아는 것이나 다름없고, 심지어 잘못 알아도 바로 아는 것이나 다름없는 것이기 때문에 그렇습니다. 이게 위험한 것 같지요? 아닌 게 아니라 그런 믿음은 위험하다고 하는 것이 근대 인식론자입니다. 몰라도 아는 것이라고 생각하고, 잘못 알고도 아는 것이나 진배없다고 하면 큰일 아닙니까!

그러나 아닙니다. 우리가 서로에 대해서 잘 모르잖아요. 서로 안다고 할 때도 잘못 알고 있는 게 많습니다. 그렇지만 믿으면 서로 아끼고 사랑하는 것이 가능합니다. 믿음이 이 모든 것을 가능하게 해줍니다. 그런데 만약에라도 우리가 '모르면 안 돼. 잘못 알면 안 돼' 하고 의심하기 시작하면 사귀기 위해 신상조사를 자꾸 해야 합니다. 기회만 있으면 물어야 합니다. 저분 누구야? 고향이 어디야? 어느 학교 나왔지? 백날 이런 것만 챙겨야 되는데 그런 친구 사귀다 보면 피곤하지 않으세요? 마음이 편안한 사람이 누구냐 하면 만났는데 알고 싶은 게 별로 없는 사람입니다. 처음 만났는데 십년지기처럼 마음 푹 놓고 별의별 얘기 다 하면 왠지 마음이 편안합니다. 그런 사람은 좋아할 수밖에 없지요. 이게 이 세상의 구조이거든요.

영지주의란 말에서 제가 곤란하다고 생각하는 것은 '지(知)' 자 때문입니다. '지' 자가 들어 있으니까 안다는 얘기를 하는 것 같기는 한데 그때 아는 것은 우리가 그냥 아는 것이 아니에요. 특별히 알아야 해요. 그러나 예수는 애들도 아는 것을 아는 것이라고 했습니다. 예수가 기도할 때 애들도 아는 것을 현자들, 학자들이 모른다고 하는데, 아는 것을 하나님께서 그렇게 숨겨 주신 것을 고맙게 생각한다고 기도한 것 말입니다. 『마태복음』에 나오는 유명한 기도인데 **우리가 안다고 할 때 그것은 특별한 것이 아닙니다. 애들도 아는 가장 기본적인 진리를 챙기면 사람이 살 수 있다는 것입니다.**

15

십자가가
들려주는 이야기

Chapter
15 | 십자가가 들려주는 이야기

오늘은 예수가 제자들과 자기 백성에게 버림을 받고 제일 극악무도한 죄인에게 내리는 로마 제국의 십자가형을 받고 죽는 날을 공부합니다. 우리가 그동안 여러 가지로 공부했던 예수의 언행을 통한 가르침이 중요하긴 하지만 **기독교를 지난 2000여 년 동안 지켜온 것은 아마도 '십자가 사건'이 아닐까** 생각합니다. 예수가 제자와 자기 백성을 가르쳐서 사람 사는 바른 도리를 깨우친 사람으로 만들어 주고자, 스스로 진리라고 말하는 사람으로 만들어 주고자 그렇게 애쓰고 보살폈는데 그 제자들과 백성에게 버림받고 급기야 젊은 나이에 사람이 겪을 수 있는 가장 억울한 죽음을 당했다는 사실은 기독교인의 신앙을 지켜주는 열쇠 같은 역할을 합니다. **기독교인이 신앙생활을 하다가 빗나가는 대목을 스스로 뉘우칠 때 그 계기가 대개 예수의 체형을 상징적으로 나타내는 십자가에 있습니다.** 예수를 믿는 문화 속에서는 십자가를 늘 목에 걸고 다닙니다. 심지어 십자가가 장신구 역할도 합니다. 십자가 없이는 마음속에서 예수와 결연이 잘 되지 않을 때 그렇게 달고 다니는 십자가의 도움을 받습니다. 오늘 우리가 그 십자가 사건을 들여다보는 날입니다.

18장과 19장에는 다른 복음서에 없는 여러 가지 얘기가 나오는데 마태나 마가나 누가의 복음이 얘기하는 예수 일생의 마지막 대목과 다릅니다. 『요한복음』을 이렇게 기록하는 분은 마태, 마가, 누가의 복음서 내용을 이미 알고 있는 분들입니다. 그뿐 아니라 그들은 예수를 생전에 본 적도 없고 만난 적도 없었던 바울이 예수에 대해서 여러 가지로 깨달은 바를 썼던 편지 글도 읽어서 다 알고 있었습니다. 이런 모든 자료들을 바탕으로 『요한복음』을 뒤늦게 쓸 때에는 취사선택이 있게 됩니다. 똑같은 것을 되풀이하지 않는다는 의미도 있고 또 어떤 의미에서는 그 자료들과 다른 점을 더 확실하게 얘기하는 것이 예수를 바로 전하는 것이라는 생각에서 취사선택을 합니다. 오늘 제가 여러분들과 18장과 19장을 공부하면서 **다른 복음서가 다루지 않는 얘기들, 그리고 다른 복음서가 다뤘지만 『요한복음』이 부연해서 더 자세하게 설명하고 있는 부분에 특별한 관심을 가지고 보겠습니다.**

십자가와 로마 정신

18장 3절에 유다가 로마 병정과 함께 들이닥치는 대목부터 보겠습니다. 유다는 예수의 열두 제자 중에 제일 신임하던 제자였습니다. 우리도 제일 신임하는 사람에게 돈궤를 맡기지 않습니까? 그를 믿을 수 있으니까요. 예수가 열두 제자와 3년을 동행하면서 그 경비의 관리책임을 맡은 사람이 유다였는데 그가 배반자 중의 배반자가 됩니다. 제자 중의 제자가 왜 배반자 중의 배반자가 되었을까요? 유다 나름으로는 선생님에 대한 실망이 있는 것입니다. 3년 동안 예수를 따르며 '참으로 내 인생의 바른 길잡이를 찾았으니 예수를 통하면 이제 살 수 있겠다.' 했었는데 뜻밖에 예수가 자기가 기대하던 선생, 자기가 기대하던 길잡이가 아니라고 하는 것이 판명되는 순간 엄청나게 실망을 했을 것입니다. 18장 3절을 보세요. 유다가 '로마군대 병정들'과 등장합니다. 이것이 다른 복음서에는 없는 말입니다. 마태, 마가, 누가의 복음에 로마군대 병정이 동원되었다는 얘기는 없습니다. 유대교의 종교지도자들이 교회를 경비하는 경비병을 데리고 왔다는 얘기는 있지만 로마 군대 병정을 동원했다는 얘기는 없는데 요한은 이렇게 썼습니다. 요한이 새로운 사실을 알았을까, 아니면 다른 뜻이 있는 것일까요? 예수가 떠난 지 두 세대 이상이 지나서 이 글을 쓰고 있으니까 그때 사람들의 생각을 더듬어 볼 필요가 있습니다.

두 세대가 지난 다음에도 예수에 대한 이야기를 전하고 예수를 믿는 사람 사이에서는 예수를 잡으러 왔던 사람이 실상 유대교의 회당을 지키는 경비병들이었다 할지라도 그 배후의 실질적인 세력은 로마 군대였다는 생각이 있습니다. 이것으로 『요한복음』이 쓰이는 1세기 말에서 2세기로 넘어갈 때 로마는 자기들의 기반을 완전히 구축했다는 것이 드러납니다. **그때 사람의 마음속에는 예수를 십자가에 못 박은 것은 결국 로마 정신이 그 뒤에 있다는 생각이 있는 것입니다.** 그래서 3절에 '유다는 로마군대 병정들과' 하고 이야기를 시작한 것이 아닌가 저는 생각합니다. 유사한 선배들의 글이 있는데 거기에 없는 말을 하려면 마음에 부담이 되지 않겠습니까? 그러니 설명을 할 법도 한데 설명을 하지 않았습니다.

여기 로마 군대 병정들만 온 것이 아니라 제사장과 바리새파 사람들이 나옵니다. 바리새파 사람은 예수 당대에 종교심이 가장 열렬한 사람이라서 적극적으로 사람에게 다가가고 모범적으로 종교인 역할을 하던 사람을 말합니다. 사회적으로 문화적으로 정치적으로 경제적으로 이스라엘의 정신을 지켜주는 세력이 바리새파입니다. 그 사람들이 보낸 성전 경비병을 데리고 왔는데, 등과 횃불과 무기를 들고 있었습니다. 또 제사장은 다른 사람을 말하는 것이 아니라 바리새파와 더불어 이스라엘 사람을 구성하는 세 분파 중 하나인 사두개파를 말합니다. 성전을 지키는 파가 제사장파인데 이따금씩 사두개파라고 불리는 것을 들으셨을 것입니다. 이렇게 보면 세 분파 중에서 여기에 빠져 있는 파가 에세네파라 불리는 세례요한의 파입니다.

『요한복음』의 특징 중 하나가 세례요한과 예수가 가까운 것으로 돼 있는 것입니다. 예수도 세례요한이 주는 물세례를 주고 예수도 요한에게 와서 물세례를 받았다는 얘기를 합니다. 다른 복음서에 예수가 요한의 세례를 받았다는 말은 있지만 요한처럼 예수가 물로 세례를 주었다는 얘기는 없습니다. 그러니까 상황을 정리하면 사두개파라는 성전을 지키는 사람들, 바리새파라는 사회를 지도하는 사람들, 마지막으로 사회를 떠나서 광야에서 사는 사람, 마치 속세를 떠나서 깊은 산골에 들어 앉아 삶의 길을 찾는 에세네파라는 세 개의 파가 있었는데 앞의 두 파가 로마 병정들을 대동하고 와서 에세네파와 같이 일하던 예수를 잡아가는 것 같은 그런 분위기마저 던져주고 있습니다.

에세네파 세례요한은 다른 두 파의 분위기와 다릅니다. 이들이 왜 세상을 떠나 있을까요? 그것은 세상이 싫어서가 아니겠지요. 속세를 떠난다고 할 때 그것은 세상을 버리는 것이 아닙니다. 세상이 세상답지 못하게 흘러갈 때 세상을 뒤로 하고 바른 세상을 찾는 것이 세상에 계속해서 몸을 담고 사는 사람들의 눈에는 세상을 떠나는 것처럼 보일 뿐이지 세상을 떠난다고 세상을 버리는 사람은 아닙니다. 그렇게 세상을 떠나서 세상을 깊이 생각하는 분들 덕분에 우리에게도 세상에서 바로 살 수 있는 맑은 기운이 챙겨진다고 하는 고마운 마음이 있습니다.

여기 18장은 예수의 수난을 예고합니다. 잡혀가기 직전인데 예수는 제자들과 늘 찾던 한적한 곳으로 갔습니다. 다른 복음서의 분위기와 다릅니다. 기독교가 가장 뒤늦게 정리되는 시점이 『요한복음』을 기록하는 시점이라고 여러 번 말씀드렸습니다. 그러니까 이 분위기가 뒤따라오는 세대들에게 전승됩니다. 그 후 세대에게 이 분위기가 전승되는데 이때 전달되는 중요한 요소가 **예수는 세상에 와서 세상 사람들과 더불어 먹고, 자고, 울고, 웃고 그랬지만 예수는 어떻게 보면 세상을 바로잡기 위해서 세상을 깨끗하게 만들기 위해서 세상과는 떨어져 산 사람이 아닐까 하는 분위기**입니다. 그런 사람을 세상이 미워한다는 것이지요. '왜 우리하고 한 패거리가 아니야!' 그런 것도 있고, 예수가 자기들이 사는 세상을 마치 더러운 세상이라고 하는 것 같아서 분개하는 마음이 보입니다.

그 '세상'은 결국 빌라도에게 예수를 처형해 달라고 요청합니다. 빌라도가 실질적으로 사람을 십자가형에 처할 수 있는 권한을 가지고 있는 로마의 총독이기 때문입니다. 예수를 잡아 넘기는 사람들, 예수는 죽어 마땅하다고 생각하던 사람들과 빌라도 간의 대화가 19장에 계속되는데 빌라도가 유대인들에게 묻습니다. '내가 이 사람을 만나서 얘기도 해보고 질문도 해보고 시간을 같이 보내면서 도대체 이 사람이 어떤 사람인가 파악해 보려고 애를 썼다. 그런데 이 사람을 만나본 결과 이 사람은 죽을죄를 지은 사람이 아니다. 왜 이 사람을 죽여야 하는지 이유를 모르겠다. 왜 당신들은 이 사람을 죽이 겠다고 그러느냐.' 유대인들의 마음이 왜 이렇게 돌아가는지 빌라도는 너무 궁금합니다. 그에 대한 유대인들의 반응을 보세요. '유대 사람 들이 빌라도에게 대답하였다. 우리에게는 율법이 있는데 그 하늘의 법을 따르면 그는 마땅히 죽어야 합니다. 그가 자기를 가리켜서 하나 님의 아들이라고 하였기 때문입니다.' 이게 이제 예수의 죄명입니다.

하나님을 본 사람

이 대목은 14장을 보시면 아주 뚜렷하게 나타납니다. 많은 분들 이 이런 질문을 자주 하십니다. '어디에 예수가 자기를 보면 하늘을 봤다는 얘기가 있습니까? 성경을 훑어보니까 마태, 마가, 누가, 요한 의 복음서에 나를 본 사람은 하나님을 봤다는 구절이 없는데 어디 있습니까?' 그런데 여러분들이 이미 읽으셨습니다. 성경을 안 가지 고 계신 분을 위해서 14장을 제가 읽어 보겠습니다.

> 예수께 말하였다. 주님, 우리에게 아버지를 보여 주십시오. 그러
> 면 좋겠습니다. 예수께서 대답하셨다. 빌립아, 내가 이렇게 오랫
> 동안 너희와 함께 지냈는데도 너는 나를 알지 못하느냐? 나를
> 본 사람은 아버지를 보았다.(14:8-9)

예수가 자꾸 하나님을 아버지, 아버지 하니까 빌립이 '아버지를 보여 주십시오.' 하는데 그에 대한 대답으로 자기를 본 사람은 하나 님을 보았다고 한 것이 예수가 죽게 되는 죄명입니다. 누가 만약에라 도 여러분에게 묻는다면, 성경에 정말 예수가 자기를 본 사람은 하

나님을 보았다는 대목이 있느냐 그러면 이 구절을 대세요. 그러나 이 구절만 그런 얘기를 하는 것일까요? 아니지요. 『요한복음』 전체가 이 이야기입니다. 구태여 구절을 찾으려니까 이 구절을 찾은 것이지 『요한복음』에서 계속 얘기하는 것이 뭐냐 하면 '나는 나를 보여 주려고 애쓰는 사람이 아닙니다. 나는 우리가 밥 먹고 놀고 일하는 모든 우리들의 일상생활 속에서 내가 사는 모습이 하늘도 만약에 이 땅에 와서 산다면 이렇게 산다는 것을 여러분에게 보여 주려고 하는 것입니다.' 하는 얘기를 계속합니다.

그러고 나서 '그런데 네가 어찌하여 우리에게 아버지를 보여 주십시오라고 말하느냐.' 하고 꾸짖습니다. 예수가 제자들을 꾸짖는 말 중에 제일 심한 꾸짖음이 이런 것일 겁니다. 예수는 유다가 떠날 때도 꾸짖지 않았습니다. '유다야, 가서 네 할 일을 해라.' 그랬지 '이 놈!' 하고 꾸짖지 않았습니다. 그러나 제자들이 '하나님을 보여 주세요. 하나님을 보면 되겠는데 하나님이 안 보이니까 문제입니다.' 할 때는 제자를 꾸짖습니다. '나를 봤으면 됐지 아직도 하나님을 보여 달라고 그러느냐.'가 가장 준엄한 꾸짖음인데 이 말이 유대인의 지도자들에게는 죽을죄가 됩니다. 이 말이 그들에게는 '감히 사람을 보고 하나님이라고 그러느냐.'가 됩니다.

여기서 왜 예수가 나를 본 것이 하늘을 본 것인데 아직도 하나님을 챙기느냐고 꾸짖는 것일까요? 여러 가지 얘기가 있을 수 있는데 특히 17장을 읽으실 때 나왔던 예수의 기도를 상기해 볼 필요가 있습니다. 마지막 기도에 사람들이 나를 보고 나를 믿으면 그 다음에 나를 믿은 사람이 아버지도 믿게 해 달라는 기도가 있습니다. **우리가 사람을 믿는다고 할 때 사실은 사람을 믿는 것이 아닙니다. 우리가 사람을 어떻게 믿습니까? 그러나 사람을 믿습니다. 왜냐하면 사람을**

믿는다는 말은 사실 그 사람 속에서 드러나 있는 하늘을 믿는다는 말
입니다. 그 하늘은 그 사람을 뉘우치게도 하고 스스로 제 마음을 챙기게도 하니까 사람을 믿는다는 것은 단순히 사람을 믿는 것이 아닙니다. 하나님을 믿고, 하늘을 믿는 것이지요. 이렇듯 믿는다는 말은 하늘에나 해당되는 얘기인데 우리가 하늘을 믿는다면서 사람을 믿지 못하면 우리는 한 순간도 살 수가 없습니다.

하나님을 보여 달라는 사람들에게 이유는 있습니다. '하나님이라면 내가 믿겠는데 사람은 못 믿겠다.'고 합니다. 주변을 보면 온통 그렇고 그런 사람뿐인데 하나님을 믿으라면 믿어도 어떻게 사람들을 믿겠냐는 얘긴데 예수는 그게 아니라고 합니다. 예수는 사람을 믿으라고 합니다. 제자에게도 사람들이 당신들을 보고 믿을 만한 사람이라고 말할 수 있는 그 길을 챙기라고 합니다. 그래서 우리 같은 사람을 보고 믿는 마음이 생기면 사람을 믿는다고 말할 때 비로소 우리가 하나님을 믿는다는 것이 무엇인지 처지가 암만 바뀌더라도 매 순간 새롭게 챙기는 것이라는 얘기를 예수가 한 것입니다. 예수가 죽어야 되는 죄목이 이것입니다. '우리 보고 하나님을 믿으라고 하면 하나님을 믿겠는데 사람을 믿으라고!' 이게 죄명입니다.

19장을 보시면 유대인들은 빌라도에게 심지어 이렇게까지 협박합니다. '당신은 로마의 총독이 아닙니까? 로마의 총독은 누구입니까? 로마 황제를 믿는 것이 총독 아닙니까? 그런데 이 사람은 자기가 왕이라고, 자기가 황제라고 그럽니다. 만약에 로마의 총독이 자칭 왕이라고 하는 예수를 반역죄로 처벌하지 않으면 당신은 황제를 믿는 사람이 아닙니다. 그러면 당신이야말로 반역죄를 뒤집어 써야 합니다.' 빌라도가 기가 막히지만 거기에 대해서는 대답을 하지 않습니다. 왜냐하면 그 논리가 희한하거든요. 빌라도가 듣기에 황제는 사람인데 자기더러는 '사람'인 황제를 믿지 않으면 반역죄를 뒤집어씌우겠다고 협박을 해놓고 자기들은 자기들의 왕을 믿지 않고 하나님을 믿어야 된다고 그러니까 말이 앞뒤가 안 맞습니다. 자기 보고 왕을 믿으라고 하면 자기들의 왕, 유대인의 왕을 믿어줘야 하지 않겠습니까? 그런데 그는 못 믿고 하나님은 믿겠다는 것입니다. 그렇게 얘기하려면 속에 있는 얘기를 다 까발려서 빌라도에게 '당신도 황제를 믿지 말아요. 왜 황제를 믿습니까? 황제를 믿지 마세요. 하나님을 믿으셔야죠. 당신이 황제를 믿기 때문에 이렇게 우리 유대 땅을 식민지로 만들고 우리를 못살게 구는데, 당신도 회개하시오.' 이랬어야 말이 되는 것인데 그렇게 하지 않았습니다. 앞에서 로마 군대를 몰고 왔다는 얘기는 이런 얘기도 됩니다.

유대인들이 빌라도와 함께 예수를 죽이겠다는 건데 이유는 사람인 주제에 사람을 믿으라고 하면서 하나님을 거역한다는 것입니다. 우리가 줄곧 사람 그랬는데 여기서 사람이라고 할 때 우리 자신을 말합니다. 다른 사람을 생각하지 마세요. 자기 자신을 생각하세요. 제 자신에 대해서는 누구보다 제가 잘 알지 않습니까? 얼마나 허물이 많고 부끄러운 게 많은지 압니다. 그런데 **바로 이런 제가 여러분께서 하늘 믿듯이 믿어주셔야 될 사람입니다. 저는 여러분이 저를 보고 믿음에 실망이 안 가도록 여러분의 믿음을 챙겨야 할 책임이 있는 사람입니다.** 왜냐하면 여러분이 저를 보고 '저거 믿을 사람 못 되네.' 하는 순간 단순히 믿지 못할 사람 하나를 확인하는 일이 아니기 때문입니다. 그 순간 하늘에 대한 우리의 믿음이 흔들립니다. 엄청난 책임이 우리에게 걸려있습니다. 예수가 그 이야기를 평생 하고 다닌 셈인데 사람들은 그 이야기가 못마땅합니다. 믿을 것은 따로 있으니까 우리들의 일상생활, 평범한 사람은 믿는 것에서는 제외하자는 생각이 예수를 죽입니다.

십자가와 칼의 의미

그런데 죽이려면 그냥 죽이지 왜 갑자기 십자가라는 극형이 대두될까요? 십자가는 그렇다 치고 칼은 또 무엇인가요? 오늘도 보시면 칼이 등장합니다. 18장 10절, 11절에서 베드로가 칼을 빼 듭니다. 마태나 마가의 복음에는 '어떤 사람'이 그러기도 하고, '어떤 제자'가 그러기도 했는데 여기는 베드로라고 이름을 꼭 집어 명시했습니다. 예수가 죽은 지 벌써 1세기가 지났고 베드로도 죽은 후이기 때문에 아무도 베드로를 본 사람이 없다는 얘기입니다. 그때는 이미 베드로가 예수를 가장 열심히 순진하고 고지식하게 믿고 따르는 열성파의 상징이었습니다. 그 열성이 베드로로 하여금 예수를 놓치고 칼을 빼들게 합니다.

그런 베드로가 정신이 깜박하는 바람에 '자기 선생을 배반하다니, 한두 번도 아니고' 이럴 정도의 베드로가 됩니다. 그가 배반하는 대목이 18장 19절에서 24절까지 있고, 그것도 모자라서 25절에서 27절까지 두 번씩이나 나옵니다. 예수를 두 번씩이나 요리조리 부인하는 베드로인데 여기 그 전의 10절에서는 베드로가 칼을 뽑았다고 그럽니다. 마치 베드로가 칼을 차고 있었던 것처럼 얘기를 합니다. 자기 칼을 뽑아서 로마 병정을 쫓아온 사람 중에서 종의 귀를 잘랐습니다. 예수를 부인한 것은 바로 그 일을 본 사람이 '당신이 칼을 뽑았던 그 사람 아니냐?' 이러니까 베드로가 '아니, 난 그런 일 한 적 없다.'고 부인한 것입니다.

베드로가 칼을 뽑아들 때 예수가 '그 칼을 칼집에 꽂아라. 아버지께서 나에게 주신 이 잔을 내가 어찌 마시지 않겠느냐?' 합니다. 18장 11절입니다. 이 '잔'에 대한 얘기는 다른 복음서에는 무슨 잔인지 설명이 나오는데 『요한복음』에는 아무 설명 없이 그냥 툭 튀어나와요. 지난번에 17장 읽으실 때 예수의 마지막 기도가 있지 않았습니까? 제자들과 산에 올라가서 예수가 하는 마지막 기도 중에 '아버지! 내가 이 잔을 꼭 마셔야겠습니까? 안 마실 수 있으면 안 마셨으면 좋겠습니다.'라고 했는데 이때의 **잔은 죽음을 말합니다. 하늘의 도리를 지키기 위해서 마시는 독배입니다.** 저는 늘 이렇게 말해 왔지만 되짚어서 생각을 해 보았습니다. 내가 바로 보고 있는 것일까? 내가 혹시 잘못 보고 있는 것은 아닐까? **이 잔은 역시 싸우지 않고 살겠다는 각오입니다. 그래야 사랑할 수 있으니까요.** 여기 요한의 말을 다시 새겨 볼 테니까 그 얘기가 어떻게 해서 그렇게 되는지 들어보세요.

먼저 '그 칼을 칼집에 꽂아라.'입니다. 칼은 싸움하는 데 쓰는 것 아닙니까? 싸움하는 데는 틀림이 없는 무기입니다. 단칼에 상대방을 없애버릴 수 있습니다. 싸운다는 것에 대해 여러 가지로 해석을 많이 하지만 사실 우리가 싸울 때의 심정은 아무리 예쁜 자식도 눈에서 싹 사라졌으면 좋겠지요. 단칼에 싹 없애버리면 나중에 후회가 될지언정 싸움은 딱 끝나잖아요. 칼은 싸움의 가장 좋은 해결책이고 열쇠입니다. 그런데 칼을 칼집에 꽂으면 칼이 없는 것은 아니지만 쓰지 않는 칼이 됩니다. 다음에 '아버지께서 나에게 주신 이 잔을'이라고 했는데 이 잔은 싸우지 않고 싸울 일을 해결하는 잔입니다. 그것은 죽어도 마셔야 되고 죽어도 가야 되는 길이니까 '내가 어찌 마시지 않겠느냐' 합니다. 여기서 예수가 죽지 않는 길은 칼을 **빼** 들고 로마군과 싸우면 죽지 않겠지요. 그러나 칼을 빼지 않았습니다. 이 잔을 받는 대목은 예수만의 전통이 아니고 서양의 오래된 전통입니다.

칼집에 꽂아놓은 칼

그런데 죽이는 방법이 의외입니다. 사람을 죽이려면 보통 칼로 죽이지 않습니까? 『마태복음』에도, 『누가복음』에도 그렇고 칼 얘기가 나오면 꼭 이런 질문을 합니다. 『마태복음』 10장 34절에 있는 성경구절 읽어드릴게요. "너희는 내가 세상에 평화를 주려고 온 줄로 생각하지 마라. 평화가 아니라 칼을 주려고 왔다." 이때 칼을 주러 왔다는 말의 의미가 무엇일까 꼭 물어보게 됩니다. 예수는 "자기 십자가를 지고 나를 따르지 않는 사람은 내게 적합하지 않다."고 합니다. 그러니까 **예수의 칼을 받은 사람이 자기 십자가를 질 줄 아는 사람이라는 것입니다. 그런데 여기서 십자가는 휘둘러서 사람을 죽이는 칼이 아니라 칼집 속에 꽂아 놓은 칼입니다.**

우리가 사는 세상은 칼이 없는 세상이 아니라 칼이 있는 세상입니다. 싸움할 일이 얼마든지 있는 세상이에요. 싸움할 방도도 우리 손아귀에 가지고 있습니다. 단칼에 쳐버리면 된다는 생각을 늘 하고 있으니까 말입니다. **칼을 칼집에 꽂고 사는 것은 칼이 없어서가 아니라 다른 삶의 방도를 생각하는 것인데 그게 십자가입니다.** 여기 보시면 십자가를 지라는 말씀 바로 뒤에 예수가 '자기 목숨을 얻으려는 사람은 목숨을 잃을 것이요, 나를 위하여 자기 목숨을 잃는 사람은 목숨을 얻을 것이다.'라고 합니다. 그러니까 이때 쓰는 칼이 어떤 칼인가를 잘 이해를 해야 합니다. 이 대목에서 『누가복음』은 이렇게 얘기를 합니다. '누구든지 자기 십자가를 지고 나를 따라오지 않으면 내 제자가 될 수 없다.' 그러고서는 아주 재미있는 예를 듭니다. 사람이 일을 시작해놓고 끝을 못 맺으면 남들이 웃잖아요. 그런데 예수를 따라오지 않고 칼을 휘두르는 사람은 일을 시작해 놓고 끝내지 않는 사람과 같다고 그랬습니다. 그래서 여기에 "십자가를 지고 따라오지 않으면" 한 것입니다. '기초만 놓은 채 완성하지 못하면' 이라는 말입니다. "보는 사람들이 그를 비웃을 것이며 이 사람이 짓 기를 시작만 하고 끝내지는 못하였구나 하고 말할 것이다."가 그 다음에 이어지는 말입니다. 『누가복음』 14장 29절에 있는 얘기입니다.

그 다음 33절이 또 재미있습니다. "그러므로 이와 같이 너희 가운데서 누구라도 자기 소유를 다 버리지 않으면 내 제자가 될 수 없다."고 합니다. 이때 **자기 소유를 버린다는 것이 뭘까요? 여기서 소유는 자기 목숨을 말합니다.** 우리가 소유, 소유 하지만 가장 중요한 소유가 무엇입니까? 우리 목숨입니다. 목숨 이상 중요한 소유가 어디 있습니까? 우리가 목숨을 키우기가 왜 힘드냐 하면 소유, 가진 것을 챙기는 것이라서 힘듭니다. 밥도 먹여야 되죠, 잠도 재워야 되죠. 그러니까 꼭 물건 챙기듯이 힘든 것입니다. 제가 물건이라 말씀드렸는데 목숨이 물건 아닙니까? 소유가 물건이고 목숨도 어떻게 보면 물건인데 예수가 여기서 그 목숨을 버려야 된다고 합니다. 왜 그럴까요? 그 물건이 목숨 같지만 물건은 목숨이 지나가는 집일 뿐이지 진짜 목숨은 그 속에 담겨있는 목숨이지요. 그것은 죽어도 지켜야 되는 목숨입니다.

제가 영생이라고 늘 말씀드렸는데 그러면 영생이 죽지 않고 오래 사는 것일까요? 아니지요. 죽어도 영생이고 살아도 영생인데 그 영생을 예수가 뭐라고 설명했냐 하면 사랑이라고 했습니다. 싸우면 깨지는 것이 사랑이니까 싸우지 않고 사는 훈련이 사랑이다 이렇게 가르친 셈입니다. 그것 때문에 십자가가 있는 것입니다. 왜 십자가일까요? 칼이 우리들에게 가장 좋은 해결책 같지만 칼을 칼집에 꽂고 사람을 살게 하려니까 그 칼이 십자가가 되기도 합니다. 물론 십자가가 없는 게 제일 좋지요. 사실 이 십자가가 아주 고약한 것 아닙니까? 이게 사람을 죽이는 칼하고 똑같은 것이고 여기에 사람을 매달아 죽이는 것인데 십자가는 없어야 합니다. 그런데 예수는 왜 십자가를 달고 다니지요? 사람을 죽이겠다고요?

십자가를 칼로 바꾼 사람들

제가 유럽에서 깜짝깜짝 놀라는 장면이 있는데 십자가가 칼처럼 들려 있는 것입니다. 십자가가 진짜 칼이 되어 버립니다. **십자가가 칼이 되는 순간 기독교가 썩어요.** 십자가가 칼하고 비슷한 모양이고 둘 다 사람 죽인다는 의미가 있는 것도 똑같아요. 그런데 여러분! **예수 믿는 사람이 왜 십자가를 달고 다니는지 아십니까? 칼을 칼집에 꽂고 사는 것입니다. 나는 싸우지 않고 살겠다는 약속이 십자가입니다.** '나는 소유를 챙기지 않겠다. 나는 사랑을 위해서라면 죽더라도 사랑을 지키겠다. 나는 평화를 위해서 살겠다. 잔을 버리지 않겠다. 그리고 칼을 칼집에 꽂고 살겠다.' 이게 십자가의 의미입니다. 유럽이 이런 예수교가 온 데 펴져 오랜 동안 싸움을 안 하고 사는 천지였습니다. 그렇지만 문명적으로는 별로 자랑할 만한 게 없이 살았지요. 그래서 유럽 사람이 그 시대를 암흑시대라고 합니다. 뒤져 보니까 뭐가 없거든요. 어떻게 보면 옛날 우리나라 농촌을 연상하시면 됩니다. 그냥 산천이 있고 오막살이에 사람들이 평화롭게 사는 것뿐이니까 자랑할 게 없습니다.

그것을 암흑시대라 칭하고 이제 계몽시대를 연다고 했습니다. 계몽시대라는 것은 빛의 시대라는 것인데 영어로는 'enlightenment'라고 해서 빛 속에 사는 시대, 광명시대를 말합니다. 광명시대가 들어온 다음의 유럽은 엄청나 보입니다. 그 덕분으로 유럽이 지금 관광

사업해서 먹고 사는 것 아닙니까? 여러분이 구경하러 가는 엄청난 성벽, 엄청난 교회가 다 광명사업의 결과입니다. 그 사업이 뭐냐 하면 도둑질입니다. 그것들이 다 도둑질해서 지은 것입니다. 제 말이 아니고 가서 보면 자기들이 그렇게 솔직하게 써 놨습니다. 이것은 어디서 도둑질하고 저것은 어디서 도둑질한 것으로 지었다 쓰여 있습니다. 그것을 무엇으로 했느냐 하면 칼로 챙겼습니다. 그러니까 그 건물에 십자가와 칼이 나란히 달려 있는 겁니다. 이 십자가가 진짜 칼 노릇하기 시작하면서 자기들의 광명시대가 열렸다는 것이지요. 선진이라고 뽐낼 때 그들이 우리들에게 그거 가지고 자랑합니다. 그런데 그게 자랑할 일입니까!

십자가를 칼로 바꾸면 예수를 믿는다는 유럽도 싸움꾼이 됩니다. 칼이 유럽을 광명시대로 이끕니다. 그러나 곧 재미난 일이 일어나지요. 거기에 대한 반발이 바로 17세기, 18세기의 혁명입니다. 그 혁명의 골자는 그런 하나님은 싫다는 것입니다. 사실은 칼싸움에 시달리다 못해서 혁명이 일어나거든요. 그런데 이 분들이 일으킨 18세기 혁명의 골자가 하늘을 말하지 않고 사람 살리는 얘기만 하자는 작정을 합니다. 그것을 **우리가 신주 모시듯 하는 휴머니즘, 인도주의(人道主義)라고 합니다. 사람만 챙기는 겁니다. 이때 인도(人道)는 하늘의 도는 아닙니다. 그러나 예수에게 사람의 도는 항상 하늘의 도입니다. 사람이 하늘이기 때문에 그러는 것입니다.**

그런데 하늘 얘기하면서 칼 휘두르고 도둑질만 하니까 하늘이 끔찍해지는 겁니다. 인도주의 혁명, 혹은 인본주의 혁명이라고 하는 것은 다른 것이 아니고 이 천(天)이라는 글자를 깡그리 지워버리자고 작심을 한 것입니다. 그 혁명이 지금까지 계속되고 있는 거예요. 서구의 이 인본주의 혁명이 총체적 재정비에 나서는데 종교도 재정비하고 기독교도 재정비합니다. 바리새인이 재정비하듯 종교를 재정비합니다. 바리새인의 전통이라는 것은 옛날 옛적에 있었던 일이 아닙니다. 요즘도 우리가 경험하는 것이 이 전통입니다. 이 땅에는 사람의 일밖에는 없다고 그러는 것이지요. 이 땅에 하늘을 가져다 섞어서는 안 된다는 것입니다. 하늘은 저 위에 있으니까 이것을 땅과 섞으면 큰일 납니다. 하늘은 따로 있다고 해야지 이것을 땅과 섞으면 죽어야 됩니다. 그래서 예수를 죽이는 것입니다. 옛날이나 지금이나 똑같지요.

오늘날은 예수가 다시 나타나면 십중팔구 예수를 죽이는 시대입니다. 예수가 부활한 다음에는 아무도 못 알아보았거든요. 오늘날도 예수가 나타나면 아무도 못 알아보겠지요. 만약에 교회에 가서 예수같이 얘기하면 교인이 제일 먼저 잡아 죽이려고 할 것입니다. 지금 교인들이 그때의 바리새인과 다름이 없습니다. 하늘은 따로 있고 사람은 사람이라는 생각이 바리새파 사람 생각입니다. 이런 생각이 칼과 십자가를 오해하기 때문에 생긴 것입니다. 칼집에 꽂으라는 칼을 기독교인이 휘두르기 시작하자 십자가는 금세 도루묵이 되고 맙니다. 자꾸 예수를 죽이겠다고 그러니까 빌라도가 왜 죽이겠다고 하느냐고 유대인들에게 묻습니다.

> 빌라도가 예수께 물었다. 그러면 당신은 왕이요? 예수께서 대답하셨다. 당신이 말한 대로 나는 왕이요. 나는 진리를 증언하기 위하여 태어났으며 진리를 증언하기 위하여 세상에 왔소. 진리에 속한 사람은 누구나 내가 하는 말을 듣소.(18:37)

이 왕이라는 것은 다른 뜻이 아닙니다. 세상을 사는 길이 있습니다. 왕도(王道) 말입니다. 왕은 자기만 돌보는 게 왕이 아닙니다. 왕은 모든 백성을 다 돌보는 것이 왕입니다. 누구나 다 살 수 있는 길을 챙기는 게 왕입니다. 여기서 왕은 진리를 증언하고 진리에 속한 것이 왕이라는 것입니다. 그 진리는 백성을 살립니다. 우리가 그러잖아요. '진리가 밥 먹여 줍니까?' 예수는 여기서 뜻밖에 '물론이지요. 진리가 밥 먹여 주지요' 그럽니다. 진리가 아닌 경제학의 밥을 먹으면 바로 배고파지고 우리를 불안에 떨게 하지만 진리의 밥을 먹고, 진리의 생수를 마시면 영원히 산다는 것입니다. 모두가 다 계속 먹고 마시니까 영원한 것이고 왕도이고 진리입니다.

이제 18장 38절을 보시면 서구 문학에 자주 나오는 인용구가 있습니다. 빌라도의 유명한 질문입니다. '빌라도가 예수께 진리가 무엇이요 하고 물었다.' 우리나라에서도 이것을 소재로 글을 많이 씁니다. 우리나라의 훌륭하신 석학이 쓴 것도 있습니다. 그분은 정말 박학하신 분입니다. 기독교 문서, 원효대사, 우리나라 고전들에 두루 통하시는 분인데 이렇게 썼습니다. '빌라도가 예수께 진리가 무엇이냐고 물었는데 예수는 묵묵부답이었다. 왜 그랬을까? 진리는 대답할 수 없는 것이기 때문에' 이런 논리입니다. 그러나 여러분! 우리가 14장에서 '나는 길이요, 진리요, 생명이다.'라고 예수가 말하는 것을 들었습니다. 진리가 무엇이냐에 대해서 이미 예수가 답을 했습니다. 또 바로 앞 절, 37절에서도 보셨습니다. 나는 진리를 증언하기 위해서 태어났으며, 태어나서 한 모든 것이 진리를 드러낸 것이고, 진리에 속한 사람은 누구나 내가 하는 말을 듣는다고 답을 줬습니다. 그럼에도 불구하고 38절에서 빌라도가 진리가 무엇이냐고 묻는다는 것은 무엇을 말하지요? 빌라도는 진리에 속하지 못한 것입니다. 진리에 속하지 못하면 이 질문을 하게 됩니다.

그러나 큰일이 아닙니다. 진리에 속하면 됩니다. 진리에 속하는 것을 예수가 니고데모와 대화 속에서 드러냈습니다. '거듭나라!'입니다. '어떻게 거듭나요, 엄마 뱃속에 다시 들어갔다 나옵니까?' 하는 니고데모에게 예수가 성령으로 거듭나라고 합니다. 당연히 '성령이 뭡니까?' 물어보지요. '아! 바람 있잖아. 바람 부는 것 같이 숨을 들이킬 때 우리 몸에 들어왔다 나갔다 하며 우리를 살려주고 있는 것, 그게 성령인데 그대로 살면 돼.' 그런 얘기를 했습니다. **예수는 진리가 가까운 곳에 있다는 것을 얘기한 셈인데 우리는 자꾸 진리가 먼 데 있다는 생각을 하는 것 같습니다.**

속죄일, 유월절, 무교절의 의미

제가 여기에 '속죄일, 유월절, 무교절' 하고 성경에 나오는 절기를 적어 놓았습니다. 이스라엘 사람이 오랫동안 지켜온 종교 절기입니다. 우선 속죄일이라는 것이 있습니다. 모세 5경 중 『레위기』에 속죄일에 대해서 자세하게 설명하고 있는데 그날 제사장이 소를 잡습니다. 자기들 죄가 크다는 생각에 소를 잡습니다. 소를 죽임으로써 자기들의 죄를 용서 받는다는 예식을 행하는 것입니다. 백성을 위해서는 염소를 잡습니다. 제사를 지낸 다음에는 잡은 소와 염소를 가지고 잔치를 벌이는데 해가 질 때 잡아서 해가 뜨기 전에 다 먹어야 되니까 실컷 먹는 날입니다. 속죄일이라는 것은 유목민이 가을 추수 때에 모여서 동네 잔치하는 날로 정한 것입니다.

그때 **속죄는 '죄는 내가 지었지만 내가 죽는 게 아니라 소나 염소가 나를 위해 대신 죽어주면 그 덕분에 내가 산다.'는 개념**입니다. 속죄일에 대한 이야기가 성경에 많이 나옵니다. 특히 18세기 이후에 기독교 신학에서도 예수가 십자가에 죽은 것을 이 속죄 개념으로 설명하는 것을 볼 수 있습니다. 여기에 대한 학자의 깊은 연구와 자료가 많은데 거기에 보면 이 속죄의 전통이 실제로 꼭 유대 사람들의 전통은 아니고 유목민 사이에 널리 퍼져있는 개념임을 알 수 있습니다. '죄는 우리가 지었지만 그렇다고 죽을 수는 없고, 사람은 먹고 살아야 하니까 소나 염소를 잡아서 그 덕분에 우리가 산다.'는 유목민들의 생각이 거기에 있었다는 것입니다.

유월절이라는 것도 속죄일의 전통에서 나온 것일 텐데 『출애굽기』를 보면 유월절이 어떻게 시작되는지 알 수 있습니다. 하나님이 유대인들을 이집트에서 구해내기 위해서 10가지 재앙을 내립니다. 마지막 재앙이 제일 심한 재앙인데 이집트 사람 집안에 태어난 남자 아이를 다 죽입니다. 그때 양을 잡아서 그 피를 문지방에 칠하면 그 피가 칠해진 집은 건너뛰었다는 것입니다. 모세가 이것을 이스라엘 사람에게 알려서 그대로 시행한 덕분에 이스라엘 아이들이 다 살았다는 아주 마술 같은 얘기입니다. 하나님이 마술사 같이 일하는 대목입니다.

이것도 근대 이후에 와서는 예수의 죽음을 설명하는 데 원용됩니다. 속죄일과 유월절 개념을 엄청 강조합니다. 우리가 잘못한 것 때문에 예수가 대신 죽은 것이고, 예수가 대신 죽었기 때문에 그 덕으로 힘으로 우리가 다 깨끗해졌다, 누가 그 일을 하는가 하면 하나님이 하신다, 이런 얘기를 강조합니다. 많은 학자들이 여기 매달려 성경을 연구하고 자료를 분석하는데 저도 그분들이 연구한 것을 보면서 성경을 다시 쭉 읽어보지만 굉장히 헷갈리는 얘기입니다. 왜냐하면 그 지역의 유목민에게 이런 전통이 있으니까 자기들에게 일어났던 일을 거기에 빗대어 설명했을 뿐이지 그것이 정말 유대인들에게 중요한 종교적 의식이었느냐 하면 그렇지는 않아요.

유대인이 또 무교절이라는 것을 좋아합니다. 유월절 날과 겹치는데 농사짓는 사람들이 햇보리 철 지나고 추수한 다음에 누룩을 넣지 않고 떡을 해 먹는 날입니다. 햇보리가 나는 시기에는 그 시기가 별로 길지도 않고 추수하는 양도 적으니까 누룩을 집어넣어 부풀려 먹어야 하는데 추수를 하게 되면 보리가 풍성하니까 부풀릴 필요가 없습니다. 그래서 무교절을 지킬 수 있었는데 그 사람들이 무슨 의미로 무교절을 지켰을까요? 누룩을 넣는다는 것을 유대 사람들이 이렇게 이해합니다. 우리도 왜 '뻥 친다'는 말을 하지 않습니까? 거짓말 잘하는 사람더러 이스트 잘 친다고 하는 말하고 같습니다. 부풀리는 것이 거짓말 하는 것과 같다고 생각하는 것이지요. 무교절을 지키면서 이스라엘 사람이 '우리는 이제 거짓말하지 않고 있는 그대로 산다.'고 결심하는 날로 지킨다는 것입니다. 그래서 **무교절을 그 시대 사람들이 '갱신절'이라고 불렀습니다. 새로워지는 때입니다. 거짓말만 하고 살던 사람들이 새로워지는 때라고 했다는 것이지요.** 이 대목을 보면 유월절, 속죄일은 목축업을 하는 사람의 절기이고 무교절은 농사짓는 사람의 절기에 해당된다는 것을 알 수 있습니다.

이 절기들 뜻을 잘 이해해야 합니다. 속죄일, 유월절은 동물을 먹는데 남이 죽는 덕분에 자기가 사는 거잖아요. 이것의 핵심은 용서받는 것입니다. 누가 나를 용서하느냐 하면은 동물이 나를 용서하는 것입니다. 내가 동물을 죽였는데도 동물은 나를 용서해 주니까 내가 살잖아요. 나를 살게 하는 것이 이 용서입니다. 그리고 죽는 동물이나 그것 먹고 사는 나나 사실은 다 같은 마음이지요. 이 대목에서 제가 갑자기 무슨 생각이 들었는가 하면, 용서의 서(恕)자가 갑자기 떠오르더라고요. 같은 마음이라는 글자지요. 속죄라는 것은 엄격한 의미에서는 나는 잘못되었지만 다른 사람 덕분에 살았다는 식으로 남의 덕에 살겠다고 하는 의타심을 얘기하는 게 아닙니다. **죽는 사람이나 사는 사람이나 같은 마음을 가지고 살다보니까 용서 못할 일이 없는 것이지요.** 그리고 이때는 죽어도 덜 억울하겠지요. 예수의 죽음에서 이런 의미를 챙기면 되는데 이것을 '남의 덕에 내가 산다.'는 식으로 이해하면 큰일입니다.

제가 왜 절기들 이야기를 가지고 근대 얘기를 자꾸 하느냐 하면 근대에 와서 이것이 갑자기 하늘이 우리를 살려주신다는 얘기가 되기 때문입니다. 이렇게 되면 사람은 할 일이 없습니다. 예를 들어 막스 베버가 자본주의 정신과 개신교의 윤리를 이야기할 때 보면 이 속죄 개념이 크게 부각됩니다. 사람은 자기를 구원하지 못합니다. 그런데 하늘이 우리를 구원해 줍니다. 우리는 돈을 버느라고 죄를 엄청 짓습니다. **자본주의라는 것이 엄청 죄를 짓는 것이지만 하늘이 용서해 주신다는 것을 믿고 자본주의가 막 번져나간다는 거예요.** 이런 것은 용서라고 할 때 서(恕)의 마음 즉, '같은 마음'은 아닙니다.

19장 14절에 "유월절 준비일이고 때는 낮 12시쯤이었다." 하고는 예수가 사형 판결 받는 대목이 곧 16절에 나옵니다. "이리하여 빌라도는 이제 예수를 십자가에 처형하라고 그들에게 넘겨주었다." 그랬는데 그날이 유월절입니다. 마태나 마가나 누가는 유월절을 강조하는데 요한은 강조하지 않습니다. 왜 강조하지 않느냐 하면 유월절의 핵심은 진리에 있는 것이고 진리는 우리가 챙겨야되는 것인데 이 용서가 바로 우리의 진리 아닙니까? 우리가 다 서로 그러고 사는 것이지요. 저는 다른 사람에게 누를 끼치고 삽니다. 죄를 짓는 것이지요. 그렇지만 그 사람이 당하는 그 아픔 때문에 저는 살아요. 이렇게 용서받고 용서해 주는 덕분에 우리가 산다는 진리를 챙기는 날이 유월절인데 이런 용서의 진리는 의타적(依他的)인 것이 아닙니다.

우리는 못하지만 하늘이 우리를 구한다는 것은 반드시 의타적인 것은 아닌데 근대에 들어오면서 하늘은 우리가 알 수 없는 것이라고 내던져버리니까 이 말이 의타적인 말이 되고 맙니다. 『요한복음』을 읽으며 속죄일과 유월절을 다시 이해해야 됩니다. 이것을 의타적인 것으로 이해하면 안 됩니다. 진리로 이해해야 됩니다. 진리는 우리도 십자가를 져야 한다는 것입니다. 십자가의 진리는 죽임을 당할지언정 싸우지 않고 사랑하면서 산다는 예수의 진리이고 그렇게 살 책임이 우리에게 다 있다는 것입니다. 그리고 사실은 그런 사람들에 의해서 기독교가 지켜지고 있습니다.

십자가와 진리

예수가 이것을 십자가로 정리합니다. 예수의 정리 작업이 십자가로 나타나고 동시에 이 십자가는 진리를 챙기는 것으로 나타납니다. 진리가 왜 좋은가 하면 진리는 누구나 챙길 수 있어서 좋은 것입니다. 하나님은 진리 자체이니까 진리는 하나님이 필요한 것이 아닙니다. 진리는 사람이 필요한 것입니다. 진리는 사람이 챙길 수 있는 것을 진리라고 그러지 사람이 챙길 수 없으면 진리라고 말할 필요도 없습니다. 그런데 그 진리는 챙기면 누구나 하늘 같이 사는 것입니다. 그게 진리입니다. 예수가 그것 때문에 왔고 그것 때문에 말하고 그것 때문에 살았는데 그거 가지고 죽으라고 하면 죽어야지요. 진리를 위해서 죽으면 진리가 죽는 것은 아니니까요. 진리는 오히려 살아납니다. 그 진리 지키는 사람의 길이 십자가입니다. 예수 믿는 사람들이 십자가를 걸고 다니는 이유가 '이 진리를 지키겠습니다.' 하는 약속입니다.

그런데 나는 죽더라도 진리를 지키겠다는 약속이 뭐가 되는지 아세요? 십자가가 십자군이 됩니다. 십자가가 십자군이 되면 안 되지요. **어떻게 십자가가 십자군이 될 수가 있습니까? 그런데 십자군이 돼 버렸습니다. 이러는 순간 기독교의 유럽은 완전 타락합니다.** 그 값을 오늘날도 우리가 치르고 있지 않습니까? 왜 일부 이슬람이 아직도 칼을 갈고 있습니까? 이때의 원한을 아직도 갚으려고 그러는 것입니다. 십자군이 누구한테 가서 도둑질을 했느냐 하면 이슬람한테 가서 도둑질을 했거든요. 이거 해결해야지 큰일이에요. 이거 바로 잡아야합니다.

오늘 예수의 얘기는 참 처절한 얘기입니다. 젊은 청년 예수가 애틋한 마음으로 사람 살리겠다고 온 사방으로 다녔는데 죽게 됩니다. 19장 28절에서 37절까지에 예수가 십자가에 달려 죽는 모습을 자세하게 기록하고 있습니다. 여기서 『요한복음』은 다른 복음서와 다른 표현법을 쓰고 있고 강조점도 다릅니다. '유대인의 왕' 얘기가 특별합니다. 유대인이 나사렛 사람을 유대인의 왕이라고 쓸 게 뭐가 있느냐, 그 앞에다가 자칭이라고 쓰라고 했는데 빌라도가 듣지 않았습니다. 빌라도가 보기에는 이 사람이야말로 유대인의 왕답다는 생각에 '나사렛 예수, 유대인의 왕'이라고 썼다는 것입니다. 중세기의 성화에 예수의 십자가 위에 달려있는 팻말에 'INRE라'는 네 글자가 쓰여 있는 것을 보실 겁니다. 여기서 'I'는 라틴어로 예수라는 말입니다. 'N'은 나사렛 사람 예수이고 'R'은 왕이라는 뜻입니다. 렉스(Rex)가 왕이니까요. 'E'는 유대인 왕의 E입니다.

그때 빌라도가 왜 자칭이라는 말을 뺐을까요? 빌라도가 보기에 이 유대인의 왕은 유대 사람만 살게 하는 것이 아닙니다. 제가 19장

20절을 읽어 보겠습니다. "예수께서 십자가에 달리신 곳은 도성에서 가까우므로, 많은 유대 사람이 이 명패를 읽었다. 그것은, 히브리 말과 로마 말과 그리스 말로 적혀 있었다." 당대에 이 세 가지 말로 모두 적어 놓으면 모든 사람들 보고 다 읽으라는 얘기입니다. 이것을 빌라도가 허락한 것인데 빌라도는 예수는 죽일 사람이 아닌데도 유대 사람이 야단법석을 떠니까 폭동을 막기 위해서 십자가형을 언도했습니다. 그러나 예수의 죽음을 보면서 생각합니다. 빌라도는 예수의 죽음이 로마 사람과 히브리 사람과 그리스 사람에게 다 진리라는 생각을 한 것입니다. 앞에서 빌라도가 '진리가 무엇입니까?' 질문했는데 그 질문에 대한 대답을 자기는 예수에게서 봤다는 것이지요.

그래서 22절이 있는 것입니다. 유명한 말인데 요즘은 자주 인용을 안 합니다. '나는 쓸 것을 썼다 하고 대답하였다.' 히브리말과 로마 말과 그리스 말로 썼는데 '유대인의 왕 나사렛 예수'라고 쓸 것을 썼다는 겁니다. 이때 유대인의 왕이라는 것은 또 어떤 의미가 있느냐 하면 이때 유대인들이 로마 사람들 보고 밤낮 큰 소리 치는 게 있습니다. '당신들은 황제의 사람이지만, 우리는 하나님의 사람입니다.' 이게 유대인들의 자랑이었거든요. 유대인 말마따나 예수를 유대인의 왕이라고 칭한 빌라도가 보기에 예수는 하늘의 진리를 우리에게 전파해서 유대인만이 아니라 모든 사람이 살도록 했다고 생각한 것입니다. 요한은 바로 이 얘기를 하고 싶은 것입니다.

십자가상의 일곱 마디

이제 예수가 십자가에 달리는 얘기로 들어갑니다. 음악을 좋아하시는 분들은 요셉 하이든 같은 사람이 유명하게 만든 십자가상의 마지막 일곱 마디라는 이야기를 아실 겁니다. 가상칠언(架上七言)이라고도 합니다. 예수가 십자가에 매달린 채 마지막으로 일곱 마디를 하셨다고 그러는데 『요한복음』을 암만 읽어봐도 일곱 마디가 없습니다. 세 마디뿐입니다. 19장 26절, 27절에 십자가상의 첫 말씀이 나오는데 두 대목을 한데 합쳐서 한마디로 봅니다. "어머니, 이 사람이 어머니의 아들입니다." 거기에 예수가 사랑하던 제자가 있는데 그 제자를 가리키면서 어머니에게 그렇게 말씀하시는 거예요. '어머니, 나는 죽지만 어머니의 아들이 없어지는 게 아니라 여기 서 있는 내 제자가 이제 어머니의 아들입니다.' 그 다음에 그 제자를 보고서 예수가 "자, 이분이 네 어머니이시다." 합니다. **예수가 효도를 가르치신 것입니다. 자식이 어머니를 놓고 먼저 가면 그보다 더한 불효는 없습니다. 이제 예수가 어머니를 두고 가는데 그냥 모르는 척하고 떠나는 게 아니라 어머니를 챙기고 떠납니다. 뿐만 아니라 제자에게도 효도를 가르칩니다.** 어머니를 부탁하는데 '어머니' 챙기며 사는 것은 예수를 바로 안 사람, 진리를 바로 배운 사람은 그렇게 사는 것입니다. 예수의 이 말은 다른 복음서에는 없고 『요한복음』에만 나옵니다.

그 다음 19장 28절에 가상칠언 중 또 한 말씀이 있습니다. "목마르다."고 그래요. 사람들은 여기를 어떻게 읽으려 하냐면 목마르다는데 물을 주지 않고 식초를 줬다고 하는 것에 방점을 찍는데 사실 시편 69편 21절에 누구의 얘기가 나오느냐 하면 세상에서 가장 억울하고 불쌍하고 버림받은 사람의 얘기가 나옵니다. 쫓겨 다니다가 물도 제대로 못 마시고 사는 겁니다. 그 사람이 나 목마르다고 했는데 예수가 바로 그렇게 얘기했다는 것이지요. '가장 딱한 사람의 얘기를 하셨다.' 그렇게 보는 것입니다. 예수도 목말랐다는 것이지요. 사람이 목마르다고 그러면 물을 줘야 하잖아요. 그런데 초를 줬습니다. "목마르다고 말씀하셨다. 거기 신 포도주가 가득 담긴 그릇이 있었는데 사람들이 해면을 그 신포도주에 듬뿍 적셔서 우슬초 대에다가 꿰어 예수의 입에다가 갖다 대었다." 포도주가 시어져서 초가 되면 우리가 건강식이라고 먹는 식초가 됩니다. 예수가 목마르다 하는데 물이 아니라 식초를 가져다 댔습니다. 여러 가지 해석이 많지만 중요한 것은 예수가 목마르다고 한 것입니다.

19장 30절에는 "다 이루었다." 그러시고 숨을 거두셨다고 합니다. **다 이루었다는 것은 내가 죽는 일이 실패가 아니라는 말입니다. 숨이 넘어가면서도 칼을 칼집에 꽂고 하늘의 도를 지키고, 평화를 지키고, 사랑을 지켰으니까 다 이루신 것입니다.** 죽는 것이 이루신 것입니다. 여기까지의 세 마디가 『요한복음』에 나오는 가상칠언 중 세 마디입니다. '어머니, 이 사람이 어머니의 아들입니다. 자, 이분이 네 어머니시다' 이것이 한 마디로 취급됩니다. 그 다음에 '목마르다'와 '다 이루었다'입니다.

나머지 네 마디는 어디에 있을까요? 『마태복음』과 『마가복음』에 보시면 예수가 십자가상에서 한 마디밖에 하지 않은 것으로 되어있습니다. '하나님, 하나님, 어찌하여 나를 버리셨습니까?' 이것은 시편 22장에 있는 유명한 노래, 처절한 노래입니다. 어떤 노래냐 하면 세상에서 아무도 돌보아 주지 않는 버림받은 사람, 갈 곳이 없는 사람이 하나님에게 발버둥치는 얘기입니다. 마태와 마가에 의하면 예수가 십자가 위에서 단 한 마디 이 말씀을 하셨다는 것입니다. **예수는 십자가에 돌아가시면서도 세상에서 가장 가엾게 사는 사람들, 하늘의 도가 땅에 떨어졌기 때문에 짓밟힘을 당하며 사는 사람들을 생각했습니다. 그들과 자기를 꼭 같이 여기고 세상을 떠나셨다는 것입니다.** 이게 『마태복음』과 『마가복음』에 나오는 유일한 예수의 말씀입니다. 이것을 보통 십자가 칠언의 첫째 번 말씀이라고 합니다. 『요한복음』에는 이 말씀이 없고 목마르다는 이야기가 나옵니다. '목마르다'로 충분합니다. 왜냐하면 시편 69편의 '목마르다'는 얘기가 바로 그런 사람들이 하는 얘기였으니까요.

두 번째, 세 번째, 네 번째 마디는 어디서 나오느냐 하면 『누가복음』에만 나옵니다. 다른 복음서들에는 없습니다. 『누가복음』 23장 33절을 보면 예수가 이런 말을 합니다. '아버지, 저 사람들을 용서하여 주십시오. 저 사람들은 자기네가 무슨 일을 하는지를 알지 못합니다.' 이게 『누가복음』에 나오는 예수의 첫 번째 말씀입니다. 이게 바로 용서의 서(恕)입니다. 그렇죠? '아버지! 저 천벌을 지은 놈들을 제가 죽더라도 혼 좀 내주세요.' 그러는 게 아니라 '몰라서 저러지 않습니까, 그러니까 용서해 주세요.' 이러셨다는 것입니다. '진리를 알았다면 그 짓을 안 했을 텐데 진리를 몰라서 그래요.' 하는 말씀입니다. 『누가복음』은 이것을 챙겼는데 왜 『요한복음』은 그 말씀을 쓰지 않았을까요? 왜 쓸 필요가 없다고 생각했을까요? 아마 이런 게 아닐까 싶습니다. 『요한복음』에서는 19장 내내 진리 얘기가 나오는데 구태여 십자가 위의 마지막 말씀으로 달지를 않더라도 진리가 십자가 속에 드러났으니까 그 얘기를 안 한 것이 아닌가 합니다. 그런데 **『누가복음』에서는 다른 게 진리가 아니에요. 용서가 진리입니다. 알면 그러지 않을 것이라는 것이 그 말입니다.**

세 십자가 이야기

그 다음에 『누가복음』의 두 번째 얘기가 있습니다. 예수가 십자가에 달릴 때 혼자 십자가에 달린 것이 아닙니다. 십자가 세 개가 나란히 서 있습니다. 이것은 기독교의 중요한 전통입니다. 골고다 산에 십자가가 하나만 있으면 그것은 예수 십자가의 모습이 아닙니다. 세 개를 그려야 합니다. 예수의 왼쪽과 오른쪽에 있는 두 십자가에는 도둑이 매달려 있습니다. 이들은 죽을죄를 지어 꼼짝달싹 못하고 죽는 사람들이고 예수는 빌라도가 보기에 죽을 사람이 아니지요. 너무 착한 사람인데 죽여야 합니다. 양쪽에 있는 두 도둑 중 한 도둑이 예수에게 '하나님의 아들이라면서! 나도 좀 여기서 내려주고 당신도 좀 내려가지!' 합니다. 요술을 바라는 사람입니다. 바리새인 같은 사람이지요. '하나님의 아들이라면서' 하고 예수를 비웃습니다. 그런데 다른 쪽에 있는 도둑은 예수께 '선생님 저는 죽을죄를 지어서 죽지만 제가 보기에 선생님은 죽을 사람이 아닌데 죽네요. 그런데 우리가 같이 십자가에 매달렸잖아요? 그러니까 선생님은 어디를 가시든 간에 저를 기억해 주시겠습니까? 저는 선생님 가시는 길로 따라가고 싶습니다. 나는 죽어 마땅한 놈이지만 선생님은 죽을 분이 아니신 데도 죽는 걸 보니까 우리가 죽음이라는 같은 길을 가는데 선생님이 어디를 가시든지 선생님 가시는 길을 따라가고 싶네요.' 이렇게 부탁을 합니다.

그에 대한 예수의 대답이 『누가복음』 23장 43절에 나옵니다. '내가 진정으로 네게 말한다.' 이런 표현을 쓰십니다. 듣는 사람을 안심시키는 것입니다. '내가 그냥 말하는 것이 아니야. 내 말은 사람의 말인데 진심에서 우러나오는 말이야. 믿을 수 있는 말이야' 하고 안심시키는 말입니다. 예수가 그 도둑더러 그럽니다. '너는 오늘 나와 함께 낙원에 있을 것이다.' **낙원은 하나님 세상이 낙원입니다. 낙원은 동시에 사람 세상입니다. 사람 세상이 원래 낙원이 되어야 하지 않습니까?** 사람 세상이 낙원이어야지 하나님 세상이 낙원이면 우리하고 무슨 상관이 있습니까! 원래 사람 사는 곳이 낙원이지요. 사람 세상이 그래서 좋은 것인데 예수가 도둑더러 말씀하시기를 그 낙원을 기다릴 필요도 없다는 것입니다. 오늘, 지금 바로 나와 함께 낙원에 있다는 것을 확인시켜 주는 것입니다. 이것이 예수가 도둑하고 한 얘기입니다.

저는 기독교의 이 세 십자가 전통이 매우 중요하다고 생각합니다. 죽기는 세 사람이 죽습니다. 한 도둑은 죽는 날까지도 사람을 챙기지 못하고 감흥 없이 죽는 것 같이 느껴집니다. 그런데 다른 도둑은 도둑이 분명한데 한 순간에 말 한마디로 예수와 같아집니다. 도둑이나 예수나 똑같아졌습니다. 당신 있는 곳에 나도 가게 해 달라는 그 말 한마디로 도둑은 예수와 같이 있는 것입니다. 낙원이 거기 있습니다. 우리는 진리가 항상 멀리 있는 것 같이 생각하지 않습니까! 그렇다면 '도둑은 진리를 안 것일까' 질문을 해야 됩니다. 예수는 그 도둑이 진리를 완전히 아는 사람으로 취급합니다. 무슨 진리를 안 것일까요? 십자가에 매달려서도 거기에 하늘의 도가 있다고, 하늘의 도가 십자가상에 있지 땅에 떨어지지 않았다는 것을 봤으니까 예수에게 부탁을 하지 않았습니까? 이게 굉장한 것입니다. 그게 진리를 아는 것이지요.

그러나 한 도둑은 진리를 다른 데서 찾았습니다. 하늘에서 진리를 찾습니다. 하늘이 저 위에 멀리 떨어져 있는 줄 압니다. 그래서 예수 보고 '너도 좀 내려 달라고 하고 나도 좀 내려 달라고 저 위에 얘기 좀 할래?' 이러니까 가망이 없습니다. 그런데 '같이 가자'고 한 도둑은 진리가 예수의 십자가에 있다고 생각을 합니다. 거기 있으면 자기한테도 있는 것입니다. 자기도 십자가에 있잖아요. 예수가 '아! 그게 낙원이다.' 그런 것입니다. 이 도둑이 뭐 특별해서 안 것이 아닙니다. 우리 현실이 그런 것 아닙니까? 지금 우리가 여기 이렇게 앉아 있는데 처한 사정이 다 다르지요. 기쁜 날, 슬픈 날, 어려운 날 별의별 날이 다 있습니다. 그런데 바로 이 자리가 달라져야 하늘의 자리가 되는 것이 아닙니다. **우리가 있는 그대로도 하늘의 자리가 되는데, 하늘이 따로 있다고 생각하는 한은 우리는 진리에 있지 않게 됩니다. 우리가 사는 것이 아무리 역겹고 성에 안 차더라도 우리가 사는 바로 그 자리가 하늘의 자리라는 것을 아는 사람은 모든 문제가 다 해결됩니다.** 그 도둑이 십자가에서 죽지 않고 살았더라면 엄청난 사람이 되었을 것입니다. 그것을 알았으니까요.

십자가의 날이 기쁜 날

이 말이 『누가복음』의 얘기입니다. 복음서가 재미난 것은 예수가 십자가상에서 하는 말이 서로 겹치지를 않습니다. 『누가복음』의 세 마디는 마태나 마가나 요한의 복음에는 없습니다. 마태나 마가의 복음에 있는 얘기는 누가나 요한의 복음에 없습니다. 마찬가지로 요한의 복음에 있는 얘기는 마태나 누가의 복음에 없습니다. 그런데 『누가복음』 23장 46절에 예수가 마지막으로 이렇게 말합니다. '아버지 내 영혼을 아버지 손에 맡깁니다.' 이 모두를 합해서 십자가상의 칠언이 되는데 『마태복음』에 나온 첫 마디, 『누가복음』에 나온 세 마디, 그 다음에 『요한복음』은 사실 엄격하게 말하면 엄마한테 하는 얘기, 제자한테 하는 얘기해서 두 마디라고 저는 생각하지만 그것을 한 마디로 쳐서 세 마디 더하면 총 일곱 마디가 됩니다.

십자가상의 다른 말씀을 생략한 요한의 생각은 이런 것입니다. '어머니 당신의 아들입니다.'와 '네 어머니이시다,' '목마르다,' '다 이루었다' 이 세 마디가 '어찌 나를 버리셨습니까?' 혹은 '몰라서 하는 짓이니까 용서해 주십시오.' 그 다음의 '오늘 나와 함께 낙원에 있다.' 그리고 '영혼을 하늘에 맡긴다.'는 얘기나 같다고 생각을 하는 것입니다. 특히 요한이 그 전에 있는 얘기들을 되풀이하지 않는다는 것은 중요합니다. 제일 마지막에 쓰는 책이기 때문에 되풀이할 만도 한데 그렇게 하지 않았습니다. '오늘 나와 함께 낙원에 있을 것이다.' '아버지 손에 내 영혼을, 영생을 맡깁니다.' 참 좋은 말인데 이 말은 다시 할 필요가 없고 이 모든 것이 십자가의 진리로 집약되었다고 요한은 생각했습니다. 요한은 이 십자가로 진리를 증명했기 때문에 이것만 챙기면 그 말이 다 되었다고 생각한 것 같습니다.

예수 믿는 사람에게는 예수 죽은 대목이 가장 충격적인 대목입니다. 저 스스로도 항상 물어보지만 예수 죽는 대목이 열쇠입니다. 20장 이후로 가면 벌써 부활 얘기로 넘어갑니다. 21장은 나중에 첨가했다고 보는 게 학자들이 합의하는 대목인데 부활이 무엇이냐를 설명하느라고 그랬다는 겁니다. **부활에 대해 저는 이렇게 생각합니다. 도둑에게 '당신은 오늘 나하고 같이 낙원에 있을 것입니다.' 한 대목은 이미 부활입니다. 벌써 살아난 거잖아요. 죽어도 산 것입니다.** 그런데 사람이 꼭 되살아나야 부활하는 것이냐는 질문이 남습니다. 죽었다가 다시 되살아나야 부활이냐, 아니면 부활의 의미가 달리 있느냐 하는 것 때문에 20장이 있고 21장이 있습니다.

이 부활 없이는 기독교는 없습니다. 바울이 그렇게 생각했던 것입니다. 그런데 바울은 되살아나는 예수를 본 적이 없거든요. 그럼에도 바울은 예수의 부활을 전파하는 전도자가 됐습니다. 바울이 부활을 전파함으로 유럽 천지가 기독교 천지로 바뀌었습니다. 바울이 부활한 예수를 만났기 때문에 부활을 전파한 것이 아니라 부활이 예수가 철두철미하게 가르쳐준 진리라고 믿었기 때문이에요. 부활 빼놓으면 예수가 과연 살까 하는 질문을 하지 않을 수 없는데 이제 예수가 부활을 어떻게 가르쳤는지, 당대에는 부활을 어떻게 체험했는지를 살펴서 부활 사건의 진면목을 들여다보겠습니다. 그렇게 되면 이제 『요한복음』 공부를 다 마치게 됩니다. **예수 믿는 사람에게는 오늘 이 십자가의 날이 가장 처참한 날이면서도 사실은 가장 기쁜 날**입니다. 이 날이 없었더라면 예수를 믿는다는 것이 의미가 없을 뻔 했는데 이 처참한 날 때문에 예수 믿는 사람들이 살게 됐습니다. 그것은 '남의 덕에 살았다'는 얘기가 아닙니다. 이 날 때문에 진리를 깨친다는 의미가 있는 것입니다. 우리에게 우리 스스로 살 수 있는 길이 열리는 날입니다.

Chapter 16

예수같이 사는
사람이 부활

16 예수같이 사는 사람이 부활

예수가 부활하는 이야기로 『요한복음』이 마무리되는데 우리 공부도 이것으로 마치게 됩니다. **부활은 기독교라는 종교의 받침돌입니다. 이 부활을 어떻게 받아들이느냐에 따라 기독교의 기초가 든든해지기도 하고 흔들리기도 합니다.** 예수가 살아있을 때에 깊은 감명을 받고 예수가 참으로 우리 사는 길을 인도해 줄 만한 현명한 스승이라고 믿었던 사람들에게도 예수의 부활은 황당한 얘기였습니다. 부활은 당대에도 이해하기가 가장 어려운 대목이었기에 의견이 분분했습니다. 우리가 『요한복음』을 공부하면서 공자, 맹자, 부처 얘기도 많이 했는데 공자나 맹자, 부처가 죽었다가 다시 살아나서 다녔다는 얘기는 없거든요. 소크라테스가 사약을 받고 죽었는데 다시 살아났다는 얘기도 없습니다. 유독 기독교만 부활을 얘기하기 때문에 많은 사람이 예수의 언행을 보고 예수가 사람 사는 길을 제대로 밝혀 주었다고 생각하다가도 이 부활 대목에 오면 문제가 생깁니다.

예수 때에도 부활에 대한 생각이 갈라진 것처럼 오늘날에도 예수 믿는 사람의 부활에 대한 생각이 다 같지 않습니다. 그러나 **한 가지 분명한 것은 기독교 초기에 예수 믿는 사람에게 예수의 부활이 불같은 믿음을 가져왔다는 사실입니다.** 처음 예수 믿는 사람의 일을 우리에게 전해 주는 성경 중에 『사도행전』이 있습니다. 거기에 보면 예수 믿는 사람들이 모여서 생활하는 모습과 그들의 행동에 감동을 받아서 특별히 권하지도 않았는데 우리도 이렇게 살아야 되지 않겠느냐며 하루에도 수천 명씩 예수를 믿었다고 했습니다. 예수를 믿는 사람이 걷잡을 수 없이 늘어납니다.

그 후의 역사가 우리에게 보여 주는 것은 기성 사회나 일반 정치 체제가 그들을 같은 식으로 받아들이지 않았다는 것입니다. 믿음이 불길같이 퍼져나가니까 그들은 오히려 이것을 위험한 정치적 요소로 봤습니다. 불길 번지듯 퍼져나가는 일을 부정적으로 본 까닭에 네로 황제 같은 경우는 기독교인을 집단학살했습니다. 그래도 기독교가 걷잡을 수 없이 퍼져 나갔습니다. 그 기독교 전파의 핵심에 무엇이 있었는가 하면 죽었던 예수가 다시 살아났다, 예수는 죽지 않았다는 것이었습니다.

그 증거가 『요한복음』에는 나타날 수 없습니다. 『요한복음』 때에는 이미 예수가 주요 등장인물이 아닙니다. 이때는 예수를 보았던 유대 사람이 주요 등장인물이 아닙니다. 평생 예수를 본 적도 없고 만난 적도 없던 유대인이 중요해집니다. 부활을 증거하려면 이제 이들이 증거를 해야 합니다. 그와 같은 유대인의 사회적, 종교적, 학문적 지도자로 바울이 있었습니다. 모두가 신임하는 젊은 지도자였는데 『로마서』와 『사도행전』을 보면 바울은 예수를 믿는 사람이 죽었던 사람이 다시 살아났다고 얘기하는 게 하도 해괴해서 그 사람들을 토벌

하려 다니던 장본인이었습니다. 그러던 바울이 부활이 사람 사는 진리라는 것을 확인하고서 자기도 목숨을 걸고 예수를 전하는 사람이 되었다고 하는 것이 초기 기독교가 전하는 얘기입니다.

오늘날 기독교가 전파되고 유지되는 이유도 이와 다르지 않습니다. 기독교 신앙을 지켜가는 대다수의 사람들이 이 부활의 진리가 나름대로 소화되고 몸속에 젖어 들어 자기들 생활을 이끌어나가고 있기 때문에 기독교가 유지된다고 저는 생각합니다. 기독교인의 일상생활은 이런데 학자들의 강의와 토론 속에서는 부활에 대한 생각이 늘 두 갈래로 나뉘는 것을 볼 수 있습니다.

부활의 다른 이름은 평화

우리가 앞으로 세 등장인물, 마리아, 도마, 베드로가 부활한 예수와 만나는 장면을 살펴보려고 하는데 이 부활 문제도 그 핵심을 들여다보면 믿음이 문제입니다. 부활은 우리가 믿는다는 문제를 어떻게 다뤄야 바로 하는 것인가의 문제입니다. 예수가 부활하고 난 다음에 사람들을 만나서 하는 인사가 있습니다. 그 인사가 특히 『요한복음』 20장에 세 번이나 나옵니다. 그 말을 강조하고 또 강조하기 위해서 그런 것인데 19절에도 나오고, 21절에도 나오고, 26절에도 나옵니다. "너희에게 평화가 있기를" 누가 평화로운 사람이지요? **평화로운 사람은 안심하고 사는 사람, 세상이 믿을 만한 사람입니다. 결국 예수가 평화의 인사를 하기 위해서 부활한 것 같아요.** '여러분의 마음이 평화롭습니까? 여러분의 삶이 평화롭습니까?' 그런 평화를 얘기하다가 예수가 죽었는데 죽었다고 해서 끝이 아니라는 것이지요.

그런데 그 평화를 오늘날 우리가 오해해서 '평화가 뭐 대수냐' 이렇게 됐습니다. 말하자면 '평화 같은 소리하고 있네, 살고 봐야지 무슨 소리야' 이렇게 된 것입니다. 왜 이럴까? 진리를 밝힌다는 것과 평화를 지킨다는 것이 다른 문제일까? 진리를 밝히려고 일으킨 서구 혁명이 진리를 밝혔느냐 하는 것입니다. 지구가 둥근 것이 증명돼도 민초들은 교회 때문에 죽을 지경인데 '참아라, 참아라.' 하며 혹세무민하는 세상의 모습을 있는 그대로 폭로해서 진리를 밝혀야겠다며 진리에 대한 철저한 의지로 시작한 것이 서구의 근대혁명입니다. 그런데 그 진리가 무엇을 위한 진리냐 하는 것이 종이 한 장 차이로 어두워지는 것을 우리는 볼 수 있습니다. 혁명이 진리를 위해서 사람을 죽이기도 불사하는, 애비 죽이기도 불사하는 혁명이 됐습니다.

우리가 20장의 부활 대목에서 확인하려는 것도 이것입니다. 우리는 눈 깜짝하는 사이에 종이 한 장 차이로 이런 실수를 저지르는 것 같습니다. 진리를 찾겠다는 사람이 진리를 확보하기 위해서는 사람을 죽여도, 사람이 죽어도 별수 없다고 생각하는 순간이 그런 순간입니다. 예수는 부활을 통해서 그게 진리가 아니라는 것을 말합니다. 4복음서가 여러 가지 다른 점이 있지만 한 가지 공통점은 모두 다 부활로 마무리되는 것인데 왜냐하면 부활이 아니면 얘기가 마무리되지 않기 때문입니다. 그 **부활 사건의 핵심이 뭐냐 하면 사람은 죽어도 다시 살아난다는 것입니다. 다시 살아나는 대목의 이름이 평화입니다.**

평화가 실제로 일하는 행태를 보면 잠깐 살다가 가는 생명도 영원한 생명같이 즐기고 나누고 어울려 사는 것입니다. 그런 것을 우리가 뭐라 그러느냐 하면 사람이 사는 것이 단순히 고깃덩어리로 사는 것이 아니라 하늘의 마음으로 사는 것이라고 합니다. 성령이 하늘의 마음이니까요. 하늘의 마음이라고 해서 무슨 이상한 마음이 아닙니다. 우리가 숨을 쉬어야 사는 것처럼 자연스러운 것입니다. 성령이라고 번역을 해서 그렇지 원어, 프뉴마를 그대로 번역하면 숨, 바람을 뜻한다고 말씀드렸습니다. 이것은 생명이 살기 위해서 일어나는 가장 자연스러운 일인데 이것이 우리의 평화를 유지시켜 주고 이런 생명은 죽어도 꺼지지 않는다는 것입니다.

예수 무덤을 찾아간 사람들

복음서들이 다 부활 얘기로 이야기를 마무리하는 것 이외에 또 하나의 공통점이 있습니다. **예수가 죽고 나서 무덤을 찾아간 사람은 전부 여자들이었습니다.** 『요한복음』에는 막달라 사람 마리아가 나옵니다. 다른 성경을 보면 막달라 마리아가 어떤 사람인지를 알 수 있습니다. 『마태복음』에 의하면 마리아가 일곱 번 귀신 들린 여자였다고 합니다. 일곱 번 정도 귀신이 들리면 불치병이라는 얘기인데 예수 덕분에 나았습니다. 다른 복음서에는 마리아가 다른 여자들과 같이 갔다고 합니다. 이름까지 나옵니다. 야곱의 어머니 마리아와 같이 갔다, 살로메와 같이 갔다 그러는데 『요한복음』에는 마리아가 혼자서 무덤에 다녀간 것으로 돼 있습니다. 어쨌든 한 가지 확실한 것은 남자들이 달려 간 것이 아니라 여자들이 달려갔다는 겁니다.

이 여자들이 향유를 가지고 갔다니까 무덤에 간 이유는 예수의 시신에다가 살아있던 때를 기념하기 위해서 향료라도 바르고 싶었던 것입니다. 죽은 사람에 대한 그리움이 있습니다. 사람은 갔지만 그분의 기억을 간직하기 원합니다. 이런 대목은 우리의 생활 속에 늘 일어나고 있습니다. **내 가슴 속의 기억으로서 예수를 간직하기 바라는 마음입니다. 이렇게 기억 속에 간직하려는 것을 사상적으로 우파라**

고 그럽니다. 제가 앞에서 기독교인들의 부활에 대한 생각이 두 갈래로 갈린다고 했는데 그 하나가 마리아와 같은 생각입니다.

여기서 왜 기억인가 하면 실질적으로 예수 같은 분이 없지 않습니까? 특히 마리아에게는 그렇습니다. 일곱 번이나 정신이 나갔던 자기를 고쳐줬는데 그런 분이 주변에 없거든요. 예수야말로 하늘이 내려주신 신비한 하늘의 아들입니다. 그런데 그분이 죽었어요. 그러니까 신비한 하늘의 아들에 대해서 기억으로 간직하고 싶은 것입니다. 그래서 그런 것을 신비주의라고도 부릅니다. 어떻게 이런 일이 있을 수 있는지 우리가 알 수는 없습니다. 제 몸으로 제가 소화시킬 수는 없는 일이에요. 배운다는 것으로 챙길 수도 없습니다. 그러나 분명히 나에게 일어났던 일입니다. 그렇기 때문에 신비스러운 기억으로 간직하려는 것입니다. 왜냐하면 그것이 과거에 나에게 일어났던 신비스러운 일인데 오늘도 일어날 수 있고 내일도 일어날 수 있는 일이니까 그렇습니다. 행여나 하고 신비를 바라는 마음입니다.

왜 도마가 중요할까?

반면에 도마 같은 사람의 생각은 다릅니다. 『요한복음』이 도마에게 특별한 관심을 가지고 있는 것을 앞에서 보았습니다. 나사로가 죽었을 때 이야기 기억하시지요? 그때 예수가 그 자리에 없었습니다. 그래서 사람들이 원망합니다. '예수가 계셨으면 나사로가 안 죽었을 텐데.' 그 말을 듣고 예수가 '그럼 나사로한테 가자.' 했습니다. 10장 6절에 그 대목이 나오는데 그때 이상한 말을 한 것이 도마입니다. 도마가 '죽으러 갑시다!' 합니다. 죽은 사람 보러 가자는데 '죽으러 갑시다!'라고 이상한 얘기를 했습니다. 도마가 어디에 또 나타나느냐 하면 14장입니다. 다른 데는 없고 『요한복음』에만 있는 얘기입니다. 예수가 제자를 모아 놓고 마지막으로 얘기를 하는데 예수가 자꾸 어디를 간다고 하니까 제자들이 궁금해 합니다. 그때 도마가 대놓고 묻습니다. '어디로 가세요?' 이에 대한 예수의 유명한 대답이 '내가 길이고 진리이고 영원한 삶이다.'입니다. 이 말이 도마의 질문 때문에 나온 말입니다. 그리고 『요한복음』 21장에 도마가 두 번 나옵니다. 마지막으로 예수를 눈으로 본 제자 중 하나로 나옵니다.

왜 도마가 『요한복음』에서 이렇게 중요하게 다뤄지고 있는지가 궁금합니다. 『요한복음』은 예수가 죽은 지 70여 년이 지나서 쓰인 것이니까 부활 이야기는 이미 눈으로 확인할 수 있는 부활 이야기가 아닙니다. 확인할 수 있는 부활 얘기 같으면 여기 쓰인 것처럼 왈가왈 부활 일이 없겠지요. 왜냐하면 예수가 지금 그들과 같이 걸어 다니고 있을 테니까요. 다시 살아난 예수가 어디로 갔겠습니까? 그러나 다시 살아났다는 예수가 지금 자기들 가운데에는 없거든요. 이게 예수가 죽고 나서 70여 년이 지나서 『요한복음』이 부활 이야기를 하는 대목입니다. 사정이 이러면 부활 얘기는 걷어치우면 되는 것 아닙니까? 예수가 죽어서 주변에 없다는 것은 확실하니까 부활 얘기 안하면 되는데 『요한복음』이 그것을 놓지 못하는 것입니다.

부활 이야기를 놓지 못하고 꼭 해야겠다고 하면서 『요한복음』에서 가장 중요한 인물로 부각되는 것이 도마입니다. 저는 도마의 등장을 보면서 재미있다고 생각하는 것이 있습니다. 20장 24절부터 29절까지가 예수가 도마에게 나타나는 대목입니다. 『요한복음』에 보면 부활한 예수가 제자들에게 나타나는데 도마에게도 나타납니다. 예수가 제자들에게 나타나는 이유는 하고 싶은 말이 남아 있어서입니다. 예를 들어 베드로에게 나타나서 세 번씩이나 묻습니다. '네가 나를 사랑하느냐? 네가 나를 사랑하느냐? 네가 나를 사랑하느냐?' 아내나 남편이 사랑하느냐고 한두 번 묻는 정도는 어떨지 몰라도 세 번 물으면 떨리지 않겠습니까? 베드로가 그 지경이 됩니다. 예수가 세 번 묻고서 당부하는 말은 똑같습니다. '내 양을 먹여라! 내 양을 먹여라! 내 양을 먹여라!' 『요한복음』에서 예수가 양을 치는 목자이고 양을 위해서 스스로 목숨을 버리는 목자, 양과 자기를 구분하지 않는 목자, 양을 위해서 사는 목자인데 이제 세상을 떠나면서 베드로에게 자기가 하는 그 일을 인계합니다. '나는 가지만 네가 목자가 되어라! 양을 쳐라, 양을 쳐라! 양을 쳐라!' 이것이 동시에 오늘 우리가 해명하려는 부활의 의미입니다. **예수는 가지만 목자가 없어진 것이 아니라 베드로 속에서 목자가 되살아납니다.**

이때 도마에게도 예수가 나타나는데 『요한복음』이 도마를 왜 쌍둥이라고 소개하고 있을까요? 이게 또 재미있는 얘기입니다. 세상을 둘로 나누는 것 말입니다. 세상에는 영의 세계와 물질의 세계가 따로 있다고 생각하는 것이 영지주의입니다. 또 물질의 세계는 영의 세계에 의해서만 구원을 받을 수 있다고 생각을 하는 것이 영지주의입니다. 『요한복음』이 이런 영지주의적 복음이라고 생각하면 크나큰 오해입니다. 『요한복음』과 영지주의의 진리에 대한 생각은 전혀 다릅니다. 영지주의가 말하는 영(靈)의 '지'는 신비주의의 '지'입니다. 마리아의 생각과 거의 같습니다. 마리아처럼 죽은 시신에 향료를 바르는 것으로 족합니다. 사람이 죽었다고 신비의 세상은 어디로 가는 게 아니니까 세상이 사람이 죽은 것으로 끝나도 상관없습니다.

그런데 『요한복음』이 마태나 마가나 누가의 복음과는 달리 마리아가 무덤에 간 이야기를 자세하게 합니다. 다른 복음서들은 돌문이 옮겨져 있다든가 천사가 나타났다든가 하는 정도의 이야기를 하는데 여기는 자세합니다. 마리아가 무덤에 혼자 가서 들여다보고는 갑자기 예수가 없어졌어! 없어졌어! 하고 달려 나옵니다. 그 대목을 찬찬히 읽어 보면 마리아가 제대로 본 것도 아닙니다.

> 마리아가 무덤에 가서보니 무덤 어귀를 막은 돌이 이미 옮겨져 있었다. 그래서 그 여자는 베드로와 예수께서 사랑하시던 다른 제자에게 달려가서 말하였다. "누가 주님을 무덤에서 가져갔습니다.(20:1-2)

무덤에 문만 열린 것을 보고 달려갔으니까 무덤 안은 확인도 안한 것처럼 돼 있습니다. 나중에 마리아가 다시 무덤에 돌아와서 들여다봅니다. 이번에는 마리아가 시몬 베드로와 같이 와서 무덤 속을 들여다보고 무덤이 비어 있는 것을 확인합니다. 마리아의 관심은 자신이 향유를 바르려고 하던 시신이 없어진 것이 문제지 그것이 예수가 다시 살아난 것으로는 생각하지 못했습니다. 『마태복음』은 이 대목을 경비병들이 자기들끼리 하는 말로 '예수를 믿는 사람들이 간밤에 와서 시체를 훔쳐간 모양이다.'라고 합니다. 왜냐하면 시체가 없어졌으니까요. 그래서 기독교에서는 이 대목을 부활사건이라고 하지 않고 빈 무덤 사건이라고 합니다. 무덤은 비어 있다, 예수의 시신은 무덤에 있는 것이 아니다, 무덤에 가서 예수를 찾지 말라는 전통으로 사용합니다. 이 이후에 기독교 전통에서는 부활이라는 말을 쓰지 않고 빈 무덤이라는 말을 많이 썼습니다. 문학적인 표현이지요. **'예수는 무덤에 가서 찾지 마! 예수는 무덤이 없어! 사는 세상에서 예수를 찾아!'** 이런 얘기였습니다. 여기에는 두 가지 의미가 있을 수 있는데 우선 시신을 찾아서 향유를 바르려는 마리아를 향해 하는 말입니다. '시신에 향료를 바른다고 예수가 의미 있는 게 아니냐! 예수가 죽어서 향료나 발라지는 시신이 되려고 왔던 것이 아니냐!' 하는 대목이 있습니다.

쌍둥이 도마의 의미

여기서 왜 도마를 쌍둥이라고 부르느냐 하는 이야기로 들어갑니다. 요즘 우리가 말하는 좌파, 우파 이야기도 여기에 들어 있다고 생각하는데 **좌파, 우파 이야기는 우리가 이야기하는 음양과 크게 다르지 않다고 저는 생각합니다. 태극의 건곤하고도 마찬가지이고요.** '건은 하늘이고 곤은 땅이다, 건은 아버지이고 곤은 어머니다.'라고 말들 합니다. 음양이든 건곤이든 둘이 서로 다른 것 같지만 우리 가운데 어느 누구도 아버지, 어머니가 없으면 여기 있을 수 없다는 것을 이야기하는 것입니다. **쌍둥이 도마라는 얘기는 이 둘이 함께 있어야 이름이 성립이 된다는 것입니다.**

그런데 이 —쌍둥이 도마가 왔다 갔다 합니다. 음이든 양이든 건이든 곤이든 그 둘 중 하나를 붙잡아야만 되는 줄 아는 대목이 있습니다. 제가 부활을 두고 왜 음양이니 건곤이니 하는 얘기를 하는가 하면 부활이 엉뚱한 얘기가 아니라는 말을 하기 위해서입니다. 20장 25절을 보면 죽었다가 다시 살아난 예수가 제자들에게 나타났다고 하는데 그때 마침 도마가 거기 없었습니다. 나중에 나타난 도마에게 제자들이 우리가 주님을 보았다고 하니까 도마가 말합니다, '나는 내 눈으로 봐야겠다. 내 손가락을 그 못 자국에 넣어 보고, 내 손을 그 옆구리에 넣어 보지 않고서는 믿지 못하겠다.'

여기서 중요한 것은 역시 믿음인데 도마에게 믿음을 챙기는 유일한 길은 확인하는 것입니다. 무엇으로 확인하지요? 그것을 우리가 오늘날 유물론이라고 합니다. 물질적으로 확인하지 않으면 믿을 수가 없다는 생각입니다. 도마가 일종의 좌파가 됐습니다. 어떻게 보면 이게 음(陰)입니다. 앞에서 본 마리아와 같지가 않아요. 마리아와 다릅니다. 마리아는 가서 죽은 몸을 확인하러 갔을 뿐이에요. 그리고 마리아는 예수가 죽어도 상관이 없어요. 시신에 향료만 바르고 오면 족하다고요. 그러나 도마가 하는 일은 어머니가 하는 일하고 똑같아요. 땅의 일을 챙기는 거예요. 그런데 재미난 표현이 그 다음에 나옵니다.

> 예수께서 죽은 사람들 가운데서 살아나신 뒤에 제자들에게 자
> 기를 나타내신 것은, 이번이 세 번째였다.(21:14)

세 번째라는데 왜 세 번인지 세어 봐야지요. 여기서 마리아에게 나타난 것은 셈에 넣지 않는 것을 알 수 있습니다. 도마가 없을 때 제자들에게 나타나신 것이 그 첫 번째입니다. 두 번째는 왜 나타나셨을까? 도마 때문에 나타났습니다. 26절에 보시면 '여드레 뒤에'라고 했습니다. 8일이 지나서 도마 때문에 다시 나타나고 세 번째로 베드로에게 나타납니다. 베드로가 원래 어부였으니까 예수가 죽고 난 다음에 '나는 고기나 잡으러 가야겠다.'며 먹고살기 위해 생업을 챙기러 떠났습니다. 먹고 사느라 바빠서 예수를 잊어버린 베드로에게 나타났습니다. 예수가 두 번째로 제자들에게 나타나는 이 대목이 너무 재미있습니다. 여드레 뒤에 제자들이 모여 있는데 거기에 예수가 나타납니다. 도마 때문에 나타난 겁니다.

> 도마에게 말씀하셨다. 네 손가락을 이리 내밀어서 내 손을 만져

보고, 네 손을 내 옆구리에 넣어 보아라! 그래서 의심을 떨쳐버리고 믿음을 가져라!(20:27)

예수는 도마가 만져보기를 원하고 자기 손가락을 못 자국에 넣어 보려는 마음을 잘못 됐다거나 무시하지 않고 확인시켜줍니다. 이렇게 보면 사람이 하늘의 도를 따라서 사는 것은 좌라든가 음이라든가 곤이라는 것을 버리는 것이 아니에요. 우리가 그것을 확인하고 삽니다. 우리가 사는 것은 이 땅에서 이 몸을 가지고 사는 것 아닙니까? 먹어야 살고, 잠자야 살고, 건강해야 살고 하니까 몸이 굉장히 중요합니다. **사는 동안 몸이 중요합니다.** 그러니까 여기에는 '몸은 아무래도 좋지만 영(靈)만을, 마음만은 잘 챙겨서' 이런 대목은 일체 없습니다. 그것을 확인해 주기 위해서 예수가 여드레 후에 두 번째로 나타나셨다는 것이지요. 이때의 쌍둥이 도마는 어떤 쪽의 도마냐 하면 좌파, 음파, 곤파 도마입니다.

이런 도마가 못 자국, 칼자국을 만져보고서 뭐라 그러냐 하면 '나의 주님! 나의 하나님!' 합니다. 이 말은 아무나 못하는 말입니다. 나의 주님, 나의 하나님이라는 말이 어떻게 여기서 나올 수 있습니까? 예수를 만져보잖아요. 만져보니까 못 자국이 있고 창 자국이 있는데 이것은 인간이 확실히 경험하는 것이지요. 그런데 그것을 만져보고서 '아! 못 자국이 있네. 그러니까 정말 나하고 같이 지내던 예수님이 되살아났네.' 그 얘기를 하는 것이 아니라 '나의 주님! 나의 하나님!' 이렇게 이야기를 하고 말아요. **도마가 못으로 찌르면 자국이 나는 우리 몸이 단순한 몸이 아니라 하나님이 그 안에 살고 있는 몸이라는 것을 확인합니다.** 주님은 하나님의 별명입니다. 몸속에는 주인이 있어야 몸이 몸 노릇을 하는 것인데 주인이 빠져버린 몸은 귀신들린 몸이 되는 것입니다. 주인이 빠져나간 몸은 엉뚱한 손님이 와서 내 몸을 해롭게 하는 것인데 그게 막달라 마리아가 귀신 들렸다는 것입니다. 주인 아닌 주인, 엉뚱한 주인이 일곱 번씩이나 들어왔다는 것인데 도마가 이 대목에서 '아! 내 주님, 내 하나님' 합니다. 그에 대한 예수의 대답은 더 재미있습니다.

> 예수께서 도마에게 말씀하셨다. 너는 나를 보았기 때문에 믿느냐? 나를 보지 않고도 믿는 사람은 복이 있다.(20:29)

보지 않고 믿는 사람

보지 않고 믿는 사람이 누구일까요? 사실 보지 않고 믿는 사람은 없지요. 우리가 다 보는 사람입니다. 믿는 사람도 다 보는 사람 아닙니까? 믿는 사람도 몸을 가지고 있는 사람이니까 다 보는 사람인데 그렇다고 그 사람들이 꼭 봐야 믿는 것은 아니에요. 어떻게 보면 여기가 우(右), 양(陽), 건(乾)의 존재가 확인되는 대목인데 이때 좌(左), 음(陰), 곤(坤)을 부정하고 우(右), 양(陽), 건(乾)을 확인하는 게 아니라 '그래 좌(左) 음(陰) 곤(坤), 만져봐' 그랬습니다. 이것이 중요한 대목입니다. 예수가 '만져봐야 될 것은 만져봐야지, 그런데 만져봤으니까 이제 알겠지.' 하는데 이때 안 것은 몸을 안 것이 아니라 하나님을 알았거든요. 도마가 만져보고 보이지 않는 하나님을 안 겁니다.

그러니까 여기서 '보지 않고' 할 때 보지 않는 사람은 바로 우리를 말하는 것입니다. 우리는 예수의 못 박힌 손, 창에 찔린 옆구리를 만져보지 않았고 만져볼 수도 없는 사람입니다. 그래도 믿는 것은 **하늘은 몸속에서 그렇게 산다는 것, 그렇게 사는 사람은 죽는다고 끝이**

아니라 마냥 되살아난다는 것입니다. 어디에 되살아나느냐 하면 베드로에게도 되살아나고 바울에게도 되살아나고 자기 자식 속에도 되살아납니다. 자손이 없는 사람은 자기 제자들 속에서 되살아납니다. 예수도 자손이 없습니다. 그러나 자기 제자 속에서 살아납니다. 제자가 다 자식 같은 것입니다. 영원한 생명은 어디 가는 게 아니니까 모든 생명 속에서 계속 되살아납니다. 그러면 영원한 생명을 챙겨야지요. 예수가 간단하게 챙깁니다. '평화'예요. 싸움하지 않는 것에서 챙깁니다. 싸움하지 않는 사람이야말로 하늘의 영으로 사는 사람인데 여기 '쌍둥이 도마'에서 챙겨집니다. 저는 부활에 관한 한 『요한복음』이 잘 마무리하고 있다고 생각합니다. 가장 뒤늦게 쓰여서 마무리하는 복음서로서의 역할을 잘 하는 것이 좌우(左右), 음양(陰陽), 건곤(乾坤) 양쪽을 다 챙겨주는 것입니다. 둘이 싸우는 것이 아닙니다. 그래서 갑자기 쌍둥이 도마 얘기가 중요해진 것입니다.

여기에 덧붙은 얘기가 '보지 않고 믿는 사람은' 하는 얘기입니다. 우리가 매순간 살면서 몸으로 확인을 합니다. 그러나 몸으로 확인한다고 해서 하늘이 있고 없고 하는 것입니까? 아니지요. 단지 확인의 의미가 있을 뿐입니다. 의심이 생길 때 의심을 떨치고 믿기 위해서 확인하는 것뿐이지 의심이 생기지 않는 분, 믿음이 흔들리지 않는 분은 확인하지 않아도 괜찮습니다. 애기들이 자라는 것도 보면 똑같습니다. 갓난아기는 배운 게 없지만 엄마를 믿으니까 엄마 젖을 뭅니다. 이 젖을 물어도 될까 안 될까 의심하지 않습니다. 믿음이라는 것은 이와 같이 묻지를 않는 것입니다.

그런데 의심이 생기면 확인하지 않을 수 없으니까 예수는 확인하라는 것입니다. 그렇다고 알지 않으면 사람이 살 수 없다는 얘기는 아닙니다. 그래서 보지 않고도 믿는 사람이 더 행복하다고 한 것입니다. 누가 복이 있는 사람이지요? 믿음이 흔들리지 않는 사람이 복 있는 사람입니다. 의심에 빠지지 않는 사람, 불안 병에 빠지지 않는 사람이 복이 있는 사람입니다. 그것이 흔들릴 경우에는 여드레 후에라도 다시 나타나서 확인을 시켜주려는 분이 예수입니다. 사람은 의심이 생기면 알아야만 의심이 풀리니까요. 대신에 **아는 게 목적이 아닙니다. 의심을 떨쳐내고 믿는 사람이 되기 위해서 알아야 합니다.**

예수의 부활이 뭘까요?

예수의 부활이 뭘까요? 알아야겠다는 사람은, 죽으면 인생은 끝이라고 생각합니다. 왜냐하면 우리가 확실하게 아는 것은 죽는다는 것입니다. 그것밖에 알 수가 없습니다. 사람도 어차피 죽습니다. 그런데 우리에게 죽음이 왜 문제가 되지요? 살다가 언제 죽을지 모르니까 믿지 못하는 세상이 되잖아요. 이렇듯 죽음이 내 삶을 믿지 못할 것으로 만들고, 안심을 못하게 만드는 대목이 있습니다. 이 대목에서 **부활이 확인해 주는 것이 사람이 죽는다고 끝나는 것이 아니라는 것입니다. 안심하라는 것입니다.** 하루를 살든 90년을 살든 사는 동안에 우리의 생명이라는 것은 사실 영원한 것이에요. 영원한 대목을 지켜주는 게 사람이 사는 것이지 눈에 보이는 것, 죽는 것, 죽을 수밖에 없는 것만 갖고 사는 것은 사는 것이 아니라는 겁니다.

저는 우리나라 사람이 겁나는 사람이라고 생각하는 게 죽더라도 믿음을 챙기려 하는 것입니다. 우리나라 사람들 부부 싸움할 때도 그렇습니다. 서양 부부는 싸움이 쉽게 끝납니다. 죽자 사자 싸움을 안 합니다. 서양 부부들은 서늘하게 오래 잘 살아요. 싸워도 죽자 사자 싸움을 안 하고 적당하게 끝내는데 우리는 진짜 사랑하는 부부일수록 죽자 사자 싸웁니다. 왜냐하면 믿음을 안 챙기면 사나 마나라는 생각에 확실하게 믿음을 챙기려다 보니까 그렇게 됩니다. 이게 우리나라 사람 특징입니다. 이것이 걸려있는 대목이 부활 대목인데 사실 복 받은 사람이 누구이지요? 확인하지 않고도 믿는 사람이 복 받은 사람이라고 그랬지요. 그러나 우리 사정을 보면 늘 그렇지가 않습니다. 사정이 안 그럴 때 예수는 어떻게 하지요? 알려주려고 합니다. 알려주고 난 결과가 뭡니까? **제대로 알고 나면, 다 알고 나면 세상은 믿을만한 세상입니다.** 그러니까 도마가 '하나님!' 하고 고백합니다. 이 말은 '하나님! 역시 세상은 믿을만한 세상이네요' 하는 고백입니다. 그러니까 **우리가 공부를 하고 나서 '세상은 역시 믿지 못할 게 세상이야.' 그런다면 우리는 학문을 잘못하고 있는 겁니다.**

도마가 정말 못 박힌 예수의 손을 만져 봤을까요? 그러나 이 얘기는 못 박힌 손을 만져본 바나 다름없다는 말입니다. 세상의 돌아가는 모습을 확인하고 났더니 '어떻게 하겠어. 믿어야지.' 이렇게 된 겁니다. 부부 싸움을 보면 긴지 아닌지 결판을 내야겠다고 싸움이 일어났다가 판결이 나야 싸움이 정리되나 봤더니 그렇지 않더라고요. 언제 화해가 되느냐 하면 '할 수 없지 뭐, 부부인데 믿어줘야지 어떻게 할 거야' 할 때입니다. 그러니까 몰라서가 아니라 다 알면서도 '알았어, 그래도 믿을 수 있어, 용서해 줄게' 하는 것입니다. 그래서 용서가 아주 중요한 주제로 등장합니다. 부활한 예수가 제자들을 다 모아놓고 마지막으로 말씀하십니다.

> 이렇게 말씀하신 다음에, 그들에게 숨을 불어넣으시고 말씀하셨다. "성령을 받아라."(20:22)

숨을 불어넣었다는 것은 우리가 요즘 좋아하는 표현에 '기를 받았다'는 말과 같은 것입니다. 그런데 그 기가 뭐냐 하면 '성령을 받아라.' 하며 숨을 불어넣어줬으니까 숨을 받으라는 것과 같은 것이고 이것은 동시에 하늘이지요. '하늘이 우리 안에 들어와 살도록 숨을 불어 넣으시고' 하는 말입니다. 『창세기』에도 보면 땅과 하늘이 합쳐져서 사람이 됩니다. 흙으로 빚어서 거기에 '후' 하고 바람을 불어 넣으니까 사람이 되었다고 그러거든요. 그러니까 우리가 천지인(天地人)을 말하는 것하고 『창세기』에서 말하는 것하고 조금도 다름이 없습니다. 여기서 하늘은 바람이고 땅은 흙이에요. 거기서 사람이 나옵니다. 『창세기』하고 이 대목이 똑같습니다.

부활과 용서

사람이 되고 나면 사람에게 두 가지 특징이 나타납니다. 20장 23절에 보면 '너희가 누구의 죄든지 용서해 주면, 그 죄가 용서될 것이요, 용서해 주지 않으면, 그대로 남아 있을 것이다.' 했습니다. **용서의 주체가 하늘이 아닙니다. 우리가 용서의 주체입니다. 용서는 하늘이 아니라 사람이 하고 안 하고의 문제입니다.** 그러면 이제 용서를 해야 하는데 아는 것으로 용서하겠다고 할 경우, 안다고 하는 일이 제대로 해결되지 않으면 싸워서라도 그 일을 챙기게 됩니다.

예수는 이때 그렇게 해결할 것이 아니라 용서해 주라는 것입니다. 왜냐하면 아는 것으로 해결이 안 날 경우에 꼭 알지 않으면 안 되겠다고 하면 둘 중 하나는 죽어야 하니까 예수는 그러지 말고 용서해 주라는 것입니다. 물론 용서를 해주는 대목이 어처구니가 없을 수 있습니다. 용서를 해주면 뭔가 변화가 있어야 할 텐데 용서를 해줬더니 자기가 잘나서 용서해 준 줄 알고 더 까불면 큰일이잖아요. 마음이 안 놓여서 용서를 못 합니다. 그런데도 용서를 하라는 것입니다. 왜 용서를 해주라는 것일까요? 잘못한 것을 잘못한 대로 덮어두자는 것일까요? 아니지요. 그런 것이 용서가 아닙니다. **용서는 잘못한 사람의 마음속에도 그가 사람일진대 그 속에 하늘이 있기 때문에 그 하늘을 믿는 것이지 사람을 믿고 용서하는 것이 아닙니다.**

그 대목이 『요한복음』에는 없지만 『누가복음』의 십자가상에서 일어났던 것을 우리는 보았습니다. 예수와 나란히 십자가에 달려있던 도둑이 예수더러 '나도 당신이 가는 곳에 있게 해 주십시오.' 하는데 우리가 그 도둑을 어떻게 믿습니까. 그런데 예수가 일체 다른 말을 하지 않고 '당신은 나와 함께 낙원에 있습니다.'라고 말합니다. 그 말 한마디로 다 되는 거예요. 왜 그럴까요? 도둑은 자기가 한 행실이 어떠했건 간에 최소한 무엇을 믿는 사람이냐 하면 역시 자기에게 살 길이 있다면 자기 안의 하늘을 챙기는 게 살 길이니까 예수에게 그거 부탁한 것입니다. 그러니까 당장 해결이 되잖아요. 그런데 다른 쪽에 달려 있던 도둑은 정말 불쌍하게 됐습니다. '내려와 봐! 나도 십자가에서 내려와야 될 거고 당신도 내려와야 되잖아! 그래야 내가 믿지.' 합니다. 그 도둑은 십자가에서 죽는 것으로 끝이에요.

왜 이렇게 될까요? **사실 우리가 아는 것으로 확인하는 이유는 믿기 위해서 확인하는 것이지 알기 위해서 확인하는 것은 아니거든요.** 그런데 이때 믿음이 어떻게 사느냐 하면 이렇게 삽니다. 제가 나쁜 짓을 했어요. 추궁을 당해요. 차마 얘기를 못하겠거든요. 제가 염려하는 것은 제 일이 알려지는 것을 염려하는 것이 아니라 알려지는 것 때문에 사람들이 저를 믿지 못할까 봐 그게 두려운 것입니다. 그러니까 감춥니다. 그런데 상대방이 갑자기 '알았어. 말 못하겠다는 거네. 용서해 줄게.' 합니다. 그 말은 '네가 무슨 짓을 한 줄은 알지만 내가 믿고 같이 살아 줄게.' 하는 것입니다. 이게 용서입니다. 이때 용서받는 사람은 상대방이 자기가 믿을 사람이 못 되는 것을 믿어주는 것을 확인합니다. 믿음이 무서운 것을 확인합니다. 믿음이라는 것이 이런 것이로구나, 꼭 믿음직해서 믿어 주는 게 아니라 사람은 역시 믿지 않으면 안되는 게 사람이기 때문에 나를 믿어 주는 거로구나 하고 깨닫습니다.

이것이 사람 사는 얘기인데 이런 것을 부활이라고 부른다는 것이지요. 이것을 부활이라고 부를 수밖에 없습니다. 저는 왜 그렇게 생각하느냐 하면 사람이 꼭 죽어서 죽는 게 아니에요. **『요한복음』을 보면 사람이 꼭 죽어야 죽는 게 아니라 살아도 죽어요. 예수가 늘 염려하는 것이 이것입니다.** 그래서 오늘도 20장 31절에 보면 예수가 생명을 주러 왔다고 그래요. 이게 『요한복음』의 사실상 결론입니다. 21장은 나중에 요한이 죽은 다음에 보탠 것이니까 이것이 마지막 얘기예요. 나중에 보탰다는 증거가 21장 24~25절이에요. 25절이 『요한복음』의 마지막 절인데 이렇게 끝납니다. '예수께서 하신 일이 그 밖에도 많이 있어서 그것을 낱낱이 기록한다면, 이 세상이라도 그 기록한 책들을 다 담아두기에는 부족할 것이다.' 그런데 그 앞 절, 24절에 보면 '이 모든 일을 증언하고 또 이 사실을 기록한 것이 바로 이 제자이다.'라고 했으니 이 제자가 죽은 다음에 21장을 덧붙였다는 얘기가 확실합니다. 그러니까 이 **'생명을 얻게 하려함'**이 『요한복음』의 **사실상 결론** 맞습니다.

결론을 내리고 난 다음 21장에 예수가 부활해서 베드로에게 부탁하는 이야기가 나온 것입니다. '나를 사랑해? 나를 사랑해? 나를 사랑해?' 세 번 베드로에게 묻고는 '내 양을 먹여다오. 그게 나를 따르는 거다. 나를 따르는 것은 이제 네가 예수 노릇을 하는 거야.' 합니다. 그뿐 아니라 예수가 또 무슨 얘기를 하느냐 하면 '아버지가 나를 보내주신 것처럼 나도 너희를 보낸다.' 그래요. **하나님이 예수를 보낸 것처럼 예수는 또 우리를 보내는 것입니다. 우리가 하나님의 아들이지요. 우리가 하나님이 되는 겁니다.** 20장 21절에 '아버지께서 나를 보내주신 것처럼 나도 너희를 보낸다.'가 그 얘기입니다.

이런 걸 예수를 따른다고 하는 것인데 '예수의 사랑하는 제자'에 대해 베드로가 엉뚱한 질문을 합니다. 그 사랑하는 제자가 누구인지는 안 나오지만 『요한복음』을 연구하는 전문가들은 사도요한이라고 합니다. 이 제자가 가만히 있으니까 베드로가 묻습니다. 21장 21절, 22절에 보면 '베드로가 이 제자를 보고서 예수께 물었다. 주님, 이 사람은 어떻게 되겠습니까?'라고 돼 있습니다. '내가 올 때까지 그가 살아 있기를 바란다고 한들 그와 네가 무슨 상관이 있느냐?' 예수 대답이 걸작입니다. '야! 네 걱정이나 해라. 요한 걱정은 네가 왜 하냐!' 내가 다시 올 때까지 그가 살아있다, 살아있지 못할 것이다 한들 네가 무슨 상관이냐, 그랬다는 것이지요. **부활한 예수가 하늘로 올라갔다가 다시 돌아온다는 전설이 여기서 생깁니다. 오해하는 사람들의 전설**이에요. 하지만 예수가 다시 돌아올 때까지 살아있을 줄 알았던 사랑하는 제자는 죽어버렸습니다.

이 말씀이 믿는 사람들 사이에 퍼져 나가서, 그 제자는 죽지 않을 것이라고들 하였지만, 예수께서는 그가 죽지 않을 것이라고 말씀하신 것이 아니라, "내가 올 때까지 그가 살아있기를 내가 바란다고 한들 그것이 너와 무슨 상관이 있느냐?"하고 말씀하신 것뿐이다.(21:23)

사람들이 예수가 다시 올 때까지 요한은 죽지 않을 줄 알았는데 죽었으니까 이를 해명하는 것입니다. 부활한 예수 얘기를 하기 위해서 나중에 보탠 21장의 핵심이 무엇일까 생각해 볼 필요가 있습니다. 예수가 부활해서 무엇을 챙기는가 말입니다. 예수가 죽고 난 후 베드로는 생업으로 돌아갑니다. 생업이 어부니까 '먹고 살아야지' 해서 바다로 나가 친구들과 고기를 잡는데 예수가 나타나서 거들어 줍니다. 밤새 고기를 잡는데 고기가 하나도 잡히지를 않았습니다. 그때 예수가 그물을 던지라는 곳에 던지니까 고기가 엄청 올라옵니다. 한 그물에 153마리가 잡혔다고 그래요. 제가 볼 때 왜 153마리인지까지 꼭 알 필요는 없다고 생각합니다. 그냥 고기가 많이 잡혀서 예수님이 그 고기 구워 제자들을 먹인 것이니까 예수가 먹고 사는 것, 우리의 생업을 챙기신 것이다, 이 정도면 되는 것입니다. 우리의 생업을 챙겨주시는 분이 예수입니다. 왜냐하면 우리 생업이 중요하니까요. 그런데 먹고 사는 것이 중요해서 생업을 챙겨주는 것이 아닙니다. 먹고 살아야 하늘을 그 몸에 담고 살 수 있으니까 그래서 우리 몸이 소중하다는 것입니다. 예수는 하늘과 몸, 양쪽을 다 가르치는 것이 예수입니다. 그게 부활의 의미입니다.

이 부활이 우리가 세상을 살아가는 데서는 용서로 나타납니다. 믿음 때문에 생긴 일에는 항상 좋은 마무리가 있습니다. 용서로 끝나는 게 가장 좋습니다. 다시 말씀 드리지만 이때 용서는 믿음직스러워서 용서하는 것이 아닙니다. 그냥 믿어주는 겁니다. 믿어준 마음이 진심일 경우에는 뉘우침이 생기게 되어 있습니다. 그것이 진심이 아니라고 생각될 경우에는 뉘우치지 않을 수 있습니다. 그러나 진심으로 용서를 해주면 뉘우치지 않을 도리가 없습니다. 자기가 못 믿을 사람이라는 것을 뻔히 알고도 믿어줬는데 더 이상 어떻게 속이겠습니까? 용기가 없어서 고백은 못 할는지 모르지만 앞으로 같은 짓은 다시 못하겠지요. 이것이 용서입니다.

이 두 가지 원칙, **평화와 용서가 『요한복음』의 마무리입니다. 부활의 마무리입니다. 부활은 평화와 용서로 마무리됩니다. 평화와 용서로 마무리하는 것의 이름을 사랑이라고 했습니다.** 그래서 예수가 베드로를 괴롭힌 것입니다. '너, 나 사랑해? 확실해?' 해서 '네! 사랑합니다.' 했는데도 '아니! 다시 물어볼게. 너, 나 사랑해?' 세 번씩이나 물어봅니다. 그런데 사랑하려면 믿어야 하고 우리는 알아야 믿습니다. 하지만 다 알 수가 없지요. 능력이 부족해서 알 수 없기도 하지만 일부러 속이기 때문에 알지 못할 때가 있습니다. 또 감추기 때문에 알지 못하는 경우도 있습니다. 이렇게 다 알 수 없을 때는 어떻게 믿음을 챙기지요? 믿어주는 수밖에 없습니다. **믿어주는 것을 용서라고 합니다. 믿어주면 용서 때문에 평화가 유지됩니다.**

이렇게 평화가 유지되는 한에는 갑자기 뜻하지 않은 일이 벌어집니다. 평화 속에서는 안심이 되니까 사람이 숨기지를 않습니다. 다털어놓습니다. 이제는 안심이 되니까 욕을 먹을망정 다 털어놓습니다. 이것이 부활의 원리입니다. 부활이 왜 중요하냐 하면, 죽일 놈, 죽을 놈이 다 다시 살아나는 것입니다. 악담 중에 제일 나쁜 악담이 '살아서 뭐 하냐?' 아닙니까. 죽으라는 것입니다. 그런데 사실 죽을 짓을 한 우리가 되살아나야 됩니다. 되살아나지 않으면 우리는 몸을 지켜나갈 수가 없습니다. 이렇게 본다면, 부활의 의미가 결국 믿음이지요. 믿어야지요.

부활의 핵심은 믿는 것

부활의 핵심은 믿는 것입니다. 여기서 믿는다는 것을 잘 챙겨야 합니다. **믿는 것이 학문과는 상관없다고 해서 신비주의로 빠지게 되면 무한자본론이 생겨서 이상한 짓을 합니다. 비인간적으로 되게 돼 있습니다. 또 믿는 것은 알아야 챙기는 것인데 알 수 없는 것은 믿지 말자고 하면 유물론자가 돼 버립니다.** 이것도 또한 무시무시하게 비인간적인 세상을 초래합니다. 우리는 물론 믿기 위해서 배워야 하고, 믿기 위해서 서로 알려주고 알게 할 책임이 있습니다. 그러나 곡절이 딱해서 속이고 감출 때가 있습니다. 여기서 딱한 곡절이란 다른 것이 아닙니다. '못 믿을까 봐'가 가장 딱한 곡절입니다. 우리가 속이고 감추는 것은 못 믿을까 봐 그러는 것입니다.

애들이 엄마를 속이고 감추는 것은 엄마가 자기를 못 믿을까 봐 그럽니다. 그럴 때 엄마는 어떻게 교육을 시켜야 되지요? 거짓말하는 것이 나쁜 것이라고만 몰아세우면 애들은 계속 거짓말을 합니다. 몰아세우는 대신 '엄마는 너를 믿는다, 감추지 않아도 돼, 내 자식이 어디 가겠니?' 하면 그때부터 거짓말을 안 합니다. 별짓을 다해도 엄마가 믿어주는 것을 알면 그 애는 거짓말 안 하는 애로 자라게 됩니다. 그러니까 친구가 거짓말했다고, 배우자가 거짓말했다고 믿어주지 않으면 어떻게 되겠습니까? 기회만 있으면 거짓말 하고 속일 겁니다. 그런데 '알아! 알아! 거짓말 왜 했는지 다 안다니까! 내가 안 믿어줄까 봐 거짓말 했지? **이제 믿어 줄게' 그러면 더 이상 거짓말 안 합니다.**

물론 무조건 믿으라고 하면 말이 안 되지 않느냐고 말할 수 있습니다. 이 문제를 이렇게 보시면 어떻겠습니까? 사람은 하늘과 땅 아닙니까? 하늘이 영원한 생명이고 땅은 금방 죽는 생명인데 사람에게는 이 둘이 다 어울려 있습니다. 여기서 『요한복음』에 보면 **남을 대할 때는 자기 자신이 하늘의 마음을 가지고 남을 대하라**고 그랬습니다. 남을 대할 때 '내가 사람이지 하늘이야!' 이런 식으로 절대 핑계대지 말라고 했습니다. 핑계대기에 앞서서 늘 뉘우치라고 했습니다. '맞았어! 내가 하늘인데 잘못했어. 내가 하늘같이 당신을 대했어야 하는데 하늘같이 대하지 못했기 때문에 내가 인간답지 못했네.' 이것이 내가 남을 대할 때의 얘기입니다.

남이 나에게 잘못했을 때 어떻게 하느냐가 문제인데 남이 의심스러운 짓을 했을 때, 남이 믿지 못할 짓을 했을 경우에 어떻게 하느냐는 것입니다. 이때는 무엇을 보느냐 하면 땅을 봐야 합니다. 이때는 우선 사람을 봐야 합니다. 이번에는 '그도 사람이니까 그랬겠지'가 먼저입니다. 없어질 몸, 무상한 몸, 유한한 몸이 알지 못하는 일이 많은 세상을 살아가다 보니 저럴 수 있겠지 하며 사람을 보고, 사람을 챙겨주는 것입니다. 그런데 사람이라고 해서 내가 보고 있는 그 부족하고 불안전하고 무능한 사람만이 사람이 아니라 그 사람 속에 담겨져 있는 것도 역시 하늘이니까 그 사람을 용서해주는 것이라고 앞에서 말씀드렸습니다. **하늘을 용서해 주는 것이 아니라 사람을 용서해 주는 것**입니다.

맹자가 이것을 측은지심(惻隱之心)이라고 챙겨주신 것입니다. 측은(惻隱)은 하늘인데도 사람의 몸을 입고 나니까 별 수 없네, 그것을 챙겨주는 것이 측은지심(惻隱之心)입니다. 그러고 나면 결국 무엇을 챙기는 것이지요? 이게 사람을 챙기는 것 같지만 사실은 하늘을 챙기는 것입니다. '하늘이라도 그 몸을 입고 나면 그럴 수 있겠지.' 하고 용서하는 것인데 재미있어요. 이것을 챙기고 나면 하늘이 살아요. 이렇게 해서 하늘이 살면 또 사람이 살아요. 부활이에요. 이것이 부활의 진리입니다.

　기독교라는 종교가 왜 하필이면 부활이라는 말을 해서 오해를 받는지 의아해 하는 분이 계실 텐데, 저는 부활을 이렇게 생각합니다. **부활을 신비주의적으로 해석하면 '예수가 진짜 살아났대도, 그 귀신이 또 나타날 거야.'라고 하는데 그런 예수교는 별로 유효하지 않습니다.** 우리가 같이 교회를 다녀도 그런 식으로 예수 믿는 사람은 밖에 나와서 하는 행동 다르고 집 안에서 하는 행동이 다릅니다. 그래서 사람들의 빈축을 사는데 '예수쟁이'라는 말을 듣는 사람들이 그런 사람들입니다.

　또 다른 종류의 예수 믿는 사람들이 있는데 신비주의와 반대입니다. 도마가 '하나님!' 하고 고백하기 전의 도마인데 쌍둥이 중 어떤 도마인지는 불분명하지만 예수를 절반만 믿는 사람들이 있습니다. 그 사람들은 문자 그대로 유물론적인 예수를 챙겨주고 싶은 것입니다. 유물론적인 이야기를 '사람치고 죽음을 맛본 사람은 아무도 없다.'로 시작한 것입니다. 그러니까 살아있는 것이 최고라는 얘기를 하려는 것입니다. 살아있는 것이 유물의 세계입니다. 산 사람만의 일을 챙기는 것을 '죽음을 맛본 사람은 없다'고 한 것입니다. 죽음을 맛본 사람은 죽은 사람이니까요. 헤겔이 『정신현상학』을 썼지만 사실 헤겔의 정신현상학은 마르크스가 너무 잘 봤습니다. 유물론적인 정신현상학이에요. 싸움하지 않으면 해결이 안 되는 정신현상학입니다. 여기에서는 측은지심이고 뭐고 다 사라집니다. 인의예지가 다 소멸됩니다. **인의예지, 수화목금이 다 없어지고 나면 그 다음에 뭐가 없어지느냐 하면 흙(土) 즉, 신(信)이 없어집니다. 우리의 토대인 흙, 믿음이 다 깨지고 맙니다.**

부활은 되살리는 것

부활은 '되살리는 것'입니다. 흙, 믿음을 되살려서 인의예지가 되살아나게 해야 하는데 예수는 그 단서를 비교적 간단한 데서 본 것 같습니다. 싸움에서 봤습니다. 유물론자가 되면 싸움을 합니다. 구체적으로 몸을 가지고 사는 것이 우리입니다. 어떻게 보면 유물적 존재입니다. 이 몸을 가지고 사는 물적 존재인 우리가 유물론자가 안 되기 위해 어떻게 훈련하느냐 하는 것이 관건입니다. 예수의 대답은 싸우지 않는 것으로 훈련하는 수밖에 없다고 합니다. 싸울 수밖에 없는 일에 싸우지 않으려면 용서 즉, 측은지심을 챙기든가, 그것이 안 되면 믿는 마음이라도 챙기는 것입니다. 그렇게 되면 우리는 싸울 일도 싸우지 않고 넘길 수 있습니다. 그렇다고 잘못된 일을 적당히 묻어버리는 유야무야의 세상이 되지 않습니다. 그 반대입니다. **믿는 세상이야말로 속이고 감추고 숨겼던 것이 다 드러나고 잘못 알았던 것도 바로 알게 되는 세상이 되는 것이니까 문자 그대로 믿음과 학문이 일체가 되는 세상입니다.**

예수가 이 얘기하려고 부활합니다. 저는 예수 믿는 사람에게 이렇게 말합니다. '예수 믿는 사람이 하는 얘기 중에 제일 이상한 얘기가 부활인데 부활을 제대로 챙기면 예수를 바로 믿습니다. 부활을 잘못 챙기면 우리도 신비주의자 아니면 유물론자가 되고 맙니다. 그런데 부활을 제대로 챙기면 사람이 됩니다.' **저도 매일 사는 것이 부활입니다. '나 같은 놈이 살아서 뭘 해!' 하는데 다음날 아침에 보니까 살아있거든요. 부활 아닙니까?** 부부 싸움하다 보면 '저것이 그냥 어떻게 안 되나?' 하는데 보니까 살아있거든요. 그것도 부활이지요. 그러고도 같이 살려면 부활로 살아야지 어떻게 하겠습니까? 학생도 꼭 마찬가지예요. 정말 답답한 학생을 보면 '저것이 공부를 왜 하겠다고 그러지? 다 집어 치워!' 하고 싶어요. 학생에게 집어 치우라고 하면 죽으라는 얘기 아닙니까? 그런데 다음날 다시 살아와요. 부활이에요. 예수가 이거 얘기하는 겁니다.

예수 자신이 부활에 대해서 얘기하는 것이 재미있습니다. 사람들이 예수에게 부활이 뭐냐 물을 때 뭐라 대답하느냐 하면 '그걸 왜 묻습니까? 옛날부터 부활 얘기 했잖아요' 그럽니다. 오늘 공부하는 데도 그 말이 있습니다. 부활은 옛날부터 가르쳤다는 것입니다. 신비할 게 하나도 없는데 왜 묻느냐고 예수가 말하는 것이지요. 특히 『누가복음』에 다른 복음서에 없는 부활 얘기가 나오는데 마지막 24장에 있습니다. '엠마오 도상의 두 제자'라고 불리는 대목인데 여기 보면 **예수 부활에 두 가지 특징**이 있습니다.

첫 번째는 다시 살아난 예수를 아무도 알아보지 못합니다. 『요한복음』에도 예수가 제자들에게 나타나는데 못 알아봤습니다. 왜 못 알아보느냐 하면 자기네가 알던 예수가 아니니까 못 알아봅니다. 알아본다는 것은 얼굴을 알아본다는 것인데 얼굴로 봐서는 못 알아볼 사람이라는 것이지요. 『누가복음』도 마찬가지이고, 마가, 마태의 복음도 다 마찬가지에요. 예수가 나타나는데 제자들이 못 알아봅니다. 예수를 3년이나 따라다녔는데 못 알아보면 말이 안 되지요. 얼굴이 다르다는 얘기입니다. 여기 막달라 마리아는 예수를 사모해가지고 시신에 향료를 바르러 갔지 않습니까? 마리아가 예수 얼굴을 어떻게 잊어버릴 수가 있겠습니까? 그런데 마리아도 예수의 얼굴을 못 알아봅니다. 이것이 첫 번째 특징입니다.

두 번째는 '예수가 부활했다고 하는데 말이 되는 얘기입니까?' 하니까 예수 자신이 뭐라고 하느냐 하면 '모세도 그랬고, 당신들이 읽는 성경이 밤낮 가르치는 얘기가 부활인데 왜 못 알아들어요?' 했습니다. 부활을 가지고 왈가왈부하는 사람을 예수가 어리석은 사람이라고 부릅니다. 이상한 사람이라고 부르지도 않고, 믿지 못하는 사람이라고 부르지도 않고, 어리석은 사람이라고 부릅니다. 『누가복음』 24장 25절을 읽어보면 예수가 제자들한테 이렇게 얘기합니다.

> 어리석은 사람들입니다. 예언자들이 말한 모든 것을 믿는 마음이 그렇게도 무디니 말입니까? 그리스도가 마땅히 이런 고난을 겪고서, 자기 영광에 들어가야 되지 않겠습니까? 그리고 예수께서는 모세와 모든 예언자에서부터 시작하여 성경 전체에서 자기에 관하여 써 놓은 일을 그들에게 설명하여 주셨다.(누가 24:25-27)

이 말은 죽어야 다시 사는 것 아닙니까, 죽는 게 뭔지 알아야 사는 게 뭔지 아는 것 아닙니까, 이런 말이지요. 죽일 놈, 죽고 싶다, 이런 게 사람 사는 거야 하는 사람은 죽음을 아는 사람입니다. 배고파 죽겠다, 보고 싶어 죽겠다, 좋아 죽겠다, 우리는 말끝마다 죽겠다는 얘기를 달고 삽니다. 그런데 죽는 것이 무엇인지를 아는 사람은 비로소 다시 사는 게 무엇인지 안다는 것이지요. 예를 들어 배고파 죽겠다고 한 사람이 밥을 먹고 살아나면 그 사람은 부활을 아는 사람이다, 이런 식의 논리입니다. 사람 사는 논리의 핵심이 그렇다는 것이지요.

부활한 예수를 왜 못 알아보았을까?

제자들이 예수를 못 알아 본 것이 문제인데 왜 못 알아 봤을까요? 저는 부활을 이렇게 생각하거든요. 바울이 예수가 부활했다고 떠들고 다니는 사람들을 죽이러 다녔다고 말씀드렸습니다. 그런데 바울이 왜 마음을 바꾸었나 하면 바울이 예수교도를 잡으러 가는 도중이었는데 같이 가던 사람들은 보지도 듣지도 못하고 바울만이 예수를 보고 들었습니다. 예수가 바울에게 나타나서 뭐라느냐 하면 '바울아! 바울아! 너 왜 나를 핍박해! 못 살게 해!' 합니다. 바울이 '제가 언제 못 살게 굴었습니까?' 하니까 '너 지금 사람들을 잡아 죽이러 다니는데 그 사람들이 나야!' 하고 답했습니다. 그러자 바울이 무릎을 치면서 '부활이 바로 이거로구나' 그랬다는 것이지요. **예수같이 사는 사람들이 부활**이었습니다.

도마 이야기에서 저는 못 자국을 만져보라는 얘기가 중요하다고 생각합니다. 왜냐하면 이때는 예수만 손에 못 자국이 난 게 아닙니다. 억울하게 손에 못 자국이 난 사람이 엄청나게 많았습니다. 그 전의 도마는 그것을 확인할 생각도 안 한 것이지요. 그런데 못 자국을 확인하고 난 다음 '나의 주님, 나의 하나님'이라고 고백한 도마는 다른 사람이 되었다고 저는 생각합니다. 도마는 이제 다니면서 혹시 사람들 손바닥에 못 자국이 있는지 없는지 만져보며 다녔을 것 아닙니까? 못 자국이 나 있으면 굉장히 억울한 사람이잖아요. 도마가 가만 내버려 두었겠습니까? 그것을 알았기 때문에 도마는 새 사람이 된 것입니다. 그게 학문의 가치입니다.

앞에서 우리가 봤지만 도마는 학문하는 도마였지 않습니까? 도마는 제대로 질문하는 도마였습니다. 이렇게 되니까 예수 믿는 사람들 때문에 엄청나게 많은 억울한 사람들이 살게 되었습니다. 옛날에는 손바닥에 난 못 자국을 보고 '저런 죽일 놈, 무슨 죄를 지었기에 오죽하면 저 꼴이 됐겠어.'라고 했는데, 예수 이후에는 그게 예수의 손이라는 생각이 들어서 손에 못 자국이 난 사람도 예수같이 챙겼습니다. 세상이 달라진 것입니다. 그래서 저는 부활이 중요하다고 생각합니다.

재림이란?

이제 마지막으로 재림에 대해서 한 말씀드리고 『요한복음』 공부를 모두 마치겠습니다. 재림이라는 말이 늘 혼동되는 말인데 재림은 원래 'parousia'라는 말입니다. 그리스어 'para'와 'ousia'의 합성어입니다. 이것을 영어로 'second coming'이라고 번역한 것이고, 우리말로는 재림이 됐습니다. 그러나 이것은 원래의 말뜻이 아닙니다. **원래의 말뜻을 보면 'para'라는 말은 '나란히'라는 말이고 'ousia'라는 말은 '있다'라는 말입니다. 그러니까 '예수가 나하고 나란히 있다'는 뜻입니다.** 'parousia'라고 할 때 예수가 뭐라 그런 것이냐 하면 '내가 가더라도 내가 여러분들하고 나란히 있겠습니다.' 그런 것입니다. 그러니까 옛날에 그리스어로 이 대목을 읽는 사람들은 예수가 다시 온다는 생각을 하지 않았습니다. 그리스말이 그러니까요.

그런데 보통 명사, 동사인 'parousia'라는 말이 갑자기 예수에게만 붙이는 고유한 말이 돼서 죽은 예수가 하늘에 갔는데 하늘에 갔던 예수가 다시 온다는 얘기가 됩니다. 실제로 『요한복음』 때도 보면 사람들이 예수가 다시 온다는 말을 자꾸 하려고 했던 것 같습니다. 그러나 예수가 'parousia'를 그런 뜻으로 쓴 적이 한 번도 없기 때문에 『요한복음』은 'parousia'를 이렇게 풀이합니다. '내가 너희와 같이 있으리라. 내가 간다고 가는 게 아니라 성령이 너희와 같이 있게 되는데 내가 가는 게 너희한테 더 좋다. 왜냐하면 내가 가야 성령이 너희하고 같이 있잖아. 내가 있어봐야 너희하고 같이 있을 때도 있지만 떨어져 있을 때가 있는데 내가 가면 내 대신 성령이 와서 너희하고 항상 같이 있으니까 그게 더 좋아.' 그러니까 **재림은 하늘이 우리하고 같이 있는 것을 재림이라고 그러는 것**입니다. 이것이 부활 사건입니다. 성령과 부활, 재림을 잘 이해해야 합니다. 평화와 용서, 영생을 잘 이해하셨기 바랍니다.

이상으로 요한복음 강의를 마치겠습니다. 요한복음은 아프고, 소외되고, 힘들어 하는 사람들에게 삶의 희망을 준 예수의 삶을 적은 복음입니다. 그래서 위로의 말씀이라고 할 수 있습니다. 여러분도 살면서 괴롭고 힘들 때, 함께 배운 요한복음이 위로가 되시기 바랍니다. 고맙습니다.